ACCESO GRATIS a la Lectura en la Nube

Para visualizar el libro electrónico en la nube de lectura envíe junto a su nombre y apellidos una fotografía del código de barras situado en la contraportada del libro y otra del ticket de compra a la dirección:

ebooktirant@tirant.com

En un máximo de 72 horas laborales le enviaremos el código de acceso con sus instrucciones.

La visualización del libro en **NUBE DE LECTURA** excluye los usos bibliotecarios y públicos que puedan poner el archivo electrónico a disposición de una comunidad de lectores. Se permite tan solo un uso individual y privado

EL DERECHO DE AUTOR FLEXIBLE
EN BUSCA DE UNA MAYOR
COMPETENCIA DINÁMICA

Procedimiento de selección de originales, ver página web:

www.tirant.net/index.php/editorial/procedimiento-de-seleccion-de-originales

EL DERECHO DE AUTOR FLEXIBLE

EN BUSCA DE UNA MAYOR COMPETENCIA DINÁMICA

ANTONIO ALONSO-BARTOL BUSTOS

tirant lo blanch
Valencia, 2025

En caso de erratas y actualizaciones, la Editorial Tirant lo Blanch publicará la pertinente corrección en la página web www.tirant.com.

La aceptación de la presente obra ha tenido en consideración la evaluación y calificación sobresaliente cum laude otorgada por los expertos componentes del tribunal calificador de la tesis doctoral que ahora se publica, cumpliendo con el criterio correspondiente de los revisores externos y ofreciendo la calidad debida a la presente obra.

EDITA: TIRANT LO BLANCH
C/ Artes Gráficas, 14 - 46010 - Valencia
TELFS.: 96/361 00 48 - 50
FAX: 96/369 41 51
Email: tlb@tirant.com
www.tirant.com
Librería virtual: www.tirant.es
DEPÓSITO LEGAL: V-699-2025
ISBN: 978-84-1056-798-6

Si tiene alguna queja o sugerencia, envíenos un mail a: *atencioncliente@tirant.com*. En caso de no ser atendida su sugerencia, por favor, lea en *www.tirant.net/index.php/empresa/politicas-de-empresa* nuestro procedimiento de quejas.

Responsabilidad Social Corporativa: http://www.tirant.net/Docs/RSCTirant.pdf

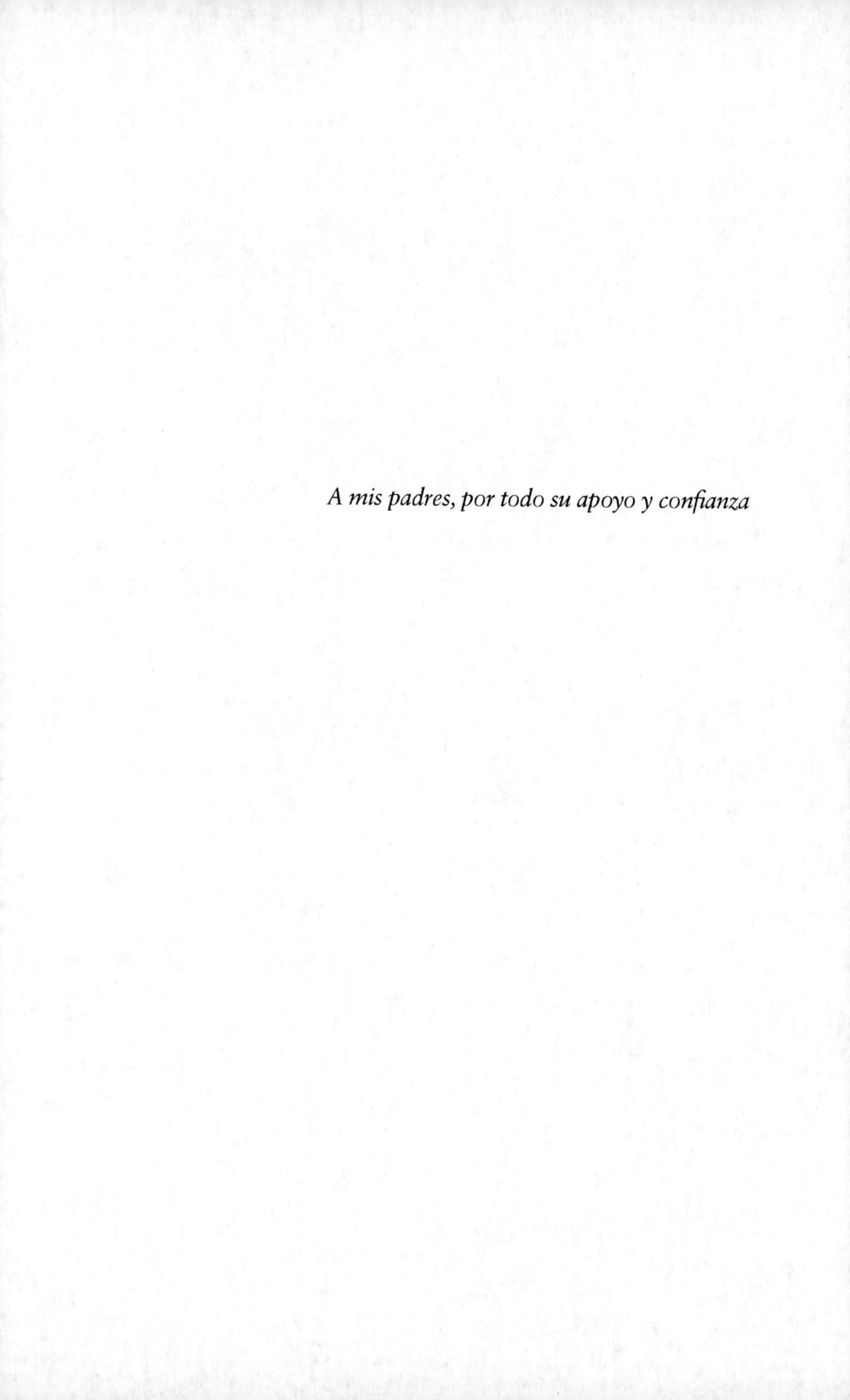

A mis padres, por todo su apoyo y confianza

Índice

PARTE IV. ¿CÓMO ALCANZAMOS EL EQUILIBRIO (INESTABLE)?

Prólogo

FERNANDO CARBAJO CASCÓN
Catedrático de Derecho Mercantil
Universidad de Salamanca

Es un honor para mí prologar esta primera monografía de Antonio Alonso-Bartol Bustos, Doctor en Derecho Mercantil por la Universidad de Salamanca, que lleva por título "El derecho de autor flexible: En busca de una mayor competencia dinámica".

Tras impartir clase a Antonio en varias asignaturas del Grado en Derecho de la Universidad de Salamanca, percibí su interés genuino por el Derecho y, en particular, por el Derecho de la Competencia y de la Propiedad Intelectual, motivo por el que le sugerí la posibilidad de solicitar una beca para realizar la tesis doctoral en el área de Derecho Mercantil de la Universidad de Salamanca, conociendo como conocía ya su excelente expediente académico.

Antonio aceptó de buen grado mi propuesta y, tras realizar el prestigioso máster en Propiedad Intelectual de la Universidad Carlos III de Madrid, así como el Máster en Acceso a la Abogacía impartido conjuntamente por el Ilustre Colegio de Abogados de Salamanca y la Universidad de Salamanca, se incorporó al área de Derecho Mercantil para realizar, bajo mi dirección, su tesis doctoral en una materia de actualidad en el campo de los derechos de autor y conexos: la flexibilización de la propiedad intelectual.

Varios años de investigación combinada con docencia en varias asignaturas de la disciplina en el Grado en Derecho impartido en la Universidad de Salamanca, y una fructífera estancia en el Max Planck Institut für Innovation und Wettbewerb de Múnich, culminaron con exitosa defensa de su tesis doctoral en el mes de septiembre de 2023, obteniendo la máxima calificación de Sobresaliente Cum Laude y, a la postre, el Premio Extraordinario de Tesis Doctorales de la Universidad de Salamanca.

En la monografía que ahora presento, el autor ofrece un análisis exhaustivo y crítico sobre los desafíos contemporáneos que enfrenta el derecho de autor en un contexto marcado por la rápida evolución tecnológica y la falta de mecanismos ágiles de adaptación a los constantes cambios que traen consigo la incesante aparición de tecnologías disruptivas y nuevos modelos de negocio basados en el acceso e intercambio de información.

En la actualidad, el debate sobre el derecho de autor y su adaptación a la era digital ocupa un lugar central en la discusión científica, económica y política. La tecnología es cada vez más disruptiva y nos obliga a cambiar nuestros hábitos de vida y de consumo de forma periódica en ciclos cada vez más cortos. En este contexto, la obra del autor aparece como una relevante contribución al debate actual, pues aborda las complejidades y contradicciones que caracterizan este campo de estudio, que está siempre en constante evolución.

El hilo conductor que el lector podrá apreciar ya en el título y en cada una de las páginas del rico contenido de la obra, es la necesidad de introducir más mecanismos de flexibilidad en el ordenamiento jurídico *iusautoral*, intentando convencernos de que la principal garantía para afrontar con seguridad los retos presentes y futuros pasa por una rápida adaptación de las normas.

En un mundo donde la innovación digital avanza a un ritmo vertiginoso, es fundamental que el marco legal que regula la propiedad intelectual sea lo suficientemente flexible como para abordar los desafíos y oportunidades que surgen constantemente en este entorno en evolución, con la finalidad última de alcanzar un equilibrio lo más estable posible entre los diferentes intereses en juego: los de los titulares de derechos, los de los competidores, de los de los usuarios y, a la postre, el interés general en el correcto funcionamiento de un mercado en términos de libre y leal competencia dotado de incentivos adecuados para todos los agentes que participan en el mismo.

La adaptación del derecho de autor y de los derechos conexos a la cambiante realidad digital es una necesidad imperiosa a la que seguramente ya llegamos tarde, a pesar de los muchos cambios normativos habidos -principalmente en la Unión Europea- desde finales del Siglo pasado y a lo largo del presente Siglo. Pero el Derecho debe esperar a conocer en profundidad la realidad social y económica, para resolver y prevenir problemas con las mayores garantías posibles. Cualquier cambio normativo requiere de un proceso reflexivo profundo que tenga en cuenta a todas las partes interesadas. Pues bien, dentro de este proceso emerge una necesidad imperiosa cuando tratamos sobre la flexibilización de los derechos de autor y de los derechos conexos: equilibrar la protección de los creadores, intérpretes e industria de la cultura con la promoción de la innovación y de la competencia en el mercado.

En esta obra el autor nos invita a reflexionar sobre el papel fundamental que desempeñan los límites al derecho de autor en la construcción de un entorno legal que fomente la creatividad, la inversión en productos y servicios culturales, informativos y de entretenimiento, la diversidad cultural y el progreso tecnológico. Sin embargo, no se conforma con una mera exploración teórica, sino que nos guía a través de un análisis riguroso y crítico de las políticas adoptadas por los órganos legislativos de la Unión Europea y de sus Estados Miembros, así como por las decisiones judiciales que han delineado el panorama actual del derecho de autor y de los derechos conexos en la Unión Europa.

A través de un enfoque multidisciplinar que combina la jurisprudencia con el análisis económico del derecho, la tecnología y los derechos fundamentales, nos invita a repensar los límites del derecho de autor tal y como están diseñados para imaginar nuevas formas de promover la competencia y la innovación en la era digital. En este sentido, el autor nos conduce a través de un estudio detallado de la función y los límites del derecho de autor y derechos afines, examinando detenidamente la jurisprudencia del Tribunal de Justicia de la Unión Europea y las implicaciones de las decisiones judiciales en el desarrollo de políticas relacionadas con la propiedad intelectual.

Una de las contribuciones más destacadas de esta obra es su llamada a repensar los paradigmas sobre los que se construyen el derecho de autor y los derechos afines en la era digital. En un entorno caracterizado por la fácil replicación y suministro de contenidos digitales, el autor plantea la necesidad de explorar nuevas formas de remuneración para los creadores que no pasen necesariamente por el esperado retorno económico derivado de un control exclusivo de la explotación. Ello incluye, necesariamente, una mayor utilización de derechos de simple remuneración asociados a límites o a usos masivos de gestión colectiva obligatoria, así como -en su caso- derechos exclusivos sujetos también a un régimen de gestión colectiva obligatoria. Con ello, el autor propone fórmulas para garantizar un acceso más fácil y justo a contenidos protegidos al tiempo que se garantiza una compensación justa y equitativa para los creadores, intérpretes e industria de contenidos en un mercado digital cada vez más globalizado, competitivo y precarizado.

Este libro no pretende ofrecer respuestas definitivas, sino más bien plantear preguntas provocativas y sugerir posibles direcciones para futuras reformas. Se trata de una llamada a la reflexión y también a la acción para todos aquellos comprometidos con la construcción de un sistema de propiedad intelectual que sirva mejor a los intereses de la sociedad en su conjunto, adoptando para ello posturas más flexibles y adaptadas a la nueva realidad que requieren los valores fundamentales de una sociedad democrática que pone en valor la competencia en el mercado; una competencia global basada cada vez más en la innovación, alimentada precisamente por derechos de propiedad intelectual.

Estamos, en definitiva, ante una obra que no es solo un testimonio del estudio y del consiguiente conocimiento del autor en el campo del derecho de autor y de los conexos, sino también una llamada a la reflexión y al debate en la comunidad académica y jurídica en general, sobre una materia que está en la encrucijada misma del desarrollo presente y futuro del mercado digital de la información, entendida en términos muy amplios.. Su enfoque crítico y su compromiso con la búsqueda de soluciones equilibradas y justas hacen de esta obra una contribución valiosa al estudio y la práctica del derecho de autor en la era digital.

Estoy seguro que esta primera contribución monográfica del ya profesor Antonio Alonso-Bartol Bustos es el preludio de otras muchas obras que nos brindará en el futuro a los estudiosos de la propiedad intelectual y el derecho privado en general, contribuyendo así, con pequeños pasos, a incrementar el conocimiento colectivo y la mejor comprensión de la realidad para sugerir soluciones a quienes están llamados a resolver problemas desde la judicatura y el poder legislativo.

En Salamanca, a 1 de julio de 2024

Introducción

El justo medio, el equilibrio, la justicia y la igualdad son conceptos ampliamente tratados por la doctrina jurídica, pero su definición es altamente complicada. Son distintas formas de referirnos al ideal que debería perseguir toda norma que se precie de ese nombre y la propiedad intelectual no es, ni será, una excepción al respecto. En concreto, en la propiedad intelectual el objetivo es buscar un equilibrio en las relaciones dentro de los mercados culturales para lo que el legislador tiene que tomar decisiones sobre a quién quiere dar poder para que las transacciones se desarrollen en condiciones de igualdad.

En la búsqueda de este equilibrio, el legislador ha sido innovador y conservador a partes iguales. Innovador porque los sujetos a los que ha querido proteger han ido cambiando a lo largo de los años, algo que ha transformado la estructura del mercado de forma radical. Conservador porque la forma que se ha elegido para dar esa protección siempre ha sido la misma: el derecho exclusivo.

La evolución de la propiedad intelectual, como todos los procesos histórico-jurídicos, ha discurrido por fases de cambio y de estabilidad. Desde la aparición de las herramientas digitales, atravesamos una fase de importantes transformaciones que han alterado por completo la forma en la que vivimos y en la que nos relacionamos con nuestro entorno. No se trata de una gran novedad, pues todas las variaciones que se han producido a lo largo de los años han tenido este efecto, por muy pequeños que nos puedan parecer ahora.

Por ello, el reto que aquí pretendemos abordar es el impacto que las nuevas tecnologías tienen en el ámbito de la propiedad intelectual y cómo los Estados están reaccionando a ello.

Este tema lleva tratándose desde finales de la década de 1980[1], pero el tipo de tecnologías a las que se tuvo que enfrentar la doctrina en aquel momento no se parecen absolutamente en nada a las que ahora tenemos a nuestra disposición. Pese a que el cambio tecnológico ha discurrido de forma continuada, en los últimos años hemos visto un cambio en la forma de percibir estos cambios tecnológicos, pasando de la esperanza a la desconfianza.

En aquel momento la sociedad digital era un concepto incipiente que se veía con mucha esperanza, seguramente porque se abría un mundo nuevo lleno de posibilidades. Ahora bien, la forma en la que los organismos legislativos afrontaron esta nueva realidad, con todos los cambios que había traído a nuestras vidas, ofrece una realidad distinta. Donde antes veíamos sobre todo esperanza, ahora también advertimos los aspectos más negativos. Uno de ellos es el gran poder que han asumido algunos de los participantes de este mercado, un poder que impide un reparto equitativo de los excedentes derivados de las transacciones porque son ellos quienes las organizan. Estas situaciones de preponderancia se concentran, principalmente, en algunos titulares de derechos que, además de los derechos exclusivos que ostentan también cuentan con un *know how* esencial para el acceso al mercado, circunstancias que les han convertido en guardianes de acceso o *gatekeepers*. Por ello, sin su colaboración es prácticamente imposible explotar las obras o prestaciones protegidas en el mercado.

Durante este texto veremos los posibles errores que cometieron los órganos legislativos confiando en la esperanza de la

---

1 En este sentido, Vid. Bondía Román, F. (1987). *El significado de la propiedad intelectual en la sociedad de la información*. Tesis Doctoral. Universidad de Salamanca.

transformación digital, pero también debemos ser conscientes de que la información con la que contamos ahora no es la misma que existía en la década de 1980. Así mismo, las tecnologías también eran diferentes, luego la esperanza podía estar justificada. Precisamente, este es el objetivo que persigue esta monografía: analizar por qué hemos llegado al punto en el que estamos, repasando las decisiones legislativas y jurisprudenciales tomadas, evaluando su grado de efectividad y, a partir de ahí, proponer los cambios que consideramos más convenientes.

El hilo conductor que el lector podrá apreciar es la necesidad de apostar por la flexibilidad como estrategia de futuro. La flexibilidad nos parece la mejor forma de afrontar los cambios tecnológicos, económicos y sociales porque estos siempre nos van a acompañar. Hoy nos enfrentamos, entre otros, al desarrollo de las redes sociales, la inteligencia artificial y la cadena de bloques; pero en un futuro más o menos cercano serán otros. La transformación social no es un proceso al que podamos plantar cara, pues estaríamos luchando contra un gigante frente al que, al contrario que en los textos bíblicos en la lucha entre David y Goliath, no podemos derrotar. Lo cierto es que, frente a estos cambios, los Estados deberán acometer reformas estructurales de su economía y de todo el ordenamiento jurídico que lo sostiene, pero estas transformaciones requieren de un tiempo prudencial para valorar todas las consecuencias que ello tendrá para la sociedad. De lo contrario, corremos el riesgo de cometer errores que lastren el futuro del mercado.

Ahora bien, no podemos quedarnos esperando a que llegue ese momento, pues habrá sujetos que padezcan las fricciones provocadas por nuevos modelos de negocio para los que el ordenamiento jurídico no tiene una respuesta en el corto plazo. Si esperamos demasiado tiempo para tener todos los datos y para regular las nuevas situaciones, corremos el riesgo de llegar tarde, anquilosando desequilibrios que lastren, también, los mercados incipientes. La ausencia de regulación genera unas dinámicas económicas potencialmente peligrosas que facilitan la acumulación de poder de mercado en un grupo de operadores que ofrecen productos o servicios que esquiven los equilibrios que la normativa busca.

Esta situación es altamente complicada de gestionar para los legisladores y, especialmente, para los órganos jurisdiccionales que son quienes tienen que resolver situaciones de conflicto con normas que no se ajustan al supuesto de hecho que se les plantea, dado que aspiran a un equilibrio que ya es imposible de conseguir por el cambio en las circunstancias. Así, el margen de acierto es básicamente reducido, tanto si van deprisa como si esperan, corren el riesgo de cometer errores.

En este punto es donde entra en juego la flexibilidad, pues permitiría a los órganos jurisdiccionales cierta capacidad de adaptación a las nuevas situaciones a las que se tienen que enfrentar a la espera de las reformas legislativas. El choque va a ser inevitable, ya que el legislador diseña las normas vigentes pensando en los problemas sociales existentes en el momento de su tramitación y los cambios disruptivos por su propia definición, nunca pueden ser previstos. Unas normas con una mínima visión a largo plazo darían cierto margen a los órganos jurisdiccionales para valorar las circunstancias, podríamos amortiguar, aunque sea levemente, las consecuencias del impacto. Ello facilitaría transiciones menos accidentadas y, sobre todo, evitaría situaciones de poder que puedan alterar el normal desarrollo de las transacciones. Los intereses a proteger raramente cambian (protección de derechos fundamentales y constitucionales, evitar fallos de mercado o la promoción de la competencia en el mercado), lo que evoluciona es la forma de implementarlos. No obstante, debemos ser conscientes de que por muy previsores que seamos, hay cambios para los que es necesario hacer transformaciones profundas en nuestra economía. Por ello, aunque esta monografía intenta dar respuestas a este panorama ligeramente desolador, seguramente estas serán insuficientes.

La flexibilidad es un concepto que tiene un gran potencial, pero cargado de un importante grado de abstracción, motivo por el que debemos concretarlo. En esta monografía apostamos por hacerlo a través de la figura de los límites asociados o no a derechos de simple remuneración[2], pues nos permiten crear un nuevo marco de relaciones entre los distintos operadores del mercado que responde a las necesidades actuales. Quizá no consigamos dulcificar plenamente las relaciones entre los distintos operadores económicos, pero sí podríamos conseguir que estas disputas construidas sobre luchas de poder no lastren el futuro de todo el mercado.

Presentado el tema y las cuestiones principales sobre las que va a tratar esta monografía solamente resta en esta introducción exponer la estructura que vamos a seguir. EL texto se estructura en cuatro partes que nos permitirán analizar en profundidad todas las circunstancias y las distintas perspectivas para diseñar una posible reforma.

En la Parte I "Antecedentes históricos y justificación económica", realizaremos un recorrido histórico y económico de la propiedad intelectual que nos llevará desde la aparición de la imprenta hasta la actualidad. No nos limitaremos a reproducir los distintos eventos que nos han llevado a la situación actual, sino que analizaremos los motivos por los que la propiedad

---

2 Siguiendo la diferenciación establecida por el prof. Ramón Casas Vallés en Casas Vallés, R. (2007). Los límites al derecho de autor. *Revista Iberoamericana de Derecho de Autor, 1*(1), 42-97, nos vamos a centrar en los límites a los derechos de autor, pues son los que, afirmando la existencia de un monopolio del titular, establecen un equilibrio con los intereses de terceros pudiendo establecer una remuneración equitativa si fuera necesario.

intelectual ha ido evolucionando de una determinada manera. Nuestro objetivo es estudiar los paralelismos históricos entre los distintos contextos económicos, tecnológicos y sociales sobre los que se ha regulado para saber por qué la normativa vigente es cómo es. En definitiva, comprender los equilibrios y desequilibrios históricos para entender los actuales.

Este análisis no estaría completo si no realizaramos un estudio económico de la institución. El análisis económico del derecho es una disciplina bastante moderna, pero que, sin duda, nos ayuda a entender desde otra perspectiva complementaria el porqué de determinadas medidas y las posibilidades de modificar la estructura de los mercados culturales.

En la Parte II "Los intereses en juego. ¿quién es quién en los mercados culturales?" abordaremos la importante tarea de saber quiénes participan en los mercados culturales. Es decir, estudiaremos quienes son los distintos participantes del mercado para intentar conocer cuáles son sus intereses, cómo están interconectados y, ante todo, cómo se verían afectados por una reforma del sistema de límites. Obviamente, para saber si una determinada reforma es viable, debemos conocer qué necesita cada uno de los participantes del mercado, pues todos ellos son indispensables para el correcto desarrollo de las transacciones.

Para finalizar, en el cierre de esta Parte II, plantearemos las distintas estrategias de protección de intereses en el seno de los límites para ver cómo afectarían al desarrollo de las transacciones y a los equilibrios de poder en el mercado. No basta con realizar un examen individual de los intereses de cada parte, tenemos que ver cómo confluyen en el mercado.

La Parte III "El sistema de límites vigente. La estructura actual del mercado" comenzará con una conceptualización general de los límites externos e internos. Esta distinción cobra especial importancia a la hora de diseñar una reforma, pues la función y los objetivos que persiguen unos y otros son bien distintos. Ahora bien, hemos comprobado que otros autores suelen establecer clasificaciones distintas de los límites vigentes, motivo por el que en esta monografía proponemos una propia en la que distinguimos los siguientes:

a) Para proteger derechos constitucionales.

b) Para corregir fallos de mercado.

c) Para fomentar la competencia en el mercado.

En cada uno de estos bloques analizaremos los límites más representativos y que mejor se ajustan a la situación que queremos presentar en esta monografía. Así, podremos tener una imagen general del equilibrio de poder que ha diseñado el legislador y cómo está funcionando, si realmente promueve un buen funcionamiento del mercado o tiene fallos que debemos solventar.

Esta tercera parte terminará, con el estudio de la flexibilidad que actualmente permite nuestro ordenamiento jurídico y cuáles son los problemas que ello plantea.

Finalmente, en la Parte IV "¿Cómo alcanzamos el equilibrio (inestable)?" propondremos distintas estrategias para solventar los problemas señalados previamente. En este sentido, planteamos cuatro posibilidades:

a) Mantener la lista tasada de interpretación restrictiva ampliando los supuestos

b) Mantener la lista tasada con una interpretación flexible de sus disposiciones

c) Mantener la lista tasada poniendo en valor los límites ajenos la normativa estatutaria de la propiedad intelectual

d) Establecer una cláusula abierta y flexible similar al *fair use*.

El análisis de cada una de ellas lo centraremos en la dicotomía tradicional entre flexibilidad y seguridad jurídica. Nuestro objetivo es dar más flexibilidad al sistema para que las transiciones hacia nuevos modelos de explotación sean más suaves y provoquen menos conflictos entre las partes, pero siempre debemos conseguir un nivel mínimo de seguridad jurídica que favorezca las inversiones para que las normas sean previsibles.

Una vez analizadas estás propuestas en las consideraciones finales valoraremos cuál o cuáles son las más acertadas para conseguir una flexibilidad y seguridad. En definitiva, qué modelo es el más propicio para un correcto desarrollo de las transacciones en las que el valor añadido creado se reparta de conformidad con la aportación que cada cual hace a la cadena de valor.

PARTE I. ANTECEDENTES HISTÓRICOS Y JUSTIFICACIÓN ECONÓMICA

Capítulo I. Antecedentes y evolución histórica del derecho de propiedad intelectual a la luz de los avances técnicos y del mercado

I. INTRODUCCIÓN

La historia de la propiedad y, en particular, de la propiedad intelectual, desde sus inicios, es una historia de juegos de poder entre los distintos participantes del mercado. Si bien los orígenes de los derechos sobre bienes inmateriales se remontan al derecho romano, donde ya se hablaba de las *res incorporales*, en este estudio nos vamos a centrar en la historia moderna de la propiedad intelectual, partiendo de la aparición de los mercados culturales con la invención de la imprenta. Los títulos de propiedad intelectual modernos no nacen con la imprenta, pero se trató de una innovación tan disruptiva que los cambios que provocó y la reacción de los distintos operadores del mercado sentaron las bases para que naciera lo que hoy conocemos como derecho de autor. El comienzo de la propiedad intelectual moderna llega con la promulgación del Estatuto de la Reina Ana debido a la necesidad de proteger económicamente a los creadores y hacer frente a las injerencias de terceros, incentivando así la creación, el objetivo último de la propiedad intelectual. La necesidad de otorgar una protección era evidente, pero el objeto de la propiedad intelectual es por su propia naturaleza inmaterial. Por este motivo, y al contrario que los bienes tangibles, carecen de límites físicos perfectamente definidos que otorguen una defensa natural y no es posible una posesión física que permita excluir a terceros de la explotación del objeto protegido. Así las cosas, la solución que históricamente ha parecido más oportuna, sin que haya sido cuestionada de forma seria, es establecer un sistema de explotación mediante la implantación de un monopolio, en forma de derecho de propiedad, que permita garantizar el ejercicio de las facultades dominicales sobre un bien inmaterial. Esto supone que el titular del derecho de propiedad intelectual tenga la posibilidad de limitar la libertad de actuación de terceros cuando interactúan con el objeto protegido.

El poder de controlar lo que los distintos operadores del mercado, incluidos los consumidores, pueden hacer con tu producto o servicio es una facultad con un enorme valor, dado que permite organizar de una mejor manera su explotación. En este sentido, se puede evitar o limitar la presencia de competidores en el mercado que exploten el mismo producto o servicio, lo que garantiza una actividad económica mucho más cómoda y, sobre todo, rentable al poder obtener en solitario todos los rendimientos asociados al producto o servicio protegido. Por lo tanto, podemos decir que el poder y el control sobre terceros están en la esencia de los derechos de propiedad intelectual.

La evolución de la propiedad intelectual se ha hecho a golpe de reivindicaciones sociales de distintos grupos de poder a los que el sector público ha tratado de dar una respuesta más o menos coherente. En la práctica, como veremos, las modificaciones legislativas, en la mayoría de las ocasiones, han consistido en incrementar el poder de los grupos que alzaban la voz. No estamos ante un aspecto especialmente problemático siempre que el legislador tenga en cuenta la posibilidad de que se cometan abusos y busque la forma de garantizar que los titulares ejerzan sus derechos de forma leal y respetuosa con la posición jurídica y económica del resto de participantes.

No obstante, no deberíamos ser especialmente optimistas, la mesura es una aptitud que no todo el mundo tiene y, como veremos a lo largo de este capítulo, se han producido importantes abusos del poder otorgado que deben hacernos reflexionar sobre el contenido, la estructura y el alcance de estos derechos por los riesgos que plantea su mera existencia. Además, el legislador no siempre tiene toda la información necesaria como para llevar a cabo políticas públicas que respondan a las necesidades de la sociedad. No en vano, uno de los principales motores actuales de la regulación de la propiedad intelectual está ligado al estudio de la economía, una ciencia que no se empieza a desarrollar en profundidad en lo que a esta materia se refiere hasta el último cuarto del siglo XX.

A lo largo de las siguientes páginas veremos cómo los distintos participantes del mercado han interactuado entre sí y, especialmente, cómo han ido cambiando las relaciones hasta llegar al estado actual de las cosas. En este sentido, debemos tener en cuenta que los sujetos participantes en estas luchas de poder han ido evolucionando después de cada transformación sustancial en el mercado, los grupos perjudicados iban reivindicando un cambio en los equilibrios de poder que les permitiera mantener su estatus social. Precisamente por este motivo, veremos que, aunque los participantes en estas luchas sean distintos, las dinámicas siempre son y, posiblemente, serán las mismas: una batalla por tener una posición de preeminencia en el mercado y poder controlar a los demás, sacando el máximo rendimiento posible al objeto protegido.

Además de la existencia de patrones, la evolución que vamos a exponer a continuación también trae causa en los distintos posicionamientos políticos que directa o indirectamente han influido en esta evolución legal. Ninguno de estos enfoques normativos es erróneo per se, pero sí debemos señalar que tratar de mantener los mismos equilibrios de poder no debería ser el objetivo final de un ordenamiento jurídico. Es cierto que siempre debemos mantener unos principios básicos inalterados, pero los cambios económicos y sociales nos deben obligar a buscar soluciones distintas. Solo de esta forma podremos mantener constantes los principios que rigen nuestra convivencia humana pacífica en el desenvolvimiento de la vida en sociedad.

A continuación, realizaremos un repaso de cómo ha evolucionado la propiedad intelectual desde el nacimiento de la imprenta hasta la actualidad, diferenciando cuatro etapas fundamentales relacionadas con la sucesiva aparición de medios técnicos con una enorme capacidad transformadora del mercado.

II. DESDE LA INVENCIÓN DE LA IMPRENTA (1492) HASTA LA PROMULGACIÓN DEL ESTATUTO DE LA REINA ANA (1709-1711)

1. La incubación del Estatuto de la Reina Ana

En esta etapa revisaremos el nacimiento de la propiedad intelectual moderna, en la que las circunstancias que rodean su aparición tienen mucho que ver con conceptos económicos que se han desarrollado en la actualidad[3]. Evidentemente, en ese momento dicha terminología no se usaba, pero los problemas a los que aluden sí estaban presentes. En este sentido,

---

3 Anteriormente existía un sistema de protección basado en concesiones del Estado para la explotación. En este sentido, Vid. Kostylo, J. (2010). From gunpowder to print: The common origins of copyright and patent. *Privilege and Property*, 21 en Kretschmer, M., Bently, L., & Deazley, R. *Privilege and Property. Essays on the History of Copyright.* OpenBook.

la innovación técnica que vio la luz en el año 1492, la imprenta, cambió radicalmente el panorama de la circulación de las obras escritas. Sin embargo, no sería hasta el final de esta etapa de la historia, a principios del siglo XVI, cuando su generalización permitió una explotación a mayor escala, fenómeno que provocó un cambio aún mayor de la actividad económica vinculada a estos productos.

Hasta ese momento, la difusión de los productos culturales era marginal, limitada a una estrecha minoría de la población, puesto que la conservación de las obras culturales quedó reducida a la Iglesia Católica y a los grandes mecenas. Es cierto que la generalización de la imprenta no provocó una reducción drástica de la población iletrada y, con ello, la existencia de un gran público al que distribuir las obras, pero sí permitió crear un mercado al conseguir que más personas tuvieran acceso a las obras al reducirse notablemente los costes de producción de las copias gracias a un incremento de los oferentes. Este proceso fue gradual, de tal forma, que poco a poco se fue construyendo una necesidad de proteger una determinada posición de las personas que facilitaban la publicación de libros. Estamos ante el nacimiento de los mercados de explotación en masa, sin llegar al nivel actual, pero la semilla la podemos encontrar en el nacimiento de la imprenta.

Los derechos exclusivos, que no son fruto únicamente de la existencia de la imprenta, nacen por la necesidad de evitar explotaciones económicas no autorizadas y garantizar que el titular pueda explotar su producto sin perturbaciones[4].

---

[4] Todavía no podemos hablar de la protección de los titulares de derechos para garantizar una competencia leal en el mercado, vinculada a un abuso de los demás participantes por actuar con una estructura de costes sustancialmente distinta. No podemos olvidar que los conceptos ligados al derecho de la competencia no empiezan a lle-

En definitiva, lo que se busca es potenciar una determinada actividad porque el sector púbico observaba que era beneficiosa para la sociedad y porque sus titulares tenían la capacidad de hacerse oír.

Si bien es cierto que la explotación de los bienes materiales existe desde su creación; en el caso de los bienes inmateriales, precisamente por su incorporeidad, se requiere la presencia de medios de producción que nos permitan crear copias físicas. Por lo tanto, el presupuesto de hecho para proteger este tipo de creaciones no cristalizó hasta que no aparecieron los medios necesarios para una utilización a mayor escala difícilmente controlable y se vio una necesidad social clara de proteger a unos determinados grupos que estaban sufriendo los abusos de algunos operadores coetáneos.

En definitiva, los impresores[5], que eran los principales actores económicos del momento, pues realizaban una inversión importante para poner en circulación las obras, veían su posición amenazada, pues otros impresores podían editar las mismas obras que ellos sin necesidad de comprar el manuscrito a su titular. Este fenómeno provocó una tensión social importante en una de las organizaciones que permitieron construir la actividad económica, los gremios, en este caso, de editores que, como veremos más adelante, tuvieron un papel realmente importante

gar a nuestros ordenamientos jurídicos hasta finales del siglo XIX, cuando la legislación norteamericana comienza a asumirlos. Quizás podríamos aludir a Adam Smith en su célebre obra "La Riqueza de las Naciones" (1776) en la que ya utilizaba el concepto de interdependencia, muy similar a lo que hoy denominamos competencia en el mercado. No obstante, aún así, tendríamos que esperar casi 300 años para poder utilizar este tipo de conceptos.

5 Vid. Bellido, J., Xalabarder Plantada, R., Casas Valles, R., Bently, L., & Kretschmer, M. (2011). Primary Sources on Copyright (1450-1900).

en el desarrollo de los acontecimientos para el alumbramiento de los derechos de autor modernos.

Una vez sabemos cuál es el presupuesto para la protección de los bienes inmateriales queda responder a una segunda pregunta ¿qué tipo de protección se debería otorgar? La idea en mente de los legisladores era dar una tutela similar a la que tienen los propietarios de los bienes materiales, es decir un derecho de propiedad, pese a que la realidad de las cosas impide ejercer este dominio por la incorporeidad de los elementos a proteger. No obstante, no podemos olvidar que el objeto con el que se comerciaba eran copias materiales de las obras, luego el sistema no distaba mucho de las necesidades del mercado. Así, se decidió optar por un sistema de monopolio o derecho exclusivo que, como veremos a lo largo de este texto, ha sido una constante de la que el sector público no ha conseguido desprenderse.

Esta decisión tampoco se alejaba de lo que ya se había hecho con otro tipo de bienes inmateriales, como los que hoy conocemos como patentes. La protección que otorgaba el Estado, tal y como lo narran las crónicas histórico-jurídicas de la época[6], se hacía en forma de concesiones de explotación que la Corona otorgaba graciosa y libremente[7]. Los criterios

---

6 Vid. Teilmann-Lock, S. (2015). *The object of copyright: a conceptual history of originals and copies in literature, art and design.* Routledge, pp. 12 y ss.

7 Vid. https://www.jotdown.es/2019/07/vamos-a-morir-todos-menos-ava/ y https://archive.nytimes.com/www.nytimes.com/books/97/05/18/reviews/pynchon-luddite.html?. En estos artículos se ponen de manifiesto algunos de los criterios utilizados por la Corona británica para otorgar los títulos de propiedad intelectual, en este caso patentes. En particular se trata el caso del procedimiento de concesión de la patente sobre la rueca, un instrumento que trajo notables avances en la industria textil dado que agilizaba el

utilizados para seleccionar las creaciones protegibles y el tipo de protección que se concedió nos permite hacer una serie de consideraciones de gran importancia que parecían estar claras en ese momento histórico, pero que con el tiempo se han ido perdiendo casi del todo.

En primer lugar, podemos apreciar que no existía la necesidad de proteger a los autores de obras literarias y artísticas, sino que las prioridades del sector público eran otras bien distintas. De hecho, se priorizó la protección, precisamente, de otro de los eslabones de la cadena de distribución de los productos: los titulares de máquinas de imprenta. El principal motivo para ello fue la necesidad de proteger a quienes se veían más afectados en el desarrollo de su actividad y conseguir así un equilibrio. No podemos olvidar que los editores eran quienes hacían una importante inversión para obtener la maquinaria necesaria y quienes hacían posible la existencia del mercado. Esta decisión de la Corona sobre a quién se debe proteger nos permite llegar a la siguiente conclusión: la protección debe otorgarse a los productos y servicios que lo requieren y exclusivamente por el tiempo que lo requieren[8].

---

trabajo de las costureras, durante el reinado de Isabel I de la dinastía Tudor. Sin embargo, este avance provocaría una reducción de la mano de obra necesaria para llevar a cabo las mismas tareas. Esta preocupación por el progreso de la nación y por las consecuencias económicas y sociales, tanto positivas como negativas, que tendría admitir el monopolio sobre ciertas invenciones guiaron la acción del gobierno británico a la hora de promover y proteger innovaciones disruptivas.

8 Recordemos el Discurso pronunciado por Lord Thomas Babington Macaulay en la Cámara de los Comunes el 5 de febrero de 1841, disponible en: https://www.thepublicdomain.org/2014/07/24/macaulay-on-copyright/

En segundo lugar, debemos detenernos en el factor temporal de la protección, es decir por cuanto tiempo se otorga esta tutela. En el caso de lo que hoy conocemos como patentes se daba una protección limitada en el tiempo. Evidentemente, en ese momento no se valoraban cuestiones como el ámbito objetivo óptimo[9], sino las necesidades del grupo que requería la protección, es decir, qué reclamaban. Estamos ante un aspecto fundamental, dado que el plazo de protección puede ser esencial para determinar el poder que damos a cada operador. En este sentido, una protección sin límite de tiempo puede ser problemática por los desequilibrios sociales que puede provocar.

En tercer lugar, debemos entrar a valorar con qué objetivo se conceden los derechos exclusivos. El monopolio, al menos en el plano ideal, se regía por un principio básico apto para cualquier título de propiedad intelectual de los que conocemos en la actualidad: la existencia de un interés necesitado de protección. Por lo tanto, a la hora de diseñar cualquier normativa, deberíamos garantizar que el grupo al que queríamos proteger esté efectivamente protegido y sus pretensiones estén satisfechas[10]. Sin planteárselo directamente, lo que se buscaba era la consecución de un equilibrio entre los intereses de las distintas

---

9 Vid. Gowers Review of Intellectual Property, Diciembre de 2006 y Digital Opportunity A Review of Intellectual Property and Growth también conocida como Hargreaves Review, Mayo de 2011, que señalan la existencia de un nivel de protección por encima del cual se sobreincentiva a los titulares de derechos y por debajo del cual los incentivos a participar en el mercado son insuficientes. Para más información, Vid. Capítulo III.I. ¿QUÉ DEBEN GARANTIZAR LOS DERECHOS DE PROPIEDAD INTELECTUAL A LOS AUTORES?

10 Si aplicáramos los modernos conceptos económicos con los que hoy contamos, hablaríamos de la presencia de incentivos en el mercado para que estos sujetos se vean atraídos a desarrollar esa actividad económica.

partes implicadas para favorecer un sistema económico apto para todos que permitiera un buen desarrollo del mercado.

Ahora bien, debemos tener presente que garantizar esta satisfacción de intereses no supone que el sector público asuma la obligación de garantizarles la remuneración que ellos quieran obtener, ni siquiera la rentabilidad de su negocio. El hecho de que una determinada actividad merezca cierto tipo de protección según el criterio del legislador no supone que vaya a ser siempre atractiva para el resto de la sociedad.

Hasta la llegada del Estatuto de la Reina Ana la normativa parecía, a priori, cumplir casi a la perfección con todas las consideraciones que hemos hecho anteriormente. El objetivo declarado era proteger a los editores de la conducta de algunos competidores que dificultaban la posición económica del poderoso gremio de editores. Aunque no se planteara en estos términos, sí que podemos afirmar que el sector público apostó por ellos porque, en aquel momento, eran un eslabón esencial en el desarrollo de este mercado y podían potenciar la actividad económica[11]. Así, pareció entenderse que los impresores eran los más necesitados de protección al asumir un coste quizás demasiado grande en relación con los beneficios que podrían obtener si el sector público no les protegía.

Este razonamiento llevó a que solamente el gremio de impresores (*Stationers Guild* en su denominación anglosajona)

---

[11] Se trata de una decisión similar a la tomada por la Corona Británica al no patentar la rueca, aunque justamente con el resultado contrario. Con la rueca, el sector público vio una amenaza para los empleos de muchas mujeres costureras, luego decidió frenar esta innovación para mantener en la medida de lo posible el equilibrio económico vigente. Muy al contrario, en este caso, con esta protección a los titulares de las imprentas se buscó reforzar un sector de la economía que se aventuraba prometedor.

pudiera dedicarse a esta actividad. Se les garantizaba que el precio podría ser fijado de forma concertada y, de esta forma, podrían obtener los rendimientos económicos de un monopolista, lo que les permitiría sufragar sobradamente sus gastos[12].

2. *Reacción del Gremio de Editores frente al nuevo régimen legal. La corrupción de los derechos exclusivos y el derecho natural de propiedad*

El gremio de libreros afirmaba que, además del derecho otorgado por el Estado, tenía un derecho de propiedad natural sobre las copias que ellos mismos producían gracias a la cesión que hacían los autores[13]. Para sustentar esta afirmación se basaban en las teorías formuladas por John Locke sobre la apropiación mediante el trabajo personal[14]; como habían producido dichas copias gracias a la titularidad de los medios de producción, la consecuencia lógica era que ellos fueran los propietarios de estas. Dicha teoría partía de una concepción infantil de los autores según la cual eran los editores los que tutela-

---

12 Como podemos ver, el razonamiento que llevó al sector público a establecer este tipo de protección guarda una íntima relación con el concepto de "escasez artificial" que manejamos actualmente y que ha servido a la doctrina económica para justificar la necesidad de mantener los derechos exclusivos como el mecanismo más efectivo para el establecimiento de incentivos a la creación cultural. En este sentido, Vid. CAPÍTULO II. JUSTIFICACIÓN ECONÓMICA DE LA PROPIEDAD INTELECTUAL Y SUS LÍMITES.

13 Mientras la legislación no contravenía este posicionamiento del Gremio de Editores no hubo mayores problemas, pero tras la promulgación del Estatuto de la Reina Ana, provocó una batalla judicial que duraría casi un siglo.

14 Vid. Bently, L., Deazley, R., & Kretschmer, M. (2010). *Privilege and property: essays on the history of copyright* (p. 450). Open Book Publishers.

ban a los autores gracias a los contratos de cesión de la obra. En este sentido, como los autores tenían un proto-derecho de propiedad natural e indefinido sobre las copias de sus obras por ser fruto de su trabajo personal; ellos se convertirían en los propietarios en el momento en el que se concluyera un contrato de cesión[15].

Anteriormente señalábamos que esta normativa solamente cumplía a priori con las exigencias marcadas en los párrafos anteriores, puesto que las crónicas cuentan que el Gobierno de Inglaterra, además del avance social y la protección de los intereses económicos de la nación, tenían otros objetivos en mente al otorgar el monopolio sobre la explotación de obras impresas al *Stationers Guild*: controlar y disipar las críticas a la acción de la Corona[16]. Así, se estableció un sistema de *quid pro quo* utilizado no tanto para el beneficio de toda la sociedad, como para garantizar la supervivencia de una forma de ejercer el poder público evitando las críticas políticas. En este sentido, los titulares de las imprentas se aliaron con el sector público para establecer un sistema mutuamente beneficioso:

- Por un lado, el Gobierno establecía un entramado legislativo mediante el cual los impresores obtenían un dere-

---

15 No deja de haber cierto paralelismo con la conducta que actualmente adoptan los intermediarios tradicionales con los autores y los intermediarios de la sociedad de la información con los consumidores. Mientras que alegan proteger los intereses de la sociedad, la realidad es que únicamente pretenden proteger sus, por otro lado perfectamente legítimos, intereses económicos.

16 Vid. Teilmann-Lock, S. (2015). *The object of copyright: a conceptual history of originals and copies in literature, art and design.* Routledge, p. 12.
En el mismo sentido, Vid. Rose, M. (1993). *Authors and owners: The invention of copyright.* Harvard University Press.

cho de exclusiva en la explotación de libros, que sería debidamente respetado y protegido por el sector público.

- Por otro lado, a cambio de la existencia de este derecho exclusivo, los editores controlarían estrictamente el tipo de obras que se editaban, vetando todas aquellas que presentaran críticas al Gobierno[17].

Este ejercicio del derecho exclusivo para controlar a los ciudadanos no es otra cosa que el primer abuso que hemos visto en el tránsito histórico anudado a la historia de la propiedad intelectual. La necesidad de un derecho exclusivo para proteger a los impresores existía, pero fue utilizado para fines bien distintos y en absoluto relacionados con lo que debe ser la esencia de la propiedad intelectual, ya no solo en la que se concibe actualmente como instrumento legislativo para la evolución del mercado, sino con los supuestos objetivos que se plantearon en este momento histórico. Muy al contrario, sirvió para que la Corona desconcentrara la gestión de la censura en el gremio de impresores controlando así a los ciudadanos. Este sistema rigió en el Reino de Inglaterra durante un largo período de tiempo disipando las posibles críticas que pudieran surgir desde los estamentos privilegiados de la época, principalmente entre la nobleza y la burguesía, que eran los únicos que tenían acceso a una educación adecuada que les permitiera leer y escribir y a los medios suficientes como para adquirir estas publicaciones.

La implantación de un sistema de derechos exclusivos, como hemos podido apreciar, vino ligada a motivos tanto de oportunidad política (evitar críticas molestas contra la Corona) como de política económica, pues había que potenciar

---

17 Para más información, Vid. Deazley, R. (2008). Commentary on the Stationers' Royal Charter 1557.

una industria naciente que de otro modo podría haberse visto abocada al fracaso. Es difícil determinar si ambas motivaciones fueron igualmente importantes a la hora de implantar este sistema de derechos exclusivos, pero lo cierto es que fuere por el motivo que fuere estas primeras decisiones marcaron un modelo de derechos exclusivos que, en determinados aspectos, perdura hasta la actualidad. Lo que es seguro es que fueron determinantes para la evolución inmediatamente posterior del ordenamiento jurídico gracias a las tensiones políticas y sociales que desencadenó este modelo.

III. DESDE LA PROMULGACIÓN DEL ESTATUTO DE LA REINA ANA (1709-1711) HASTA EL FINAL DE LA PRIMERA REVOLUCIÓN INDUSTRIAL (SEGUNDA MITAD DEL SIGLO XVIII)

El sistema descrito en el apartado anterior se fue consolidando con el paso de los años, puesto que colocaba a los editores en una posición privilegiada y permitían a la Corona mantener un ejercicio del poder poco respetuoso con lo que hoy denominamos derechos fundamentales. Sin embargo, la tolerancia social hacia esta forma de entender el poder público no corrió la misma suerte y el cambio fue finalmente inevitable por dos motivos principales. En otras palabras, el desequilibrio existente hizo mella en el *statu quo* y la normativa tuvo que cambiar.

En primer lugar, las reivindicaciones para proteger la libertad de expresión de todos los ciudadanos estaban en auge[18].

---

18 Vid. Xalabarder Plantada, R. (2008). Derecho de autor: el desarrollo de los objetivos de protección: ¿Cuán lejos hemos evolucionado desde las raíces? *Actas de Derecho Industrial y Derecho de Autor. Tomo XXVIII*, 529-545.

La tolerancia frente a la censura ejercida por la Corona a través del *Stationers Guild* se agotó. De hecho, durante el último tercio del siglo XVII se tramitaron varios proyectos de ley que pretendían liberalizar este sector para garantizar la libertad de expresión, sentando las bases de lo que posteriormente sería el Estatuto de la Reina Ana (1709-1711). De esta forma, los ciudadanos empezaron a prepararse para su mayoría de edad[19], saliendo del control exhaustivo del sector público para tomar ellos la iniciativa.

En segundo lugar, la consolidación de la industria editorial se convirtió en un arma de doble filo, dado que sus características a principios del siglo XVIII tenían poco o nada que ver con la industria editorial que nació durante el siglo XVI. Pasados casi doscientos años desde su nacimiento en el año 1492, el sector editorial había conseguido florecer y, sobre todo, evolucionar, motivo por el cual ya no necesitaba una protección tan intensa por parte del sector público. De esta manera, la tutela pública perdió su efecto útil, generando una importante desconexión entre los objetivos planteados por el sector público y la realidad. Así, el monopolio que antes se consideraba una herramienta útil y necesaria, se convirtió simple y llanamente en

---

19 En este sentido, Vid. Kant, I. (1784). ¿Qué es la Ilustración? -*Filosofía de la historia*, 25-38. Kant indicó en esta obra que:

La Ilustración es la salida del hombre de su autoculpable minoría de edad. La minoría de edad significa la incapacidad de servirse de su propio entendimiento sin la guía de otro. Uno mismo es culpable de esta minoría de edad cuando la causa de ella no reside en la carencia de entendimiento, sino en la falta de decisión y valor para servirse por sí mismo de él sin la guía de otro. Sapere aude! ¡Ten valor de servirte de tu propio entendimiento!, he aquí el lema de la Ilustración.

Como podemos ver que estas acciones de los ciudadanos, reclamando sus derechos más básicos, supusieron el inicio de ese despertar que terminaría desembocando en la Ilustración.

un mal para la sociedad al apenas provocar efectos positivos, ya que la industria editorial estaba sobradamente consolidada y no requería una protección tan fuerte, sino que era capaz de sobrevivir por sus propios méritos.

Es interesante detenernos en el objeto del rechazo social porque si queremos hacer un análisis preciso de la cuestión, no podemos mezclar conceptos. Por un lado, tenemos la institución jurídica, un embrión de lo que en un futuro será la propiedad intelectual, un instrumento para proteger a los participantes de los mercados culturales. Por otro lado, tenemos el ejercicio que se hace de las facultades que otorga esta institución jurídica.

Tal y como se desarrollaron los acontecimientos y viendo cual fue la solución adoptada, parece razonable entender que el rechazo no fue a la institución jurídica como tal, sino al ejercicio espurio de las facultades que hicieron sus titulares, amparados por los intereses, también corruptos, del sector público. Ahora bien, las reivindicaciones sociales sí hicieron ver que era necesario cambiar la forma en la que se protegía a los titulares de derechos.

1. Claves del Estatuto de la Reina Ana

Fruto de este complejo contexto económico y social y tras un largo proceso legislativo, se llegó a la promulgación, entre los años 1709 y 1711[20], del Estatuto de la Reina Ana,

20 La doctrina histórica más autorizada no encuentra suficientes evidencias históricas para establecer la fecha concreta en la que se promulgó el Estatuto de la Reina Ana, pero si consideran suficientemente acreditado que se produjo entre los años 1709 y 1711.

bajo el título de "una Ley para la promoción del aprendizaje mediante la concesión de las copias de los libros impresos a los autores y a los compradores de dichas copias, durante el período en ella mencionado"[21]. El título planteaba unos objetivos quizás demasiado ambiciosos para el momento histórico, motivo por el cual han sido puestos en cuestión por la doctrina (en aquel momento la tasa de alfabetización en el Reino de Inglaterra apenas superaba el 30%[22]). Si queremos especular y buscar explicaciones alternativas a los verdaderos motivos que llevaron al legislador a promulgar esta norma, podríamos indicar que este título sería una justificación "amable" para aprobar una ley que iba a cambiar las reglas del juego del mercado de obras escritas, buscando un nuevo equilibrio. Esta nueva norma, parece responder casi a la perfección a todas las consideraciones que hicimos en el apartado anterior:

---

21 *"An Act for the Encouragement of Learning, by vesting the Copies of Printed Books in the Authors or purchasers of such Copies, during the Times therein mentioned".*

22 Vid. Cappel, D. H. (1980). Literacy in England, 1718—1759: Indenture contracts as a source. Así mismo, Vid. Stephens, W. B. (1990). Literacy in England, Scotland, and Wales, 1500–1900. *History of education Quarterly*, *30*(4), 545-571. quien señala que la apertura del mercado gracias a la aparición de la imprenta y la mejora de las técnicas provocó un incremento en las tasas de alfabetización, gracias a la bajada de costes.
El artículo aporta datos concretos y señala que en la época en la que se promulgó el Estatuto de la Reina Ana, solamente el 45% de los varones ingleses eran capaces, no ya de leer, sino de firmar con su nombre. Entre las mujeres, los datos eran notablemente bajos, pues la normativa no les permitía estampar su firma en documentos.

i. El objetivo aparece claramente definido en el título, con independencia de que tomemos el objetivo declarado o el presunto: incrementar el bienestar general y promover el desarrollo del mercado de las obras literarias, ya sea por reducir el porcentaje de población iletrada o por garantizar un espacio de libertad de expresión y pensamiento a los ciudadanos.

ii. Se identifica claramente quién necesita los incentivos para promover la creación y la innovación: los autores y creadores.

iii. Se da un plazo de duración de los derechos atendiendo a la naturaleza de los incentivos que necesariamente deben tener una fecha de caducidad, evitando así desconexiones innecesarias entre la normativa y la sociedad.

Podemos ver que pese a la necesidad de cambiar el sistema lo único que se hizo fue modificar a los sujetos del monopolio, mientras que la institución subyacente, el derecho exclusivo, permanece prácticamente inalterada, con la única pero importante excepción de la introducción de límites temporales. Se trata de una conexión con lo que en un futuro será el utilitarismo, cuyo máximo exponente fue Jeremy Bentham.

A partir de este momento ya no serían los editores los que controlarían directamente la explotación de la obra, sino que el derecho exclusivo se atribuye a los creadores por el mero hecho de serlo. De esta forma, son los únicos que pueden decidir si explotar la obra o no y, en caso de hacerlo, decidir la forma y condiciones de dicha explotación económica. Así, al tener en sus manos el monopolio[23] son ellos quienes tienen el poder de

---

[23] No deja de ser paradójico que para dar poder a los autores con ánimo de cambiar el funcionamiento de este sector de la sociedad, se elija precisamente el monopolio, un instrumento legal

decisión, no un gremio "comprado" y corrompido por el sector público. Posteriormente veremos que este loable objetivo de empoderar a los autores frente a los editores, que se habían convertido en el antagonista principal, no surtió los efectos esperados. Pese a que son los autores quienes tenían la posibilidad de decidir cuándo, con quién y en qué condiciones se cedían los derechos de explotación, lo cierto es que los editores seguían siendo los titulares de los medios de producción necesarios para llevar la obra al mercado[24]. De hecho, la legislación es un reflejo de esta circunstancia, pues se entiende que el autor, por sí solo, no puede hacer nada en el mercado al no tener los medios de producción necesarios para explotar su obra.

Esta transición de un modelo, ahora sí, de propiedad intelectual instaurado por el Estatuto de la Reina Ana convirtió los derechos exclusivos, además de en una forma de promover el progreso científico y cultural, en un instrumento para proteger la libertad de expresión y prensa que busca un equilibrio de poder entre el sector público y los ciudadanos para evitar abusos del primero cuando ejerce su *auctoritas*. Como vemos, aunque los objetivos íntimamente ligados a lo que hoy conocemos como propiedad inte-

---

que sirvió para institucionalizar la censura. No obstante, hay un elemento de aversión al riesgo que permite justificar esta elección. El establecimiento de un monopolio es una solución que las autoridades públicas sabían que servía para dar una posición de poder a un determinado grupo, anteriormente fueron los editores y luego fueron los autores. De esta forma, parece que los legisladores optaron por una solución conservadora que evitaba el riesgo de adoptar medidas nuevas cuyos efectos reales no eran conocidos, sino que estaban basados en meras predicciones.

24 Si aplicamos los modernos conceptos económicos desarrollados para explicar el funcionamiento de los mercados, podemos ver que los editores, como titulares de los medios de producción, se convirtieron en los *gatekeepers*.

lectual eran incentivar la creación y la innovación, el curso de la historia les ha dado otras funciones igualmente importantes por las consecuencias o externalidades, tanto positivas como negativas y que no debemos olvidar.

El legislador ya tuvo en mente la presencia de problemas ligados a la existencia de estos derechos de exclusiva. Precisamente los abusos de poder, una externalidad asociada al uso de los derechos de propiedad intelectual, están detrás de uno de los principales límites introducidos con el Estatuto de la Reina Ana, presente en mayor o menor medida hasta la actualidad: las limitaciones temporales[25]. De esta forma, en el caso de que se produjera un abuso del poder otorgado por el derecho de propiedad intelectual, tendríamos como salvaguarda la temporalidad, esto es que, llegado un momento, el abuso se extinguirá por la caducidad del derecho.

Este planteamiento asume estos abusos de poder y los trata como si de un mal necesario se tratase, una decisión tan pragmática como cuestionable. De esta forma, parece entenderse que para promover determinadas actividades creativas y para defen-

---

25 Aunque más de un siglo posterior a la promulgación del Estatuto de la Reina Ana, es muy ilustrativo el discurso otorgado por Thomas Babington Macaulay en la Cámara de los Comunes el 5 de febrero de 1841, en el que entre otros aspectos señalaba que "*It is good that authors should be remunerated; and the least exceptionable way of remunerating them is by a monopoly. Yet monopoly is an evil. For the sake of the good we must submit to the evil; but the evil ought not to last a day longer than is necessary for the purpose of securing the good*" (Es correcto que los autores sean remunerados, pero lo es menos que se les remunere mediante un monopolio. El monopolio es un mal. Por el bien de todos debemos sucumbir a este mal, pero no debe durar ni un día más de lo necesario para conseguir el bien) (traducción propia).

der los derechos de los ciudadanos se tenían que asumir ciertos abusos por parte de los operadores económicos, algo realmente preocupante que puede ser la raíz de algunos de los problemas actuales asociados a los derechos de propiedad intelectual. Sin embargo, debemos ser conscientes del momento histórico que se vivía, así como de las posibilidades reales de actuación que tenía el sector público. No se podía pretender un cambio radical en el funcionamiento del sistema económico, sino que debemos promover reformas que faciliten una transición suave pero constante que nos permita alcanzar el equilibrio de poderes del que parece que ya se empieza a hablar en esta etapa histórica.

El Estatuto de la Reina Ana intenta conseguir un nuevo equilibrio de intereses protegiendo a los creadores mediante el poder estrictamente necesario para que se pudieran expresar en libertad, no depender de terceros y tener distintas alternativas para acceder al mercado. Conocedores de los acontecimientos previos, los abusos de poder se convirtieron en una preocupación evidente. Por consiguiente, como bien dijo Lord Macaulay, este poder debía estar limitado al tiempo necesario y para los actos estrictamente imprescindibles, es decir que el incentivo en forma de derecho exclusivo se otorgue para aquel ámbito objetivo-temporal que se ajuste a su finalidad. En consecuencia, podemos resumir en dos puntos las notas esenciales de la nueva etapa en la regulación de la propiedad intelectual que se abrió con el Estatuto de la Reina Ana:

i. Dar un derecho exclusivo directamente a quien más lo necesita, que en este momento histórico fueron los autores, mientras que antes fueron los impresores.

ii. Limitar el derecho exclusivo para que esa parcela de libertad que se otorga como incentivo y como salvaguarda de derechos no se convierta en un arma de doble filo utilizada por sus titulares para abusar de otros participantes del mercado.

Así, la intención del legislador no era, al menos a priori, crear una posición de superioridad para los autores frente a los editores y frente al público, sino fortalecer a los primeros para tratar de equilibrar el terreno, quizás, en busca de la igualdad de oportunidades efectiva. También podemos considerar que este nuevo sistema de propiedad intelectual fue una forma de mantener la estabilidad del Estado, puesto que se enfrentaba a un descontento generalizado. En consecuencia, el Estatuto de la Reina Ana es tanto una forma de satisfacer a intereses generales como de salvar al propio Estado del caos que había creado.

2. Reacción del Gremio de Editores al Estatuto de la Reina Ana

Pese a que no se produjo un cambio radical en el funcionamiento del sistema, sí que hubo un cambio efectivo en el equilibrio de poderes que terminó generando ganadores y perdedores[26]. Así, no es de extrañar que los editores, los grandes perdedores en aquel momento, mostraran un rechazo a esta nueva forma de proteger a los autores, puesto que antes eran ellos quienes tenían un mayor peso en la determinación del contenido de la transacción. Los procesos históricos suelen construirse de esta manera, buscando antagonistas contra los que se revela el resto de la población, pero debemos ser conscientes del riesgo de rechazo asociado a esta fórmula de progreso.

Así, los editores comenzaron una campaña judicial para defender sus intereses. Un primer paso, fue una guerra propa-

---

26 No podemos olvidar que las transiciones históricas suelen tener como causa reacciones frente a situaciones de abusos. Por lo tanto, si partimos de la presencia de antagonistas en la sociedad, no es de extrañar que estos, tras la pérdida de su posición se sientan agraviados, máxime cuando disfrutaban de esta posición como consecuencia disposiciones legales.

gandística en la que uno de los argumentos más importantes era los daños que esta reforma iba a provocar a los propios creadores al ver reducidos sus ingresos al limitar el tiempo de protección[27]. No obstante, no estaban reclamando un ámbi-

---

27 Es difícil no ver el paralelismo con la situación actual donde diversos intermediarios reclaman más protección para poder compensar las pérdidas generadas por la piratería en la era digital, garantizando así un nivel de ingresos suficiente que satisfaga las necesidades tanto de los autores como de los propios intermediarios. De esta forma, consideran que una mayor protección ayudaría a generar más ingresos, lo que conllevaría, siempre según su interpretación, la creación de importantes incentivos a la producción cultural. A estos efectos, los intermediarios han aportado cifras de pérdidas de ingresos y de empleos vinculadas a estas pérdidas económicas. No obstante, W. Patry (2011), en "How to Fix Copyrigt" (pp. 62-67) pone de manifiesto las posibles dudas sobre los métodos utilizados para obtener estos resultados y, por tanto, sobre la realidad de estos cálculos.
Este argumento ha aparecido siempre que se descubre una nueva tecnología disruptiva que crea amenazas a los modelos de negocio establecidos en el mercado, siendo las más recientes la aparición de las cintas VHS o Betamax que dio lugar a una celebre sentencia del Tribunal Supremo de los Estados Unidos de América: Sony Corporation of America et al. v. Universal City Studios, Inc., et al. 464 U.S. 417 (1984) y las formas de explotación digital (el Tribunal de Justicia de la Unión Europea tiene una vasta jurisprudencia sobre los distintos conflictos generados por las explotaciones digitales). El fenómeno económico conocido como aversión al riesgo provoca que los intermediarios prefieran mantener un modelo de explotación de los productos y/o servicios conocidos y que saben que les genera rentabilidad a tener que arriesgarse a elaborar un nuevo modelo que no saben si va a ser igual, más o menos productivo. En el mismo sentido, Vid. Liu, J. (2012). *Copyright Industries and the Impact of Creative Destruction: Copyright expansion and the publishing industry*. Rout-

to objetivo de protección más amplio de forma altruista, sino que buscaban protegerse a sí mismos frente a pérdidas en su activo principal: los derechos de autor que ahora obtendrían mediante un contrato de cesión de derechos. Además, debemos tener en cuenta que ahora los editores se veían obligados a negociar, cuando antes los autores no tenían otra opción que acudir a ellos.

A esta pérdida de tiempo de explotación debemos añadir que con la reforma los editores ya habían perdido una cuota de poder importante, ya no tenían un monopolio sobre el mercado editorial, ni por ministerio de la ley, ni por la vía de los hechos. En los inicios de la industria editorial la inversión necesaria para entrar en este mercado comprando una imprenta era demasiado grande como para que cualquiera pudiera embarcarse en esta empresa. Sin embargo, una vez que esta invención se generaliza la barrera de entrada se va reduciendo y el mercado ya no queda en manos de unos pocos. De esta forma, los autores, que ya no están cautivos, son los que podían decidir si publicar o no, sin que el gremio de editores tuviera ese férreo control y,

---

ledge, pp. 53-54. y Keep, E. (2015). TechChrunch. How the new corporation crushed the culture industries en McGuinness, P. (Ed.). (2015). *Copyfight*. NewSouth, pp. 64-65.

Sin embargo, algunos de estos grupos de interés parecen no haber entendido que una vez que la nueva forma de explotación disruptiva está en el mercado es difícil, por no decir imposible, pararla cuando está en manos de terceros a los que no pueden controlar. Además, si una vez que se deja crecer en libertad a una forma de explotación, como se ha hecho con los medios digitales, con posterioridad se pone de manifiesto que hay aspectos poco favorables para los intereses de un determinado grupo, corregir su rumbo puede ser complicado si quienes controlan dicha forma de explotación se han convertido en un gran grupo de interés.

sobre todo, podían decidir con quién publicar. Precisamente en esto consiste dar libertad a los autores, en facilitarles alternativas entre las que poder elegir. Para ello era necesario otorgarles un derecho de propiedad, para que pudieran ser ellos los que tomaran las decisiones sobre la explotación de la obra valorando las distintas alternativas. No obstante, debemos relativizar esta pérdida de poder, puesto que en el momento en el que el autor no cuenta con alternativas viables o las que tiene a su disposición son potencialmente leoninas, el grado de libertad se reduce considerablemente. Los autores seguían necesitando a los editores para acudir al mercado, luego seguían teniendo poder ligado a la propiedad de los medios de producción.

El segundo avance en su estrategia para mantener cierto control sobre el mercado fue la batalla judicial cuando se fueron dando más pasos en la explotación masiva de las obras y los intereses económicos fueron en aumento, una etapa que se denominó la Primera Guerra de la Propiedad Intelectual o *The battle of the booksellers*[28]. Los editores acudieron a los tribunales en varias ocasiones para que reconocieran la existencia un derecho natural de propiedad (*common law property right*) sin límites temporales, lo más parecido posible a un derecho clásico vinculado a bienes corporales (*ius utendi, fruendi et abutendi*). De esta forma, pretendían mantener una situación como la preexistente, con una posición preeminente en el mercado que les permitiera aprovechar el potencial económico de la obra única y exclusivamente para sí. Su principal argumento era la libertad de empresa y la necesidad de organizar su negocio de la mejor manera posible, pero realmente reclamaban el derecho de abusar de su posición, perjudicando al resto de los operadores del mercado y, en última instancia, dañando al propio mercado.

---

28 Vid. Patry, W. (2009). *Moral panics and the copyright wars.* Oxford University Press.

3. Una nueva forma de entender la propiedad intelectual

Una cuestión importante que debemos destacar es que hasta bien avanzado el siglo XVIII la filosofía del derecho asociada a la propiedad intelectual seguía haciendo referencia al derecho de autor como un derecho sobre las copias de las obras[29]. No será hasta entonces cuando comience a hacerse una distinción entre lo que hoy conocemos como *corpus mysticum* (la obra) y *corpus mechanicum* (las copias de la obra), diferencia ya formulada por Immanuel Kant en su obra "Sobre la ilicitud de la reimpresión"[30]. Este cambio de paradigma que trajo la emancipación de la obra de su representación física, una transición lógica, da pie a un cambio en la concepción de la propiedad intelectual desde una protección negativa a una protección positiva, ahora se ha identificado un cuerpo inmaterial que pertenece al autor de forma exclusiva y que es fruto de su trabajo personal. Por consiguiente, debería ser el autor y solamente él quien decida cómo se explota económicamente su obra.

Así, aparece un primer cambio de pensamiento que sienta las bases del derecho de autor omnicomprensivo más moderno. Por más que el origen de la institución esté en las presiones de los operadores del mercado editorial, no podemos hablar de una concepción economicista de la propiedad intelectual. La raíz del concepto de propiedad intelectual o inmaterial la encontramos en una formulación humanista del derecho que considera la obra como el producto de la mente humana, producto

---

29 Vid. Teilmann-Lock, S. (2015). *The object of copyright: a conceptual history of originals and copies in literature, art and design.* Routledge, p. 48 y 53.
En el mismo sentido, Vid. Feather, J. (2019). Copyright and the creation of literary property. *A Companion to the History of the Book*, 743-757.

30 Vid. Kant, I. (1785). *Of the injustice of counterfeiting books.*

que requiere de altas dosis de protección por parte del Estado. De esta forma, Kant se acerca a los planteamientos de apropiación mediante el trabajo ya formulados por Locke, pero adelantando también la propiedad vinculada a la exaltación del individuo creador. En este sentido, como todas las personas tienen un derecho de propiedad sobre sí mismos, lo lógico es que los productos de la mente, los más elevados según estos autores, tengan un elevado nivel de protección como un fin en sí mismo[31].

Es importante reflexionar sobre el momento histórico en el que se produce este cambio, el inicio de la Revolución Industrial y el nacimiento de la cultura capitalista. En esta época, el poder en el mercado estaba vinculado a la titularidad de los medios de producción necesarios para desarrollar una actividad. En el caso de los mercados culturales serían los titulares de las imprentas y, posteriormente, los titulares de los medios de grabación sonora y audiovisual. Es cierto que algunos medios de producción, como, por ejemplo, la imprenta, existían desde hace mucho tiempo. Sin embargo, en este período se produce una bonanza que permite ampliar las posibilidades de explotación de las obras gracias a los avances técnicos que automatizaron el proceso productivo editorial. Por lo tanto, si estos medios técnicos son cada vez más importantes para llegar al público, sus titulares tendrán cada vez más poder en el mercado.

Este estado de las cosas podría dar lugar a situaciones de abusos fácilmente predecibles por la falta de equilibrio de poder si tenemos en cuenta que el derecho que tenían los autores era sobre

---

31 No podemos olvidar que para los grandes filósofos de la ilustración el ser humano es un fin en sí mismo. De esta forma, no es de extrañar que también traten los derechos de propiedad sobre productos que son fruto de la actividad humana, como fines en sí mismos y no como meros medios para conseguir otros objetivos más elevados.

la producción de copias y podía ser objeto de transacciones. Además, debemos volver a traer a colación el efecto rechazo producido sobre los perdedores de este proceso de transición[32]. Como consecuencia de este cambio, ante un contrato de cesión el autor no queda totalmente abandonado o "desposeído"[33], sino que conserva un catálogo de facultades que le permiten seguir controlando la explotación de su obra y obtener una remuneración por ellos. De lo contrario, los autores habrían perdido la libertad de actuación que se les pretendía dar con los derechos de autor, pues tendrían que desprenderse para siempre de sus obras para poder obtener un mínimo rendimiento económico. Este proceso de desposesión también afecta al fundamento liberal del derecho de autor, dado que, si pierde el control sobre la obra, ya no es libre de decir o hacer con ella lo que quiera.

Este esquema legal se fue consolidando a lo largo del tiempo y la mayoría de los Estados occidentales fueron estableciendo normativas similares que daban una protección limitada directamente a los autores[34]. En el caso de la Europa Continental, la implantación de los derechos exclusivos vino de la mano

---

32 Crear antagonistas para justificar cambios sociales siempre tiene el riesgo de que se produzca un efecto rechazo importante. En este sentido, los editores, más o menos agraviados por la modificación legislativa que trajo este cambio de ciclo económico y, sobre todo, filosófico, podían verse tentados a recuperar su poder por medios no del todo éticos.

33 Teilmann-Lock, S. (2015). *The object of copyright: a conceptual history of originals and copies in literature, art and design.* Routledge, p. 61-62.

34 Esta normativa tardó poco más de medio siglo en llegar a España. El nacimiento de la propiedad intelectual moderna en España llega de la mano de las Reales Órdenes de Carlos III (1763-1764), que por fin recogen que solamente los autores tienen derecho a explotar sus propias obras. Con el paso de los años también se consolidó legislativamente que estos derechos de

de la gran Revolución Liberal del siglo XVIII: la Revolución Francesa. Este gran cambio en la forma de entender la filosofía jurídica y, especialmente, la posición del sector público frente a los ciudadanos en el campo de la propiedad intelectual llevó a la tradición del *droit d´auteur*, cuya raíz filosófica plantea importantes diferencias frente a la analizada hasta el momento en la tradición jurídica del *common law*, discrepancias que en absoluto son irreconciliables[35].

En conclusión, esta etapa sirvió para consolidar una nueva forma de entender la propiedad intelectual que cristalizó en dos teorías alternativas que plantean medidas distintas para defender a los autores y que sobreviven en la actualidad. De esta forma, el centro de interés pasa a manos de los autores, dado que durante estos años se observó que eran el grupo más necesitado de protección para que pudieran tener alternativas y, en consecuencia, libertad de elegir su propio destino. Para ello se crearon nuevos instrumentos jurídicos que daban derechos de autor limitados en origen[36].

---

proto-propiedad intelectual están limitados en el tiempo, aunque dicho plazo de duración se fue ampliando poco a poco.

35 Estos dos modelos se han ido desarrollando de forma paralela hasta la actualidad. Por este motivo, aunque el origen de las diferencias filosófica esté aquí, conviene tratar sus diferencias en un apartado separado.

36 Aunque no tenemos pruebas fehacientes, cabría pensar que este cambio de paradigma parte del entendimiento de que sí queremos limitar las posibilidades de abuso de los editores y, trasladándonos a un panorama actual, de cualquier intermediario, primero tenemos que modificar los derechos de los autores. Esto se debe a que el monopolio que obtenían los editores con esta nueva legislación provenía de un contrato de cesión de derechos. Así, reduciendo los derechos que otorgamos a los autores, les protegemos de los posibles abusos que puedan cometer contra ellos y contra el funcio-

IV. DESDE LA PRIMERA REVOLUCIÓN INDUSTRIAL (SEGUNDA MITAD DEL SIGLO XVIII) HASTA LA REVOLUCIÓN DIGITAL (ÚLTIMO CUARTO DEL SIGLO XX)

La propiedad intelectual, como hemos visto en los apartados anteriores, no siempre ha evolucionado vinculada a objetivos relacionados con el interés general, el Estatuto de la Reina Ana vuelve a este camino y consigue encauzar un modelo de propiedad intelectual distinto. Es cierto que las medidas implantadas para atender a dichos objetivos han variado en función de la tradición jurídica seguida por cada Estado, pero la finalidad siempre ha sido compartida, profundizar en el libre desarrollo del ser humano a través de sus creaciones intelectuales, así como construir un mercado cultural satisfactorio para todos sus participantes. Es posible que no fuera un objetivo declarado o tenido en mente por sus desarrolladores, pero sin duda estuvo presente, aunque fuera de forma indirecta.

El desarrollo económico derivado de los sucesivos avances tecnológicos traídos por las revoluciones industriales iniciadas en el siglo XVIII, que inevitablemente afectaron a la propiedad intelectual, trajo cambios en la explotación de las obras, lo que nos obliga a repensar la forma de cumplir estos objetivos. Podemos advertir dos cambios principales que obligaron a seguir actualizando la normativa de propiedad intelectual.

Por un lado, el gran desarrollo económico vinculado a la nueva realidad técnica provocó la aparición de nuevos operadores económicos. Estamos hablando de grandes avances

---

namiento del mercado. Evidentemente, estos planteamientos economicistas todavía no estaban presentes en el debate público, pero, quizás, aquí encontramos el germen.

industriales como son la grabación sonora y la grabación audiovisual, en los distintos estadios por los que han ido pasando a lo largo de los años gracias a la evolución tecnológica. Este desarrollo continúa en la actualidad, posiblemente de forma más intensa por su rapidez, lo que ha obligado al sector público a tener que prestar atención a demasiadas cuestiones a la vez, complicando la consecución de un equilibrio de intereses. Por lo tanto, nos encontramos de nuevo en la casilla de salida con avances disruptivos que abren una nueva realidad económica que la propiedad intelectual debe abordar.

Por otro lado, estos cambios económicos facilitaron notablemente un incremento de las transacciones, especialmente en el plano internacional. La explotación de las obras en masa apareció por primera vez con la imprenta, pero los sucesivos avances tecnológicos permitieron ahondar en esta realidad. El cambio más importante que se produjo en esta etapa fue la apertura internacional de la propiedad intelectual.

1. La (re)aparición y consolidación de los intermediarios

Los legisladores nacionales no se apartaron de los objetivos clásicos de la primigenia propiedad intelectual a la hora de regular la nueva realidad económica, tecnológica y social. El problema llega cuando la realidad económica se complica en exceso con la aparición de nuevos intermediarios dedicados a actividades cada vez más técnicas, vinculadas a las nuevas formas de explotación. Por lo tanto, la circunstancia que marca este tercer período histórico es la nueva complejidad del mercado gracias a la aparición de nuevas formas de explotación. En este sentido, se ha puesto de manifiesto que la historia de la propiedad intelectual es, también, la historia de su adaptación a los distintos cambios técnicos que han sucedido y que están por venir.

El título del epígrafe habla de la aparición o reaparición de los intermediarios en la estructura económica de los mercados culturales. Esta indefinición terminológica tiene que ver con el poder económico que adquieren los intermediarios en esta etapa histórica. En etapas anteriores la posición de poder de los intermediarios en el mercado se fue gestando poco a poco y el sector público, dada la novedad de la situación, no tenía la información suficiente como para abordar esta situación de una manera distinta que hubiera tutelado mejor los intereses de las distintas partes. Sin embargo, una vez superada la Primera Guerra de la Propiedad Intelectual o *The battle of the booksellers*[37] el sector público ya contaba con cierta información sobre cómo funcionaba el mercado y, sobre todo, sobre el comportamiento de los operadores. Ya se habían vivido los cambios que puede provocar una innovación técnica disruptiva como fue la imprenta y los intereses que entraban en juego. A pesar de ello, los legisladores volvieron a incurrir en errores similares que llevaron a una situación parecida a la inmediatamente anterior al Estatuto de la Reina Ana en la que los intermediarios tenían un poder superior al de los demás operadores del mercado. Hemos de reconocer que en este período histórico el cambio fue mayor porque afectó a más sectores. Ahora bien, ante un aumento de derechos exclusivos aparece la necesidad de evaluar las necesidades de los usuarios de las obras y prestaciones que aparecen en este momento. De esta forma, hay que repensar el equilibrio, puesto que tenemos nuevos actores económicos en nuevo sistema económico.

37 Vid. Patry, W. (2009). *Moral panics and the copyright wars.* Oxford University Press.

Esta recuperación del poder de los intermediarios se debe, en parte, a la concesión de nuevos derechos exclusivos[38] *ad hoc* para estos intermediarios con el pretexto de proteger su inversión, exactamente lo mismo que se hizo con los impresores con la normativa previa al Estatuto de la Reina Ana. Estamos ante el nacimiento de lo que hoy denominamos derechos conexos o afines, pues, aunque no tienen una base humanista, ya que no hay ninguna creatividad que proteger, son aportaciones muy importantes para el correcto desarrollo de los mercados culturales.

Este trabajo no tiene por objeto cuestionar la necesidad de dar derechos exclusivos a los intermediarios porque, dado que estamos en los estadios iniciales de esta modalidad de explotación, su protección está perfectamente justificada, al cumplir con las tres reglas que planteamos anteriormente.

(i) Se ha identificado un objetivo de interés general como es promover a estos nuevos intermediarios porque ello fomenta el desarrollo económico al crear mercados novedosos vinculados a estas nuevas formas de explotación. La presencia de estos intermediarios, contando con que todos los operadores se comporten de forma correcta y leal frente al resto, puede ser positiva para el bienestar general. La apertura de nuevos mercados que funcionan para todos crea riqueza de forma equitativa, lo que favorece el desarrollo económico. Ya con el Estatuto de la Reina Ana (1710) se estableció un derecho de protec-

---

38 Realmente no podemos hablar de un derecho de propiedad intelectual, pues la intención no es proteger una actividad creativa, sino proteger la inversión y permitir que estos sujetos controlen los productos que van a llevar al mercado. Así, se parte de la premisa de que la innovación a la que no se le garantiza protección en la práctica nunca se llegará a producir.

ción de carácter negativo, es decir el sector público trata de evitar que haya otras personas que realicen copias de la obra de tal forma que solamente el autor pueda hacerlo, garantizando así que los autores recuperen parte de su inversión[39]. La elección de palabras en la frase anterior no es aleatoria, sino que ya comenzamos a utilizar el concepto inversión, precisamente porque en este período histórico comienza a darse un segundo salto conceptual extraordinariamente relevante. De esta manera, pasamos de ver la propiedad intelectual como un instrumento para promover la creación de obras originales a, además, un instrumento para promover inversiones[40].

La apertura de estos nuevos mercados gracias al comienzo de la Revolución Industrial trajo un efecto expansivo de los derechos de autor, vinculado al cambio en la forma de entender los derechos de propiedad intelectual desde un derecho sobre las copias a un derecho sobre la obra en sí misma, considerada como un ente abstracto. Así, se empieza a ampliar el ámbito objetivo de los derechos de propiedad intelectual para permitir que el titular ejerza un control más exhaustivo sobre la explotación de la obra con independencia del método utilizado. Se deja de hablar de la realización de copias de la obra y

---

39 Analizando la cuestión en términos más modernos podríamos decir que los autores se encuentran ante un sistema más justo, dado que con esta normativa no habría una competencia con una estructura de costes distinta gracias al aprovechamiento del *free riding*

40 Los conceptos económicos modernos todavía no se habían desarrollado plenamente, pero aquí tenemos un germen claro de la política económica basada en los incentivos a modificar la conducta, lo que en teoría económica se ha desarrollado gracias al "dilema del prisionero".

se empieza a utilizar el concepto de uso sustancial de la misma y de las demás prestaciones protegidas.

(ii) Se identifica claramente quién necesita el apoyo, en este caso, quienes asumen la carga de desarrollar este nuevo mercado y la inversión principal para adquirir los medios técnicos: los intermediarios titulares de estos nuevos medios de explotación[41]. A la hora de ver quién necesita este incentivo debemos recordar cuál es el objetivo de la propiedad intelectual. La filosofía propia de esta institución jurídica parte de la promoción del desarrollo cultural, económico y tecnológico de la sociedad como objetivo último, para lo cual se conceden derechos exclusivos a los titulares de estos avances, para que las puedan explotar en régimen de monopolio durante un tiempo. Así, se facilita que mediante una estrategia de negocio exitosa la industria y los creadores recuperen los costes de peso muerto asociados al desarrollo técnico y cultural, costes que otros competidores no tendrían que soportar si se limitan a copiar lo ya realizado. Como se puede apreciar, poco a poco se va abriendo paso un enfoque más centrado en lo económico que ayuda a obtener una mejor comprensión de las necesidades del mercado y de la forma de conseguir un mejor funcionamiento del mismo.

Este planteamiento es compatible con las posiciones iusnaturalistas propias del derecho francés y vinculadas directamente con las teorías de la apropiación mediante el trabajo. Son ellos quienes realizan la inversión y realizan una prestación, luego deben tener un derecho que les permita obtener los ren-

---

41 Estamos ante un claro reflejo de la realidad histórica y económica, donde los titulares de los medios de producción, los burgueses industriales obtienen una mejor tutela de sus intereses.

dimientos económicos de su propio trabajo. Por lo tanto, los derechos de propiedad intelectual buscan equilibrar la balanza para alcanzar el objetivo antes planteado, conseguir un nuevo mercado que funcione para todos.

Ahora debemos detenernos en una cuestión que plantea cierta complejidad sobre la identidad de estos intermediarios, la naturaleza de la actividad que realizan y los medios que tienen para ello. Al igual que los impresores, los productores fonográficos y los productores audiovisuales utilizan innovaciones industriales que dan solución a un problema técnico para el desarrollo de su actividad, que requiere la utilización de medios técnicos de fijación de audio y vídeo que pueden estar protegidos por derechos exclusivos. No obstante, el hecho de que trabajen con estos medios de producción no significa que sean sus creadores y, en consecuencia, los titulares de las patentes o sus titulares derivativos.

Por lo tanto, podría parecer que, ante este contexto, los intermediarios se encuentran en una posición de debilidad porque a un lado tienen a los titulares de los medios técnicos, titulares de derechos de propiedad industrial, y al otro tienen a los titulares de los derechos de autor sobre las creaciones originales que ellos van a llevar al mercado. No obstante, nada más lejos de la realidad, pues, aunque los intermediarios no sean los titulares originarios de un derecho de propiedad intelectual, cuentan con un activo inmaterial notablemente valioso el *know how* sobre cómo acceder al mercado, cómo comercializar productos, redes de distribución, etc., y, en algunos casos, con un derecho conexo que protege su inversión.

En consecuencia, la posible debilidad de los intermediarios sería más que discutible porque pese a no tener un derecho exclusivo que les permita explotar sus prestaciones en régimen de monopolio en el mercado, sí cuentan con un activo esencial para el éxito de los productos culturales, esto es pueden aprovechar una asimetría informativa y dar mayor peso a su posición competitiva. Podría interpretarse que como su actividad es esencial para los creadores porque sin ellos pierden a un público que necesitan para explotar sus prestaciones, ya tienen un poder suficiente como para que haya cierto equilibrio entre los distintos operadores del mercado, evitando que haya "poderosos" y "sometidos" y procurando que las negociaciones se produzcan en una situación de igualdad, el ideal clásico del derecho privado.

Sin embargo, aquí nos encontramos con un conflicto importante entre las dos funciones que inspiran los derechos exclusivos de propiedad intelectual: equilibrar las relaciones entre los distintos operadores del mercado y apoyar el desarrollo de nuevos mercados[42]. En este sentido, debemos recordar que el sector de la producción musical y audiovisual estaba en sus estadios más primigenios y parece que por este motivo, el legislador consideró que esta ventaja competitiva vinculada a la esencialidad de su modelo de negocio no era suficiente para que se consolidaran en el mercado.

También influyó que el *know how* para la explotación del producto y para llevarlo a los consumidores era solo una parte de su actividad. Los productores musicales y audiovisuales se

---

42 En términos actuales diríamos que la propiedad intelectual sirve para promover la competencia efectiva y leal en el mercado. No obstante, en este momento dichos conceptos no estaban plenamente establecidos en la doctrina. Por este motivo, debemos señalar que el objetivo era apoyar a algunos operadores que se encontraban en situación de desventaja y requerían el apoyo del sector público. Este fue el objetivo que inspiró la promulgación del Estatuto de la Reina Ana y se hace en este período con los intermediarios, operadores que estaban naciendo y que, en cierta medida, requerían de un ligero apoyo por parte del sector público.

dedican a llevar el producto a los consumidores, pero también a crear la grabación fonográfica o audiovisual, inversión que podía quedar desprotegida[43]. En este sentido, el argumento que justifica la protección es el mismo que con los derechos de autor: protegerles de actuaciones poco leales. Así, se decide otorgar a estos nuevos intermediarios un derecho exclusivo sobre el resultado de su actividad: la grabación musical o audiovisual, mientras que los editores ya no tienen un derecho exclusivo sobre el resultado de su actividad y únicamente cuentan con el *know how* al que hacíamos referencia anteriormente. Esta diferencia de trato podría deberse a que los editores, cuya actividad nació con la imprenta en el año 1492 ya han podido consolidar su modelo de negocio y, hoy en día, amortizar las inversiones en la impresión de libros es notablemente más sencillo y no requiere un derecho exclusivo que compense las posibles pérdidas. Además, recordemos que pueden ejercer cierto poder sobre el resto de los operadores del mercado, de tal forma que cualquiera que quiera entrar en el mercado literario tiene que pasar por una editorial. En la actualidad esta situación ha cambiado, puesto que la Directiva de Derechos de Autor en el Mercado Único Digital ha conferido

---

43 La lógica económica todavía no estaba claramente presente en este momento, pero sí que existe una conexión clara con lo que hoy asumimos como análisis económico de la propiedad intelectual. En este sentido, si no existiera un derecho exclusivo a autorizar y prohibir el uso de la grabación fonográfica o audiovisual, cualquier persona podría utilizarla y explotarla sin asumir la inversión necesaria para realizar este trabajo y apropiarse del esfuerzo de otra persona. De esta forma, los productores se encontrarían en una situación de inferioridad competitiva que les restaría incentivos a participar debido al *free-riding*. La preservación de los incentivos a la participación en el mercado es uno de los principales objetivos de la propiedad intelectual moderna.

un derecho de exclusiva sobre las explotaciones digitales de las prestaciones de los editores para evitar su apropiación en mercados secundarios. De nuevo, se aprecia un refuerzo de la posición de los intermediarios para garantizar su posición de poder en el mercado.

Del mismo modo, no podemos obviar el papel que comienzan a jugar los intérpretes y ejecutantes en el mercado, especialmente en el mercado musical. Hasta el momento, lo más habitual era que los propios creadores interpretaran sus obras frente al público, pero durante este período histórico se empiezan a separar estas dos facetas creativas, lo que da lugar a la aparición de los derechos conexos de los intérpretes y ejecutantes pese a que realmente hacen una labor creativa con entidad propia. No obstante, no podemos olvidar que vivimos en un mundo creador-centrista, luego todo aquello que no sea la actividad creativa se configura como derecho conexo y subsidiario de los derechos de los autores. A pesar de ello, no podemos extender la lógica de protección de la inversión que insinuábamos para los titulares de los medios de producción. En este caso sí que estamos tratando de proteger el ejercicio de actividades creativas.

En definitiva, se añade un nuevo operador, cuyos intereses deben tenerse siempre en cuenta, al ya complejo sistema de propiedad intelectual. Además, se trata de un operador especialmente débil, al no ser ni el autor, ni el titular de los medios de producción, sino que es quién interpreta la obra, algo que no goza de la entidad social que tienen las demás. La protección que se les concedió era similar a la de los autores al ser más cercana a éstos que a las actividades puramente técnicas.

(iii) La duración y contenido del derecho parece ajustarse a los objetivos planteados, el derecho exclusivo no debe tener más alcance temporal y objetivo que el estrictamente necesario para minimizar los efectos nocivos del monopolio. No olvidemos que este aspecto es el que más interpretación permite, el nivel óptimo de protección es una variable caracterizada por su permanente indefinición gracias a la evolución del mercado y, en consecuencia, de las necesidades de los titulares de derechos.

Pese a que la temporalidad fue una constante prácticamente indiscutida[44] a lo largo de este período, como lo es en la actualidad, se vivió un importante proceso de ampliación del ámbito de duración de los derechos exclusivos con autores como J. LIU[45] que afirman que este proceso de expansión es una reacción lógica a los avances tecnológicos.

Sin embargo, está afirmación requiere un matiz importante. Frente a los avances tecnológicos, puede parecer lógico que los titulares de derechos, originarios o los intermediarios que los adquieren a título derivativo, soliciten una ampliación de sus derechos, dado que ciertos avances en la técnica podían facilitar la difusión no autorizada de sus obras. De esta forma, ante un mayor riesgo de infracción, la inversión en este sector se hacía menos atractiva porque se reducían las expectativas de ingresos. Así, para compensar unas mayores pérdidas potenciales se podría ampliar el período de duración de los derechos exclusivos.

---

[44] En España hubo períodos de la historia, particularmente durante el siglo XIX, en los que se trató de establecer un sistema de propiedad intelectual basado en la propiedad perpetua.
Para más información, Vid. Sánchez García, R. (2002). La propiedad intelectual en la España contemporánea, 1847-1936. *Hispania, 62*(212), pp. 999 y ss.

[45] Vid. Liu, J. (2012). *Copyright Industries and the Impact of Creative Destruction: Copyright expansion and the publishing industry.* Routledge, pp. 53-54.

Sin embargo, se podría haber esperado una actuación más racional por parte del sector público que no consistiera exclusivamente en plegarse a los intereses de los titulares de derechos y asumir su discurso sin un estudio más profundo de la cuestión, situación igualmente similar a la actual[46]. Tradicionalmente, el objetivo de los derechos de propiedad intelectual y la principal razón de ser de la temporalidad era que estos únicamente garantizaban al titular unos beneficios estables que le permitieran mantenerse con la explotación de su obra y hacerle libre gracias a no depender de otros sujetos para su supervivencia, más que del público.

A pesar de ello, el discurso cambia y ahora ya no se trata de garantizar al titular de derechos su estabilidad económica, sino de que puedan extraer todo el valor económico de la obra, incluso cambiando las reglas de funcionamiento del mercado y llevando al monopolio del autor ciertas actividades que antes eran libres, así como minimizar el riesgo asociado a una inversión.

Este fenómeno expansionista, se construye sobre las necesidades vinculadas a los cambios tecnológicos y también sobre la doctrina del *droit d´auteur*, basada en principios *iusnaturalistas*[47]. En este sentido, siguiendo las tesis inicialmente plan-

---

46 Vid. Klein, B., Moss, G., & Edwards, L. (2015). *Understanding copyright: Intellectual property in the digital age.* Sage, p. 1, donde se narra cómo en la actualidad el conjunto de la sociedad ha asumido el discurso de los intermediarios que explotan las obras sobre la necesidad de reforzar los derechos de propiedad intelectual por la falta de ingresos, pese a la falta de pruebas sólidas que fundamentan este argumento.

47 En este sentido, Vid. Rey Martinez, F. (1994). *La propiedad privada en la Constitución Española,* Centro de Estudios Constitucionales, Boletín Oficial del Estado, pp. 38-40, quien pone de manifiesto que tampoco en la base del derecho de propiedad más clásico y liberal

teadas por John Locke, el ser humano es propietario de su conciencia, tiene un derecho de propiedad sobre sí mismo, en consecuencia, todos los productos de su trabajo personal serán de su plena propiedad. En este sentido, si las creaciones artísticas protegidas son el resultado de una actividad humana, como lo son las obras originales porque así se define la originalidad, el autor será su único y pleno titular; y si el autor es el propietario de toda la obra, tendrá derecho a aprovechar todo su potencial económico.

No obstante, esta afirmación se construye sobre una falacia o, al menos, sobre una visión parcial de lo que son las tesis de Locke y de los teóricos liberales de la época, como, por ejemplo, Adam Smith. Esta visión del derecho de propiedad y, por consiguiente, del derecho de autor parte de una concepción individualista del ser humano, como si viviera en un vacío y pudiera crear de la nada. Muy al contrario, el ser humano, en esencia, es un sujeto colectivo por naturaleza que vive en sociedad, como ya afirmaba Aristóteles en el Libro Primero de su Política, y, por lo tanto, hay que tener en cuenta que, si el ser humano vive en sociedad, toda su labor se ve afectada y condicionada por la actuación del resto. De este modo, aunque

---

que fue el Código Civil de los Franceses (Código Napoleónico) se concebía la propiedad como algo absoluto. De hecho, se distinguía entre el derecho a la propiedad, que sí era universal y una "meta de toda asociación política"; del derecho de propiedad. De esta forma, sin saberlo estaban dando un carácter estatutario a los derechos de propiedad, puesto que permitían que el Estado delimitara cuándo había una propiedad legítima de una ilegítima, como forma de dar más poder, en este caso, a la Burguesía que era quién había promovido la Revolución Francesa. En este sentido, podemos señalar que las Revoluciones Liberales no fueron un mecanismo de cambio de las estructuras sociales, sino que sirvieron para cambiar al grupo que se colocaba en la posición de poder.

pueda tomar decisiones libres, esta libertad siempre será relativa porque se va a ver condicionada por las decisiones del resto de sus conciudadanos. En consecuencia, el resultado de esta labor creativa, aunque haya sido fruto de su trabajo personal, no es solo producto de ese esfuerzo, sino que hay una parte de esa creación que es resultado de las influencias creadas por el acervo cultural, social y económico que le ha venido dado por la sociedad[48] y que está formado por el conjunto de obras a las que tiene acceso en un determinado momento y por los marcos mentales y culturales que conforman la sociedad.

Por lo tanto, sería contrario a los planteamientos del derecho natural pretender apropiarse de toda la obra cuando no ha sido él solo quien la ha creado, sino que ha sido el resto de la sociedad, como sujeto colectivo y completamente abstracto. Este fenómeno no es nuevo en el derecho de autor, es lo que popularmente se conoce como inspiración y, en cierta medida, está incluido dentro del concepto de originalidad. De esta forma, pretender aprovechar todo el potencial económico de la obra sería igualmente contrario a los cimientos del derecho natural porque el titular de la obra no tendría derecho a ello.

---

48 Vid. Smith, A. & Skinner, A. (1973). *The wealth of the nations. With an Introduction by Andrew Skinner*, pp. 50-51. Adam Smith ya partía de la base de que el ser humano es un ser social por naturaleza que tiene la necesidad y la obligación de colaborar con sus conciudadanos para que la sociedad en su conjunto pueda sobrevivir. El autor de la introducción a esta obra, Andrew Skinner afirma que, según las teorías de Adam Smith, no se puede afirmar que un determinado producto corresponda en exclusiva al trabajador porque la división del trabajo obliga a que distintas personas intervengan en el proceso productivo. Pese a que esta teoría se refiere a la labor realizada en establecimientos fabriles, podemos extrapolarla sin problema al proceso de elaboración de una obra original. Dentro del proceso creativo, el autor, ya sea consciente o inconscientemente, toma elementos que han sido creados por otras personas y los incorpora en su obra.

Además, estaríamos ante una visión claramente egoísta del funcionamiento del mercado si cada autor pudiera apropiarse de una parte del acervo común que no ha creado y, posteriormente, impidiera que otras personas lo aprovecharan con la misma facilitad porque él tiene un derecho de monopolio y la facultad de excluir su obra del patrimonio cultural común.

Esta situación, también presente en el momento actual, tiene que ver con el escaso poder e influencia de los consumidores para hacer ver sus preferencias sobre el funcionamiento del mercado[49]. Tampoco con la promulgación del Estatuto de la Reina Ana pudimos ver una cierta influencia de los consumidores al diseñar la normativa de propiedad intelectual. Quienes más presionaron en este aspecto fueron los titulares de derechos que reclamaban más libertad de expresión para hacer circular sus ideas. Así, la propiedad intelectual se construye, en este período, en el pasado y en la actualidad, teniendo en cuenta de forma prioritaria los intereses de una parte del mercado, lo que a la larga puede generar desequilibrios importantes.

Quizás en ese momento las ampliaciones de los derechos de propiedad intelectual no produjeron tensiones significativas en el mercado, prueba de ello es que no tuvo lugar una gran guerra de la propiedad intelectual como la que vivimos durante el siglo XVIII o la que estamos viviendo en la actualidad con la disrupción tecnológica. No obstante, este fenómeno expansionista primigenio parece que sentó las bases tanto del expansionismo que estamos viviendo en la actualidad, como del discurso actual contrario al avance tecnológico libre que resta poder a los titulares de derechos, en particular a los

49 Vid. Klein, B., Moss, G., & Edwards, L. (2015). *Understanding copyright: Intellectual property in the digital age.* Sage, pp. 84-105.

titulares derivativos que son quiénes explotan los derechos directamente en el mercado.

Podemos ver que para conceder el derecho exclusivo a los intermediarios sobre sus prestaciones se siguieron las reglas básicas que se habían consolidado con el paso de los años, pero los legisladores incurrieron en una serie de errores que no son justificables teniendo en cuenta la experiencia histórica vivida.

1.1. Nuevos problemas y viejos errores

La Primera Guerra de la Propiedad Intelectual o *The battle of the booksellers* ya puso al Estado enfrente de sus propias decisiones y le obligó a ver los riesgos de abuso que planteaba la concesión de derechos de exclusiva a cualquier persona. Estamos, de nuevo, ante una guerra política subyacente entre los distintos participantes del mercado por conseguir una posición de poder, pero debemos tener en cuenta que en esta época hubo un desarrollo filosófico en la conceptualización del derecho de propiedad muy importante, gracias a la separación de los conceptos de propiedad y trabajo[50]. Ya no estamos ante un de-

---

50 En este sentido, Vid. Rey Martinez, F. (1994). *La propiedad privada en la Constitución Española,* Centro de Estudios Constitucionales, Boletín Oficial del Estado, p. 61. En el mismo sentido, Vid. Hegel, G. W. F. (2012). *Principios de la filosofía del derecho.* Sudamericana y Von Savigny, F. K. (1879). *Sistema del derecho romano actual,* F. Góngora y Compañía. Estos últimos autores, grandes representantes de la pandectística alemana plasman en sus obras los principales cambios en la forma de entender la propiedad en el momento histórico en el que vivieron como consecuencia de las Revoluciones Industriales.
En este sentido, Vid. Buenaga Ceballos, O. (2014). Hegel y el derecho privado. La persona, la propiedad y el contrato. *Universitas. Revista de Filosofía, Derecho y Política, nº 20,* julio 2014, pp. 27-49 señala que Hegel tuvo una gran influencia de la Revolución Francesa y enten-

recho de propiedad como derecho de apropiación sobre el trabajo personal porque ello es necesario en sociedad, sino como un elemento de realización de la voluntad individual sobre los objetos de su propiedad. Prescindimos de cualquier consideración social para entrar en una esfera puramente individualista porque el centro pasa de la sociedad a la empresa como base del orden de las cosas. No obstante, ello no evita que los derechos de propiedad sean una forma de regular las relaciones entre los distintos sujetos que conforman la sociedad[51] que son imprescindibles para la existencia de libertad.

---

día la propiedad como un derecho casi absoluto, pero fue más allá y consolidó la emancipación plena de este concepto de las ataduras sociales, abandonando las teorías vigentes como la apropiación o la convención social. No obstante, Schroeder, J. L. (2005). Unnatural rights: Hegel and intellectual property. *U. Miami L. Rev.*, *60*, 453 señala que Hegel nunca partió de un derecho natural de propiedad, sino que era más partidario de las teorías utilitaristas más favorables a planteamientos individualistas. A pesar de ello, Buenaga Ceballos señala que Hegel siempre entendió la propiedad como una consecuencia directa del interés público. No obstante, debemos matizar que detrás de ese interés público se encuentra un férreo individualismo según el cual lo más beneficioso para el bienestar social es que cada individuo funcione de forma independiente y sin preocupaciones sobre el bienestar de los demás, porque su finalidad es ser "el medio a través del cual la voluntad de una persona se exterioriza". Estamos ante una manifestación de la visión del Estado como una institución al servicio de los individuos. De esta forma, prescinde de preocupaciones sobre la distribución de la riqueza en la sociedad y las consecuencias que ello tiene para el funcionamiento del mercado.

51 En este sentido, Vid. Schroeder, J. L. (2005). Unnatural rights: Hegel and intellectual property. *U. Miami L. Rev.*, *60*, 453, quien pone de manifiesto que la propiedad es "una relación intersubjetiva que utiliza los objetos como medio". De esta forma, a pesar de que la existencia de una sociedad nos obliga a relacionarlos con los demás ciudadanos, ello no significa que en el ejercicio de nuestros derechos tengamos que

No deja de ser curioso como una perspectiva tan centrada en el individuo, en sus características personales que le hacen distinto de los demás, deja de lado la parte humana y sus necesidades materiales. Esta forma de entender la sociedad busca que el individuo sea libre y se pueda diferenciar de los demás, pero no se preocupa por su situación material y por cómo se desarrollan sus relaciones con terceros, solamente de que se reconozca su individualidad y los derechos que van a asociados en el plano formal. En el plano material la situación puede cambiar, puesto que, si hay una desigualdad material, el sujeto en la posición superior puede apropiarse de más valor del que ha generado, negando *de* facto el derecho de propiedad al individuo en posición de inferioridad.

Se trata, en definitiva, de la síntesis de los cambios sociales que derivaron de las Revoluciones Industriales donde los intermediarios se convirtieron en sujeto imprescindible al tener en su mano el acceso a unos medios de producción muy novedosos y necesarios para acceder a los nuevos mercados. La concepción previa de la propiedad tenía sentido en aquel momento y respondía a las existencias de una Revolución Liberal que quería cambiar el grupo social dominante. No obstante, la

---

preocuparnos por sus necesidades patrimoniales, solamente de tratarlos como personas y de reconocer los derechos que tienen como individuos que son. Esta misma autora señala que las relaciones con los demás son la base de un estado que promueve la libertad de la humanidad, puesto que ello requiere siempre el reconocimiento mutuo entre los distintos individuos. La libertad solamente puede existir si los demás la reconocen como tal. Se trata de una manifestación de la adaptación que Hegel hace del imperativo categórico señalando que la obligación de los individuos es respetar a los demás como tales. Trasladándonos al derecho de propiedad, su objetivo es el reconocimiento mutuo de derecho en el momento de los intercambios.

situación social vuelve a cambiar y la concepción del derecho de propiedad cambia con ella.

Sin embargo, el sector público obvió la necesidad de introducir mecanismos de "control" en forma de límites que evitaran que con su posición los intermediarios abusaran de sus derechos exclusivos. Al dar una posición de poder injustificada a un operador se rompe la cadena que desemboca en la asignación eficiente de recursos y la garantía de que en el mercado solo permanecen aquellos que mejor satisfacen las necesidades de los consumidores.

El desarrollo de las tesis neoliberales y el cambio en la concepción del derecho de propiedad, de la que desaparecen las consideraciones sobre el bienestar general, es la causa principal de esta nueva estructura del mercado. En este sentido, debemos tener en cuenta que por mucho que debamos apoyar a un determinado sector, ya sean los autores, los titulares de las imprentas, de los estudios de grabación, etc. no podemos olvidar que "nadie está libre de pecado". Los que en un momento fueron abusados se pueden convertir en abusadores si les damos demasiado poder. Esta es otra de las consecuencias de construir los procesos históricos mediante la fijación de antagonistas, el que fue su víctima, cuando tenga el poder necesario, puede verse en la tentación de obtener venganza, intenciones que deberían estar fuera del ámbito de poder de cualquier persona.

1.2. Los intermediarios vuelven a ser guardianes de acceso

El segundo factor que explica la recuperación de poder por parte de los intermediarios es que al controlar los medios técnicos necesarios para esta nueva forma de explotación adquieren la condición de lo que hoy denominaríamos *gatekeepers,* dado que cualquiera que desee entrar en el mercado en los respectivos ámbitos tiene que pasar por sus manos. La inversión necesaria para adquirir estos medios de producción era tan alta que imponía unas barreras de entrada demasiado elevadas como para que existiera una cantidad suficiente de intermediarios que permitiera la presencia de competencia efectiva en el mercado. De esta forma, toda persona que podía reunir los medios económicos necesarios como para realizar la inversión conseguía una importante cuota de poder en el mercado gracias a la reducida cantidad de participantes.

De nuevo, encontramos un paralelismo con la situación de los impresores en el siglo XVII. En estos estadios iniciales del derecho de autor moderno, los editores al ser los dueños de las imprentas controlaban el acceso al mercado. Si se quería distribuir una obra, había que pasar por ellos porque de otro modo era prácticamente imposible llegar a los consumidores. Precisamente por la falta de competencia derivada de las barreras de entrada que suponía la elevada inversión necesaria para convertirse en editor, la competencia efectiva en el mercado se veía limitada, lo que permitía que los editores pudieran imponer las condiciones que más beneficiaran su posición sin importarles las necesidades de los demás operadores del mercado.

José María Lassalle en su obra Ciberleviatán[52] al comparar la situación de los intermediarios en la Primera Revolución Industrial con la actual Revolución Digital señala que estas etapas son distintas porque en el siglo XVIII el desarrollo de la técnica utilizada para la explotación de obras no permitía un control férreo sobre el funcionamiento del mercado, sino que dejaba margen para que los distintos participantes, incluido el sector público, pudieran modular y definir el terreno de juego. Es cierto que los intermediarios, al ser el enlace entre el creador y el mercado, tienen un poder de selección importante. No obstan-

---

52 Vid. Lassalle Ruiz, J. M. (2019). Ciberleviatán. Arpa.

te, cierto grado de selección es natural y beneficioso para el mercado siempre que se haga de forma leal y, sobre todo, no egoísta, pensando en la construcción y consolidación de un mercado en el medio y largo plazo y no en intereses clientelares.

En este sentido, el funcionamiento de los intermediarios analógicos y de los intermediarios de la sociedad de la información no es tan distinto. De hecho, la supervivencia de estas funciones no tiene otra explicación que su necesidad, pues no es posible concebir un mercado sin intermediarios.

Como hemos visto a lo largo de este repaso histórico, la intermediación es una labor que nunca ha llegado a desaparecer y que con bastante seguridad no lo hará nunca porque es una actividad esencial en el mercado, debido a que una sola persona no puede abarcarlo todo, necesita asistentes que colaboren con ella, lo que les da una posición de control. Ahora bien, aunque esta actividad siga siendo necesaria para el buen funcionamiento del mercado, su poder de influencia sí puede verse limitado por dos factores principales:

(i) La generalización de los medios de producción necesarios para la explotación de las obras con la consiguiente rebaja de los costes asociados. De esta forma, al reducirse las barreras de entrada, más personas podrán acceder a este mercado como oferentes, circunstancia que puede elevar el nivel de competencia efectiva. Estaríamos ante soluciones centradas en el derecho de la competencia.

(ii) Las reformas legislativas que les resten poder gracias a una redefinición de los ámbitos subjetivo y objetivo de sus derechos. En este sentido, tendríamos soluciones enfocadas al derecho exclusivo de propiedad intelectual.

Este proceso ya lo vimos con la imprenta y los impresores, donde, por un lado, hubo una evolución en el proceso competitivo: la generalización de la invención restó poder fáctico a sus titulares porque ya no podían tomar decisiones con independencia de las necesidades del resto de operadores y de competidores y, por otro lado, se produjo una reforma del derecho exclusivo de propiedad intelectual: el Estatuto de la Reina Ana que arrebató por completo el monopolio jurídico a los impresores. El hecho de que estos operadores perdieran poder no supuso que desaparecieran o que llegaran a ser sustituidos por otros. Al contrario, si bien es cierto que su poder se compensó gracias al incremento de competencia efectiva y a una reforma legislativa que eliminó sus derechos exclusivos para dárselos a otros, su labor seguía siendo necesaria y, en consecuencia, continuaron operando en el mercado en una posición inferior, pero equilibrada con el resto de los participantes del mercado. De esta forma, cuando tomaban decisiones sobre la explotación de los productos se veían condicionados por las necesidades del resto de operadores, estando obligados a buscar un equilibrio.

Frente a esta situación donde los intermediarios se vieron obligados a buscar un equilibrio porque no tenían una institución jurídica que les apoyara para hacer prevalecer sus intereses, los autores adquirieron mayor influencia, gracias al derecho exclusivo que les otorgó el Estatuto de la Reina Ana, buscando igualar las relaciones de poder existentes. No podemos afirmar con seguridad que los intermediarios perdieran el papel principal dentro del mercado como consecuencia de este cambio en el equilibrio de poder, pero sí sabemos que mantuvieron un papel importante, pues su labor seguía siendo necesaria para los creadores. Como regla general los autores no tenían a su alcance todos los medios necesarios para explotar sus obras de forma autónoma. Ni siquiera es posible en la actualidad, momento en el que la autoexplotación y autogestión presenta más facilidades gracias a la "democratización" de los medios de producción facilitada por las nuevas tecnologías y, con especial énfasis en la distribución de contenidos con las redes sociales.

Pasado este período donde los intermediarios no fueron el actor predominante del mercado, las sucesivas revoluciones industriales les dieron una oportunidad que supieron aprovechar. Este profundo proceso de cambio económico, técnico y social llevó a una complicación de las relaciones económicas y, con el tiempo, a la aparición de un mercado global[53], que hizo la labor de los intermediarios cada vez más imprescindible. Sin la asistencia de este grupo es prácticamente imposible entrar en el mercado y competir. De esta forma, el intermediario ya no tiene un papel secundario, sino que comienzan a consolidarse, de nuevo, como un actor principal del mercado, devolviendo a los autores y a los consumidores a una posición inferior.

Aquí entra en juego un concepto tratado por J. M. Lassalle (2019)[54], las **desigualdades cognitivas**[55], concepto que deriva

---

53 Fruto de estas circunstancias fue la adopción del Convenio de la Unión de París para la Protección de la Propiedad Industrial de 20 de marzo de 1883. Este Tratado Internacional aborda la creciente problemática de la explotación global de patentes, marcas y diseños industriales y la necesaria cooperación entre los Estados a la hora de implementar la normativa de propiedad industrial, especialmente para articular la protección mutua de los creadores extranjeros. A este Convenio le siguieron otros como el Convenio de Berna para la Protección de las Obras Literarias y Artísticas (9 de septiembre de 1886), que ha pasado diferentes reformas (la última en el año 1976) y otros que lo sustituyen: los Tratados de la OMPI 1996 (Tratado sobre Derechos de Autor y Tratado sobre Interpretación y Ejecución de Fonogramas) el Tratado ADPIC (Anexo 1C al Tratado Constitutivo de la Organización Mundial del Comercio del año 1994), y el reciente Tratado de Pekín sobre Interpretaciones y Ejecuciones Audiovisuales (se promulgó 24 de junio de 2012 y entró en vigor el 28 de abril de 2020).

54 Vid. Lassalle Ruiz, J. M. (2019, June). Ciberleviatán. Arpa.

55 Evidentemente, este concepto no estaba desarrollado entonces, dado que el término asimetrías de la información no aparece hasta el siglo XX con el desarrollo de la ciencia económica. No

de las tesis sobre la desigualdad en el poder de mercado que ya se han tratado y, en particular, de las asimetrías de la información. Esta forma de desigualdad consiste en que hay determinados operadores que no conocen como funciona el propio mercado en el que deben trabajar por su íntima vinculación a medios técnicos. Por lo tanto, si no saben en qué consiste el medio técnico en el que se basa el funcionamiento de su mercado, difícilmente pueden adaptarse a él y tomar decisiones con pleno conocimiento de causa. Esta situación ya se produjo con la imprenta, pero poco a poco los medios técnicos cada vez son más complejos y los conocimientos sobre su funcionamiento son cada vez más difíciles de adquirir.

De esta forma, se abre un gran hueco para que aquellos que sí cuentan con esta información, aprovechen la asimetría y puedan cometer abusos. Tradicionalmente, la doctrina económica se ha centrado en trabajar los efectos y las posibles soluciones a las desigualdades materiales derivadas de la acumulación de riqueza, lo que puede provocar importantes distorsiones en el funcionamiento del mercado por su posición de poder frente al resto. Sin embargo, las desigualdades cognitivas han pasado más o menos desapercibidas para la doctrina pese a que también tienen un importante efecto en el funcionamiento del mercado al crear situaciones de dependencia.

Dentro de este contexto, el poder de los intermediarios fue en ascenso, entrando así en una nueva etapa. Sin embargo, la evolución de los derechos de propiedad intelectual en la Inglaterra del siglo XVIII no ha llegado a reproducirse en la actualidad o, por lo menos, todavía está lejos de concretarse

---

obstante, nos permite explicar qué ocurrió en este momento y cómo los intermediarios pudieron entrar en un renacimiento y asentar una posición privilegiada en el mercado.

y lo mismo ocurre con los autores, en ningún momento se ha planteado la abolición de sus derechos exclusivos por motivo alguno. Por el momento, existe un consenso bastante generalizado en los Estados Occidentales[56], casi como un dogma de fe, según el cual los autores y los titulares de derechos conexos siguen necesitando esta protección del sector público para seguir sobreviviendo, de lo contrario no podrían competir en igualdad de condiciones porque los demás operadores se podrían ahorrar los costes asociados a la creación, inevitables para los creadores.

Sí que es cierto que, durante esta etapa, pese a que existieran determinadas disfunciones y tensiones entre los participantes del mercado, derivadas del cambio económico y social, el clima no fue de un fuerte enfrentamiento entre los operadores, principalmente debido a que los cambios legales no fueron tan disruptivos como lo fue el Estatuto de la Reina Ana. Seguramente no hizo falta tomar decisiones tan "radicales" porque las circunstancias no lo requerían al no existir un comportamiento claramente abusivo por parte de ningún operador.

A este respecto es importante señalar que, aunque los intermediarios fueran ganando poder gracias al control de unos medios de producción cada vez más complejos técnicamente, no tenían una influencia tan grande en la vida de los consumidores.

---

56 El Gobierno del Reino Unido encargó durante las dos primeras décadas del siglo XXI dos informes sobre el futuro de la propiedad intelectual (Gowers review of Intellectual Property, Diciembre de 2006 y Digital Opportunity A Review of Intellectual Property and Growth también conocida como Hargreaves Review, Mayo de 2011) y ambos concluían que estos seguían siendo necesarios, aunque con ciertas reformas. Así mismo, los documentos de trabajo de la Unión Europea tienen un planteamiento muy claro a favor del mantenimiento de estos derechos exclusivos y, además, de reforzarlos para proteger más y mejor sus inversiones para generar, supuestamente, mayores incentivos.

Es decir, aunque podían ejercer ese poder de mercado, incluso de forma egoísta, no llegaron a abusar de una forma tan grave, motivo por el cual no se produjeron desequilibrios importantes que dieran lugar a un movimiento tan fuerte como la Primera Guerra de la Propiedad Intelectual o la Segunda Guerra de la Propiedad Intelectual que estamos viviendo en la actualidad.

Teniendo en cuenta lo planteado y que, además, existía un consenso más generalizado sobre la necesidad de proteger determinadas tareas necesarias para el desarrollo de este mercado por el carácter inmaterial de los objetos explotados, no se vio la necesidad de atajar los posibles desequilibrios de intereses mediante la normativa de propiedad intelectual, simplemente se dejó que el sistema siguiera funcionando sin cambios al no existir grandes disfunciones.

No obstante, esta falta de cambios quizás haya sido el germen de algunos de los problemas que trataremos en la siguiente etapa, dado que se asumieron como normales y necesarias determinadas conductas que, con el poder que tienen los intermediarios en la actualidad, sí pueden provocar tensiones importantes. Por lo tanto, podríamos afirmar que los intermediarios desarrollaron una estrategia bastante inteligente para ir acumulando poder de forma silenciosa y escapar del escrutinio público. Sin embargo, una lenta acumulación de poder termina por explotar, aunque pasarían muchos años hasta llegar a ese momento[57].

Así mismo, no podemos olvidar que la posibilidad de tomar la decisión, sin duda drástica, de eliminar los derechos exclusivos a los intermediarios se dio por circunstancias muy particulares, ninguna de las cuales se da en la actualidad. En primer lugar, existe un consenso generalizado sobre la necesidad de

---

57 Vid. Capítulo I.V. DESDE LA REVOLUCIÓN DIGITAL (ÚLTIMO CUARTO DEL SIGLO XX) HASTA LA ACTUALIDAD

otorgar derechos exclusivos para hacer frente a las externalidades derivadas de la condición de bien público del objeto de los derechos de propiedad intelectual. De alguna forma hay que garantizar que la posición competitiva de los creadores y de los intermediarios que explotan un bien inmaterial no se vea atacada, primero porque sería una situación injusta y, segundo, porque sería perjudicial para la construcción y consolidación del mercado. En segundo lugar, no existe un ejercicio tan agresivo de los derechos por parte de ningún operador del mercado, pese a ciertos indicios que por el momento debemos calificar de excepcionales[58].

En definitiva, la concepción de la propiedad intelectual entró en una nueva fase donde los derechos exclusivos se reconocen tanto a los autores como a algunos intermediarios que participan en la cadena de explotación, creando una nueva categoría heterogénea conocida como derechos conexos o afines.

58 Vid. Desaunettes, L. (2021). The French police attempt to censor Yellow Vest protestors with Dirty Dancing's soundtrack. *Kluwer Copyright Blog.* http://copyrightblog.kluweriplaw.com/2021/04/08/the-french-police-attempt-to-censor-yellow-vest-protestors-with-dirty-dancings-soundtrack/. En esta publicación se narra una curiosa técnica utilizada por algunos miembros de las Fuerzas y Cuerpos de Seguridad de la República Francesa para evitar la publicación de determinados vídeos en directo que mostraban su actuación en las manifestaciones de los conocidos como Chalecos Amarillos. A estos efectos, ponían la música de la conocida película *Dirty Dancing* para que el filtro de protección de derechos de propiedad intelectual vetara la publicación de esos vídeos.

2. *El incremento del comercio internacional y la necesidad de una legalidad internacional*

La otra cara del extraordinario desarrollo económico ligado a las Revoluciones Industriales fue el incremento del comercio internacional y del consumo en masa, realidades que dificultan la gestión de los derechos de propiedad intelectual a sus titulares. La propiedad intelectual dejó de ser un fenómeno puramente localista y ligado a la realidad interna de Estados concretos para abrirse a la realidad internacional. En este sentido, estamos hablando de una proto globalización que afectó directamente a la propiedad intelectual. Se originaron situaciones peligrosas para los titulares de derechos, si querían llevar sus obras a otro país y explotarlas, debían confiar en la buena voluntad de los usuarios, ya sean comerciales, institucionales o finales de aquel lugar, para que respetaran sus derechos. Tenemos una situación de desequilibrio en la que una de las partes queda desprotegida y el Estado debe actuar para corregirlo.

Nos encontrábamos ante un contexto económico similar al que apareció durante el siglo XVI con el nacimiento y expansión de la imprenta, pues cada vez se explotaban más obras sin el control de sus legítimos titulares, aunque ahora en diferentes países debido al avance del comercio internacional[59]. Si bien esta problemática era común a todos los países desarrollados, aquellos cuya economía dependía de las invenciones y creaciones del intelecto humano fueron las que lideraron este proceso de construcción del derecho internacional de la propiedad intelectual y así consolidaron su poder.

---

59 En este sentido, Vid. Burger, P. (1988). The Berne Convention: its history and its key role in the future. *JL & Tech.*, *3*, 1.

La búsqueda de soluciones fue más sencilla gracias a la trayectoria histórica previa[60], evitando pasar por un sistema de privilegios e instituyendo directamente un derecho de propiedad intelectual regulado por el ordenamiento jurídico[61]. Esta nueva normativa se fundamentó sobre el principio de reciprocidad, de tal forma que ambos países reconocían protección mutua para los creadores de los respectivos países, cristalizando en el llamado principio de trato nacional.

Las respuestas bilaterales seguían sin abordar el problema de una forma efectiva, no dejaba de ser una solución localista. Por este motivo, bastaba con que un Estado no quisiera unirse para que el sistema se viniera abajo y lastrara el desarrollo del comercio internacional. En este sentido, podríamos encontrarnos con el mismo esquema de relaciones de dominación-sumisión donde un país puede abusar de su posición para seguir incrementando su poder en el marco de las relaciones internacionales[62]. Por lo tanto, seguimos dentro de

---

60 La doctrina había avanzado notablemente, habiendo superado la concepción de la propiedad intelectual como un derecho exclusivamente sobre las copias. Se había descartado la teoría sobre la existencia de un derecho natural de propiedad intelectual y se había construido como respuesta a un antagonista que abusaba de los demás. Así mismo, se habían comenzado a desarrollar las dos doctrinas principales que han dominado la evolución del derecho de autor hasta la actualidad: el iusnaturalismo y el utilitarismo.

61 En este sentido, Vid. Burger, P. (1988). The Berne Convention: its history and its key role in the future. *JL & Tech.*, *3*, 1.

62 Del mismo modo, algunos Estados modernos consiguieron un gran desarrollo industrial mediante la vulneración de derechos de propiedad intelectual. De esta forma, una vez que hubieron desarrollado su propia industria pudieron consolidarse como grandes actores económicos y, entonces, reclamar mayor protección para sus creadores. Como se puede apreciar, estamos ante una actitud claramente egoísta, pero que ha sido la dominante en la construcción de la propiedad intelectual.

las constantes luchas de poder que asolan el funcionamiento de los mercados, tanto nacionales como internacionales. De no haberse logrado los acuerdos legislativos que cristalizaron en el Convenio de la Unión de París (1883) y el Convenio de Berna (1886) se habría llegado a un sistema que garantizaría la destrucción mutua, no se protegería a nadie y todos los operadores estarían gravemente amenazados en el marco de sus relaciones comerciales internacionales.

El contexto económico ya era altamente complicado por la aparición de los nuevos intermediarios analógicos que se sumaron a los ya existentes, así como por la incipiente aparición de los intérpretes y ejecutantes. Si a esto le sumamos la obligación de convivir con otros intermediarios provenientes de otros países, podemos ver que el desarrollo de las relaciones económicas cada vez era más complejo. Debemos tener en cuenta que los procesos competitivos en el mercado son siempre más complicados, sobre todo por la adición de nuevos operadores. Esto no es debido exclusivamente a que se puedan concluir muchas más transacciones, sino a que las luchas de poder se pueden volver más cruentas. En este sentido, el incremento del comercio hace crecer los beneficios potenciales tanto para los individuos como para la sociedad, pero, en ocasiones, el incremento de sujetos entre los que se deben repartir puede provocar que la cuota de cada uno sea menor. Así, nos encontramos ante sectores potencialmente más precarios que tienen una mayor amenaza de desaparición, situación que incrementa las lucha por la supervivencia en el mercado.

Además, este fue el caldo de cultivo perfecto para que determinados usuarios, comerciales o profesionales, comenzaran a crecer para poder abarcar más mercados fuera de su país. Este crecimiento fue acompañado de un incremento en su poder de mercado, puesto que, al poder acceder a más mercados, se hicieron más necesarios para los titulares de derechos que querían entrar en el.

La conclusión que debemos obtener del análisis de este período histórico es que las luchas de poder han sido la principal motivación para seguir avanzando y estaban vinculadas a la aparición de nuevos medios técnicos que modificaron el terreno de juego y, en consecuencia, el equilibrio de poder. En este apartado también hemos comprobado que los problemas venían del incremento de nuevos operadores de la misma categoría, pero desconocidos al no pertenecer al mismo mercado territorial. Por lo tanto, la necesidad de proteger a unos u otros ha sido el principal motor de la propiedad intelectual. Finalmente, hemos constatado que es esencial que todos los operadores cooperen y se respeten entre sí. El problema es que siempre se ha buscado este equilibrio mediante el refuerzo de los derechos exclusivos, cuando se podían haber explorado otras estrategias igualmente legítimas.

V. DESDE LA REVOLUCIÓN DIGITAL (ÚLTIMO CUARTO DEL SIGLO XX) HASTA LA ACTUALIDAD

1. Situación actual. Problemas y desequilibrios.

Las etapas anteriores donde las luchas de poder entre los autores y los intermediarios y entre los propios intermediarios entre sí[63] nos han llevado a un panorama donde la propiedad intelectual se concibe como una institución necesaria en un mercado innovador, pues ayuda a organizar las relaciones entre los participantes del mercado estableciendo un equilibrio, o, al menos, intentándolo. No estamos ante una mala idea de

---

63 Los choques a los que hacemos referencia derivan de la explotación de los productos protegidos en el plano internacional.

lo que debe ser la propiedad intelectual, siempre que seamos críticos con el papel que juega en el mercado.

Esta forma de pensar se ha tenido que enfrentar y, en consecuencia, adaptar a una nueva realidad derivada de la nueva forma en la que se consumen los productos y servicios generados por lo que hoy denominamos Revolución Digital. El cambio que todavía estamos viviendo, y del que tardaremos en ver el desenlace, ha traído nuevos intermediarios cada vez más diversos al mercado y cuya importancia no deja de crecer por la esencialidad de sus servicios. Estamos ante innovaciones de alta complejidad técnica que crean una importante barrera de acceso. Así, en esta nueva etapa junto con los autores y los consumidores, cuyas posiciones siguen prácticamente inalteradas, conviven dos tipos de intermediarios.

En primer lugar, los **intermediarios tradicionales** son aquellos que se dedican en exclusiva a la explotación de objetos protegidos por propiedad intelectual mediante medios de explotación de su propiedad. Los más importantes están reconocidos en nuestra Ley de Propiedad Intelectual como titulares de derechos conexos: productores musicales y productores audiovisuales; pero a ellos debemos añadir a los productores teatrales y editores musicales y de obras literarias, distribuidores, fabricantes de las copias físicas, etc. Algunos de ellos ya existían desde los orígenes de los mercados culturales como pueden ser los impresores/editores, pero hay otros que surgen con posterioridad gracias a los avances que trajo la Revolución Industrial como la grabación de sonido y, en la última década del siglo XIX, la grabación visual.

En segundo lugar, a estos intermediarios tradicionales se han ido añadiendo, ya en el siglo XXI, los **intermediarios de la sociedad de la información**. Igualmente, estamos ante sujetos que explotan objetos protegidos por derechos de propiedad intelectual mediante sus servicios tecnológicos, siendo la principal diferencia que la tecnología utilizada tiene un carácter transversal, esto es que la explotación de objetos protegidos no es la actividad principal, sino que es una más entre otras. Estos sujetos no participan exclusivamente en el mercado de la propiedad intelectual, sino que abarcan mucho más (transmisión de datos y otra información no protegida). Al incluir mercados mucho más amplios, pero a la vez interconectados, su poder de mercado es notablemente mayor, lo que supone un nuevo reto para lograr el equilibrio de intereses entre los distintos participantes.

Uno de los principales problemas para alcanzar este equilibrio de intereses o igualdad entre los participantes son las desigualdades cognitivas que ya hemos tratado anteriormente[64]. Estamos ante actividades de intermediación de una elevada complejidad técnica, situación que crea una importante barrera de entrada y que permite que la actividad se concentre en unos pocos operadores, lo que podría incrementar a su vez las desigualdades materiales. Así mismo, el desconocimiento sobre el funcionamiento del servicio que prestan impide que el resto de los participantes del mercado se puedan preparar para defender sus intereses. Esta situación de desconocimiento también afecta a los legisladores y los órganos jurisdiccionales, que no siempre cuentan con el asesoramiento técnico necesario como para dar una solución adecuada a los problemas existentes en la actualidad y los que vendrán.

Además, debemos tomar en consideración que estamos ante tecnologías notablemente disruptivas, es decir que han traído nuevas formas de explotación de alta complejidad técnica que se han extendido muy rápido entre los consumidores, lo que ha forzado a los intermediarios tradicionales a cambiar sus es-

---

64 Vid. Lassalle Ruiz, J. M. (2019, June). Ciberleviatán. Arpa.

trategias de negocio para no desaparecer. Del mismo modo, ha obligado a variar las dinámicas a los titulares originarios y a los usuarios que ya no pueden seguir funcionando como antes porque ha entrado en el mercado un nuevo operador que ha modificado su estructura. El conflicto no se debe necesariamente al cambio en sí, porque estamos ante algo consustancial al entorno que nos rodea, sino porque en ocasiones se ha tenido que producir demasiado deprisa y no ha dado tiempo a reaccionar. No siempre se han podido tener en cuenta todas las consecuencias de los cambios de conducta y como estos afectaban a terceros que quizás no tenían tanto poder de mercado como para defender sus intereses de igual manera que el resto.

Una de las principales características que se suelen destacar de estos nuevos intermediarios, y que más está desestabilizando el mercado, es su posible carácter parasitario al ser servicios pensados para extraer el máximo valor posible de la explotación de una obra sin pagar una compensación equitativa[65], pues alegan que no están explotando la obra directamente, sino proporcionando los medios técnicos para que terceros lo hagan. Si bien es cierto que esta es la realidad actual, ello no debe hacernos perder la esperanza, puesto que la normativa está avanzando en la tutela de los titulares del contenido explotado[66].

---

65 En cierta medida, podríamos relacionar este fenómeno con la "uberización" de la economía. Así, surgen modelos de negocio cuyo principal activo es que viven al margen de la legalidad o, dicho de otra forma, amparados en vacíos legales que les permiten tener una ventaja competitiva en relación con el resto de los participantes del mercado que siguen una estrategia más "tradicional" o analógica.

66 Uno de los ejemplos más emblemáticos ha sido las Sentencias del TJUE de 14 de junio de 2017 en el Asunto C-610/15, Pirate

La evolución del mercado y de las formas de explotación que hemos señalado anteriormente no ha llegado a su fin, luego los retos para mantener el justo equilibrio nunca desaparecerán. Las nuevas tecnologías siguen avanzando cada vez más deprisa, motivo por el cual la dificultad de reaccionar se incrementa. Las decisiones tienen que ser más ágiles para poder tener una oportunidad de permanecer en el mercado, situación por la cual es más complicado analizar las consecuencias de determinadas decisiones económicas, lo que impide lograr el tan ansiado equilibrio de intereses que no termina de llegar[67].

Es previsible que este contexto tan cambiante termine por estabilizarse en el medio o largo plazo, aunque ello puede suponer varias décadas de espera. No podemos olvidar que las tecnologías de la información y de la comunicación son un producto relativamente novedoso, como lo fueron otros, tanto para los usuarios como para los titulares originarios y los intermediarios tradicionales. En consecuencia, es esperable que se termine por descubrir todo su potencial en algún momento, de tal forma, que los avances que pueda haber sean relevantes,

---

Bay, de 19 de diciembre de 2019 en el Asunto C-263/18, Tom Kabinet y en el año 2019 la promulgación de la Directiva de Derechos de Autor en el Mercado Único Digital, que apuesta por una nuestra estrategia de gestión de los derechos de autor en el marco de explotaciones digitales.

67 Vid. Jenkins, G. (2021). Implied consent, a natural digital mediator of copyright interests. *Kluwer Copyright Law* http://copyrightblog.kluweriplaw.com/2021/05/17/implied-consent-a-natural-digital-mediator-of-copyright-interests/ narra cómo pasados 20 años de la Directiva 2001/29/CE de Derechos de Autor en la Sociedad de la Información el equilibrio de intereses no termina de llegar porque la normativa no permite abordar el problema de forma correcta, situación que se repite con la Directiva (UE) 2019/790 de Derechos de Autor en el Mercado Único Digital .

pero no tan disruptivos. Es decir, las innovaciones que puedan aparecer permitirán mejorar la forma en la que se utilizan estas tecnologías, pero no abrirán un campo completamente nuevo como está ocurriendo hoy en día, donde cada cambio abre nuevas posibilidades de negocio que ahondan en las desigualdades cognitivas.

No obstante, mientras la estabilización de la Revolución Digital llega, es esencial abordar el equilibrio ante el poder que asumen estos nuevos usuarios a los que hemos llamado intermediarios de la sociedad de la información[68]; si ese poder es razonable, cómo lo ejercen y si tienen suficientes "*ckecks and balances*". En definitiva, el estudio de la propiedad intelectual en el mundo actual pasa necesariamente por abordar la gobernanza del mundo digital porque de ello depende que se pueda alcanzar una situación, al menos, cercana al equilibrio. El hecho de que los distintos operadores económicos se necesiten entre sí para que el mercado funcione bien no impide que en la práctica subyazca una tensión por tener el control del mercado y obtener mayores rendimientos, es decir unas relaciones de dominación entre los distintos operadores del mercado que mal gestionadas pueden llevar a una situación claramente desfavorable para el mercado como institución propia y separada de los elementos que la componen. Por este motivo, al analizar la regulación del mercado mediante la organización de los derechos de propiedad intelectual debemos tener presente en todo momento una perspectiva de derecho de la competencia,

---

68 Algunos serán, además, guardianes de acceso si cumplen con los requisitos establecidos en el Artículo 3 del Reglamento de Mercados Digitales.
Vid. Estevan de Quesada, C. (2022). Desequilibrios de poder en los mercados digitales: Plataformas y dependencia. *Actas de derecho industrial y derecho de autor*, (42), 57-80.

evitando los efectos más nocivos de un monopolio[69] y, por tanto, de defensa del derecho a la libre iniciativa empresarial de todos los participantes del mercado, presentes y futuros.

El problema que nos encontramos en este punto de la historia es cómo definimos a los intermediarios de la sociedad de la información. Esta categoría no deja de ser una especie de cajón de sastre donde caben todos los nuevos servicios, que son muy plurales y diversos[70]. Por lo tanto, quizás sea necesario precisar más la terminología. En este sentido, el Reglamento de Mercados Digitales[71] y el Reglamento de Servicios Digitales[72] pro-

---

69 Vid. Discurso pronunciado por Lord Thomas Babington Macaulay en la Cámara de los Comunes el 5 de febrero de 1841.

70 En este sentido, el borrador de la Propuesta de Reglamento de Ley de Mercados Digitales indica que existen los siguientes tipos: i) servicios de intermediación en línea (incluidos, por ejemplo, mercados, tiendas de aplicaciones y servicios de intermediación en línea en otros sectores como la movilidad, el transporte o la energía), ii) motores de búsqueda en línea, iii) redes sociales iv) servicios de plataformas de intercambio de vídeos, v) servicios de comunicaciones electrónicas interpersonales independientes de la numeración, vi) sistemas operativos, vii) servicios en la nube y viii) servicios de publicidad, incluidas las redes de publicidad, los intercambios publicitarios y cualquier otro servicio de intermediación publicitaria, en los que estos servicios de publicidad estén relacionados con uno o más de los demás servicios de plataformas básicas mencionados anteriormente.

71 Reglamento (UE) 2022/1925 del Parlamento Europeo y del Consejo de 14 de septiembre de 2022 sobre mercados disputables y equitativos en el sector digital y por el que se modifican las Directivas (UE) 2019/1937 y (UE) 2020/1828 (Reglamento de Mercados Digitales).

72 Reglamento (UE) 2022/2065 del Parlamento Europeo y del Consejo de 19 de octubre de 2022 relativo a un mercado único de

ponen utilizar el concepto de "plataforma digital" como subespecie de los servicios de intermediación de tipo "hosting". No obstante, este concepto está pensado para atacar el poder de los grandes intermediarios, pese a que el borrador de la propuesta de Reglamento de Mercados Digitales indica que de las 10.000 plataformas en línea la mayoría son Pymes[73], una mención que ha desaparecido del texto final publicado en el DOUE.

Desde el principio apreciamos una falta de coherencia interna al abordar la conceptualización de estos servicios, pues no sabemos bien quienes son. Además, debemos recordar que las definiciones precisas son un arma de doble filo en la ciencia del derecho. Los órganos legislativos de la Unión Europea tienen la costumbre de establecer definiciones minuciosas de cada concepto que se utiliza en sus instrumentos legislativos y este caso no es una excepción[74]. Sin embargo, estas definiciones tan precisas corren el serio riesgo de quedarse desfasadas con el paso del tiempo.

---

servicios digitales y por el que se modifica la Directiva 2000/31/CE (Reglamento de Servicios Digitales).

73 Vid. Propuesta de Reglamento del Parlamento Europeo y del Consejo sobre mercados disputables y equitativos en el sector digital (Ley de Mercados Digitales), p. 1.

74 Vid. Cabral, L., Haucap, J., Parker, G., Petropoulos, G., Valletti, T. M., & Van Alstyne, M. W. (2021). The EU digital markets act: a report from a panel of economic experts, *The EU Digital Markets Act, Publications Office of the European Union, Luxembourg*; donde los autores ponen de manifiesto que para considerar que un intermediario tiene una posición de poder en el mercado deben cumplirse los tres criterios reseñados en el Artículo 3 del Reglamento de Mercados Digitales.
Para más información, Vid. Ruiz Peris, J. I (2021). La nueva digital market act, una respuesta híbrida de la Unión Europea a los "gatekeepers" GAFA. *Revista Aranzadi de derecho y nuevas tecnologías*, (57), 2.

Pese a las carencias que podamos reseñar es importante destacar el esfuerzo que está realizando la Unión Europea por abordar este problema, aunque llegue tarde. Sí es cierto que acierta a la hora de regular el problema, haciendo incidencia en las llamadas plataformas para compartir contenido en línea, que no son más que simples servicios de "hosting" a los que se les incorporan otras funcionalidades como servicios de comunicación y de conexión de usuarios, así como de selección algorítmica de contenido. Se les ha identificado como los sujetos que más poder de influencia tienen en la actualidad y se les está intentando poner límites para conseguir un reparto más equitativo de la riqueza que tenga en cuenta las aportaciones a la cadena de valor y no solo su poder de negociación.

Además, parece que se ha producido un cambio de enfoque muy importante, saliendo del campo de los derechos de autor para entrar de lleno en consideraciones de derecho de la competencia sobre el poder de mercado que tienen los distintos operadores, que es el origen de la problemática que estamos tratando.

En definitiva, el objetivo que mueve a los legisladores es garantizar que todos los participantes del mercado ejerzan sus derechos de forma libre y todos tengan la posibilidad de lucrarse conforme a su aportación a la sociedad. No obstante, debemos garantizar que estos derechos sean ejercitados de forma responsable. La libertad no debe amparar conductas que dañan no solo a terceros, sino a la institución colectiva a la que sirven, en este caso el mercado de productos protegidos por propiedad intelectual y, de forma indirecta, la libre difusión de ideas y pensamiento, luego, también, la democracia como sistema.

Como hemos visto en los apartados anteriores, la posición predominante en el mercado ha ido variando con el paso del tiempo, alterando los equilibrios de poder. Primero fueron los editores con el beneplácito y la protección del sector público, dejando paso a los autores, para finalmente devolverle el papel dominante a los intermediarios, especialmente a los intermediarios de la sociedad de la información. Hoy en día, los intermediarios siguen siendo los "reyes" del mercado, pese a los recientes intentos por parte del sector público de revertir la situación para devolver el poder a los titulares originarios y a los usuarios finales, esfuerzos que han tenido poco éxito. Los intermediarios de la sociedad de la información son quienes ocupan la posición principal por el simple hecho de que controlan los medios técnicos en los que se sustentan los medios de explotación de las obras y prestaciones protegidas.

A este respecto, conviene tener en cuenta los datos del Estudio sobre equipamiento y uso de las tecnologías de la información y la comunicación que realiza desde el año 2002 el Instituto Nacional de Estadística. Vamos a analizar los datos correspondientes a los tres últimos años sobre los que tenemos datos, 2019[75], 2020[76], 2021[77] y 2022[78] muestran la utilización de internet en la población de entre 15 a 75 años.

---

75 https://www.ine.es/jaxi/Datos.htm?tpx=32677

76 https://www.ine.es/dynt3/inebase/es/index.htm?padre=6899&capsel=6912

77 https://www.ine.es/jaxi/Datos.htm?tpx=50100

78 https://www.ine.es/jaxi/Datos.htm?tpx=55067

Tabla 1. Utilización de productos TIC por las personas de 16 a 74 años

Grupos de edad	2019	2020	2021	2022
De 16 a 24 años	97,0%	97,0%	99,0%	98,1%
De 25 a 34 años	97,0%	97,0%	98,4%	96,2%
De 35 a 44 años	92,2%	92,2%	97,6%	95,2%
De 45 a 54 años	85,4%	85,4%	95,6%	90,6%
De 55 a 64 años	72,7%	72,7%	88,1%	80,0%
De 65 a 74 años	50,7%	50,7%	68,0%	59,9%

Fuente: Instituto Nacional de Estadística.

Estos datos nos indican claramente que el futuro está en el consumo digital de contenidos. Prácticamente el 100% de las personas entre 16 y 34 años utilizan diariamente internet para su vida personal.

Podemos obtener conclusiones parecidas si vemos los datos de consumo por sectores relacionados con la propiedad intelectual. Por ejemplo, en el caso del consumo de productos audiovisuales vemos que en la cohorte de los 16 a los 24 años los datos de utilización de internet están entre el 80 y el 90%, con la excepción de consumo de canales de TV tradicionales[79]. En

79 Este dato tiene dos lecturas posibles. Por un lado, puede indicar el probable declive en un futuro de los medios audiovisuales tradicionales. Por otro lado, puede indicar que aquellos programas que están en los medios tradicionales se siguen viendo en los propios medios tradicionales simplemente por inercia.

las siguientes cohortes el porcentaje de usuarios va disminuyendo a medida que se incrementa la edad, muestra de que el relevo generacional traerá más explotaciones digitales. Cifras similares nos encontramos con el consumo de música, donde la proporción nunca es inferior al 80% en las personas de entre 16 y 44 años, y con la lectura donde en el mismo rango de edad la utilización de las TIC supera el 86%. Es cierto que los resultados del año 2020 y los del año 2021 están algo distorsionados por la pandemia por COVID-19 dado que las restricciones a la vida social impusieron enormes dificultades para otras formas de consumo. No obstante, las experiencias vividas en relación con el consumo digital de contenidos sin duda marcarán el devenir de los acontecimientos, pudiendo acelerar la transición hacia el consumo digital. En este sentido, podemos apreciar que pese a la ligera caída en el año 2022 podemos apreciar un crecimiento respecto al año 2019 que muestra una consolidación en el uso de las nuevas tecnologías y un crecimiento en todos los grupos de edad, especialmente considerable en los dos últimos.

Como se puede apreciar, la posición de poder en el mercado está directamente vinculada al nacimiento de nuevas ventanas de explotación que requieren de la asistencia de terceros. La irrupción de nuevas formas de explotar un producto en el mercado está vinculada a la invención de un nuevo medio técnico sobre el que se apoya dicha explotación (la imprenta, grabación de audio, grabación audiovisual, fotografía, así como todas las ventanas de explotación que ha traído la revolución digital, etc.). De esta manera, quiénes controlan este medio técnico se convierten en los guardianes de la entrada a este nuevo mercado o, como se les denomina en el mundo anglosajón: *gatekeepers*. En este estadio inicial los titulares del medio técnico ostentan un gran poder porque son los únicos que pueden dar acceso al nuevo mercado de múltiples caras ("*multisided markets*"), teniendo cautivos tanto a los titulares de derechos como a los consumidores que quieren acceder al producto. Además, en este estado naciente de la tecnología, son unos pocos intermediarios los que tienen control sobre ese medio técnico por las barreras de entrada que puede haber, ya sea en forma de derechos exclusivos sobre la utilización del medio técnico (derechos de autor o patentes) o por barreras de entrada estrictamente económicas y sociales (necesidad de grandes inversiones, desigualdades cognitivas[80], etc.)

Observando la evolución histórica, lo normal será que en el medio o largo plazo este nuevo mercado se consolide y la novedad se vaya diluyendo gracias a la entrada de nuevos operadores que atraídos por la posibilidad de obtener beneficios extraordinarios entren a formar parte del grupo de "*gatekeepers*". Gracias a la existencia de esta competencia en el sector de las grandes plataformas que alcanzan la posición de guardián de acceso su poder irá mermando de tal forma que las relaciones con los titulares de derechos y los consumidores estarán más cerca del equilibrio al tener a su disposición distintas posibilidades de acceder a la nueva ventana de explotación y, en consecuencia, a una mayor variedad de productos. De hecho, los que hoy denominamos intermediarios tradicionales surgieron de esta forma. Los editores de libros y de partituras nacieron como los titulares de las imprentas, el

---

80 Concepto utilizado por Lassalle Ruiz, J. M. (27 de mayo de 2021). *Digitalización, la palanca de cambio en la era 'poscovid'*. Retina Reboot, EL PAÍS Tecnología haciendo referencia a las importantes desigualdades que está creando la digitalización de la economía. En este sentido, la enorme complejidad técnica ligada a las nuevas formas de consumo hace que no todo el mundo tenga la formación como para afrontar esta nueva realidad con pleno conocimiento de causa. En consecuencia, como el conocimiento queda en manos de unos pocos, se vuelven esenciales para el resto de la sociedad porque son los únicos que tienen acceso a la información sobre el funcionamiento del mercado.

medio técnico que causó una de las mayores revoluciones sociales y económicas que ha visto la historia. Del mismo modo, los productores musicales y los productores audiovisuales son quienes controlan los medios técnicos que permiten hacer grabaciones sonoras y audiovisuales, respectivamente. Ahora, son los intermediarios de la sociedad de la información los que tienen la llave del mercado para la difusión y consumo masivo de esta gran cantidad de contenidos.

Estamos ante un ciclo infinito. La aparición de nuevas ventanas de explotación es inherente al progreso económico, social y tecnológico. Con el paso del tiempo, los consumidores van desarrollando nuevas necesidades que requieren bien nuevos productos, o bien adaptar los ya existentes a nuevas realidades. No obstante, sí que podemos encontrar un factor diferencial importante con los nuevos intermediarios de la sociedad de la información que hace que este nuevo ciclo sea distinto de los anteriores. Las innovaciones técnicas explotadas por los intermediarios tradicionales tienen una aplicación práctica que está bastante limitada, si no totalmente, a la explotación de bienes y/o servicios protegidos por propiedad intelectual. Por el contrario, las nuevas tecnologías que explotan los intermediarios de la sociedad de la información tienen aplicaciones prácticas que van más allá de la explotación de bienes y/o servicios protegidos por propiedad intelectual. Obviamente la explotación de este tipo de productos es parte de su modelo de negocio, pero dentro de una categoría mucho mayor como es el tráfico de información y de datos. Actualmente estamos en una etapa en la estructura de nuestra economía que ha sido calificada como la "economía de la información". Por lo tanto, para estos gigantes económicos y tecnológicos, la distinción entre creaciones intelectuales y prestaciones industriales deja de ser relevante, puesto que todos son productos que explotan conjuntamente en sus plataformas. De hecho, su objetivo no es directamente explotar las obras, sino la obtención de datos y de información derivada de ese consumo.

Estas diferencias sobre el tipo producto que explotan y sobre sus modelos de negocio han cambiado el poder que tienen los intermediarios de la sociedad de la información y su forma de ejercerlo. Al moverse en un mercado mucho más amplio como es el tráfico de datos, su capacidad de controlar diversos aspectos del funcionamiento de la cadena de distribución es mucho mayor dado que afectan a más titulares de derechos y a más consumidores[81]. Este incremento de poder ya no se debe exclusivamente a que el mercado sea potencialmente más grande (incluye más productos y servicios) sino porque afecta a distintas necesidades de los consumidores, algunas tan importantes como el ejercicio de derechos fundamentales: la libertad de expresión, libertad de conciencia y libertad de información y prensa.

Un claro ejemplo del poder que han asumido estos intermediarios fue el posicionamiento de Google[82] con su servicio de noticias Google News. En el año 2014 se promulgó la Ley 21/2014, de 4 de noviembre, por la que se modifica el texto refundido de la Ley de Propiedad Intelectual que entre sus disposiciones modificó el Artículo 32 del Texto Refundido de la Ley de Propiedad Intelectual por reclamación de la Asociación de Editores de Diarios Españoles (AEDE), hoy denominada

---

81 Precisamente el gran poder que han asumido los intermediarios de la sociedad de la información ha motivado cambios en la forma en la que el sector público afronta la posición de estos operadores en el mercado. Durante el año 2020 tanto los Estados Unidos de América como la Comisión Europea han hecho cambios relevantes en su forma de abordar la regulación de las grandes tecnológicas, anunciando una investigación en el plano del derecho de la competencia.

82 Desde el 2 de octubre del año 2015, la compañía fue reestructurada y cambió su nombre Alphabet Inc.

Asociación de Medios de Información (AMI). De esta forma, servicios como el prestado por Google News estarían sujetos al pago de un canon al editor de prensa por el establecimiento de un derecho de remuneración equitativa.

Es cierto que el poder de Google no llegó a evitar esta reforma legislativa, pero sí que se pudo permitir cerrar este servicio demostrando así que no necesita a determinados intermediarios tradicionales ni a los autores para desarrollar su modelo de negocio, al igual que hicieron otros servicios digitales de gran poder como Facebook. De esta forma, dejó en la estacada a todos los editores de prensa que se podían haber beneficiado de la remuneración equitativa derivada de este servicio. Según estimaciones publicadas por los propios medios de comunicación, pasaron de prever unos ingresos valorados en varios millones de euros anuales a ingresar 50.000€ por cada ejercicio[83].

Sin embargo, como consecuencia de la incorporación de la DDAMUD, que reconoce un derecho conexo a los editores de prensa[84] y permite negociar individualmente al intermediario con cada titular, Google decidió reabrir su servicio Google News, así como incorporar uno nuevo llamado Google News Showcase, el día 22 de junio de 2022[85].

Precisamente esta forma de actuar se subsume claramente en la definición clásica de poder de mercado: un operador

---

83 https://www.elconfidencial.com/tecnologia/2020-06-27/google-news-medios-cedro-ley-copyright-aede_2656979/

84 En este sentido, Vid. Artículo 15 de la DDAMUD y Artículo 129 bis del TRLPI (modificado por el RDL 24/2021 para adaptarlo a la DDAMUD).

85 En este sentido, Vid. https://elpais.com/tecnologia/2022-06-22/google-news-vuelve-a-espana-ocho-anos-despues-de-su-cierre.html (consultado por última vez el día 23 de junio de 2022).

económico que tiene capacidad para tomar decisiones con independencia de las necesidades del resto de participantes del mercado. En este caso, Google tiene la libertad de elegir estar o no en el mercado siempre que la legislación le favorezca y al margen de las decisiones que tomen sus competidores.

Tampoco podemos perder de vista que el poder que actualmente tienen los intermediarios de la sociedad de la información podría estar en peligro en un futuro relativamente cercano, dado que las autoridades de competencia de los Estados Unidos de América[86] y de la Unión Europea[87] están llevando a cabo acciones para dividir a los "gigantes" tecnológicos y evitar así que tengan un poder tan grande como el que ostentan en la actualidad.

---

86 En los siguientes enlaces podemos ver la documentación remitida por la Federal Trade Commission (equivalente a la Comisión de los Mercados y de la Competencia en España y a la Dirección General de Competencia de la Comisión Europea) https://www.ftc.gov/enforcement/cases-proceedings/191-0134/facebook-inc-ftc-v https://www.ftc.gov/system/files/documents/cases/1910134fbcomplaint.pdf.

87 En el marco de la Unión Europea han preferido actuar de forma más sosegada que en EE. UU. y dejar las medidas más drásticas como la obligación de vender parte de sus servicios como *ultima ratio.* No obstante, existe una clara determinación por parte de la Dirección General de Competencia y de la Comisaria de Competencia y Vicepresidente de la Comisión Europa para una Europa adaptada a la Era Digital de restar poder a los intermediarios de la sociedad de la información más grandes y popularmente conocidos como GAFA (Google, Apple, Facebook y Amazon) mediante la propuesta de una nueva Directiva de Servicios Digitales que sustituya a la ya desfasada Directiva 2000/31 de Comercio Electrónico. Conclusiones del Consejo de la UE sobre la estrategia única digital
En este sentido, Vid. Ruiz Peris, J. I (2021). La nueva digital market act, una respuesta híbrida de la Unión Europea a los "gatekeepers" GAFA. *Revista Aranzadi de derecho y nuevas tecnologías,* (57), 2.

2. *¿Cómo hemos llegado hasta aquí?*

Haber llegado hasta este punto es el resultado de un fracaso en el desarrollo de políticas de defensa de la competencia y de gestión de la propiedad intelectual en el mundo digital en el ámbito de la Unión Europea. Cuando comenzaron los trabajos preparatorios de los Tratados de la OMPI de 1996[88] se desconocía cuál podía ser el potencial real de la Revolución Digital y seguramente el desarrollo actual de las nuevas tecnologías era impensable en aquella época. En aquel momento, los principales intermediarios a los que se tenía en mente a la hora de regular eran los que se recogieron en la Directiva 2000/31/CE del Parlamento Europeo y del Consejo de 8 de junio de 2000 relativa a determinados aspectos jurídicos de los servicios de la sociedad de la información, en particular el comercio electrónico en el mercado interior, popularmente conocida como Directiva de Comercio Electrónico; los servicios de acceso a internet, los servicios de memoria caché y los servicios de alojamiento de datos.

Por ese motivo, al regular las relaciones de este nuevo fenómeno económico y social con el resto de los operadores económicos se creó un régimen bastante abierto que dejaba mucho margen a los desarrolladores de la red para que exploraran las distintas posibilidades que proporcionaba internet, mejoraran sus servicios y descubrieran otros nuevos. Es decir, se llevó a cabo una política que maximizaba la libertad de los creadores para traer nuevos servicios y que fuera el mercado el que seleccionara los que mejor satisfacían las necesidades de los consumidores. Así, se creó una suerte de *sandbox* regulatorio, pero en

---

[88] Tratado de la OMPI sobre Derecho de Autor y Tratado de la OMPI sobre Interpretación y Ejecución de Fonogramas, ambos de 20 de diciembre de 1996.

lugar de hacer experimentos con un grupo reducido de usuarios al margen del mercado general, se permitió que el experimento se hiciera en tiempo real con todos los consumidores.

Uno de los motivos que sin duda fue determinante para optar por este régimen era el carácter neutral y meramente técnico que se suponía iban a tener estos servicios, conocidos como Web 1.0. Las innovaciones que se iban produciendo eran mejoras técnicas que ayudaban en la transmisión de datos pero que no interactuaban con el contenido. Sin embargo, el problema surgió cuando el contexto económico fue cambiando y los nuevos servicios que surgían ya no eran neutrales y meramente técnicos, sino que iban un paso más allá. Así, si bien los proveedores de servicios de la sociedad de la información de la Web 1.0[89], los regulados en la Directiva de Comercio Electrónico, estaban relativamente asentados; los consumidores de productos digitales demandaban un nuevo tipo de producto.

Con el paso del tiempo, el volumen de información disponible en la red era tal que fue necesario un nuevo tipo de producto o servicio digital que permitiera a los consumidores filtrar el tipo de información que requerían. Con estas nuevas necesidades surge lo que se conoce como Web 2.0, un nuevo tipo de proveedores de servicios de la sociedad de la información que no estaban previstos en la Directiva de Comercio Electrónico y que fueron denominados agregadores de contenido. La característica esencial, como ya anunciábamos anteriormente, es que estos servicios ya no dan una simple asistencia técnica. Es decir, su labor no se limita a dar al consumidor un camino digital para llegar al origen del contenido de forma directa, sino

---

89 En este sentido, Vid. Carbajo Cascón, F. (2014). Delimitación de la responsabilidad de los servicios de intermediación de la sociedad de la información (I). Iustitia, (12), 245-278.

que previamente dicho servicio ha examinado el contenido y lo ha clasificado para darle al consumidor lo que quiere conforme al análisis de datos que él mismo ha realizado.

Ahora el sector público parece no estar conforme con el uso que se ha hecho de esa libertad, pues ha servido para adquirir una posición de poder que ha dado al traste con los equilibrios que, hasta cierto punto, eran manejables. De nuevo, nos encontramos con una situación en la que con la libertad concedida se quería proteger a unos usuarios que iban a abrir nuevos mercados, pero que han llegado a una posición de poder tal que puede llegar a ser perjudicial para el funcionamiento del mercado. Este poder crea un desequilibrio importante y dificulta que los titulares originarios obtengan una remuneración adecuada.

Este es uno de los motivos por los que la política del puerto seguro parece haber llegado a su fin con la DDAMUD, el Reglamento de Mercados Digitales y el Reglamento de Servicios Digitales, dando paso a una nueva etapa en la regulación de su funcionamiento que apuesta por un sistema de responsabilidad. Este sistema no estaba destinado al fracaso per se, pero las circunstancias económicas actuales han hecho que su aplicación sea poco deseable. Ahora bien, debemos ser capaces de sacar conclusiones de este fracaso legislativo para que en el momento en el que el sistema actual empiece a agotarse podamos reaccionar a tiempo y diseñar un sistema más abierto y flexible para construir equilibrios estables.

Estos cambios son cíclicos, puesto que aparecen en el momento en el que surge un producto disruptivo. El problema fue el nivel de margen de maniobra que se dio a estos usuarios, que fue en detrimento de los titulares de derechos sobre las obras y prestaciones que se estaban utilizando en estos nuevos mercados. Ahora bien, la libertad en sí no es ni buena ni mala, sino que depende del uso que se haga de ello. Por este motivo, es esencial que exista un organismo encargado de que la libertad otorgada se ajuste a los objetivos para los que existe. Sin embargo, el sector público prefirió dejar tranquilos y sin supervisión a estos usuarios. Así, podemos afirmar que el legislador erró a la hora de determinar el eslabón más débil de la cadena para darle una posición de preeminencia. Otra circunstancia que podemos señalar es que se intentó que fuera el propio mercado el que alcanzara sus propios equilibrios mediante la libre toma de decisiones, pero a la vista está que este objetivo no se ha alcanzado, ya que los paquetes legislativos sobre mercados digitales de los últimos años vienen a enmendar la plana a las decisiones tomadas a principios de la década del año 2000. Así las cosas, la postura de la Unión Europea consistió en dejar crecer en libertad.

Este planteamiento es adecuado en abstracto, pues las autoridades se encontrarían tratando de regular la cuestión sin conocer cuál podría ser su desarrollo futuro. El resultado podría haber sido desastroso, dado que se podrían haber dictado normas que no se adecuaran en absoluto a la realidad económica a la que se supone que tenían que regular. De esta forma, esperando un tiempo prudencial, las autoridades regulatorias tendrían conocimiento de qué tipo de servicios deben regular, qué necesidades tienen y qué consecuencias pueden plantear a todas las partes involucradas. Esta forma de afrontar una nueva realidad económica tiene un problema evidente, dejar pasar el tiempo prudencial permitiendo que determinados "vicios" de los prestadores de servicios de la sociedad de la información se consoliden y pasen a formar parte del *statu quo*.

En definitiva, no había ninguna solución fácil a la situación que tenían por delante, pero, ahora, el principal problema que podemos identificar es la falta de acción de las autoridades regulatorias y de derecho de la competencia. Quizás por las dificultades de tipo institucional dentro de la burocracia y del complejo proceso legislativo de la Unión Europea, se tardó mucho en reaccionar a esta nueva realidad y no se pudo dar solución a los grandes problemas que fueron surgiendo. Fuere por el motivo que fuere, la cuestión es que no se dio una respuesta adecuada a estos nuevos intermediarios y, por lo tanto, las repercusiones que tuvieron en el desarrollo del mercado de la propiedad intelectual no pudieron ser controladas.

De hecho, tuvo que ser el TJUE quien delimitara el alcance de las políticas de puerto seguro plasmadas en el régimen de exención de responsabilidad de intermediarios de la Directiva de Comercio Electrónico, distinguiendo entre verdaderos intermediarios (actuación neutral, automática y pasiva) y los que no lo son, o, por lo menos, no reúnen unos requisitos básicos para poder acogerse al puerto seguro (no son puramente neutrales, ni funcionan de forma automática ni pasiva). De esta forma, crearon un nuevo concepto que sirvió de paso para la nueva regulación de las plataformas con el principio de reacción diligente del intermediario en el momento en el que tenga conocimiento efectivo de los ilícitos cometidos por los usuarios de su servicio. Es el caso de las SSTJUE de 23 de marzo de 2010 (Google France) y de 12 de julio de 2011 (eBay) en materia de marcas, continuadas luego por la STJUE de 2018 (Facebook) en materia de infracciones contra el honor y la intimidad, y la importante STJUE de 14 de junio de 2017 (The Pirat Bay), que cambió por completo las bases en el caso de plataformas que permiten compartir contenidos protegidos por derechos de autor, matizada luego por la de 22 de junio de 2021 (YouTube /Cyando)[90]

---

90 Vid. Rubí Puig, A. y Ramírez Silva, P. (2018). El nuevo derecho de acceso (Evolución de la Jurisprudencia del TJUE en materia de comunicación al público en relación con las actividades que facilitan el acceso a obras protegidas). *Pe. i.: Revista de propiedad intelectual*, (58), 13-86.

3. *¿Cómo avanzamos a partir de aquí? Lecciones para el futuro*

La Comisión Europea presidida por Ursula Von der Leyen, con Margrethe Vestager a la cabeza de las políticas digitales, ha tomado la iniciativa para abordar los problemas derivados de la digitalización y como proteger el interés general desde el sector público, aunque ya se vieron indicios de ello en la anterior legislatura presidida por Jean Claude Juncker y con el liderazgo, también, de la Comisaria Vestager. A pesar de que estos esfuerzos merecen una valoración claramente positiva cabe preguntarse si van a ser suficientes o si llegan a tiempo. La evolución de las nuevas tecnologías es constante y su estabilización llegará tarde o temprano, pero debemos hacernos antes algunas preguntas para poder dar una respuesta adecuada.

En primer lugar, debemos plantearnos qué medidas debemos tomar mientras llega la estabilización del mercado y el consecuente equilibrio entre los distintos operadores. La disrupción de una nueva tecnología supone retos sociales y económicos importantes derivados de la acumulación de poder y, en consecuencia, de riqueza. Además, a estas desigualdades materiales debemos añadir las desigualdades cognitivas derivadas de la cada vez mayor complejidad técnica del funcionamiento del mercado que impide que los demás operadores puedan saber cuál es la mejor estrategia para satisfacer sus intereses. Esta situación puede permitir ciertos abusos por parte de los operadores dominantes sobre el resto y sobre las instituciones públicas que son difícilmente justificables. Por lo tanto, es necesario tomar medidas que permitan paliar estos efectos negativos, algo que se plantea complicado dada la falta de información existente en los estadios iniciales de estos grandes cambios económicos y sociales.

En la actualidad tenemos un conocimiento importante sobre los riesgos que tienen los nuevos intermediarios de la sociedad de la información, entre otros muchos, para la propiedad intelectual, pero también para otras cuestiones como las garantías de un Estado Democrático de Derecho, aspecto que debe estar presente a la hora de afrontar cualquier tipo de regulación de mercados. Por lo tanto, dar una respuesta teniendo ya conocimientos sobre las materias que debemos regular podríamos decir que es una tarea relativamente sencilla. A estos efectos se ha dictado la más reciente Directiva 2019/790 del Parlamento Europeo y del Consejo de 17 de abril de 2019 sobre los derechos de autor y derechos afines en el mercado único digital y por la que se modifican las Directivas 96/9/CE y 2001/29/CE, que busca dar un nuevo marco a las relaciones entre derechos de autor y los intermediarios de la Web 2.0, aunque la estrategia sea ciertamente discutible en términos de efectividad.

La idea que subyace es fomentar un nuevo modelo de gestión de derechos de autor para el mundo digital. No obstante, este modelo tiene un planteamiento en origen que requiere de muchas actividades complementarias en el campo del derecho de la competencia. No podemos esperar que las negociaciones se desarrollen en plano de igualdad, puesto que estamos hablando de los grandes gigantes tecnológicos. Desde el momento en el que los intermediarios que tienen obligación de negociar de conformidad con el Artículo 17 de la DDAMUD tienen un poder económico, pudiendo ser calificados como guardianes de acceso de conformidad con el Reglamento de Mercados Digitales, la negociación siempre va a ser desigual y los resultados de la negociación que podemos esperar no son especialmente halagüeños. Por lo tanto, antes de acometer estas negociaciones es necesario que las posiciones de poder estén equilibradas o, por lo menos, que se establezcan criterios legislativos que acomoden el terreno para que el reparto de la riqueza pueda ser conforme a la aportación que cada operador hace a la cadena de valor.

Como ha ocurrido en ocasiones anteriores, la inacción del legislador obligará a intervenir al TJUE por la vía de las cuestiones prejudiciales, muy constreñido por sus limitaciones en cuanto a la doctrina que puede fijar dados los hechos y las cuestiones que se le plantean. Sería deseable una mayor implicación del legislador en lo que a la protección de los titulares de derechos se refiere, puesto que el objetivo de la intervención pública en este sector debería ser proteger una justa remuneración para estos titulares originarios. Sin embargo, este vacío normativo permite que las rentas se dirijan hacia los operadores más poderosos del mercado.

Otra pregunta que debemos hacernos es cómo afrontar los nuevos ciclos de cambio económico, tecnológico y social. Sabemos que estamos ante un proceso cíclico y que vendrán nuevos cambios disruptivos que nos obligarán a modificar nuestra estructura de mercado. Estos cambios pueden venir de la mano de una nueva etapa de la Revolución Digital, que siguiendo la estela actual podríamos calificar como Web 3.0, o de cualquier otro tipo de transformación que todavía está por vislumbrar. Uno de los grandes retos jurídicos actuales sobre regulación tecnológica y propiedad intelectual se deriva del desarrollo de la inteligencia artificial. En breve, la revolución que van a suponer el 5G, la Web 3.0, el "internet de las cosas" y el metaverso[91] empezará a extenderse entre un gran número de consumidores.

---

91 En este sentido, Vid. Martí Miravalls, J. (2021). La propuesta de reglamento del parlamento europeo y del consejo relativo a los mercados de criptoactivos: la propuesta mica. *Revista de Derecho del Sistema Financiero: mercados, operadores y contratos,* (1), 473-480; García Vidal, Á. (2022). La propiedad industrial en el metaverso. *Comunicaciones en propiedad industrial y derecho de la competencia,* no 96, p. 17-26; Garbers-Von Boehm, K., Haag, H., & Gruber, K. (2022). Intellectual Property Rights and Distributed Ledger Technology with a focus on art NFTs and tokenized art, *European Parliament's Policy Department for Citizens' Rights and Constitutional Affairs.* y Jiménez Serranía, V. (17 de febrero de 2022). *NFT... Más allá de la burbuja.* Aula Gabeiras, Madrid. Disponible en: https://vimeo.com/685408175.

El cambio más inmediato pasa por la adaptación de nuestra normativa a la cadena de bloques y a los espacios virtuales que hemos llamado metaversos. Estas nuevas plataformas, que suponen un paso más en la evolución de los intermediarios de la sociedad de la información, nos permiten acceder a información nueva o ya existente por una nueva vía, que requiere de una nueva respuesta jurídica. De nuevo, vamos a tener que enfrentar el a veces difícil encaje del derecho de puesta a disposición del público en el ámbito digital, puesto que podemos establecer analogías tanto con formas equivalentes a la distribución como a la comunicación pública en el mundo analógico, formas de explotación que han recibido una respuesta jurídica muy dispar hasta ahora. No es lo mismo descargar una copia de una película que verla en *streaming*. Ambas situaciones están cubiertas por el derecho de puesta a disposición, pero sus implicaciones prácticas son muy distintas.

En este sentido, el debate que tenemos por delante tiene un campo de estudio nuevo, pero los argumentos que debemos utilizar ya se han planteado con anterioridad, luego la doctrina precedente nos allana el camino. Ahora bien, tenemos ante nosotros, de nuevo, un problema que escapa de la normativa de derechos de autor y conexos: el poder de los intermediarios que controlan estos mundos. Es cierto que estos operadores económicos tienen una importante relación con la propiedad intelectual, puesto que en el ámbito de su actividad explotan obras o prestaciones protegidas, pero nuestra atención debe ir más allá para centrarse en el poder que asumen.

Como hemos podido ver, el establecimiento de un régimen jurídico general para los nuevos intermediarios de la sociedad de la información se ha ido demorando y se ha tratado de dar soluciones *ad hoc* que parecen más parches temporales que una solución general que permita afrontar estos problemas en el futuro por no abordar el fondo del asunto. No obstante, es cierto que determinadas consecuencias del desarrollo de las nuevas tecnologías requerían una respuesta inmediata, como ha sido el caso de la implementación de la normativa de propiedad intelectual a estas nuevas tecnologías. A la espera de que se termine de concretar la aplicación de la regulación de las nuevas tecnologías se han ido adoptando estos parches que, aunque no dan una respuesta al problema de origen, permiten encontrar soluciones, al menos puntuales a este tipo de problemática.

Estas soluciones que no abordan las cuestiones de fondo siguen una estela que ha acompañado al mundo de la propiedad intelectual durante varias décadas y que ha consistido en elevar el nivel de protección de los titulares originarios para garantizar su derecho de autorizar y prohibir[92]. Por lo tanto, la respuesta fue reforzar a uno de los operadores del mercado para tratar de contrarrestar los potenciales perjuicios asociados a las nuevas tecnologías, principalmente la piratería[93].

No obstante, desde el punto de vista de los legisladores el problema no han sido los intermediarios y las nuevas tecnologías asociadas a ellos, sino el uso que los consumidores hacían de estas. De esta forma, se ha creado una dialéctica donde paradójicamente, los consumidores, que son quienes tienes que consumir los productos protegidos, se presentan como un ene-

---

92 Vid. Calabresi, G., & Melamed, A. D. (1972). Property rules, liability rules, and inalienability: one view of the cathedral.

93 Debemos tener en cuenta que cuantificar el impacto de la piratería en el mercado es una tarea extraordinariamente compleja porque al tratarse de actividades contrarias a la normativa de propiedad intelectual y, en ciertos casos, delictiva, se desarrollan en el marco de la economía sumergida. A pesar de ello existen estimaciones del daño infligido por esta actividad, aunque han sido puestas en entredicho por parte de la doctrina. En este sentido, Vid. Patry, W. (2011). *How to fix copyright.* OUP USA.

migo a batir. Prevalece una lógica cainita frente a la necesaria cooperación que debe existir. Es cierto que los consumidores deben cumplir con el marco legal establecido, pero también los creadores deben ofrecer un producto atractivo. Es difícilmente sostenible que durante los años en los que la piratería creció tanto haya habido una insurrección generalizada por parte de los consumidores.

Uno de los elementos determinantes en esta estrategia contra la piratería fue que el legislador decidió no atacar a los intermediarios de la sociedad de la información, aunque son quienes suministraban la tecnología necesaria para llevarla a cabo. Parece que esta perspectiva ha cambiado y el legislador se ha dado cuenta de que perseguir a los consumidores que acudían a contenido puesto a su disposición de forma ilegal no ha producido los efectos necesarios o deseados y, de una vez por todas, se han centrado en los intermediarios. El enfoque ha sido bien distinto, puesto que ya no se ha aplicado un enfoque sancionador, sino que les obligan a colaborar y a compartir los beneficios que puedan obtener mediante licencias voluntarias o mediante un sistema de responsabilidad. Esta perspectiva tiene una crítica muy fácil, pues blanquea la piratería. Sin embargo, en ocasiones, debe primar el pragmatismo sobre el dogmatismo y asumir que determinadas soluciones no nos permiten obtener los resultados deseados. Se busca conseguir un cierto equilibrio entre todos los participantes y crear nuevas vías de negocio, aunque sea legalizando o blanqueando modelos de negocio que fueron tachados de ilegales.

El planteamiento anterior tenía un objetivo ciertamente bienintencionado, incrementar los incentivos dinámicos de los creadores elevando su remuneración, castigando los actos de los consumidores que perjudicaban a los autores. Esto debería estimularles para crear más obras ante la promesa de una remuneración superior a la que obtendrían en un mercado competitivo. No obstante, esta retórica no beneficiaba directamente a los titulares originarios, sino a los titulares derivativos, los intermediarios tradicionales que querían mantener su poder de mercado. De esta forma, lo que se ha conseguido es un mercado cada vez más volátil e inestable donde tenemos un grupo reducido de operadores poderosos y otros notablemente más precarizados, condiciones que no son en absoluto propicias para la supervivencia del mercado en el medio y largo plazo. En definitiva, se estaba alterando el *statu quo* preexistente con un perjuicio relevante para los operadores ya existentes que querían mantener su poder en el mercado.

La parte más importante de esta ofensiva proteccionista frente a las nuevas tecnologías no ha provenido directamente[94] de actos normativos de las autoridades de la Unión Europea, sino que debemos atribuirlas al Tribunal de Justicia de la Unión Europea. En defensa del TJUE debemos señalar que su implicación en el proceso regulatorio no ha sido del todo buscada, sino que ha venido obligada por una falta de actuación del resto de instituciones europeas que deberían haber asumido el liderazgo en el desarrollo e implementación de las políticas de gobernanza digital y protección de la propiedad intelectual. Por lo tanto, si no tenemos normas nuevas que le permitan un mayor margen de actuación, no estaríamos en

---

94 El hecho de que los organismos legislativos de la Unión Europea no hayan dictado normas nuevas que directamente incrementen los derechos exclusivos entre los años 2001 y 2019 no les exime de responsabilidad, dado que bien podrían haber elaborado normas que fueran en la dirección contraria y marcaran un camino distinto al TJUE. De esta forma, podría haberse obligado al TJUE a dictar sentencias en otra línea. De hecho, en muchas ocasiones el TJUE se ha visto obligado a cubrir vacíos legales precisamente por la falta de regulación.

condiciones de exigir otro tipo de resoluciones, aunque ello no las hace menos criticables.

Así, al interpretar la normativa comunitaria, el TJUE no puede hacer otra cosa que seguir los principios que la inspiran y que están recogidos en la propia DDASI. Si la normativa dice que los titulares tienen derechos exclusivos para autorizar y prohibir las explotaciones de su obra, que deben tener un elevado nivel de protección y que la gestión mediante derechos de remuneración (lo que los profesores Calabresi y Melamed[95] denomina reglas de responsabilidad), la respuesta del TJUE no podría haber sido otra.

No obstante, ninguna situación tiene un único culpable y hoy en día ya no cabe defender que la labor de los tribunales deba limitarse a ser "la boca muda que pronuncia las palabras de la ley" como decía Montesquieu. Por el contrario, el profesor A. Ollero Tarrasa incluye en una de sus obras[96] una cita de gran profundidad y significado sobre el papel de los tribunales:

> *El que piensa que su juicio se funda exclusivamente en lo que tiene delante ("sometido sólo a la ley") es en realidad el juez más dependiente, ya que no se halla en condiciones de distanciarse de sus opiniones previas no sometidas a reflexión.*

Para incrementar los derechos exclusivos de los titulares de derechos, el principal sustento del TJUE ha sido el Considerando Noveno de la DDASI, que ha ampliado los derechos exclusivos de los titulares de derechos en el ámbito digital, siempre con el objetivo de incrementar los incentivos a la creación y con ello, aunque no lo mencionen directamente, las eficiencias dinámicas.

---

95 Vid. Calabresi, G., & Melamed, A. D. (1972). Property rules, liability rules, and inalienability: one view of the cathedral.

96 Vid. Ollero Tarrasa, A. (2002). El papel de la personalidad del juez en la determinación del derecho. *Persona & Derecho, 47*, 279.

El objetivo del TJUE es, sin duda alguna, muy loable, dado que pretendía dar una mayor protección a los titulares de derechos frente a las nuevas tecnologías, seguramente pensando en los titulares originarios, en aras de asegurar una remuneración adecuada que garantizara los incentivos que justifican la existencia de la propiedad intelectual. La intención del TJUE siempre ha sido positiva, ha intentado beneficiar a los titulares originarios, pretendiendo garantizar una mayor creación de riqueza que fuera para el lado de la industria creativa, en el entendimiento de que esta riqueza se repartiría de forma equitativa mediante la conclusión de transacciones.

No obstante, un enfoque normativo en esta línea tiene consecuencias que van más allá de dar poder a los titulares originarios, algo en lo que los órganos jurisdiccionales no han reflexionado lo suficiente. Por un lado, parece que el TJUE obvia en la gran mayoría de los casos que el titular originario no hace una gestión directa de sus derechos, sino que los cede a un tercero/intermediario que se encargará de la explotación del objeto de protección. Por lo tanto, si a la vez que se incrementa el ámbito objetivo de los derechos exclusivos para que los titulares puedan obtener ingresos por otras vías, no se implementan otras que garanticen un reparto adecuado de los mismos, en la práctica estamos dando más poder a la parte fuerte de la relación contractual, generalmente a los intermediarios, no a los titulares originarios[97]. Debemos ser conscientes de que el TJUE no puede adoptar estas medidas si

---

97 Es cierto que los titulares originarios tienen la capacidad de decidir si ceden sus derechos a uno de estos intermediarios. No obstante, esta libertad de actuación no es más que una ilusión al no existir alternativas factibles. En los últimos tiempos se ha visto un crecimiento de distintas formas de autogestión de los derechos de propiedad intelectual. Sin embargo, las posibilidades que tiene esta nueva forma de explotar las obras no admiten compara-

nadie se lo pide. No obstante, el legislador comunitario sí que ha adoptado medidas en este sentido al establecer acciones de revisión con el Artículo 20 de la DDAMUD. Este precepto obliga a los Estados Miembros a establecer mecanismos de negociación para que los autores obtengan una remuneración adecuada y proporcional a la explotación de su obra.

Por otro lado, si nuestra respuesta a unos intermediarios de la sociedad de la información son unos titulares originarios o unos intermediarios tradicionales más fuertes, debemos preguntarnos quién sale perdiendo. Aunque no se trate de un juego de suma cero, el hecho de crear sujetos fuertes en un esquema de relaciones contractuales supone por necesidad que alguien se convierta en la parte débil. Hemos visto que los titulares originarios son potencialmente uno de los principales candidatos a perder poder, pero también debemos detenernos en los consumidores[98] que son otros de los grandes perjudicados de estas guerras de poder dentro del mercado de la propiedad intelectual. Este grupo puede encontrarse cautivo del poder de los intermediarios tradicionales y de los intermediarios de la sociedad de la información si éstos dominan el mercado. Para acceder legalmente al producto o servicio que quieren solamente pueden acudir a las personas que bien tienen el monopolio sobre su explotación o bien controlan el medio de explotación con el que quieren acceder. Ahora bien, tienen otras vías no autorizadas para acceder a estos contenidos, lo que se denomina piratería.

---

ción en diversos aspectos de relaciones comerciales (promoción del producto, asistencia en la gestión de los derechos, etc.).

98 En este contexto, no podemos confundir el concepto de consumidor con el que aparece en la normativa de protección de consumidores y usuarios, en este texto se utiliza como un sinónimo de destinatario, que incluye a muchos más sujetos.

Mientras se promovían este tipo de soluciones, también se profundizó en la forma de abordar a los intermediarios de la sociedad de la información, que son un pilar esencial para la construcción del mercado porque son quienes permiten que la gran cantidad de oferentes se pongan en contacto con un gran número de demandantes mediante técnicas de filtrado de datos que harán que cada uno vea satisfechas sus necesidades. Quizás por este motivo, se adoptó un régimen flexible que otorga un margen de libertad importante a los intermediarios de la sociedad de la información para que desarrollen todo su potencial. De nuevo, nos encontramos con el componente de la esperanza en la no regulación, pretendiendo que, al no poner trabas regulatorias al desarrollo de estos servicios, éstos se desarrollen plenamente y tarde o temprano encuentren mejores formas de satisfacer las necesidades de los consumidores, abriendo nuevos mercados y, en última instancia, promoviendo el desarrollo económico de la Unión Europea.

Para que esta estrategia sea exitosa se necesitan dos elementos esenciales: tiempo y control. Los procesos competitivos no son precisamente rápidos, sino que requieren tiempo para que, en el medio y largo plazo, se llegue a una situación de equilibrio. Hasta que llegue este momento, es necesario que el sector público ejerza su labor de control para que, dentro de la necesaria libertad que los operadores deben tener para desarrollarse en libertad, no abusen del poder que les ha sido concedido.

Debemos recalcar que la estructura y contenido de las normas de propiedad intelectual tienen una vertiente regulatoria de enorme relevancia, el juego de poder entre los distintos sujetos intervinientes en el mercado es algo que no va a desaparecer nunca. Estamos ante una de las grandes debilidades del mercado de la propiedad intelectual, y común a cualquier tipo de mercado, pero tenemos el problema añadido de que hay en juego monopolios jurídicos sobre la explotación de determinados productos y/o servicios. En este sentido, el poder que atribuyen los derechos exclusivos y las normas sobre su ejercicio práctico tienen repercusiones importantes en la estructura y funcionamiento del mercado.

Del mismo modo que la normativa de propiedad intelectual tiene efectos importantes en la estructura del mercado, las normas que lo regulan directamente, como el derecho de la competencia o derecho *antitrust* y las políticas de aplicación de esta, tienen consecuencias considerables para el mundo de la propiedad intelectual. Si por la vía de los hechos permitimos que se creen grandes conglomerados empresariales que de forma directa o indirecta gestionan derechos exclusivos de propiedad intelectual, estamos provocando un desequilibrio en la cadena de explotación de estos derechos. Por lo tanto, a la hora de afrontar la aprobación de nuevas normas sobre propiedad intelectual debemos tener una visión omnicomprensiva o transversal de la que desgraciadamente se ha carecido en estos últimos años.

La Revolución Digital es ahora mismo uno de los mayores catalizadores de las grandes transformaciones de la economía mundial y el sector de la propiedad intelectual no va a quedar al margen. El sector público parece haber adoptado una posición más o menos clara y solamente el tiempo dirá si ha sido acertada o no. Hasta el momento hemos podido apreciar que el planteamiento de inicio tenía potencial positivo, pero que suponía asumir una serie de riesgos, algunos de los cuales se han llegado a concretar. No obstante, se ha conseguido promover una gran industria digital a veces desbocada. Por lo tanto, el reto que se nos presenta a continuación es contener dicho poder y conseguir alcanzar un cierto equilibrio que permita que todos los participantes estén satisfechos con su participación en el mercado.

Capítulo II. Justificación económica de la propiedad intelectual y sus límites

I. INTRODUCCIÓN

La evolución de la propiedad intelectual más moderna, como hemos visto en el capítulo anterior, es la historia de las luchas de poder entre los distintos agentes y operadores del mercado de la cultura y de la información por tener relevancia en el mercado y, sobre todo, por ser superiores a los demás para así obtener ventajas en el reparto de la riqueza. Hasta ahora hemos analizado los hitos históricos que nos han llevado hasta la situación actual, si bien conviene estudiar también con mayor profundidad el instrumento utilizado para ello desde el punto de vista económico. De esta forma, podremos entender muchas de las decisiones tomadas en algunos momentos del pasado. Es cierto que la ciencia económica no se aplica a la propiedad intelectual hasta el último tercio del siglo XX, pero estos conceptos nos van a permitir dar una nueva dimensión al análisis de esta institución jurídica porque de forma inconsciente ya estaban detrás de las políticas adoptadas.

La institución elegida para proteger primero a los creadores (derechos de autor) y luego a los intérpretes y a la industria (derechos conexos) fueron los derechos exclusivos sobre la explotación de las obras y prestaciones[99] en el formato que

---

[99] En sus orígenes no se entendía que existía un derecho exclusivo sobre la explotación de las obras, sino que estábamos ante un derecho de controlar la circulación de las copias de las obras.

eligiera el autor, aunque deberíamos indicar que la elección correspondería realmente al titular de los derechos. Este monopolio jurídico sobre la explotación de la obra permite a los titulares de derechos aprovechar al máximo las posibilidades económicas de los productos y/o servicios protegidos por propiedad intelectual porque de lo contrario habría costes que en condiciones de competencia perfecta o cuasiperfecta nunca se podrían recuperar; objetivo que concurre con la promoción de la creatividad y de la innovación en el campo de las artes, de la información y del entretenimiento. Sin embargo, pese a que ambos son objetivos de gran importancia, no podemos olvidar que son simples medios para conseguir el fin último[100]:

La línea que separa estas dos formas de entender el derecho exclusivo es fina, pero existe. Laprimera entiende que solamente existe un derecho en manos del autor en el momento en el que se realizan las copias, pero no antes. Estaríamos ante una posición muy economicista de la protección otorgada, dado que solamente existe una tutela por parte del sector público desde el momento en el que existe una decisión firme de explotar la obra concretada mediante la realización de copias. La segunda posición entiende que la tutela existe desde el momento de la creación, lo que permite al titular de los derechos actuar frente a acciones previas al inicio de las actividades de explotación.

100 El planteamiento de la justificación económica de los derechos que vamos a seguir en esta investigación parte de una concepción utilitarista de la propiedad intelectual, aunque como veremos introducirá matizaciones que creemos necesarias para tener un sistema equilibrado. No obstante, esta perspectiva no es en absoluto discordante con la defensa de algunos de los postulados que sostienen las tesis iusnaturalistas, que conciben la propiedad intelectual como una recompensa al autor por su aportación a la sociedad. De hecho, ambas posiciones tienen importantes puntos de encuentro en los que profundizaremos.

la promoción de la innovación en la ciencia y la cultura, lo que nos permitirá alcanzar el tan ansiado "progreso".

II. LA ESTRUCTURA DE COSTES Y LA DOBLE FUNCIÓN DE LA PROPIEDAD INTELECTUAL

La justificación económica de los derechos de propiedad intelectual es una tarea que ha ocupado a parte de la doctrina desde el último tercio del siglo XX, siendo la mayor aportación la realizada por Landes, W. M. & Posner, R. A. (1989)[101]. Estos autores afirman que los derechos de propiedad intelectual tienen una relación directa con la estructura de costes que rodea el acto de la creación. De esta forma, sin la existencia de estos derechos exclusivos esta tarea no sería rentable para los creadores[102], puesto que, en una situación de competencia perfecta, los autores se encontrarían en una posición de desventaja. En este sentido, proponen clasificar los costes de la siguiente forma:

- Los **costes de creación** son aquellos costes derivados del acto mismo de la creación (costes en materia de esfuerzo personal, material necesario para llegar a la creación, costes de tiempo, etc.). Estos costes, como consecuencia de su propia naturaleza, solamente son asumidos por el creador de la obra. No obstante, en cierta medida podríamos decir que se diluyen entre los distintos opera-

---

101 Vid. Landes, W. M., & Posner, R. A. (1989). An economic analysis of copyright law. *The Journal of Legal Studies, 18*(2), 325-363.

102 Estos autores únicamente hacen referencia a los creadores, pero deberíamos hacer extensible esta afirmación a los demás participantes del mercado, cuya conducta también se guía, en parte, por condicionantes económicos.

dores que conforman la cadena de distribución a través de los contratos de licencia de explotación que, en parte, financian las actividades creativas.

- Los **costes de distribución** son aquellos necesarios para llevar a cabo la explotación de la creación. A diferencia de los costes descritos en el apartado anterior, los costes de distribución, conforme a la estructura actual del mercado, son principalmente asumidos por los cesionarios, que son quienes desarrollan la estrategia de explotación de la obra.

De este modo, la propiedad intelectual, desde el punto de vista económico, tiene dos funciones principales. En primer lugar, busca garantizar un espacio de explotación reservada al titular de los derechos con el que pueda obtener una remuneración suficiente[103]. En condiciones de competencia perfecta o cuasiperfecta, esto es, sin la existencia de un monopolio sobre la explotación de la creación, cualquier operador podría explotar el objeto protegido soportando únicamente los costes de distribución, pero no los costes de creación. El creador se encontraría con una clara desventaja comparativa que en última instancia llevaría a una infraproducción de creaciones. La solución para evitar la desventaja competitiva que se adoptó fue establecer un sistema de explotación mediante monopolio, institución que ha permanecido en la historia de la propiedad de forma constante. Ciertamente, esta estructura jurídica evita que otras personas puedan explotar el producto o servicio protegido, pero también crea riesgos importantes de abusos del monopolio que en última instan-

[103] Para más información sobre el concepto de remuneración suficiente o adecuada Vid. Capítulo III.I. ¿QUÉ DEBEN GARANTIZAR LOS DERECHOS DE PROPIEDAD INTELECTUAL A LOS AUTORES?

cia dañan al mercado como institución y nos alejan del objetivo último de la propiedad intelectual[104].

En segundo lugar, la propiedad intelectual busca organizar el funcionamiento del mercado de tal manera que la conducta de los demás operadores sea beneficiosa para toda la sociedad. En este sentido, el objetivo que tiene el establecimiento de un monopolio sobre la explotación de la obra es canalizar los recursos escasos a la competencia por sustitución y limitar la competencia por imitación. El sector público pretende que los distintos operadores económicos se centren en la búsqueda de nuevas soluciones como la competencia mediante la innovación, pero lo apuesta todo a encontrar soluciones que sean sustancialmente distintas a las ya propuestas por los demás operadores.

El objetivo es conseguir una competencia en términos de calidad y no de cantidad, que es lo que permitiría un sistema de competencia por imitación[105]. No solo se busca garantizar unos buenos rendimientos económicos a los creadores, sino

---

104 Vid. Discurso otorgado por lord Thomas Babington Macaulay en la Cámara de los Comunes el 5 de febrero de 1841, disponible en: https://www.thepublicdomain.org/2014/07/24/macaulay-on-copyright/

105 No obstante, algunos autores han planteado que el estado de competencia por imitación puede ser adecuado en determinados períodos de evolución económica para conseguir crear una base industrial y tecnológica suficiente sobre la que podamos construir un sistema de calidad que permita una competencia por sustitución. En este sentido, Vid. Pacón, A. M. (1996). What will TRIPS do for developing countries. *From GATT to TRIPS–the Agreement on Trade-Related Aspects of Intellectual Property Rights* en Beier, F. K., & Schricker, (Eds.), (Vol. 18). Wiley-VCH, Max Planck Institute for Foreign and International Patent, Copyright and Competition Law, Munich, pp. 329-331 y Kur, A., Dreier, T., & Luginbuehl, S. (2019). *European intellectual property law: text, cases and materials.* Edward Elgar Publishing, p. 247.

también ordenar la conducta de sus competidores en el mercado. Por lo tanto, tiene una función de promoción de comportamientos competitivos esencial para el buen funcionamiento del mercado. Esta forma de entender la propiedad intelectual tiene mucho que ver con el concepto de cadena de valor[106]. No en vano, el objetivo de la propiedad intelectual consiste en garantizar que todos los participantes reciban una remuneración proporcional a su aportación a la cadena de valor.

Hemos visto que la existencia de derechos exclusivos tiene su lógica dentro del mercado, dado que permiten impulsar actividades potencialmente positivas para el bienestar de la sociedad. Ahora debemos preguntarnos si la protección tiene sentido en todo momento o debería ser una fase. El derecho exclusivo tiene su razón de ser especialmente en las primeras etapas de desarrollo del producto o servicio en aras de garantizar que solo el titular explote la obra o prestación como considere más oportuno y de conseguir una buena posición en el mercado. De esta forma, la protección debería servir de tutela, incluso podríamos compararla con una "patria potestad" que ejerce el sector público sobre los creadores de productos y/o servicios valiosos para la sociedad de tal forma que en un futuro puedan "volar solos". Una vez finalizado el período de protección, este creador no necesitará ayuda porque su producto se habrá consolidado en el mercado y tendrá una clientela suficiente como para sobrevivir sin ayuda, es decir habrá amortizado los costes

---

106 Vid. Porter, M. (1985): *Competitive Advantage.* Free Press, p. 33. En esta obra, el autor define la cadena de valor como el elemento que "*desagrega una empresa en sus actividades estratégicamente relevantes para entender el comportamiento de sus costes y las fuentes de diversificación existentes y potenciales. Una empresa obtiene ventaja competitiva mediante la realización de estas actividades estratégicamente importantes de forma más eficiente o mejor que sus competidores*".

de creación y solamente tendrá que hacer frente a los costes de distribución, encontrándose así en igualdad de condiciones con el resto de los competidores.

Esta explicación podríamos compararla con la protección de los editores que vimos en el apartado anterior. Con el nacimiento de la imprenta este sector necesitaba la protección del sector público para implantarse en la sociedad como un sector productivo importante. Sin embargo, llegó un punto en el que habían adquirido tanto poder de mercado que los derechos exclusivos ya no eran necesarios para garantizar su supervivencia y, de hecho, en la actualidad no tienen derechos exclusivos como regla general, con la única excepción de los editores de prensa sobre sus publicaciones periódicas[107], recientemente tipificado

---

[107] Este derecho es la consecuencia de una ola de reacciones frente al avance de las nuevas tecnologías que amenazaban su modelo de negocio. Así, ante el reto planteado por la evolución de la economía reaccionaron reclamando al sector público una mayor protección, aunque su concesión no ha estado exenta de polémica.
En este sentido, Vid. Díaz-Noci, J. (2017). ¿Necesita la sociedad un derecho de autor para los editores de prensa?. *Anuario ThinkEPI, 11,* 200-204 y Sánchez Aristi, R. (2019). Protección de las publicaciones de prensa en lo relativo a los usos en línea. El Artículo 15 de la directiva (UE) 2019/790, de 17 de abril, sobre los derechos de autor y derechos afines en el mercado único digital. *Actualidad Jurídica* (1578-956X), y Casas Vallès, R. (2020). Propiedad intelectual y derecho a la información. De las reseñas o revistas de prensa a los agregadores de noticias: el nuevo derecho afín de los editores de prensa. En *Cuadernos jurídicos: Instituto de Derecho de Autor 15 º aniversario* (pp. 59-70). Instituto de Derecho de Autor.
Conviene destacar que la US Copyright Office ha publicado un informe en el que no recomienda al Congreso de los Estados Unidos de América introducir un derecho exclusivo para los editores de prensa como el que contempla el Artículo 15 de la DDAMUD. El informe está disponible en: https://www.copyright.gov/policy/publishersprotections/ (consultado por última vez el día 4 de julio de 2022).

en la legislación de la UE como medio de protección frente a los modelos de negocio parasitarios de los grandes agregadores de información.

La propia existencia de los límites temporales se construye sobre esta lógica económica. La protección sobre la explotación de la obra si bien cumple una función esencial durante un período de tiempo[108], no siempre va a ser necesaria, sino que llegará un punto en el que puede llegar a ser contraproducente[109] si no se reequilibran con los demás intereses afectados. De nuevo, debemos traer a colación las teorías utilitaristas que tanto han inspirado la teoría moderna de la propiedad intelectual. La protección solamente es necesaria en tanto que ayuda a conseguir objetivos de interés público como la obtención de nuevos productos culturales. Por ello, el horizonte temporal que demos a los derechos exclusivos debe reflejar esas necesidades, planteamiento que debemos reproducir con los límites.

Precisamente, podemos hacer el mismo razonamiento al abordar el ámbito objetivo de los derechos de propiedad intelectual. No podemos olvidar que los derechos de propiedad intelectual

---

Para más información, Vid. Rosati, E. (2022). US Copyright Office advises not to introduce ancillary copyright protection for press publishers in the US en The IPKat. Disponible en https://ipkitten.blogspot.com/2022/07/us-copyright-office-advises-not-to.html (consultado por última vez el día 4 de julio de 2022).

108 Vid. McKenzie, R. B., & Lee, D. R. (2008). *In defense of monopoly: How market power fosters creative production.* University of Michigan Press, pp. 2-3.

109 Vid. Gowers Review of Intellectual Property, Diciembre de 2006 y Digital Opportunity A Review of Intellectual Property and Growth también conocida como Hargreaves Review, Mayo de 2011, informes que señalan que estamos muy por encima del nivel óptimo de protección.

entendidos en sentido amplio son un *quid pro quo* entre los ciudadanos y el sector público. Los primeros aportan creaciones de cualquier tipo a la sociedad que permiten avanzar en términos de bienestar general y, a cambio, el sector público les otorga una tutela que de forma natural no tendrían. A la hora de valorar el aporte que hace la creación al bienestar general debemos ser estrictos, precisamente por el daño que puede suponer el monopolio para el funcionamiento eficiente del mercado. Debemos buscar que el avance que supone el objeto protegido para la sociedad no se vea eclipsado por el daño creado por el derecho exclusivo. En principio, el monopolio es positivo para la sociedad, pero no siempre, sino que lo ideal sería evaluar en cada caso en qué situaciones procede su presencia para garantizar el bienestar general.

El fin que acabamos de exponer debe inspirar siempre todos los aspectos de la regulación de la propiedad intelectual. Los derechos exclusivos plantean riesgos serios para el bienestar general y no podemos dejar huecos en la legislación que permitan que estos riesgos lleguen a concretarse. Este objetivo debe inspirar tres aspectos esenciales de la normativa de propiedad intelectual: a quién concedemos los derechos, con qué amplitud y por cuánto tiempo. Si nuestro propósito es fomentar el avance social mediante creaciones positivas para el bienestar general, debemos atribuir el derecho a quién permita incrementar este bienestar, con un elenco de facultades concretas que no vayan más allá de lo estrictamente necesario. Es más, se podrían impedir actos inocuos o convenientes de los usuarios activos que incrementen el bienestar general por su contenido cultural e informativo, y por el tiempo preciso para conseguir este propósito. En definitiva, dar incentivos a que existan determinadas creaciones y a que se exploten conforme a esta finalidad.

Sin embargo, para acometer esta tarea nos encontramos ante un problema de extraordinaria relevancia y, a la vez, de difícil solución: la falta de información que tiene el sector público. Los mercados culturales están compuestos, por distintos submercados que presentan características distintas. Es más, cada obra y cada autor son un mundo en sí mismo, dado que no todos trabajan con la misma estructura de costes. Cada autor necesita unos recursos distintos para crear su obra, luego si quisiéramos mantenernos fieles a los objetivos antes planteados, deberíamos garantizar una protección distinta en función de las circunstancias de cada obra.

Precisamente por lo absurdo del planteamiento, la solución adoptada es otra. El sector público ha decidido otorgar una protección uniforme para todo tipo de obras[110] que busca conseguir un cierto equilibrio en el funcionamiento del mercado. No obstante, este tipo de soluciones generalizadas pueden provocar tensiones importantes para los operadores económicos, pues, en ocasiones se puede estar dando una solución ineficiente para algunos mercados. Por este motivo, es necesario establecer válvulas de escape que permitan solventar estas situaciones por medio de la regulación de límites a los derechos exclusivos y de la progresiva sustitución de los derechos exclusivos de propiedad por derechos de remuneración a través del sistema de las licencias legales, asociados a los ya mencionados límites o a usos secundarios de las obras o prestaciones.

---

110 Únicamente se hacen diferencias para los programas de ordenador, que son obras que tienen una regulación de los derechos de explotación y morales separada, así como para los distintos derechos conexos. En este sentido, Vid. Riis, T., & Schovsbo, J. (2022). Towards a Legal Methodology of Digitalisation: The Example of Digital Copyright Law. In *The Law of Global Digitality* (pp. 17-49). Routledge, donde los autores explican los motivos por los que se optó por legislar *ad hoc* en el caso de los programas de ordenador y no por adaptar la normativa ya vigente.

III. LOS LÍMITES A LOS DERECHOS DE AUTOR

La principal válvula de escape frente a cualquier tipo de derecho, especialmente los derechos de propiedad son las cláusulas de definición de contenido, ya sea de forma interna o de forma externa.

Aquí llegamos al núcleo de este estudio: los límites a los derechos de autor y conexos. Se trata de una institución jurídica que sirve para que la normativa tenga en cuenta las necesidades de todas las partes implicadas en las transacciones. Si queremos garantizar la existencia de un equilibrio de derechos e intereses, es esencial que los límites tengan un alcance similar al de los derechos exclusivos. Solamente de esta forma podremos asegurar que en cada situación de conflicto que llegue a los tribunales, los órganos jurisdiccionales puedan valorar todas las perspectivas necesarias.

Sin embargo, parte de la doctrina mantiene que es necesario reducir el ámbito de aplicación de los límites para poder garantizar de forma suficiente un ámbito de explotación exclusivo, haciendo gala de lo que Mark Lemley titulaba "*faith-based intellectual property*"[111], donde llama la atención sobre una forma de construir el derecho basándonos en dogmas ideales que no siempre guardan relación con la realidad. Por ello, sería conveniente valorar las pruebas empíricas que sustentan este tipo de afirmaciones, pero no suele haberlas, razón por la cual se traen a colación estudios sobre el impacto de la piratería, como si abrir el campo de aplicación de los límites fuera algo siquiera mínimamente comparable. Debemos poner de manifiesto la dificultad de obtener información fiable sobre el impacto real de los límites y, sobre todo, de aislar los efectos que ello tendría en

[111] Vid. Lemley, M. A. (2015). Faith-based intellectual property. *UCLA L. Rev.*, *62*, 1328

el funcionamiento del mercado, al incluir multitud de factores cuyas consecuencias no siempre podemos tener en cuenta.

Los límites buscan introducir un sistema de pesos y contrapesos dentro de la estructura del mercado para que, en la toma de decisiones de los titulares de derechos, estén presentes las necesidades de los demás participantes del mercado. Así, manteniendo el monopolio económico del titular originario, no permite que se manifieste de una forma dura. Por el contrario, únicamente le retira el derecho de autorizar y prohibir y, en su caso, le reconoce una remuneración equitativa. Evidentemente, esto requiere dejar cierto espacio a los titulares de derechos, pero no en cualquier caso y a cualquier coste. De esta forma, podríamos garantizar que el reparto de la cadena de valor sea equitativo entre todos los participantes de la cadena de distribución, desde el creador de la obra hasta el consumidor. No se trata de restar poder a los titulares de derechos por el hecho de serlo. Los límites tienen otra función bien distinta que nada tiene que ver con atacar a estos operadores, buscan darle a cada cual su hueco y recompensar adecuadamente a todos los participantes del mercado. De hecho, pueden ayudar a los creadores, dado que, ante todo, también son consumidores de productos culturales y los titulares no siempre pueden controlar el uso real de sus contenidos mediante la concesión de licencias, lo que supone un fallo del mercado. Esta situación debe llevarnos a sustituir los derechos exclusivos por sistemas de responsabilidad basados en licencias, dando lugar así a límites remunerados o limitaciones como ya ocurre con la copia privada o el préstamo público. No podemos olvidar que todo creador para poder desarrollar sus capacidades antes tiene que haber absorbido y aprehendido su entorno cultural.

Cada obra o prestación es un mundo en sí misma, cada una tiene unas características que dificultan que se puedan aplicar las mismas normas. Sin embargo, como no podemos adoptar una estrategia de creación de derecho *ad hoc*, es necesario que tengamos un cierto nivel de flexibilidad normativa para que cada caso pueda encontrar respuesta en el ordenamiento jurídico. De lo contrario, será complicado llegar a ese equilibrio de intereses al que hacíamos referencia en párrafos anteriores. Por este motivo, a lo largo de este estudio deberemos valorar hasta qué punto tenemos un sistema flexible o no y, en consecuencia, si es necesario hacer reformas.

En conclusión, los límites son una parte tan esencial para el funcionamiento del mercado dentro de los derechos de autor como los propios derechos exclusivos, relativizando la propiedad con fundamento en los derechos constitucionales de los usuarios como la libertad de expresión e información, el derecho a la educación, la libre competencia etc. Esto nos permite alcanzar un nuevo equilibrio en el que existan contrapesos al poder de los titulares de derechos, pero garantizando su adecuada remuneración. Ambos son partes inescindibles de este aparato regulatorio que es la propiedad intelectual moderna. Además, un sistema de propiedad intelectual no es mejor o peor por la cantidad de protección que se dé a sus titulares de derechos o a los consumidores, sino que tiene más que ver con la adopción de medidas efectivas de promoción de la creación, la competencia y el consumo, que están relacionadas exclusivamente con el incremento o disminución del ámbito objetivo de protección.

IV. EL EQUILIBRIO COMO FINALIDAD ECONÓMICA DE LOS DERECHOS DE AUTOR

La regulación integral de los derechos de autor y conexos, tanto en su faceta de derecho exclusivo como de límites, busca conseguir un equilibrio entre la protección de determinados derechos fundamentales y el funcionamiento del mercado, que debe buscar un reparto equitativo de la riqueza, una de las principales preocupaciones del análisis económico del derecho. El ordenamiento jurídico debe buscar que cada participante del mercado reciba una remuneración acorde con su grado de participación y con su aportación a la cadena de valor[112]. De esta forma, el ámbito objetivo de los derechos exclusivos, así como el de los límites, debe ser suficiente para garantizar esa remuneración equitativa que no debe ser ni mayor ni menor de lo que han aportado en la cadena de distribución. En definitiva, son dos formas de satisfacer la misma finalidad atendiendo a las necesidades del mercado en cada momento.

Ahora bien, el hecho de que una innovación sea positiva para el desarrollo económico y social no nos lleva directamente al éxito del producto y a que el titular obtenga beneficios siempre. La existencia de una remuneración adecuada depende de diversos factores, entre los que se encuentra una buena estrategia de explotación ajustada a las necesidades de la demanda. Además, también pueden producirse fallos de mercado que impidan que por muy bueno que sea el modelo de negocio no se consigan unos beneficios suficientes que superen los costes, como ocurre en la distribución asimétrica de la información en el mercado[113], uno de los problemas clásicos que trata de atajar la ciencia económica.

---

112 El sistema actual recibe críticas por permitir una sobrerremuneración de los titulares de derechos, principalmente de los intermediarios tradicionales, como consecuencia de la sobreprotección de sus intereses.

113 Por ejemplo, durante los años posteriores a la promulgación del Estatuto de la Reina Ana se observó que el porcentaje de población alfabetizada era mínimo. Por lo tanto, existía una alta probabilidad de que el producto no llegara al gran público, precisamente por la presencia de un fallo de mercado: las asimetrías de la información. Es decir, los consumidores que más se beneficiarían del acceso a la obra literaria no eran conscientes de los aspectos positivos que les reportaría porque nunca los habían experimentado. De esta forma, los destinatarios no estarían dispuestos a pagar el precio que realmente vale el producto de acuerdo con sus necesidades y, en consecuencia, al no haber una demanda suficiente podría no alcanzase un umbral

Estos fallos de mercado son habituales, pero no solamente en los mercados culturales, sino que son un viejo conocido de la doctrina mercantilista. Por lo tanto, nuestros esfuerzos deben ir hacia la recompensa del trabajo de los participantes del mercado. Es decir, el objetivo es que cualquiera pueda entrar en el mercado libremente, que este se desarrolle y, en última instancia, que los mejores prevalezcan. Si las condiciones fueran óptimas, los mecanismos del libre mercado deberían llevarnos a un proceso de "selección natural" donde solo prevalecerían los operadores que mejor satisfagan las necesidades de la totalidad de los participantes del mercado. No obstante, para ello es necesario crear un sistema que imposibilite abusos de algunos operadores sobre los demás y sobre los destinatarios de los productos y/o servicios, abusos que impidan que se desarrolle este proceso de selección natural. Para conseguir este funcionamiento eficiente y, sobre todo, efectivo del mercado, la estructura de los derechos de propiedad intelectual es uno de los elementos esenciales.

La estructura actual del mercado crea sujetos poderosos con importantes intereses comerciales a los que no están dispuestos a renunciar. Ahora bien, la existencia de este poder de exclusión permite que las industrias culturales obtengan unos beneficios extraordinarios[114] que nos facilitan atraer a más participantes al mercado, no solo creadores, sino también a todos aquellos que participan en la cadena de explotación y sin los cuales este sector de la economía no podría existir. Precisamente, este es el origen de las teorías utilitaristas que tienen su

---

de beneficios suficiente como para satisfacer los costes asociados a la actividad de la impresión, llevando al fracaso de la innovación.

114 Vid. Teilmann-Lock, S. (2015). *The object of copyright: a conceptual history of originals and copies in literature, art and design.* Routledge, pp. 44-45 y Feather, J. (2019). Copyright and the creation of literary property. *A Companion to the History of the Book*, 743-757.

máximo exponente en la Constitución de los Estados Unidos de América, cuyo Artículo 1, Sección 8ª dispone lo siguiente:

> [The Congress shall have Power] *To promote the Progress of Science and useful Arts, by securing for limited Times to Authors and Inventors the exclusive Right to their respective Writings and Discoveries*[115].

Como podemos apreciar, estamos ante una concepción claramente utilitarista de lo que debe ser la propiedad intelectual y del papel que debe jugar en la consecución del equilibrio. Los derechos exclusivos se entienden como un *quid pro quo* entre el sector público y los creadores para fomentar el progreso de la sociedad. Esta asume una pérdida en términos de coste de peso muerto asociado al monopolio, a cambio de que estos creadores aporten elementos útiles para el progreso social.

Precisamente por la necesidad de que esa concesión por parte del sector público garantice un cierto equilibrio se otorga una protección que, por definición, debe ser temporal y, deberíamos añadir, limitada en su contenido. De nuevo, debemos destacar que un sistema de derechos de autor no es mejor o peor en función del ámbito objetivo de protección o, en este caso, del ámbito temporal de protección, sino por las medidas asociadas a dicho sistema. William Landes y Richard Posner[116] plantean la existencia de un nivel óptimo de protección, si nos encontramos por debajo de este umbral, tendremos una infraproducción de productos y/o servicios de propiedad intelectual. Es evidente que una protección inferior tiene efectos

---

115 [El Congreso de los Estados Unidos de América tendrá poder] para promover el progreso de la ciencia y de las artes útiles asegurando a los autores e inventores un derecho exclusivo sobre los escritos y descubrimientos durante un tiempo limitado (traducción propia).

116 Vid. Landes, W. M., & Posner, R. A. (1989). An economic analysis of copyright law. *The Journal of Legal Studies, 18*(2), 325-363

adversos que deben ser evitados, pero la situación contraria también tiene importantes consecuencias negativas, dado que una protección por encima del nivel óptimo no genera incentivos relevantes para los titulares, pero genera costes para el resto de los operadores del mercado. Por lo tanto, más protección o más derechos exclusivos no es sinónimo directo de una mejor situación para el bienestar general, sino que, dependiendo de la situación, puede ser todo lo contrario.

En definitiva, debemos buscar las normas más efectivas para lograr que todos los participantes estén satisfechos con su intervención en el mercado. Hasta ahora esto se ha logrado con el establecimiento de un derecho exclusivo de explotación, pero los tiempos están cambiando. La Revolución Digital ha dado al traste con algunos de los pilares básicos sobre los que se ha construido el mercado que teníamos hasta ahora. Por ello, y teniendo en cuenta los planteamientos anteriormente expuestos, debemos diseñar una estructura que se atenga a las necesidades que tienen los operadores, también los nuevos, en este entorno actual mucho más tecnológico y, sobre todo, más apartado del control del sector público. Así, la propuesta que más enteros gana a este respecto es la progresiva sustitución de los derechos exclusivos por reglas de responsabilidad mediante derechos de remuneración asociados a límites o a usos secundarios. Esto nos permitiría una utilización más amplia de las obras y prestaciones protegidas, sobre todo una mayor variedad en los modelos de negocio utilizados para explotar estas obras que incrementaría la capacidad de elección de los consumidores a la vez que garantizaría una adecuada remuneración de los titulares originarios.

PARTE II. LOS INTERESES EN JUEGO ¿QUIÉN ES QUIÉN EN LOS MERCADOS CULTURALES?

En este capítulo vamos a analizar las distintas partes interesadas en la regulación de los mercados culturales, así como las diferentes estrategias que siguen para proteger sus intereses. A la hora de proponer cualquier tipo de reforma del sistema, especialmente una de tanto calado como la que aquí estudiamos para flexibilizar el sistema de límites a los derechos exclusivos, es necesario saber qué necesitan los operadores y cómo estás necesidades se deben coordinar para que el mercado funcione correctamente.

Este análisis de las necesidades de cada operador debemos de plantearlo siendo conscientes de que si el sistema no puede garantizar la satisfacción de las expectativas legítimas de todos los operadores, estamos condenando al mercado a su fracaso en el medio y el largo plazo, puesto que estaríamos castigando a las partes no satisfechas a sobrevivir "por amor al arte". Esto supone que, en el medio y largo plazo, determinados participantes se verán obligados a empobrecer sus prestaciones, dado que cuando una persona además de preocuparse por realizar su trabajo tiene la preocupación constante de satisfacer sus necesidades vitales básicas con un elevado riesgo de no conseguirlo, no puede trabajar a plena capacidad y dar lo mejor de uno mismo. Además, debemos valorar otra circunstancia adicional. Cuando una persona se ve obligada a sobrevivir y no tiene capacidad para imponerse, se ve abocada a cambiar su criterio personal y los productos que crea no reflejan su propia voluntad, sino la de la persona que le está pagando.

Esta situación se puede reproducir en la actualidad incluso cuando una persona tiene satisfechas sus necesidades básicas, dado que todos nos vemos obligados a hacer ciertas renuncias para convivir. Sin embargo, cuando un sujeto tiene alternativas porque su supervivencia está garantizada, entonces tiene capacidad de negociación suficiente como para que su propia voluntad esté lo más protegida posible. Esta circunstancia que favorece el equilibrio en la negociación se denomina interdependencia, un elemento básico para el correcto desarrollo de las relaciones en el mercado. Si no conseguimos mantener esta interdependencia, uno solo de los operadores se perpetuará en el poder en detrimento de los demás, puesto que al no haber equilibrio en las posiciones negociadoras podrá imponer su voluntad frente al resto.

Esta situación no favorece en absoluto el desarrollo del mercado como institución independiente, pues, como señalamos anteriormente, su correcto funcionamiento depende de que todos los sujetos puedan actuar conforme a su voluntad y, de esta forma, puedan satisfacer sus intereses. No podemos caer en una visión paternalista según la cual un determinado grupo de participantes deba tener capacidad para decidir lo que es bueno para los demás y, en definitiva, para el mercado; lo que es bueno para cada participante lo tiene que decidir éste por sí mismo sin condicionamientos de terceros. Posteriormente, quizás se vea obligado a modular sus expectativas y a modificar sus decisiones, pero sin tener que renunciar a su esencia.

Precisamente en esto consiste la tan ansiada interdependencia, en que todos tengan la influencia suficiente como para satisfacer sus intereses sin poder doblegar la voluntad de los demás. Si todo funciona correctamente, llegaríamos a una situación en la que los intereses de todas las partes se alinearían y todos verían satisfechas sus pretensiones. Esto incidiría positivamente en el desarrollo del mercado, dado que el equilibrio permitiría un reparto equitativo de la riqueza. Las decisiones se toman de forma colegiada, mediante el desarrollo de los intercambios que no estarían condicionados por un solo grupo de participantes.

Por lo tanto, a la hora de estudiar a cada uno de los operadores, debemos tener en consideración que la satisfacción de sus intereses no debe ser el objetivo final del ordenamiento jurídico, sino que es un mero medio para conseguir un fin mayor: la consolidación del mercado en el medio y largo plazo. Es decir, un mercado que sea capaz de sobrevivir a los múltiples cambios que se están produciendo en la actualidad, y a todos aquellos que están por venir en el futuro, gracias a la existencia de diversos centros de poder que pueden condicionar la toma de decisiones.

El mercado es el sujeto que más debe importarnos, porque su interés propio es que todos sus participantes vean satisfechas sus necesidades básicas y puedan desenvolverse con libertad. Solo así conseguiremos que sus prestaciones sean cada vez mejores y los operadores busquen satisfacer las necesidades de los demás participantes con los que se tiene que relacionar. De esta forma, si el ordenamiento jurídico consigue articular incentivos suficientes para que los operadores aspiren a colmar sus necesidades particulares mediante la satisfacción de los intereses de los demás, habremos encontrado la fórmula para garantizar la supervivencia del mercado en el futuro, una circunstancia claramente positiva para el bienestar social.

Para conseguir este objetivo, previamente debemos analizar qué busca cada operador y qué obstáculos establece el ordenamiento jurídico para su consecución. A estos efectos, dividiremos el presente capítulo en cuatro partes. Las tres primeras están dedicadas al estudio de los distintos participantes del mercado: autores, intermediarios y consumidores y la cuarta al mercado como institución aglutinadora de los intereses de todos los demás.

En primer lugar, comenzaremos haciendo un análisis de la situación de los autores o titulares originarios, la base del sistema del derecho de autor, dado que son ellos los que producen las obras que se van a comercializar en el mercado con posterioridad y son uno de los operadores más castigados por el actual sistema al estar cautivos de los intermediarios que operan en el mercado. En este sentido, no podemos olvidar que la moderna normativa de derechos de autor nació en el siglo XVIII como una forma de protegerles frente a los abusos de otros operadores poderosos como eran el sector público y el gremio de editores. Una situación parecida nos encontramos a mediados del siglo XX con la protección de los intereses de los artistas, intérpretes y ejecutantes gracias al Convenio de Roma sobre la protección de los artistas intérpretes o ejecutantes, los productores de fonogramas y los organismos de radiodifusión (1961).

En segundo lugar, estudiaremos el papel de los intermediarios, donde analizaremos, por un lado, los intermediarios tradicionales o titulares derivativos, uno de los grupos cuya función en el mercado menos se ha estudiado y que, paradójicamente, es uno de los que más ha influido en la actual estructura del mercado, dado que son los sujetos que diseñan las estrategias de explotación de los productos culturales protegidos por derechos de autor. Por otro lado, veremos qué función cumplen los intermediarios de la sociedad de la información en el mercado actual, cuáles son sus intenciones y cómo podemos afrontarlas para que sus consecuencias sean lo más beneficiosas para la sociedad en su conjunto.

En tercer lugar, examinaremos la posición de los consumidores frente a los distintos operadores estudiados en los apartados anteriores. Su posición siempre ha sido bastante débil, dado que carecen de una estrategia colectiva y tienden a actuar de forma separada. Además, su estatus en el mercado no admite una posición proactiva, sino que simplemente pueden reaccionar a las ofertas planteadas por los demás. Esto no quiere decir que tengan menos poder, ya que con su actuación pueden forzar la desaparición de determinados operadores, pero su capacidad de influencia es ciertamente limitada si tenemos en cuenta que la estructura actual del mercado derivada de los modelos de negocio establecidos por los titulares permiten crear escasez artificial en la explotación de la obra.

En cuarto y último lugar, abordaremos la posición que deben tener los intereses del mercado en este entramado, valorando cómo las necesidades y los intereses de los demás influyen en su propia estrategia como institución aglutinadora de posiciones. Debemos tener en consideración que, pese a su independencia, sus necesidades las determina la obligación del sector público de conseguir que todos los participantes mantengan buenas relaciones entre sí y de garantizar la existencia de interdependencia. Estamos ante una institución esencial dentro del estudio de la propiedad intelectual a la que no se le suele conceder entidad propia e independiente de los demás operadores que la componen. Con este apartado buscaremos destacar los valores y principios que deberían regir el mercado en un Estado social de derecho: la libre y leal competencia que fomente la innovación. En definitiva, la protección de objetivos de interés público.

Capítulo III. Los titulares originarios de derechos

Los titulares originarios o, utilizando una nomenclatura menos aséptica, los autores o creadores de contenido, han sido el grupo al que el sector público ha dedicado mayor interés buscando garantizarles una remuneración suficiente que atrajeran a más creadores al mercado para que los consumidores tengan un mayor elenco de prestaciones entre las que elegir. En este apartado vamos a intentar comprender qué motiva al sector público a proteger a este grupo de participantes del mercado y qué medidas debemos adoptar para que, en los momentos de cambio como el que vivimos actualmente o como los que puedan venir en el futuro, sus intereses estén suficientemente protegidos

El desarrollo histórico ya analizado ha dado a los derechos de propiedad intelectual una mística o, si queremos, un carácter revolucionario[117], pues hasta cierto punto sirvieron para cambiar el panorama jurídico y político de las sociedades modernas. Ahora bien, fue un mero instrumento utilizado por los revolucionarios, no la causa de esta. En los orígenes de la propiedad intelectual en el siglo XVIII esta forma de entender la institución jurídica tenía cierto sentido, dado que había que liberar a la ciudadanía de las graves injerencias en su libertad de expresión acometidas por las monarquías absolutas, aunque realmente sirvió más para liberar a los editores que a los creadores. Sin embargo, con el advenimiento de Estado

---

117 Vid. Sganga, C. (2018). *Propertizing European Copyright: History, Challenges and Opportunities*. Edward Elgar Publishing, p. 194.

de Derecho moderno, donde el poder del Estado está sometido al derecho administrativo y sus poderes están limitados y controlados por los órganos jurisdiccionales, no es realista sostener que la propiedad intelectual cumpla exactamente la misma función, aunque sí que podemos apreciar algunos elementos de conexión.

Por lo tanto, debemos buscar una nueva justificación para esta institución jurídica o una reinterpretación de las existentes que se adapte a las nuevas necesidades de la sociedad, sobre todo a la nueva realidad digital donde el Estado ha dejado de ser la amenaza principal para la libertad de los ciudadanos. Nos encontramos ante un punto de inflexión y de cambio social y económico similar al de las Revoluciones Liberales y, posteriormente, Industriales, de tal forma que los titulares originarios de derechos tienen que cambiar sus expectativas a la vista de la nueva realidad en la que tienen que vivir.

Hoy en día los derechos de autor y conexos ya no son concebidos exclusivamente como una garantía de libertad, sino que tienen un significado económico y competitivo muy relevante, pues sirven para que los operadores económicos se enriquezcan con su explotación[118]. Esto nos va a obligar a cambiar su contenido, tanto para que los límites lleguen a actos que actualmente no pueden cubrir pese a la identidad teleológica, como para facilitar un mayor acceso a las obras por parte de los consumidores

---

118 No obstante, la realidad que subyace a los acontecimientos históricos nos hace ver que la intención de los impulsores de las Revoluciones Liberales era consolidar su poder económico, incrementarlo y hacer prevalecer su visión de la sociedad.
En este sentido, Vid. Rey Martinez, F. (1994). *La propiedad privada en la Constitución Española*, Centro de Estudios Constitucionales, Boletín Oficial del Estado, p. 53 quien alude a Constant, B. (1815). *Principios de política aplicables a todos los gobiernos*, París.

a la vez que garantizamos una adecuada remuneración óptima para el mantenimiento de los incentivos a la creación.

En este sentido, pese a que el carácter épico-revolucionario deba ser moderado, garantizar la remuneración de los autores es uno de los elementos más importantes para el correcto funcionamiento de los mercados culturales, asegurando un justo retorno al uso de las obras y prestaciones, cada vez más masivo y con menor capacidad de control por parte de sus titulares. Solamente si los autores pueden vivir de su propio trabajo y tienen libertad creativa, podremos garantizar que sus necesidades estén satisfechas. De lo contrario, serán sujetos sin autonomía y dependientes de otros, una situación que desequilibra el funcionamiento del mercado e impide la interdependencia.

Los derechos de propiedad tienen una vinculación muy especial con la libertad en general y, en particular, con la libertad de expresión y creación, pero vaya por delante que en este trabajo no pretendemos hacer una apología de una interpretación naturalista de los derechos de propiedad, sino una más próxima al utilitarismo. La posibilidad de obtener una remuneración derivada del derecho de propiedad genera importantes incentivos a la innovación, puesto que la posibilidad de obtener rendimientos económicos atrae a más creadores al mercado y garantiza una mínima independencia respecto de los demás operadores del mercado, pues podrían permitirse vivir al margen de ellos, pero eligen voluntariamente hacerlo porque con ellos estarán mejor que trabajando solos. Ahora bien, igual que debemos conseguir una remuneración suficiente para los autores, es necesario un equilibrio con los demás participantes del mercado. Por ello, tenemos que ser cuidadosos a la hora de definir el ámbito objetivo de los derechos exclusivos y de sus límites y excepciones al afectar directamente a sus ingresos. En todo caso, debemos encontrar la solución más efectiva y eficiente para los problemas que presenta el mercado y sus participantes.

El título de este trabajo ya adelantaba que nuestro objetivo es buscar una nueva función para los límites o, al menos, ampliarla a nuevas situaciones. Así, el siguiente paso que debemos dar para articular esta ampliación de los límites en lo que afecta a los autores es responder a dos cuestiones esenciales para el buen funcionamiento de los mercados culturales:

i. ¿Qué deben garantizar los derechos de propiedad intelectual a los autores?

ii. ¿Cómo afectan los límites a los intereses de los autores?

I. ¿QUÉ DEBEN GARANTIZAR LOS DERECHOS DE PROPIEDAD INTELECTUAL A LOS AUTORES?

La doctrina clásica ha teorizado sobre la verdadera naturaleza de los derechos de autor y sobre lo que implican para los creadores. Ya hemos hecho un breve resumen de las dos posturas más relevantes que justifican la existencia de esta institución jurídica y todas ellas tienen un punto de unión: entender los derechos exclusivos como una recompensa o un incentivo[119], aunque la forma de concretarse sea distinta.

---

119 Esta concepción de los derechos de autor se aleja de la pandectística alemana desarrollada por Hegel y se aproxima más a la lógica planteada por Locke al entender la propiedad como una institución que sirve como recompensa al trabajo personal desarrollado por el autor. No obstante, no podemos perder de vista la perspectiva moral de estos derechos que sí se acerca a la teoría Hegeliana que contempla la propiedad como una forma de manifestar la voluntad del individuo sobre los objetos que le rodean y tampoco podemos olvidar que en el concepto de originalidad subyacen estos elementos al valorarse la impronta personal del autor en la expresión que es la obra.

Ahora bien, parece que nunca hemos cuestionado por qué la recompensa o el incentivo se tienen que manifestar siempre en un derecho exclusivo que permita al titular controlar escrupulosamente cada acto de utilización de la obra, pues la fuerza de la costumbre impuso este sistema que entonces era factible. No obstante, el objetivo de esta institución jurídica no era garantizar un monopolio sobre la realización de copias. Por el contrario, lo que se pretendía era garantizar a los autores libertad económica y generar confianza para canalizar inversión a la producción de obras originales y, posteriormente, prestaciones protegibles[120]. Por lo tanto, el monopolio nunca fue un fin en sí mismo, sino un medio para conseguir un objetivo mayor.

Con el paso de los años la aparición de los diferentes avances técnicos ha dificultado el control exhaustivo sobre la explotación

---

En este sentido, Vid. Erdozaín López, J. C. (1999). El concepto de originalidad en el derecho de autor. *Pe. i.: Revista de propiedad intelectual,* (3), 55-94. Y de la Higuera, J. (2007). Propiedad y enajenación en la Filosofía del Derecho de Hegel. *Revista Electrónica de la Asociación Andaluza de Filosofía.*
A contrario, Vid. Schroeder, J. L. (2005). Unnatural rights: Hegel and intellectual property. *U. Miami L. Rev., 60,* 453, quien sostiene que las teorías Hegelianas nunca permitirían afirmar la existencia de un derecho moral sobre las creaciones intelectuales protegibles. No obstante, es innegable que sus consideraciones sobre la individualidad y su relación con la propiedad han impregnado este aspecto de los derechos de propiedad intelectual. Así mismo, Vid. Hughes, J. (1988). The philosophy of intellectual property. *Geo. LJ, 77,* 287, quien pone de manifiesto lo que él considera una incoherencia dentro de la teoría de Hegel

120 Vid. Olson, M. (2000). *Power and prosperity: Outgrowing communist and capitalist dictatorships,* p. 62 donde explica cómo hay determinadas situaciones en las que es necesaria la intervención del sector público para garantizar la producción de bienes públicos.

de la obra, no solo por la falta de herramientas tecnológicas efectivas frente a usos no autorizados, sino también por la incapacidad de supervisar la basta explotación que se hace en la actualidad. Por este motivo, los operadores se han visto obligados a buscar nuevas estrategias de explotación o vías de obtención de ingresos, pero siempre han pretendido mantener el modelo de control exclusivo. Quizás en un mundo puramente analógico donde todas las formas de explotación de las obras estaban ligadas a la existencia de un objeto material este modelo era, hasta cierto punto, viable. No obstante, tampoco podemos idealizar el pasado, dado que esta estrategia de mercado tenía carencias importantes. Durante el tiempo en el que este modelo se desarrolló y consolidó, surgieron dinámicas de comportamiento basadas en la dominación-sumisión causantes de desigualdades que, unidas a la falta de interdependencia, han provocado tensiones entre los distintos operadores. Precisamente, ha sido este contexto el que nos han llevado, en parte, a la situación actual.

Por este motivo, nuestro objetivo no puede ser la búsqueda de un modelo equivalente al anterior adaptándolo a la realidad digital, porque tampoco funcionaba correctamente. Al contrario, debemos encontrar un marco nuevo de relaciones entre los operadores que mantenga los incentivos a la creación, los incentivos a participar en el resto de la cadena de distribución y los derechos y preferencias de los consumidores. Este importante cambio en las relaciones nos obliga a reevaluar los fundamentos sobre los que se ha construido la normativa actual y ver si es conforme con los objetivos de la propiedad intelectual.

Las consecuencias que ha tenido la decisión de no cuestionar el modelo de gestión vigente nos deben hacer reflexionar para sentar las bases que nos ayuden a encontrar un nuevo modelo de propiedad intelectual. Hemos asumido casi como un dogma de fe que el derecho de propiedad intelectual debe ser un sistema para controlar la reproducción y explotación de obras y, lo más grave, que no existe alternativa posible. Únicamente se ha configurado un derecho de remuneración (ya sea un derecho exclusivo con gestión colectiva obligatoria o mediante un límite asociado a un derecho de remuneración) en aquellos casos en los que por las circunstancias no puede existir un mercado. Para poder corregir esta situación primero debemos analizar en profundidad el origen de este argumento para después dilucidar si realmente existe o no una alternativa.

Aquellos que defienden este sistema lo hacen bajo el tan recurrente, pero a la vez complejo, argumento de la libertad individual[121]. Entienden que solamente se puede garantizar la existencia de una recompensa adecuada si el titular de los derechos tiene libertad para decidir qué se hace con la obra. En este sentido, sostienen que solo en una negociación entre individuos donde se ponen de manifiesto las necesidades de cada uno, podrá garantizarse un reparto razonable de los excedentes de la transacción. Así, frente a las situaciones en las que la gestión se encomienda a las entidades de gestión colectiva, señalan que son situaciones excepcionales que como tales deben tratarse y no deben generalizarse. Además, arguyen que como la obra es una manifestación de la personalidad del autor, éste debe tutelar su explotación. No obstante, estos argumentos merecen dos críticas principales.

---

121 Vid. May, R. J. y Cooper, S. (2020). *Modernizing Copyright Law for the Digital Age. Constitutional Foundations for Reform.* Durham, North Carolina: Carolina Academic Press, p. 83. No obstante, debemos mencionar que los autores mantienen una posición sobre los derechos de propiedad intelectual muy limitada, entendiéndolos como una mera obligación del sector público, posición que no compartimos, dado que en este estudio sostenemos que los derechos de autor son un elemento vertebrador e informador del funcionamiento de los distintos operadores del mercado y, en consecuencia, de este último.

En primer lugar, esta percepción de la obra como un objeto que requiere de la tutela de su autor para que se preserven sus esencias parte de una visión distorsionada de lo que es el acto de la creación y, especialmente, de la vida de la obra tras su primera divulgación. Las obras, una vez creadas y presentadas al mundo exterior siguen un camino propio que nadie debe controlar[122].

La información que se transmite al público es fruto de un proceso de comunicación entre el usuario y la obra, para lo cual es indiferente que el medio de percepción. En este proceso lo más importante es la información que tiene el consumidor cuando interactúa con la obra, así como su contexto social y personal, aspectos de la vida privada que el autor ni puede ni, por supuesto, debe controlar.

El medio de acceso realmente no condiciona la percepción de la obra, pero sí que nos da información sobre los conocimientos que tiene el usuario. No podemos obviar que la utilización de medios digitales o analógicos tiene importantes sesgos de edad y de poder adquisitivo. En este sentido, la edad de una persona, junto con sus experiencias, su educación previa, aspectos íntimamente ligados a su poder adquisitivo, sí que condicionan la percepción que tienen de la obra. Por lo tanto, podríamos decir que es la información que tienen la que condiciona el medio de acceso y no al revés.

Otro factor importante a tener en cuenta sobre la toma de decisiones en la estrategia de explotación es que, como regla general, los autores no tienen capacidad para determinar directamente los canales de explotación por los que va a discurrir la

---

122 Vid. Wincor, R. (1990). *Copyrights in the World Marketplace: Successful Approaches to International Media Rights.* Prentice Hall Law & Busines, p. 3.

obra. Al ceder los derechos de explotación, son sus cesionarios los que van a tomar las decisiones sobre modalidades de explotación, sino que las van a tomar los intermediarios, quienes no tienen el mismo vínculo con la obra.

En segundo lugar, se suele hablar del concepto de recompensa adecuada o salario de oportunidad por su trabajo sin profundizar mucho en el concepto[123]. Anteriormente decíamos que el argumento utilizado para defender un amplio margen de actuación es que el autor solamente puede obtener una remuneración adecuada mediante una negociación individual. En este sentido, debemos plantearnos en qué consiste esa recompensa.

Para responder a estas preguntas podemos partir de que la recompensa razonable es aquella que garantiza la independencia económica para tener una vida digna con los rendimientos obtenidos con la explotación de la obra. No obstante, las doctrinas modernas sobre la remuneración en el derecho de autor parten de una visión que va más allá de la recompensa suficiente. Así, se suele considerar que la propiedad intelectual da al autor, aunque realmente deberíamos hablar de titulares, el derecho a obtener todos los rendimientos económicos que

---

123 Vid. Yoo, C. S. (2005). Towards a differentiated products theory of copyright en Takeyama, L. N. *Developments in the Economics of Copyright, 103,* plantea que el autor debe tener la capacidad de apropiarse de la riqueza suficiente para recuperar los costes fijos o costes de creación. No obstante, cada autor tiene unos costes fijos de creación distintos, luego si seguimos en el planteamiento deberíamos establecer un derecho de autor a medida de cada creador. Así mismo, el autor no hace referencia a la dificultad de medir la cuantía a la que ascienden dichos costes de creación.

se puedan conseguir con la explotación la obra, pudiéndose apropiar del 100% del valor[124].

Parte de esta problemática conceptual se debe a que no sabemos con exactitud cuál es todo el potencial económico de la obra y si debe abarcar solo los elementos protegidos por la regla de la originalidad o debe ir más allá. En el transcurso de la creación se incorporan, consciente o inconscientemente, creaciones de terceros que se funden con la propia. Todos nos apropiamos de las creaciones previas, pues nos inspiran y aprehendemos los conceptos creados y desarrollados por terceros para hacerlos nuestros y expresarlos de nuevas maneras.

Además, en el proceso de explotación participan terceras personas con o sin el reconocimiento de un derecho conexo que aportan una porción no irrelevante del valor total de la obra o prestación. Ahora bien, podríamos afirmar que entre todas las personas que participan en la cadena de explotación sí tienen derecho a apropiarse de todo el valor de la obra o prestación. No obstante, de nuevo, debemos volver al argumento anterior, vinculado directamente con el apropiacionismo.

Si aceptamos que el autor no puede apropiarse de todo el valor de la obra, tenemos que redefinir qué recompensa puede recibir el creador, y para ello es necesario acudir a los derechos de propiedad y a la libertad de empresa, pues son la base jurídico-constitucional sobre la que se construyen las estrategias de explotación. Ahora bien, debemos tener una perspectiva dinámica de estos derechos de propiedad y de la libertad de empresa, pues son meros fines para alcanzar un objetivo común, desarrollo económico. De esta forma, estos derechos no deben servir como medio para consolidar posiciones de poder,

---

124 Vid. Casas Vallés, R. (2007). Los límites al derecho de autor. *Revista Iberoamericana de Derecho de Autor*, *1*(1), 42-97.

sino que debemos volver al elemento revolucionario que les es inherente. Dentro de su contenido no está el anquilosamiento de las estrategias de explotación.

Los modelos vigentes parten de la creación de valor mediante la escasez artificial, un sistema directamente vinculado a los modelos de explotación en soportes tangibles cuya creación está vinculada a medios de control efectivo vinculados a la existencia de un derecho exclusivo. Así, frente a un producto que es infinitamente replicable, el valor de sus copias dependerá de la escasez de estas. De esta forma, el titular de derechos deberá calcular la cantidad óptima en función de sus perspectivas de remuneración y la elasticidad-precio de la demanda. Así, es indispensable realizar dos precisiones que, sin invalidar el argumento de la necesidad de crear riqueza mediante la escasez artificial, nos deben hacer reflexionar sobre su implementación:

i. Los bienes inmateriales tienen la condición de bienes públicos en sentido económico por ser bienes de consumo no rival y no excluyente. En consecuencia, la escasez no existe de forma natural, sino que tiene que ser creada por el ordenamiento jurídico de forma artificial. Además, cada vez es más complicado conseguirla dado el menor coste para la creación de copias y la dificultad para controlar las actividades no autorizadas.

ii. La mayor parte del valor de los bienes inmateriales se genera con su distribución, es decir, garantizando que mucha gente aproveche el contenido de la obra. En este sentido, hay autores[125] que plantean que el concepto de "valor eco-

125 Vid. Ramello, G. B. (2005). Private appropriability and sharing of knowledge: convergence or contradiction? The opposite tragedy of the creative commons en Takeyama, L. N. *Developments in the Economics of Copyright, 103*, p. 125.

nómico" de la obra tiene una vertiente semiótica o social. Por este motivo, el valor económico que tenga la obra depende de la cantidad de personas a las que llegue y de la valoración que hagan de la misma.

A modo de resumen, podríamos afirmar que el valor de una obra existe o se incrementa si se comparte, dado que a mayor número de transacciones, mayores ingresos, puesto que ello no acelera necesariamente su destrucción. Por lo tanto, la gestión mediante un sistema de exclusividad genera externalidades negativas que el sistema no está siendo capaz de absorber y corregir frente a los beneficios de otras estrategias de gestión[126].

En definitiva, con lo expuesto hasta este punto podemos afirmar que el derecho de autor no debe reducirse a que la regla general sea un derecho exclusivo sobre la obra como un fin en sí mismo, sino que debe buscar la mejor forma de dar independencia económica al autor mediante la existencia de una remuneración.

1. La remuneración adecuada

Para dilucidar esta compleja cuestión debemos explorar las siguientes posturas respecto a la remuneración de los autores. En primer lugar, cuál es el mínimo exigible al que deberíamos aspirar a la hora de diseñar el sistema; lo que hemos denominado "remuneración suficiente", aquella que permite al autor mantener su independencia económica. En segundo lugar, si

---

126 Vid. Deschandelliers, Q. (2023). How a licence-based copyright proved to be crisis-proof and fulfilled societal needs, *Kluwer Copyright Blog*, disponible en: https://copyrightblog.kluweriplaw.com/2023/12/06/how-a-licence-based-copyright-proved-to-be-crisis-proof-and-fulfilled-societal-needs/

existe un límite máximo de remuneración que el sistema no debería tolerar. En tercer y último lugar, cabría plantear una tercera opción que permitiera al titular de los derechos obtener aquella remuneración que sea capaz de conseguir con su estrategia de explotación, incluso superando el valor económico asociado a la obra.

A estas cuestiones debemos añadir algunos aspectos importantes sobre la fijación de precios en el mercado, tarea esencial para abordar la remuneración de los titulares de derechos. La fijación del precio está directamente ligada a las estructuras de costes y, en última instancia, a la libertad de contratación. Así, se suele utilizar la expresión de que un producto o servicio vale lo que alguien está dispuesto a pagar, dentro de los valores de amenaza. Sin embargo, como en casi todos los mercados, los consumidores no suelen estar conformes con los precios porque lo consideran elevado[127] a lo que se unen otros facto-

---

127 En este sentido, Vid. https://www.elmundo.es/papel/cultura/2017/11/30/5a1ee8f8268e3ecd5e8b45c0.html (consultado el 14 de octubre de 2021). Así mismo, Vid. Informe del Observatorio de Piratería y Hábitos de Consumo de Contenidos Digitales (institución formada por las Entidades de Gestión Colectiva de derechos de autor, Promusicae, la Federación de Gremios de Editores de España, la Federación de Distribuidores Cinematográficos, La Liga, la Asociación Canales Temáticos, Mediapro y la Asociación Española de Videojuegos) disponible en: http://lacoalicion.es/wp-content/uploads/ejecutivo-obs.pirateria_2019.pdf (consultado el 15 de octubre de 2021) en el que se señala que en el año 2019 el 54% de los usuarios que accedían a productos culturales por canales no autorizados lo hacían porque consideraban que el precio era excesivo y porque consideraban que ya era suficiente con pagar la conexión a internet o por una TV de pago.
Sin embargo, otros autores como Jaivin, L. (2015). Big content en McGuinness, P. (Ed.). (2015). *Copyfight*. NewSouth, p. 200 afirman

res relevantes como pueden ser el nivel educativo del consumidor o su nivel de renta[128]. En resumen, existen asimetrías informativas sobre el verdadero valor que tienen los productos culturales para los consumidores y el coste que supone producirlos. A esta falta de información debemos sumar las posibilidades de acceso gratuito no autorizado (piratería) que los consumidores tienen a su disposición, y que distorsionan la información ya existente.

Los mercados culturales tienen un importante problema a este respecto, quizá, porque los consumidores no valoran los productos culturales como algo prioritario, amén de las divergencias entre los distintos estratos de la sociedad[129]. Es obvio que esto afecta de forma directa a los ingresos de las industrias culturales, puesto que, si no hay un grupo de consumidores suficientes que permitan sufragar los costes que asume la industria en la creación y comercialización de los productos, la situación es insostenible.

No obstante, no debemos confundir conceptos y buscar soluciones a la remuneración de los creadores solamente con un refuerzo del ámbito objetivo de los derechos exclusivos porque estamos ante dos problemas distintos que requieren soluciones diferentes. Un endurecimiento de los derechos exclusivos puede incrementar los rendimientos económicos de los titulares

---

que el precio no es un elemento tan influyente en la demanda de productos culturales.

128 Vid. https://observatoriosociallacaixa.org/-/el-consumo-cultural_cuestion-de-gusto-o-de-precio (consultado el 14 de octubre de 2021).

129 Vid. Informe del Observatorio de Piratería y Hábitos de Consumo de Contenidos Digitales disponible en: http://lacoalicion.es/wp-content/uploads/ejecutivo-obs.pirateria_2019.pdf (consultado el 15 de octubre de 2021).

de derechos, pero no va a acabar con la piratería, que tiene un componente conductual que no se elimina con un derecho de autor más fuerte. La expansión de su ámbito objetivo se ha convertido en un comodín que sirve al legislador para mostrar que está haciendo algo para combatir la piratería y conseguir mejores herramientas para incrementar la remuneración de los creadores. De hecho, se trata de una medida extraordinariamente positiva para el Estado, pues no requiere desembolsos directos en políticas públicas.

La conducta de los consumidores se puede abordar con otro tipo de medidas como, por ejemplo, políticas educativas[130] que hagan ver el valor de los productos culturales en nuestras vidas y el coste asociado a ellos[131]. No obstante, este tipo de soluciones requiere de desembolsos directos en forma de políticas públicas que corrijan el problema de información imperfecta.

Ahora bien, el hecho de que las modificaciones del ámbito objetivo del derecho exclusivo no arreglen todos nuestros problemas, no significa que dejen de ser una medida efectiva. Simplemente consideramos que debe verse complementado con otras acciones por parte del Estado que modifiquen los problemas estructurales y las externalidades negativas asociadas al modelo de explotación exclusiva y excluyente. Así, también podemos plantearnos reducciones del ámbito objetivo o soluciones más flexibles como derechos de remuneración de gestión colectiva obligatoria que garanticen un mejor equilibrio de intereses en el mercado.

---

130 Vid. Sueur, T. (2011). The Technological future and the protection of innovation en Gevers, F. y Cornu, E. (Chief Editors) *The future prospects for intellectual property in the EU: 2012-2022*, Gevers, p. 224.

131 Vid. Borginho, J. (2015). Codified respect. Copyright as ethics, en McGuinness, P. (Ed.). (2015). *Copyfight.* NewSouth, p. 137

A este respecto, en lo que se refiere la modificación del ámbito objetivo del derecho exclusivo, las teorías individualistas y colectivistas no plantean grandes diferencias, ambas buscan reforzar la remuneración de los autores. Eso sí, las estrategias para conseguir esos objetivos sí que presentan diferencias notables.

El individualismo, al no tomar en consideración de forma suficiente la dimensión social que tiene la labor creativa, la necesidad de construir sobre lo ya existente y las necesarias relaciones con los demás participantes, concibe la remuneración de una forma más "egoísta"[132] entendiendo que no puede tener topes máximos. El problema que podemos traer a colación es la falta de estrategia a largo plazo. Un modelo de derechos de autor más abierto y asociado a reglas de responsabilidad también permitiría conseguir una mayor remuneración. La explotación de la obra será más exhaustiva y ello diversificará las vías de obtención de ingresos.

---

132 Vid. Doctorow, C. (2014). *Information doesn't want to be free: laws for the internet age.* McSweeney's, p. 146 donde su autor recoge una frase bastante ejemplificativa: "todo pirata quiere ser almirante". Con esta expresión representa muy bien que todos los creadores se apoyan en el trabajo de terceros para elaborar sus propias creaciones. No obstante, una vez han alcanzado cierto éxito tratan de evitar que otros terceros se apoyen en sus creaciones alegando la pérdida de incentivos que supondría para ellos. En muchas ocasiones podemos ver una cierta similitud con la épica de la lucha entre David y Goliath. Cuando los creadores están buscando hacerse un hueco en las industrias culturales pretenden ser David, pero una vez que se asientan y tienen cierto éxito, se convierten en Goliath. Si queremos buscar otra similitud podemos acudir a Napoleón en la novela Rebelión en la Granja de George Orwell, que una vez alcanzó una posición de comodidad adoptó los mismos patrones de conducta que los dictadores a los que derrocó.

Por su parte, las teorías colectivistas, a priori, podrían ser más favorables a un diseño del sistema de propiedad intelectual que permita otro modelo de adquisición de riqueza. Un modelo que tenga en cuenta otros criterios como la satisfacción de los intereses de los demás participantes y la distribución de recursos equitativa entre los distintos operadores del mercado. En definitiva, se trata de incorporar los criterios de la función social de la propiedad a su funcionamiento.

2. Medios y esfuerzo adecuados

Partiendo de la idea de que la remuneración adecuada debe estar entre los dos límites abstractos expuestos en los párrafos anteriores: un mínimo suficiente para subsistir y un máximo que sería todo el valor económico que el titular pueda obtener, debemos descender a la realidad. Plantear dos límites ideales y abstractos no nos soluciona absolutamente nada porque no nos permiten determinar qué facultades debe tener el autor para conseguir una remuneración suficiente ni saber qué es lo que debe garantizar el derecho de autor. No obstante, debemos tener en cuenta que determinar esta remuneración es una tarea prácticamente imposible porque las variables que conforman la función que la determina están en continuo cambio dependiendo del momento temporal, del tipo de mercado, del tipo de obra, de las preferencias de los consumidores, etc. Por lo tanto, este enfoque es insuficiente e, incluso, podríamos decir que poco realista.

Por ello, consideramos que el derecho de autor no debe garantizar ninguna remuneración a los autores, ni mínima ni máxima, sino que debe darles los medios necesarios para que puedan obtener dichos rendimientos mediante su esfuerzo. De esta forma, el modelo planteado propone poner en valor, no solo los instrumentos que el legislador da a los creadores, sino el esfuerzo que estos desarrollan por obtener esa remuneración, proporcionando a los consumidores obras y prestaciones atractivas.

Por lo tanto, debemos superar una de las afirmaciones clásicas, puesto que el mejor incentivo no es solo la promesa de una recompensa, sino el miedo a perder una posición de poder. Ambas estrategias son complementarias y nos permiten dar incentivos a sujetos que todavía no han entrado en el mercado y a aquellos que ya están presentes e influyen en el desarrollo de las transacciones. Ahora bien, la consecución de la remuneración o la conservación de la posición de poder también requiere del esfuerzo de todos los eslabones de la cadena de valor.

El centro de nuestra investigación consiste en estudiar los medios que damos a los autores y creadores, pero estos no deben estar pensados solamente para la obtención de una adecuada remuneración, sino también para garantizar un grado de esfuerzo suficiente por sus titulares. Estamos ante un elemento determinante para construir la estructura del mercado y, en consecuencia, para definir las relaciones de poder que se van a dar entre los distintos operadores, quienes definirán su estrategia de actuación en función de sus expectativas de remuneración y de las expectativas de actuación de los demás participantes.

La definición de los medios que damos a los autores y del esfuerzo que deben desarrollar no es únicamente importante por la situación de los propios autores, que también, sino que va a ser especialmente relevante a la hora de delimitar el poder que tienen los intermediarios que actúan como cesionarios. Por lo tanto, estamos ante una cuestión sustancialmente determinante para la estructura de los derechos de autor, dado que son los intermediarios quienes deciden las estrategias de explotación[133].

---

133 Vid. Olson, M. (2000). *Power and prosperity: Outgrowing communist and capitalist dictatorships*, p. 15.

Si hablamos de esfuerzo de los titulares de derechos, debemos traer a colación la necesidad de que la remuneración se obtenga mediante negociaciones individuales sobre el derecho exclusivo por contraposición a otras estrategias como la gestión colectiva. No obstante, el esfuerzo tiene otras manifestaciones al margen de la fuerza de negociación, como el modelo de explotación escogido, las ventanas de explotación seleccionadas, el contenido del producto, etc. Esta forma de entender el esfuerzo viene, de nuevo, vinculada a la concepción del derecho de autor como una institución al servicio de su titular para que absorba todo el valor económico asociado a la obra, algo que ya hemos criticado con insistencia en páginas anteriores.

A pesar de las importantes virtudes de los mercados primarios, también debemos poner de manifiesto algunos aspectos negativos para el bienestar social de esta estrategia de protección:

(i) El autor, por el mero hecho de tener un derecho de propiedad, no tiene, ni debe tener, una posición económica garantizada en el mercado[134]. Es cierto que esta institución jurídica otorga incentivos para que el titular termine en esa posición, pero ello depende, sobre todo, del esfuerzo per-

---

[134] Vid. Kur, A., & Schovsbo, J. (2011). Expropriation or fair game for all? The gradual dismantling of the IP exclusivity paradigm. In *Intellectual Property Rights in a Fair World Trade System.* Edward Elgar Publishing, p. 6. Los autores señalan que los mecanismos del mercado no siempre funcionan por la presencia de agentes externos que pueden impedirlo.
En el mismo sentido, Vid. Krier, James E., Schwab, Stewart J, Property Rules and Liability Rules: the Cathedral in Another Light, (1995) 70 N.Y.U. L. Review (1995), 440 (disponible en http://heinonline.org/HOL/Page?handle=hein.journals/nylr70&div=18&size=4&collection=journals&set_as_cursor=18&men_tab=srchresults).

sonal. Así mismo, hay que tener en cuenta que en ocasiones la titularidad de un derecho de propiedad no garantiza una buena posición de negociación, porque hay otros operadores del mercado que pueden tener un poder superior.

(ii) La existencia de un monopolio y la consecuente ausencia de competencia en el mercado crea incentivos para desarrollar la conducta denominada *rent seeking*, que no busca el buen funcionamiento del mercado, de sus participantes o del resto de la sociedad, sino solamente la obtención de beneficios en el corto plazo para recuperar la inversión realizada. Como podemos apreciar, esta falta de conciencia sobre el medio en el que se mueven los titulares puede ser perjudicial para el resto de los operadores y para el mercado como institución[135], que tienen el mismo derecho que los demás a estar y participar en el mercado.

En definitiva, esta actuación podríamos calificarla como "apoltronamiento" del titular de derechos en una buena posición de mercado a la que ha llegado ayudado de un monopolio y con su esfuerzo, de tal forma que puedan obtener los máximos rendimientos posibles sin necesidad de arriesgar e innovar al tener unos consumidores relativamente cautivos.

(iii) El hecho de que el monopolio sobre la explotación de la obra garantice una alta remuneración para las industrias culturales no implica necesariamente que a posteriori haya un reparto equitativo entre todos los participantes. Por lo

---

135 Vid. Kur, A., & Schovsbo, J. (2011). Expropriation or fair game for all? The gradual dismantling of the IP exclusivity paradigm en *Intellectual Property Rights in a Fair World Trade System*. Edward Elgar Publishing, p. 20 al respecto del mal uso de las patentes que en ocasiones generan estos derechos exclusivos, una actitud perfectamente equiparable en los mercados culturales.

tanto, esta solución tampoco garantiza *per se* la presencia de altos incentivos para los autores, especialmente porque no son ellos quienes controlan el reparto de la cadena de valor, sino que van a ser los intermediarios porque son ellos los que recaudan directamente de los consumidores.

(iv) El monopolio no garantiza que el autor controle de forma efectiva la explotación de la obra. Por el contrario, una de las tónicas habituales en el mercado es que éstos cedan sus derechos de explotación a un intermediario que colocará las obras en el mercado. Esta situación no beneficia a los autores, sino a los intermediarios que gestionan las obras, que tomarán las decisiones comerciales que más les interesen a ellos sin que ello tenga que repercutir de forma positiva en el resto de los operadores o en el bienestar general[136].

Como podemos ver, la gestión de los derechos de autor mediante derechos exclusivos tiene importantes aspectos positivos, dado que permite absorber una parte importante del valor económico asociado a la obra. Esto se debe a que los precios de monopolio son superiores a los precios de competencia y a que la apropiación de valor es más sencilla y, sobre todo, barata, reduciendo así el esfuerzo necesario para conseguir una posición preeminente en el mercado.

Aunque realmente asumiéramos esta concepción de la propiedad intelectual, todavía podríamos poner en entredicho la necesidad de establecer un monopolio como medio habitual y generalizado para canalizar el esfuerzo, dadas las consecuencias perjudiciales que tiene para el resto de los participantes y para el propio mercado en determinadas circunstancias. En los

---

136 Vid. Smith, A. & Skinner, A. (1973). *The wealth of the nations. With an Introduction by Andrew Skinne*, pp. 192 y ss.

casos en los que se vea factible y/o necesario no debe darnos miedo explorar otras posibilidades que nos permitan obtener unos resultados positivos para la economía de los creadores y para la estructura del mercado[137].

Además, esta estrategia implica riesgos graves para la coherencia interna de la propiedad intelectual como institución que pretende dinamizar el mercado al reducir el esfuerzo necesario para obtener una remuneración. Precisamente esta es una de las amenazas principales para la estabilidad del mercado, pues el sistema actual está permitiendo que los titulares de derechos puedan obtener una remuneración superior a los costes de creación y que el reparto de la riqueza no esté siendo equitativo al estar potenciando en exceso a uno de los operadores.

Por lo tanto, deberíamos reflexionar sobre la oportunidad de mantener una estructura interna de la propiedad intelectual que permite a determinados operadores económicos obtener unos rendimientos que podríamos calificar de ficticios, dado que en circunstancias normales no conseguirían recuperar la inversión. En definitiva, estaríamos favoreciendo la producción de obras que el mercado habría terminado rechazando. En este sentido, debemos plantearnos qué aportan estas obras que la normativa ha favorecido pero que, de no haber sido por la existencia de incentivos, nunca habrían existido. No olvidemos que esta situación podría ser dañina para el mercado al favorecer la entrada de productos innecesarios para los consumidores, con el consecuente derroche de recursos que ello supone y que sí son escasos.

---

137 Vid. Deschandelliers, Q. (2023). How a licence-based copyright proved to be crisis-proof and fulfilled societal needs, *Kluwer Copyright Blog*, disponible en: https://copyrightblog.kluweriplaw.com/2023/12/06/how-a-licence-based-copyright-proved-to-be-crisis-proof-and-fulfilled-societal-needs/

En ocasiones caemos en el error de considerar que todo acto de creación es positivo para la sociedad, cuando realmente no es así porque puede suponer una mala utilización de recursos escasos. No podemos medir el buen funcionamiento del mercado con la cantidad de productos que hay disponibles, dado que nos falta otro parámetro de extraordinaria relevancia, la calidad, que no es más que la correspondencia de un producto con las preferencias de los consumidores, una manifestación más del esfuerzo de los titulares de derechos en obtener una remuneración adecuada.

Podemos estar de acuerdo en que la reforma en la estructura de los derechos es necesaria, principalmente porque los objetivos que hemos asumido para diseñar la normativa no eran los más adecuados y pueden tener efectos perjudiciales para el mercado. Por lo tanto, debemos buscar otro contenido para la propiedad intelectual, explorando otras alternativas que permitan a los autores obtener una remuneración adecuada a la vez que reducimos las externalidades negativas que provoca el derecho exclusivo.

La principal propuesta es una resignificación del derecho exclusivo a través de los límites asociados a derechos de remuneración y los derechos exclusivos de gestión colectiva obligatoria, ambos con un efecto equivalente, que nos permiten equilibrar el funcionamiento del mercado, garantizar una remuneración adecuada a los autores y, además, fomentan el esfuerzo de éstos en el propio acto creativo y en el diseño de la estrategia de explotación. Ello nos deja una mayor interdependencia entre los distintos participantes del mercado.

La implementación de este cambio requiere una transformación más profunda en la forma en la que entendemos los derechos de autor y, sobre todo, en el modo en el que construimos su estructura dogmática, tanto en el caso de los derechos exclusivos como de los límites, ya que en su construcción siempre se ha tenido en mente una institución al servicio de los autores[138] y no del mercado y de todos sus participantes[139].

Lo cierto es que la exclusividad fuerte quizá funcionó en tiempos pretéritos o, al menos, no generó las tensiones que tenemos actualmente, pero debemos asumir que ese tiempo ya pasó. El mundo en el que nació la propiedad intelectual moderna con el Estatuto de la Reina Ana ya no existe, el sector público ya no es la amenaza que fue para los derechos individuales, sino que hoy las mayores amenazas las podemos encontrar en el sector privado[140], donde determinados operadores con mucho poder han roto el esquema de interdependencia o "*checks and balances*" y tienen la capacidad de condicionar la voluntad de los demás participantes del mercado en beneficio propio. Debemos seguir preocupándonos por los autores, como no podía ser de otra manera, pero precisamente para

---

138 Vid. May, R. J. y Cooper, S. (2020). *Modernizing Copyright Law for the Digital Age. Constitutional Foundations for Reform.* Durham, North Carolina: Carolina Academic Press p. 106, autores que siguen concibiendo la propiedad intelectual como una obligación dirigida al sector público para garantizar la propiedad privada de los autores.

139 Vid. Kur, A., & Schovsbo, J. (2011). Expropriation or fair game for all? The gradual dismantling of the IP exclusivity paradigm en *Intellectual Property Rights in a Fair World Trade System.* Edward Elgar Publishing.
En el mismo sentido, Vid. Xalabarder Plantada, R. (2008). Derecho de autor: el desarrollo de los objetivos de protección: ¿Cuán lejos hemos evolucionado desde las raíces?. *Actas de derecho industrial y derecho de autor, (28)*,529-545, quien cuestiona que el derecho de propiedad siga siendo la institución más efectiva para conseguir los intereses de interés público que debe perseguir el derecho de autor., pero sin defender una "talla única".

140 Vid. Lassalle Ruiz, J. M. (2019). Ciberleviatán. Arpa

ello debemos cambiar la forma en la que entendemos y protegemos sus intereses. Al ceder sus derechos de propiedad intelectual les otorgan a sus cesionarios un poder sobre su remuneración y, en definitiva, sobre sus vidas que debemos controlar. La forma en la que diseñamos el contenido de los derechos de propiedad intelectual debe cambiar, desprendiéndonos del paradigma de la exclusividad. El problema es que está tan interiorizada que se asume como un elemento imprescindible.

Ahora bien, no debemos ser ingenuos, pues, precisamente por lo interiorizada que está la exclusividad en la legislación y en el comportamiento de los participantes del mercado, un cambio puede provocar importantes tensiones. Así, se suele aducir que sin este sistema no se pueden recuperar las inversiones[141], una afirmación que realmente carece de sustento probatorio y entra en el terreno de la defensa ideológica de un sistema concreto. El argumento, obviamente, es más complejo que esta mera afirmación, lo que nos lleva a una discusión sobre la elasticidad-precio de la demanda, pues consideran que un sistema de responsabilidad no permite recuperar la inversión porque se generan menos beneficios para las industrias culturales al tener precios más bajos que no compensan el in-

---

141 Vid. Geiger, C. (2015). Implementing intellectual property provisions in human rights instruments: Towards a new social contract for the protection of intangibles. In *Research handbook on human rights and intellectual property* (pp. 661-690). Edward Elgar Publishing, quien recoge algunas de estas críticas, pero defiende una reforma global del sistema de propiedad intelectual en la Unión Europea sobre la base de los derechos humanos.
En el mismo sentido, Vid. Hilty, R. (2016). IP and private ordering. *Max Planck Institute for Innovation and Competition Research Paper No. 16-15.*

cremento de la cantidad demandada[142]. Esta afirmación tiene dos problemas principales:

(i) Los derechos de propiedad intelectual no deben garantizar la recuperación de la inversión, sino limitarse a dar los medios necesarios para que el autor pueda hacerlo mediante su esfuerzo personal, elemento que esta teoría no está teniendo en cuenta. En consecuencia, cabría analizar si los medios otorgados son suficientes para garantizar que el esfuerzo personal se traduzca en rendimientos, pero es algo que estos autores no hacen porque su marco conceptual y dogmático discurre por otros términos. De hecho, otros investigadores sostienen que la posición de los autores para negociar mejora cuando se impone una

---

142 Vid. May, R. J. y Cooper, S. (2020). *Modernizing Copyright Law for the Digital Age. Constitutional Foundations for Reform.* Durham, North Carolina, Carolina Academic Press p. 97, quienes consideran que el precio que no se obtenga mediante la libre negociación entre las partes nunca va a ser suficiente para recuperar la inversión acometida.
A contrario, Vid. Rodotà, S., & Díez-Picazo, L. M. (1986). *El terrible derecho: estudios sobre la propiedad privada.* Ed. Civitas quienes consideraban que el derecho de propiedad tenía un carácter "terrible" derivado de su continua expansión. Así mismo, Vid. Xalabarder Plantada, R. (2008). Derecho de autor: el desarrollo de los objetivos de protección: ¿Cuán lejos hemos evolucionado desde las raíces?. *Derecho de autor: el desarrollo de los objetivos de protección: ¿Cuán lejos hemos evolucionado desde las raíces?*, 529-545.
En el mismo sentido, Vid. Gervais, D. (2016). Extended Collective Licensing. A Significant Contribution to International Copyright Law and Policy en Rosen, J. *Liber Amicorum*, p. 319 y Sánchez Aristi, R. & Oyarzabal Oyonarte, N. (2019). La directiva de derechos de autor en el mercado único digital: una regulación sobre la remuneración equitativa de autores y artistas en los contratos de explotación. *Actas de derecho industrial y derecho de autor*, (40), 223-246.

gestión colectiva obligatoria[143], pese a que no goza de esa libertad e individualidad para actuar al margen de sus compañeros. Precisamente el hecho de actuar unidos les permite obtener mejores condiciones porque juntos sí pueden aunar un poder suficiente como para oponerse a los intermediarios con los que se tienen que relacionar.

(ii) Se asume de forma acrítica que solo el precio de monopolio es adecuado para las industrias culturales[144]. Hemos aceptado sin fundamento fáctico que solamente vale el precio de monopolio, aquel determinado por las industrias culturales de forma predispuesta para los consumidores. En este sentido, otros autores afirman que estaríamos ante un ataque a la propiedad privada al rebajar su poder frente a otros derechos a la hora de buscar un equilibrio[145], una reacción alarmista que no es del todo conforme con algunos estudios teóricos ya expuestos en

---

[143] Vid. Kur, A., & Schovsbo, J. (2011). Expropriation or fair game for all? The gradual dismantling of the IP exclusivity paradigm. In *Intellectual Property Rights in a Fair World Trade System*. Edward Elgar Publishing, p. 14 y Deschandelliers, Q. (2023). How a licence-based copyright proved to be crisis-proof and fulfilled societal needs, *Kluwer Copyright Blog*, disponible en: https://copyrightblog.kluweriplaw.com/2023/12/06/how-a-licence-based-copyright-proved-to-be-crisis-proof-and-fulfilled-societal-needs/

[144] Vid. Smith, A. & Skinner, A. (1973). *The wealth of the nations. With an Introduction by Andrew Skinne*, p. 201, donde el historiador señala que los capitalistas criticaban los beneficios de los demás como excesivos, pero nunca entraban a valorar si el suyo estaba justificado o era excesivo.

[145] Vid. Ginsburg, J. C. (2010). European Copyright Code-Back to the First Principles (With Some Additional Detail). *J. Copyright Soc'y USA, 58*, 265.

este trabajo[146]. No obstante, estos autores obvian que la existencia de un monopolio tampoco garantiza una remuneración adecuada para los autores[147]. En realidad, este argumento tiene más que ver con el respeto a la autonomía de la voluntad y a la individualidad que con la realidad de la remuneración obtenida, pero es una de sus traducciones al lenguaje económico.

Un cambio de paradigma tan profundo en la estructura de la propiedad intelectual puede ser muy complejo, como, de hecho, está siendo la rápida transición al nuevo escenario digital que llevamos viviendo desde finales de la década de 1990. Por lo tanto, es obvio que una reforma en este sentido puede generar tensiones entre los distintos operadores dado que

---

146 Vid. Gowers Review of Intellectual Property, Diciembre de 2006 y Digital Opportunity A Review of Intellectual Property and Growth también conocida como Hargreaves Review, Mayo de 2011.

147 Vid. Kur, A., & Schovsbo, J. (2011). Expropriation or fair game for all? The gradual dismantling of the IP exclusivity paradigm. In *Intellectual Property Rights in a Fair World Trade System.* Edward Elgar Publishing, p. 20.
En el mismo sentido, Vid. Conde Gallego, B. (2010). 8 Intellectual property rights and competition policy. *Research handbook on the protection of IPR under WTO rules, 1,* 226-265; Sánchez Aristi, R. & Oyarzabal Oyonarte, N. (2019). La directiva de derechos de autor en el mercado único digital: una regulación sobre la remuneración equitativa de autores y artistas en los contratos de explotación. *Actas de derecho industrial y derecho de autor,* (40), 223-246; y Minero Alejandre, G. (2016). Las nuevas reglas en el consumo de contenidos digitales protegidos por la propiedad intelectual, con especial referencia a los programas de ordenador: calificación de los actos de explotación y aplicación de la regla del agotamiento a la luz de la jurisprudencia del Tribunal de Justicia de la Unión Europea. En Aparicio Vaquero, J. A. et. al. (Coord). *Estudios sobre la ley de propiedad intelectual: últimas reformas y materias pendientes,* Dykinson, 493-524.

alteraría el esquema de poder en el mercado[148], que tendría potencial para perjudicar gravemente a los intermediarios y, en consecuencia, a los autores, que dependen directamente de ellos para poder explotar las obras y para obtener una remuneración. Por lo tanto, al diseñar las propuestas de reforma debemos ser cuidadosos al definir qué queremos modificar y, sobre todo, con qué objetivos.

II. ¿CÓMO AFECTAN LOS LÍMITES A LOS INTERESES DE LOS AUTORES?

Si queremos diseñar una reforma del sistema de límites que ponga al mercado por delante y potencie el esfuerzo de sus participantes, especialmente de los titulares de derechos, primero debemos estudiar cómo afecta la flexibilización a los incentivos. Evidentemente, los derechos de los titulares van a sufrir alteraciones en tanto en cuanto estamos cambiando el *statu quo*. En consecuencia, debemos tratar si los cambios en el sistema de incentivos son tan relevantes como plantean los defensores de la rigidez del sistema y, por lo tanto, si el cambio será a mejor o no.

Para adentrarnos en este tema, es necesario señalar que resolver esta cuestión de forma inequívoca es imposible debido a que no tenemos datos económicos que nos permitan evaluar el impacto de uno u otro modelo. Ahora bien, el hecho de que

---

148 Vid. Ginsburg, J. C. (2010). European Copyright Code-Back to the First Principles (With Some Additional Detail). *J. Copyright Soc'y USA, 58*, 265, quien se manifestó abierta y enérgicamente en contra de la reforma propuesta por el Wittem Group de introducir cláusulas de flexibilidad en el sistema de límites de la Unión Europea.

el debate actual se mueva en el terreno ideológico-político no es necesariamente una mala noticia, dado que toda institución jurídica que tenga capacidad de transformar la sociedad requiere un enfoque de este tipo. El problema llega cuando las posiciones doctrinales dejan de ser objetivas y no quieren ver las virtudes que ofrecen las demás. Las ciencias sociales, como lo es el derecho, no se apoyan, ni se deben apoyar exclusivamente, sobre datos y análisis exactos y precisos de la realidad, deben ser complementados con componentes ideológicos o de "justicia" que recogen una valoración personal y establecen prioridades sobre los distintos intereses en juego.

Dentro de esta variedad de opiniones, debemos seleccionar dos principales. Por un lado, hay autores que señalan que el monopolio y la exclusividad son formas anacrónicas de gestionar los derechos de propiedad intelectual[149] al darles un poder

---

149 Vid. Schovsbo, J. (2012). The Necessity to collectivize copyright– and dangers thereof. In *Individualism and collectiveness in intellectual property law.* Edward Elgar Publishing, donde el autor alerta de la necesidad de establecer una nueva forma de gestionar los derechos de propiedad intelectual mediante un sistema de reglas de responsabilidad.
Así mismo, Vid. Boldrin, M., & Levine, D. K. (2008), Against intellectual monopoly. *Cambridge Univ. Press,* autores que abogan por un enfoque quizás más radical al sugerir que no solo la exclusividad, sino los derechos de propiedad intelectual en general suponen un freno a la innovación porque dan un derecho de exclusión a aquellos que quieren desarrollar innovaciones subsiguientes e incrementan los costes de transacción. De hecho, sostienen que el mercado genera por sí solo incentivos suficientes para que se desarrollen actividades creativas o innovadoras. No obstante, algunos elementos de su argumentación parten de un ejemplo histórico sobre las prácticas de Jamen Watt con la gestión de la patente sobre el motor de vapor, ejemplo que ha sido puesto en entredicho por otros autores y que, quizás, podríamos calificar de anecdóticos.

excesivo a los titulares de derechos. Por lo tanto, estas estructuras deben ser sustituidas por otras que permitan satisfacer mejor los intereses de todas las partes implicadas. En este sentido, entienden que los límites son una institución esencial para la propiedad intelectual porque facilitan que el sistema tenga en cuenta los derechos e intereses del resto de participantes del mercado y los pondere con los de los autores. No obstante, la seguridad jurídica que aporta el sistema de explotación exclusiva y excluyente tendría una menor presencia en la balanza. Así, desprecian la inseguridad generada por un sistema flexible que da poder a los órganos jurisdiccionales para resolver de forma muy libre, como puso de manifiesto Barton Beebe[150]. No obstante, el hecho de tener un sistema de explotación menos flexible no implica que haya menos seguridad jurídica si la asignación de derechos es clara. La modificación propuesta no pasa solo por una mayor apertura del sistema de límites, sino por la incorporación de más derechos de simple remuneración o por la introducción de la gestión colectiva obligatoria en los derechos exclusivos existentes. Por lo tanto, la seguridad jurídica seguiría siendo la misma.

Este sector de la doctrina entiende que el valor superior que se debe perseguir es la interdependencia, luego ningún operador debe prevalecer por encima de los demás, priorizando la protección del mercado como institución independiente de sus participantes. Esta perspectiva tiende a dar más poder a los destinatarios de los productos para que puedan ejercer su labor como árbitros del mercado, aunque, siempre lo hacen con

---

En el mismo sentido, Vid. Riis, T. (2020). Remuneration Rights in EU Copyright Law. *IIC-International Review of Intellectual Property and Competition Law, 51*(4), 446-467.

150 Vid. Beebe, B. (2008). *An Empirical Study of U.S. Copyright Fair Use Opinions*, 1978-2005, 156 U. PA. L. REV. 549.

el objetivo de equilibrar el mercado y establecer un contrapeso al poder de los demás participantes.

Por otro lado, hay autores que consideran que la exclusividad es una parte esencial de los derechos de propiedad intelectual, vinculada a la libertad individual, y que de retirarla se haría un daño irreparable a los incentivos[151]. Argumentan que los posibles perjuicios al resto de operadores se ven compensados por la aparición de nuevos productos y servicios. Consideran que las ineficiencias estáticas producidas por un monopolio son necesarias para el buen funcionamiento del mercado y que se compensan con las eficiencias dinámicas generadas por su actuación[152]. No se le da suficiente entidad a los riesgos que plantea y, además, ignora los peligros para la seguridad jurídica que implica la desconexión entre la normativa y la sociedad cuando las circunstancias cambian.

Este sector de la doctrina considera que los titulares de derechos deben ser los operadores con mayor poder porque tienen un mejor conocimiento del funcionamiento de las di-

---

151 Vid. von Lewinski, S. (Ed.). (2016). *Remuneration for the use of works: exclusivity vs. other approaches.* Walter de Gruyter GmbH & Co KG.

152 Vid. Jacob, R. (2015). *IP and Other Things: A Collection of Essays and Speeches.* Bloomsbury Publishing, p. 123, señala que, efectivamente, la existencia de un monopolio comercialmente interesante puede crear un efecto llamada a otros operadores económicos, generando innovaciones subsiguientes que busquen competir con el objeto protegido. No obstante, es consciente de los posibles riesgos que puede tener un monopolio excesivo y justifica la necesidad de limitar el monopolio de alguna forma.
En el mismo sentido, Vid. Marengo, L., & Vezzoso, S. (2006). Dynamic Inefficiencies of Intellectual Property Rights from an Evolutionary/Problem-Solving Perspective: Some Insights on Computer Software and Reverse Engineering. Disponible en: https://ssrn.com/abstract=1358920

námicas económicas porque los costes de las malas decisiones están internalizados en su proceso de toma de decisiones. En consecuencia, están en disposición de tomar mejores decisiones que incrementarán el bienestar general de la sociedad.

Como podemos ver, ambas posturas parten de planteamientos ideológicos distintos y, por lo tanto, establecen su propia asignación de derechos. Lo cierto es que ambas posturas parten de un objetivo común: promover la innovación y la creación, pero plantean formas distintas de llegar a él. La diferencia entre ambas es el foco en el que se ponen los incentivos, si es en la demanda (satisfacer los intereses de los consumidores como árbitros del mercado para equilibrar el mercado) o en la oferta (incentivar a los creadores y a las industrias que conforman la cadena de distribución del producto).

Ahora bien, no parece que plantear los términos del debate de esta forma sea lo más adecuado, pues no debería tratarse de una batalla entre los derechos de los usuarios y de los autores. Parece que solamente puede quedar uno y que para proteger a unos debemos restarles protección a otros. Consideramos que el enfoque debería ser otro, dado que los derechos de propiedad, en general, y los derechos de autor, en particular, son un instrumento jurídico que responde a un objetivo muy interesante como es la construcción y la organización de espacios de convivencia entre operadores económicos en el mercado.

Para poder construir estos espacios y que exista verdadera interdependencia de intereses debemos tener presente que el debate debe construirse sobre los siguientes pilares. En primer lugar, en el contexto de una economía de mercado no basta con apelar a la buena voluntad o al altruismo de los individuos para que aporten sus producciones creativas e intelectuales a la sociedad a cambio de nada. El trabajo personal de cada individuo merece una recompensa por el coste de oportunidad que supone. Por lo tanto, la protección de los intereses de los consumidores y del mercado no puede pasar por minusvalorar el trabajo personal de los autores, sino que debemos conseguir que las actividades realizadas por todos los participantes les reporten un mínimo de utilidad que supere el coste marginal de realizarlo.

En segundo lugar, los objetos protegidos por propiedad intelectual son bienes públicos, luego existe un interés económico que proteger, para lo que es necesario construir una institución jurídica que garantice los incentivos a la creación, ya sea mediante un derecho de propiedad o a través de otra institución específica. Como veremos más adelante, estrategias de protección ideales hay dos, pero entre ambas tenemos diversos puntos intermedios que nos pueden servir para proteger los incentivos a la creación.

En tercer lugar, las obras tienen un componente personal importante al ser productos del intelecto humano. No obstante, esto no nos puede llevar a una concepción excesivamente personalista de la propiedad intelectual, porque pese a que es evidente que todas las obras tienen un aspecto personal significativo, el componente económico también debe estar presente y, en determinadas ocasiones, debe tener prioridad. Primero, porque se trata de valoraciones excesivamente abstractas que dan lugar a planteamientos subjetivos potencialmente peligrosos para el correcto funcionamiento de la institución social que es el mercado; y, segundo, porque no podemos obviar la naturaleza de bienes de mercado que tienen las obras y prestaciones.

No debemos perder el foco, puesto que nuestro objetivo no es otro que buscar una nueva forma de articular las relaciones entre los distintos participantes del mercado. Lo cierto es que estamos tan acostumbrados a que los titulares de derechos tengan tanto poder en el mercado que hemos asumido que así deben ser las cosas. Sin embargo, como ya señalamos en el apartado anterior, el ordenamiento jurídico se debe limitar a garantizar medios a los autores para que éstos puedan obtener rendimientos económicos de su trabajo personal.

Siendo conscientes de que este es el objetivo del derecho de autor, debemos entender qué función cumplen los límites dentro de la estructura de la propiedad intelectual para ver qué significa una mayor flexibilidad. Conforme a la doctrina tradicional, los límites al derecho de autor son la forma mediante la cual el legislador integra los intereses de terceros, principalmente los usuarios (finales, institucionales e, incluso, comerciales) y otros operadores del mercado, en la estructura de la propiedad intelectual. De esta forma, altera el contenido del derecho exclusivo e intenta encontrar un equilibrio entre los intereses de todos los participantes garantizando a estos terceros determinados ámbitos en los que pueden utilizar la obra sin necesidad de obtener el permiso del titular, ya sea de forma totalmente gratuita o, en su caso, abonando una remuneración equitativa. Estamos ante ámbitos del derecho de autor donde la regla de la exclusividad queda derogada *ad casum.* Ahora bien, se establecerá un derecho de remuneración equitativa si el límite pone en cuestión la explotación normal de la obra o los legítimos intereses de los titulares como ya indicó la regla de los tres pasos en la última reforma del Convenio de Berna (1972). De esta forma, establecer un derecho de remuneración eliminaría el carácter injustificado o irrazonable de la eliminación del derecho exclusivo, pues la remuneración permitiría alcanzar un equilibrio entre la compensación a los titulares con la protección de los intereses públicos que se quieran proteger en cada caso. En definitiva, estamos ante una forma de cambiar la asignación de derechos cuando las circunstancias lo requieran. De hecho, la solución que parece más adecuada es fomentar la utilización de los derechos de mera remuneración y conseguir otro tipo de estrategias de explotación mientras se garantiza un retorno adecuado para los titulares y se permite una utilización de la obra más amplia por parte de terceros.

Así, los límites se convierten en un contrapoder que otorga el legislador a los demás participantes frente a los titulares de derechos exclusivos, buscando el mejor equilibrio de intereses en cada momento de la historia en función de los avances tecnológicos. Con la estructura económica actual, los límites no permiten alcanzar todas las situaciones necesarias y, por consiguiente, no es posible alcanzar un equilibrio efectivo, pero sí tienen potencial para alterar el equilibrio de fuerzas, tradicionalmente inclinado hacia los titulares de derechos. De esta forma, los límites son hoy el campo de batalla en el que se lucha por el mantenimiento del *statu quo* tradicional, pues de su existencia y amplitud depende el desarrollo de otros modelos de negocio.

No obstante, los límites no deberían ser vistos como una amenaza para el funcionamiento del mercado, sino que deben valorarse como una estrategia que, en lugar de priorizar los intereses de los titulares, busca un equilibrio con los intereses de terceros. Por lo tanto, los límites no son una amenaza para los titulares de derechos ni tampoco para su remuneración. De hecho, este sistema permite una mejor defensa de sus intereses ante la imposibilidad de supervisar el uso que se hace de sus obras o prestaciones.

Realizar una asignación de derechos es un paso previo necesario para la construcción de un sistema económico asentado sobre la conclusión de intercambios para generar riqueza. Si el sector público ha considerado que deben ser los autores los titulares originarios de los derechos de autor, es justo y necesario que tengan una posición más relevante en el mercado, pero deberá concretarse de formas distintas en función del contexto en el que deba implementarse y, en ocasiones, la regulación de esta situación requerirá de la intervención de los límites[153].

---

153 Los derechos exclusivos siempre se han configurado legalmente como un derecho omnicomprensivo no solamente por la ideología que ha construido sus bases, sino por una cuestión de eficiencia y efectividad legislativa. No podemos establecer de-

La forma de entender los límites, como podemos apreciar, es bastante reducida, dado que se ve como una institución que les hurta a los autores la posibilidad de obtener rendimientos económicos de sus obras para satisfacer los intereses de terceras personas y les deja únicamente con la posibilidad de obtener una "remuneración equitativa". Sin embargo, realmente se trata de una institución jurídica que tiene muchas más posibilidades[154]. La fuerza de la tradición construida en torno a las bases filosóficas del derecho exclusivo en forma de premio al esfuerzo, dejando al margen la racionalidad económica de la construcción jurídica que, además de justificar la existencia del derecho exclusivo, motiva también la existencia de límites al mismo.

Los límites tienen una importante capacidad para crear presiones competitivas a sus titulares para forzarles a adaptarse a las nuevas circunstancias del mercado, una posibilidad poco aprovechada hasta el momento y que permite incentivar a los titulares de derechos el esfuerzo por conseguir su remuneración. Esta posibilidad admite diversas modalidades, pero la más extendida en nuestro ordenamiento consiste en no derogar el derecho que tienen los autores a lucrarse por la explotación de

---

rechos exclusivos a la carta teniendo en cuenta cada situación posible. Al contrario, es preferible establecer derechos amplios que se vean matizados cuando sea necesario por los límites que planteen situaciones tipo donde los derechos de otras personas deban prevalecer sobre los derechos de los titulares.

154 Algunas posibilidades alternativas son tratadas por Levine M. (2012). A Balanced Approach on Online Enforcement of Copyright en Axhamn J. (ed.) *Copyright in a Borderless Online Environment,* Norstedts Juridik (pp. 135-172).

En el mismo sentido, Vid. Gendreau, Y. (2016). What´s In a Name? Extended Colective Licenses in Canada en Rosen, J. (Coord.) *Liber amicorum,* Författarna (pp. 293-309).

su obra, estableciendo un derecho de simple remuneración. De esta forma, no se cambia la asignación de derechos, pero se les retira la posibilidad de establecer un control preventivo sobe la explotación de la obra. Así, cualquier persona puede utilizar la obra sin necesidad de obtener el permiso del titular de los derechos, pero, a cambio, debe abonar una remuneración.

La existencia del contrapeso se ve muy claramente, pues al no existir un control previo, la estrategia de explotación diseñada por el autor y sus cesionarios se ve complementada por otras estrategias distintas establecidas por el resto de los participantes del mercado. Además, permitiría desarrollar otros modelos de explotación que no hayan sido expresamente autorizados por sus titulares, pero para los que existe un mercado. Así, se establece una amenaza competitiva que obliga a todos los operadores económicos a esforzarse por obtener su remuneración, para lo que deben satisfacer las necesidades de los demás participantes.

En definitiva, este cambio de modelo afectaría a dos puntos esenciales de la actual configuración del sistema de propiedad intelectual. En primer lugar, a la remuneración de los titulares de derechos. Si ampliamos los límites, que siempre van asociados a un derecho de simple remuneración, la cuantía cambiará, pero hasta que no se implemente no sabremos si será mayor o menor. Eso sí, esta alteración no tiene por qué ser buena ni mala, simplemente será el resultado de un nuevo sistema de gestión que nos puede acercar más a un valor de mercado de la obra o prestación protegida. Incluso, como método de flexibilización, podría establecerse la obligación de negociar una licencia en términos FRAND, aplicados en el campo de las licencias obligatorias en derecho de patentes. Siendo el derecho de autor un ámbito de la propiedad intelectual en el que no existen las licencias legales, los términos FRAND podrían ser extrapolados a ellas.

Es cierto que esta modificación impediría que los titulares de derechos pudieran cargar a los consumidores un precio de monopolio[155], pero ello se puede ver compensado por un aumento en la cantidad demandada. De esta forma, los ingresos de los titulares de derechos no tendrían por qué disminuir de forma automática e, incluso, en determinados casos sería lógico pensar que si la elasticidad en el precio de los productos es elevada, podrían incrementarse los rendimientos obtenidos por los titulares.

En segundo lugar, debemos referirnos a la libertad de decidir la estrategia de explotación que tienen todos los titulares de derechos. La remuneración es una cuestión fácilmente salvable pero este aspecto requiere una justificación más profunda. Al hablar de la remuneración valorábamos la posibilidad de obligar a los titulares de derechos a compartir su creación de forma gratuita, algo que no tiene ni un apoyo teórico ni fáctico suficiente, solamente en supuestos muy excepcionales donde el interés detrás del límite sea muy fuerte y no haya aun peligro para la explotación normal de la obra. Sin embargo, debemos ir un paso más y preguntarnos si, al margen de la remuneración, podemos obligar al titular de derechos a compartir sus creaciones, ya sea mediante límites clásicos o por me-

---

155 Tampoco podemos hablar de un precio de competencia, puesto que quienes fijan las tarifas en un derecho de remuneración de gestión colectiva obligatoria son las entidades de gestión colectiva, entidades que actúan en posición de monopolio jurídico para la explotación de los derechos que tienen atribuidos. No obstante, dado el control que tienen por parte de organismos reguladores de competencia (Comisión Nacional de los Mercados y de la Competencia) o de propiedad intelectual (Sección Primera de la Comisión de Propiedad Intelectual), el precio que pueden fijar es más transparente y se puede acercar más al valor real que tiene la obra o prestación en la cadena de valor.

dio de las obligaciones de contratar. A estos efectos, debemos valorar cómo la flexibilidad puede afectar al ejercicio de los derechos de propiedad y a la libertad de empresa.

Para responder a esta pregunta debemos retomar la respuesta que dimos en el epígrafe anterior sobre lo que protegen los derechos de autor. Tras la oportuna reflexión concluimos que el derecho de autor da medios para realizar una explotación económica y, mediante su esfuerzo, conseguir una remuneración. Por lo tanto, podemos afirmar que la libertad de decidir la estrategia comercial consiste en la posibilidad de tomar decisiones sobre la explotación de la obra que sean respetuosas con los intereses de los demás. Por ello, la solución más adecuada es establecer contrapesos e incentivos para que los titulares de derechos los exploten de una manera que permita que todos los participantes se beneficien[156]. Modificar el sistema en este sentido no supone atacar el derecho de propiedad o el derecho a la libertad de empresa, dado que les permite seguir diseñando su propia estrategia. Obligarles a esforzarse no

---

156 Vid. Nash, J. (1950), "Equilibrium points in n-person games" *Proceedings of the National Academy of the USA* 36(1):48-49. Esta teoría parte del concepto socioeconómico, muy vinculado al utilitarismo, del *homo echonomicus*, un sujeto que actúa en función del beneficio económico que le produzca una determinada decisión. Así, en las relaciones con los demás agentes que le rodean y con los que se ve obligado a comunicarse, optará por la alternativa que le deje en una mejor posición. Así, idealmente el titular de derechos tendrá un cuadrante de pagos en el que se agrupan sus distintas posibilidades, posibilidades que se verán afectadas por cambios en el ordenamiento jurídico, que pueden modificar la estructura del mercado. Por lo tanto, si modificamos determinados aspectos de la estructura interna de los derechos de propiedad intelectual, podemos cambiar el cuadrante de pagos y, así, buscar un cambio en la conducta de estos operadores económicos.

puede ser considerado una limitación del radio de actuación. Como podemos ver, el cambio de modelo propuesto requiere acometer una importante revisión dogmática tanto del derecho exclusivo como de los límites porque, a partir de ahora, estaríamos introduciendo más competencia en el mercado para reequilibrar la balanza y conseguir una mejor protección de todos los usuarios.

Por lo tanto, lo que debemos plantearnos ahora es si los límites, remuneración mediante, permiten introducir un contrapeso suficiente a los titulares de derechos y si ello afecta de una forma tan negativa a los incentivos a la creación.

III. EL PILAR DE LA REFORMA. LA INTERDEPENDENCIA

La reforma del sistema de límites que permita alcanzar un equilibrio de intereses entre los operadores económicos mediante nuevas formas de gestión requiere dar respuesta a dos cuestiones fundamentales: ¿qué margen de libertad debemos otorgar a los autores? y, ¿de qué forma debemos proteger la explotación de la obra para mantener los incentivos a la creación?

En primer lugar, la independencia económica y, por lo tanto, la libertad creativa[157] de los autores es uno de los alegatos

---

[157] Vid. Recomendación (UE) 2022/1634 de la Comisión de 16 de septiembre de 2022 sobre salvaguardias internas para la independencia editorial y la transparencia de la propiedad en el sector de los medios de comunicación. En este texto la Comisión Europea propone una serie de normas a los prestadores de servicios de comunicación audiovisual, que podemos incluir en la categoría de intermediarios de la sociedad de la información, para que respeten la libertad creativa de los autores. Esta norma parte de una asunción tan peligrosa como re-

más recurrentes de la gestión exclusiva fuerte, que lo entienden como uno de los fundamentos básicos de la existencia de la propiedad intelectual, tanto en las posiciones cercanas al utilitarismo como en las tendentes a la tradición del *droit d´auteur*, más cercana al iusnaturalismo. Efectivamente, garantizar la independencia creativa es el objetivo principal que persigue la normativa de propiedad intelectual, hoy en día con un claro fundamento económico menos revolucionario.

Los derechos de autor se construyen como una recompensa al autor por su creación. Desde un punto de vista utilitarista podemos afirmar que gracias a la explotación de la obra, el creador podrá obtener unos rendimientos económicos que le llevarán a su independencia económica, lo que, en última instancia, le servirá para financiar sus creaciones posteriores. Ahora bien, esta perspectiva merece dos consideraciones. Por un lado, no podemos olvidar que estamos ante una mera expectativa que obliga al autor a esforzarse construyendo una estrategia comercial exitosa. Por otro lado, los derechos de propiedad intelectual permiten la explotación exclusiva y excluyente de la obra, pero una vez que esta ha sido creada, luego no hay una independencia económica previa al acto creativo. Por lo tanto, debemos ser cuidadosos al adoptar esta perspectiva jurídica utilitarista, pues corremos el riesgo de generar expectativas que no están en nuestra mano alcanzar.

La perspectiva iusnaturalista tiene un planteamiento similar, pero no concibe los derechos de autor como un instrumento para garantizar al autor unos medios económicos suficientes para el de-

---

alista, que los intermediarios tienen un gran poder de decisión sobre los creadores de contenido. De esta forma, sabiendo que ostentan un poder, quizás, demasiado elevado, es necesario que se adopten normas para promover buenas prácticas empresariales que no alteren el funcionamiento del mercado.

sarrollo futuro de sus creaciones, sino simplemente porque se lo merece. Parten de las teorías de apropiación mediante el trabajo propias de la teoría de John Locke, entendiendo que cuando una persona crea una obra, es suya por el mero hecho de haberla creado. De esta forma, al ser un producto de la actividad humana, debe merecer la recompensa del derecho de propiedad, una de las instituciones jurídicas estrella del liberalismo por ser el culmen de la libertad individual: un objeto creado por un individuo solamente debe ser explotado por él porque se equipara a su descendencia.

En segundo lugar, no podemos olvidar que vivimos en una sociedad estructurada alrededor de la división del trabajo y, por lo tanto, en la especialización. Si el autor se especializa en la creación de contenido, no va a tener las habilidades ni tampoco el tiempo necesario para realizar las labores de explotación y, en consecuencia, no va a poder hacerlo por sí solo o, de hacerlo, su radio de alcance se verá reducido. En la mayoría de las ocasiones precisa de la colaboración con intermediarios. En definitiva, nos encontramos ante la pura definición de interdependencia, que debe ser nuestro segundo pilar a la hora de proponer cualquier reforma del sistema de propiedad intelectual. Así, la libertad creativa plena es un ideal que solo podemos calificar como inalcanzable, pues los creadores siempre se van a encontrar con filtros que condicionan su labor creativa.

El primero de ellos va a ser el intermediario tradicional que actúa como gestor de sus derechos de propiedad intelectual, es decir, es quien va a llevar la obra al mercado, y, además, es el titular de algunos medios técnicos necesarios para su incorporación a un soporte que permita su explotación. En este sentido, los intermediarios tradicionales, como todo operador económico, cuando entran en el mercado lo hacen para obtener la máxima remuneración posible por su actividad. Por lo tanto, el intermediario va a seleccionar las obras que considere más rentables. De esta forma, las obras que no sean seleccionadas por los intermediarios es posible que nunca vean la luz o que sean retiradas del circuito comercial, lo que, en última instancia, obliga al autor a corregir su forma de expresarse, esto es, se condiciona su libertad creativa para poder obtener rendimientos económicos de la explotación de los frutos de su genio.

El segundo filtro son los nuevos intermediarios de la sociedad de la información, que también podemos denominar usuarios profesionales. Esta es una figura particular, puesto que condicionan a los intermediarios tradicionales y estos, a su vez, a los autores. Dentro de esta categoría nos vamos a centrar en los operadores de la Web 2.0 y Web 3.0, que también podríamos calificar de agregadores de información, donde encontramos servicios como YouTube, Amazon, Facebook, Twitter, Instagram, TikTok, etc. En esencia, son plataformas de intermediación técnica que ponen en contacto a intermediarios tradicionales con los consumidores o a los creadores directamente con los consumidores. No obstante, no solo se dedican a casar ofertas con la demanda, sino que también llevan a cabo labores editoriales o cuasi-editoriales de una forma no neutral. Estos operadores tienen un interés económico en garantizar su supervivencia y en obtener beneficios. Por este motivo, utilizarán obras o prestaciones que pasen por el filtro de sus políticas de contenido que sirven como un filtro de acceso a la plataforma. En definitiva, seleccionan el tipo de obras que consideran más rentables, al igual que hacen los intermediarios tradicionales.

A título de ejemplo, podemos mencionar que de las redes sociales ampliamente utilizadas en nuestro país Twitter es de las pocas que permite el contenido sexual mientras que otras eliminan determinado contenido en función de sus criterios propios y pueden llegar a bloquear cuentas por la infracción de estas políticas de contenido[158]. Es cierto que en muchas ocasiones lo hacen obligados por el ordenamiento jurídico, por ejemplo, por la normativa de protección de menores, de prevención del suicidio, prevención del terrorismo, prevención de los delitos de odio, etc., pero nada les impide ir más allá y decidir qué tipo de contenido quieren seleccionar para sus usuarios dado que están únicamente sometidas a la normativa de derecho privado, que no tiene en cuenta que estos operadores tienen una posición dentro de la sociedad que va mucho más allá de la de un mero individuo, habiendo adquirido un estatus de cuasi poder público al controlar la actividad del resto de individuos.

Entre los titulares originarios de derechos, los intermediarios tradiciones y los usuarios profesionales existe un punto de unión, el tercer y último filtro: los consumidores. Los consumidores son un arma de doble filo para los creadores de contenido, así como para ambos tipos de intermediarios. Por un lado, su simpatía hacia la obra genera los rendimientos económicos, es decir, son la fuente de los incentivos a la creación para los autores y para el resto de las participantes, dado que las cantidades generadas se tienen que repartir entre ellos. Por otro lado, su antipatía hacia la obra o a la labor que realizan los intermediarios es la fuente de muchas desgracias que desembocan en la falta de

---

158 Como ejemplo podemos citar la suspensión de la cuenta de Twitter y Facebook del Expresidente de los EE. UU. Donald J. Trump, que ambas plataformas realizaron de forma peligrosa para la salud de los derechos fundamentales, dado que no dieron audiencia al interesado y a posteriori no hubo ningún control jurisdiccional, pese a lo reprochable y peligroso de sus Tweets para la democracia estadounidense. Tras la adquisición de la red social Twitter por parte de Elon Musk, se dio la orden de rehabilitar la cuenta de Donald Trump.
Podemos encontrar diversos ejemplos donde las redes sociales bloquean la participación de determinados usuarios por no cumplir con sus políticas de contenido sin ningún tipo de control judicial.

ingresos suficientes para garantizar su supervivencia, viéndose obligados a abandonar el mercado y dedicarse a otra tarea que no sea la creación de contenido, con el consiguiente derroche de recursos económicos que supuso su entrada en el mercado.

No obstante, ese producto final sobre el que deciden los consumidores pasa por distintas fases y es el fruto de aportaciones de todos los elementos de la cadena de explotación. Así, debemos diferenciar su capacidad de elegir en función de la calidad de la obra y su capacidad de elegir la forma de acceso a la obra, pues ambos elementos son determinantes para la remuneración del autor. Al consumidor no solo tiene que gustarle la obra en sí misma, sino que también tiene que estar satisfecho con los mecanismos de acceso a la misma.

Ahora bien, esta cadena de filtros es realmente un círculo, pues los consumidores solamente pueden elegir los productos que se le presentan, sin poder optar por su obra "ideal". Así, podemos ver el verdadero significado y funcionamiento de la interdependencia en el mercado. Todos se necesitan entre sí y, en consecuencia, todos deben adaptar su comportamiento a las necesidades de los demás. Igual que la libertad creativa, la independencia económica es una utopía. El funcionamiento de un mercado requiere de la existencia de estos filtros al comportamiento de los operadores[159] para que nadie tenga la capacidad de doblegar la voluntad de los demás en beneficio propio.

---

159 Vid. Smith, A. & Skinner, A. (1973). *The wealth of the nations. With an Introduction by Andrew Skinner*, p. 194.

IV. ¿POR QUÉ ES NECESARIA LA FLEXIBILIZACIÓN DEL SISTEMA DE LÍMITES?

El actual contexto tecnológico, económico y social ha cambiado las reglas de los intercambios de tal forma que las estructuras jurídicas vigentes no responden plenamente a la nueva realidad. Las estrategias de explotación se han desvinculado de las necesidades de los distintos participantes en el mercado y requieren una actualización al haber dejado de proteger como antes a los autores. En cierta manera, hemos perdido contacto con los ideales y las reivindicaciones sociales que motivaron la aparición de esta institución jurídica: el estado absolutista. Por lo tanto, debemos preguntarnos si nos hace falta un nuevo enemigo público frente al que imponer los derechos de propiedad intelectual para forzar cambios.

En este sentido, si queremos buscar un nuevo fundamento de la propiedad intelectual, deberíamos dejar de entenderla como un instrumento para proteger exclusivamente a los autores, dado que este planteamiento ya no es efectivo como consecuencia del elevado poder que tienen los intermediarios, tanto tradicionales como los usuarios profesionales, gracias a la cesión de derechos que hacen los autores en su favor.

Por lo tanto, debemos concebir la propiedad intelectual como una institución jurídica que sirva para crear interdependencia en el sentido expuesto en el apartado anterior[160]. Lo cierto es que las principales amenazas para la libertad ya no provienen exclusivamente de una mala utilización de los poderes del Estado, sino también de sujetos privados poderosos. No podemos perder de vista que las pulsiones egoístas son consustanciales al ser humano y, en consecuencia, todos somos

---

160 Vid. Peukert, A. (2021). *A Critique of the Ontology of Intellectual Property Law* (Vol. 57). Cambridge University Press, p. 7.

susceptibles de cometer abusos. La existencia de poder exige, en prácticamente todas las situaciones, la existencia de regulación, porque el riesgo de abuso siempre va a estar presente[161].

En definitiva, el grupo que ocupa el puesto más alto en el casting para nuevo antagonista de los autores son los intermediarios tradicionales y los usuarios profesionales.

V. OBSTÁCULOS A LA REFORMA. EL CONTENIDO ESENCIAL DEL DERECHO

El principal obstáculo que nos podemos encontrar para defender este cambio en el funcionamiento del mercado lo encontramos en la forma en la que se ha definido el "contenido esencial" del derecho de propiedad. Normalmente se le ha dado un contenido excesivamente amplio que impide una aproximación flexible a lo que debe ser la propiedad intelectual en general y, especialmente, a la forma en la que se debe transformar esta institución frente a la Revolución Digital. Por ejemplo, en el marco de la Unión Europea el contenido esencial viene fuertemente condicionado por el Considerando (9) de la Directiva 2001/29/CE de derechos de autor y derechos afines en la sociedad de la información[162]. Los debates que tra-

---

161 Vid. Brown, A. E. L. (2012). *Intellectual property, human rights and competition: Access to essential innovation and technology*. Edward Elgar Publishing.

162 "*Toda armonización de los derechos de autor y derechos afines a los derechos de autor debe* ***basarse en un elevado nivel de protección****, dado que tales derechos son primordiales para la creación intelectual. Su protección contribuye a preservar y desarrollar la creatividad en interés de los autores, los intérpretes, los productores, los consumidores, la cultura, la industria y el público en general. Por lo tanto, la propiedad intelectual*

tan esta cuestión se suelen centrar en el estudio del derecho de propiedad y en la necesidad de proteger la remuneración de los autores, algo sin duda, importante.

Sin embargo, al valorar solamente una de las dos caras de la moneda perdemos de vista el verdadero problema que tenemos en los mercados culturales: el ejercicio de los derechos de propiedad, algo que va más allá de esta institución y que se adentra en el derecho a la libertad empresarial. Es tan importante conocer cuál es el contenido de los derechos de propiedad cómo las posibilidades de diseñar una estrategia de explotación para la obtención de rendimientos económicos, siendo aquí donde radica el verdadero problema de los mercados culturales. Nos encontramos ante dos instituciones jurídicas que se hallan íntimamente relacionadas y en algunos casos, incluso, será difícil descubrir la línea de separación, por lo que haremos una conceptualización conjunta de ambos derechos.

La definición del contenido esencial del derecho de propiedad se ha basado en afirmaciones que poco a poco han sido desmentidas o, al menos, fuertemente matizadas. La primera se refiere a la necesidad de tener títulos omnicomprensivos que garanticen al titular un monopolio amplio sobre todas las formas de explotación de la obra presentes y futuras; en segundo lugar, que para garantizar dichos incentivos es necesario que los titulares autoricen de forma previa todas las explotaciones de la obra; y, en tercer lugar, que los autores son los máximos conocedores del funcionamiento del mercado por el mero hecho de ser titulares de un derecho de propiedad. Si queremos que la estructura del mercado garantice un buen funcionamiento, debemos analizar bien hasta qué punto estas afirmaciones se corresponden con la realidad actual y, en

---

ha sido reconocida como una parte integrante del derecho de propiedad." (énfasis propio).

caso de serlo, si su implementación es positiva para el funcionamiento del mercado.

Este debate sobre las posibles variaciones en el contenido de los derechos de propiedad intelectual nos lleva a lo más profundo de esta institución y a hablar de los modelos filosóficos hegemónicos que han condicionado su desarrollo en la historia reciente: el utilitarismo y el *droit d´auteur*, que no son más que formas de asignar derechos para resolver estas luchas de poder. Tradicionalmente se suele afirmar que el primer modelo es más favorable a la existencia de limitaciones siempre que ello favorezca al conjunto de la sociedad y que el segundo es más reacio porque ello requiere limitar la libertad individual del autor y quitar parte de la recompensa por su trabajo individual, que le corresponde por su dignidad como persona. No obstante, ello dependerá de las premisas de partida para construir nuestra teoría sobre la propiedad intelectual.

La doctrina del *droit d´auteur*, parte de que los derechos de autor son una consecuencia natural y necesaria del acto de la creación intelectual porque estamos ante un producto de la mente humana, luego merece la máxima recompensa en un sistema liberal: el derecho de propiedad. No obstante, este planteamiento admite muchas versiones, desde el individualismo más absoluto a una postura más social. La postura individualista es típica de una concepción romántica de la actividad autoral, donde se ve al autor como el genio que está solo en el mundo, es incomprendido y no tiene prácticamente ninguna relación con el mundo exterior. De esta forma, todo lo creado por el autor ha sido íntegramente fruto de su trabajo personal, sin aportaciones exógenas de ningún tipo. Por este motivo, es razonable que el creador tenga un derecho exclusivo que abarque todas las partes de la obra durante el plazo que se considere oportuno, aunque estas posiciones siempre han tendido a la perpetuidad. Esta postura es poco realista, dado que la convivencia y la vida en sociedad no son una opción para el ser humano, sino que se ve obligado a ello con independencia de su voluntad.

La postura social o colectivista concibe al autor como un ser social que se ve obligado a relacionarse con su entorno, del que obtiene experiencias, una postura bastante más realista sobre la condición humana. De esta manera, el producto de su intelecto no es exclusivamente suyo, sino que hay que tener en cuenta las aportaciones que le ha dado su entorno. Del producto final, no todo lo creado ha sido fruto íntegro del trabajo personal del creador, sino que para ello ha tomado elementos del mundo exterior que estaban libremente accesibles para éste. Por este motivo, no puede monopolizar todos los elementos de la obra o prestación protegida, siendo esta una de las justificaciones de los límites y excepciones, pues permiten lograr un cierto equilibrio para garantizar que todos los creadores puedan apropiarse de algunos elementos del trabajo ajeno.

Este planteamiento tiene una limitación importante, que a la vez es una de sus mayores virtudes, dado que cuando el legislador dicta normas no lo hace pensando en casos concretos, sino en grupos de supuestos genéricos. De esta forma, da unas reglas que, aunque pretendan ser muy concretas, no dejan de ser directrices sobre cómo resolver cada supuesto. Por lo tanto, el ejercicio de ponderación nunca podrá estar solventado del todo ni podrá llegar a todos los supuestos donde debe. Es muy positivo que el legislador prevea determinadas situaciones "tipo" que nos sirvan de referencia, pero dentro del modelo previsto pueden darse una serie de circunstancias que nos deberían obligar a cambiar el sentido de la solución, lo que haría difícil entender el porqué de una determinada asignación de derechos.

Ahora bien, el diseño de este sistema parte de premisas cuestionables. Los puntos de partida no van a ser el individualismo o el colectivismo, sino, por un lado, que todo incremento en la protección será positivo para el mercado porque los incentivos y el bienestar social crecen, al menos, de forma proporcional al incremento en el ámbito objetivo de los derechos; y, por otro lado, que un incremento del ámbito objetivo de los derechos exclusivos es positivo para el bienestar social, pero únicamente hasta un punto a partir del cual los incentivos a los autores se traducen en pérdidas de bienestar social.

La primera premisa es la que ha imperado de forma generalizada en la construcción del derecho de autor moderno, tanto en los sistemas de corte anglosajón como en los ordenamientos jurídicos europeos. Este planteamiento entiende que, en condiciones de competencia perfecta derivada de la propia estructura del mercado, los autores van a estar infrarremunerados y, por lo tanto, necesitan un instrumento que les permita obtener una mayor parte de los excedentes producidos con el intercambio. De esta forma, la normativa realiza una asignación de derechos y otorga un interés preferente a los autores en todas las circunstancias en las que se pueda explotar la obra bajo el supuesto de que todo incremento en el derecho exclusivo que les permita recibir una mayor remuneración será positivo para el mercado en su conjunto, dado que, a mayor remuneración, mayor creación de obras.

Sin embargo, esta hipótesis no goza de un sustento probatorio suficiente y, además, no tiene en cuenta las necesidades del resto de participantes del mercado, es decir, no valora suficientemente la necesidad de generar interdependencia. Ha habido varios estudios económicos encargados por el Gobierno del Reino Unido de Gran Bretaña e Irlanda del Norte, las denominadas Gowers Review[163] y la Hartgreaves Review[164], así como pronunciamientos doctrinales, siendo el más representativo un artículo redactado por Landes y Posner en el año 1989[165], en los que se niegan dichas ideas. Estos tres textos consideran más acertado sostener la segunda premisa, entendiendo que los incentivos son positivos para el bienestar general, pero solo hasta un determinado umbral de protección, por debajo del cual tendremos una infrarremuneración de los creadores y por encima de la cual una sobrerremuneración, ambas negativas para el mercado.

Landes y Posner, en su calidad de juristas y economistas, proponen una fórmula matemática que permitiría averiguar dónde se encuentra el umbral de protección, algo que en la práctica es complicado porque las variables nunca se van a estabilizar, luego el punto de equilibrio estaría en constante cambio. No obstante, pese a la dificultad de averiguar cuál es el nivel óptimo de protección, los autores de la Gowers Review y la Hartgreaves Review coinciden en que la normativa actual está por encima de dicho nivel, lo que provoca unas transferencias de renta innecesarias hacia los titulares de derechos, aunque realmente, dichas transferencias se dirigen a los intermediarios que gestionan estos derechos, efecto que no garantiza un beneficio para el conjunto del mercado ni para el bienestar social. Por el contrario, lo que generan es una acumulación de riqueza en manos de un solo operador que, a su vez, provoca desigualdades materiales en el mercado, esto es, un defecto en la estructura del mercado, que ocasionan una falta de inter-

---

163 Vid. Gowers Review of Intellectual Property, Diciembre de 2006.

164 Vid. Digital Opportunity A Review of Intellectual Property and Growth, Mayo de 2011.

165 Vid. Landes, W. M., & Posner, R. A. (1989). An economic analysis of copyright law. *The Journal of Legal Studies, 18*(2), 325-363.

dependencia e impiden la existencia de un sistema de pesos y contrapesos que haga funcionar bien el libre mercado y garantice la libertad creativa de los autores.

La conclusión de estos estudios es que la legislación vigente establece un elevado nivel de protección que no fomenta un buen funcionamiento del mercado. Provoca un exceso de remuneración para un operador alterando el reparto equitativo de los excedentes de la negociación. De esta forma, entramos en un círculo vicioso que crea operadores demasiado poderosos que son capaces de sortear la interdependencia en el mercado, dado que son los únicos que tienen la capacidad económica de crear oportunidades de mercado, lo que lleva a un mal funcionamiento de este. Prueba de ello es que este elevado nivel de protección no parece estar repercutiendo de forma positiva en los autores y creadores, porque de lo contrario no existirían las tensiones actuales que algunos autores llaman la Segunda Guerra de la Propiedad Intelectual[166]. Este fenómeno amenaza la estructura y el funcionamiento del mercado por la ausencia de interdependencia entre los distintos operadores. Es más, esta estructura lo que hace es aumentar la dependencia económica de los creadores, lo que, en última instancia, reduce su libertad creativa.

En ocasiones se ha tratado de alegar que la causa de la precarización de las condiciones materiales de los autores se debe, entre otros factores, a la poca efectividad de los mecanismos de defensa que tienen frente a las infracciones cometidas por los consumidores, especialmente en el mundo digital dónde pueden escapar más fácilmente del control del sector público que domina la aplicación de la normativa de derechos de au-

---

166 Vid. Patry, W. (2009). *Moral panics and the copyright wars.* Oxford University Press.

tor. Estamos ante una afirmación solo parcialmente correcta. Es cierto que el nuevo marco de explotación impide ejercer una vigilancia tan exhaustiva como la que era posible con las explotaciones materiales, pero quizás las conclusiones sobre las medidas a adoptar debieran ser otras. No obstante, se trata de una visión ciertamente parcial de la situación, dado que únicamente se centra en las relaciones de los autores con los consumidores, obviando el complejo entramado de relaciones entre los autores y los intermediarios tradicionales y los de la sociedad de la información.

En esta línea, se suele alegar que una reducción del ámbito objetivo de los derechos exclusivos o bien una ampliación de los límites que permita un mayor acceso a las obras protegidas fuera del derecho exclusivo, provocaría una caída aún mayor de la remuneración que reciben los autores. Sin embargo, desde la entrada en vigor de la Directiva 2001/29/CE, que armoniza la aplicación de los derechos de autor a los mercados digitales, hemos vivido un proceso de expansión del ámbito objetivo del derecho exclusivo asociado a los derechos de autor amparado por la jurisprudencia del TJUE. Esta tendencia continúa con la Directiva (UE) 2019/790 de derechos de autor en el mercado único digital, transpuesta mediante el RDL 24/2021[167], donde

---

[167] Real Decreto-ley 24/2021, de 2 de noviembre, de transposición de directivas de la Unión Europea en las materias de bonos garantizados, distribución transfronteriza de organismos de inversión colectiva, datos abiertos y reutilización de la información del sector público, ejercicio de derechos de autor y derechos afines aplicables a determinadas transmisiones en línea y a las retransmisiones de programas de radio y televisión, exenciones temporales a determinadas importaciones y suministros, de personas consumidoras y para la promoción de vehículos de transporte por carretera limpios y energéticamente eficientes. En el Libro IV de esta norma se transponen las nuevas disposiciones

entre otras cuestiones se da un nuevo derecho exclusivo a los editores de prensa y se regula la responsabilidad de los intermediarios de la sociedad de la información de la Web 2.0.

Este proceso de expansión de los derechos de propiedad intelectual, pese a que se inició con buenas intenciones, no está dando los frutos deseados. Una parte importante de los problemas que aqueja la actual estructura de los mercados culturales provienen de las desigualdades en el reparto de rentas, que dificulta la existencia de interdependencia en el mercado, limitando los pesos y contrapesos al poder de algunos participantes. Es cierto que estamos canalizando más ingresos a las industrias culturales, pero también es cierto que dichas cantidades no se están repartiendo por los distintos operadores del mercado, algo que debería suceder si las dinámicas del libre mercado estuvieran funcionando correctamente.

El sistema actual tiene importantes carencias, pues las luchas por el poder derivadas de una incorrecta asignación de derechos han secuestrado el sistema de propiedad intelectual. Por lo tanto, resolver este problema es inaplazable y ello pasa por una reforma del sistema de límites remunerados, dado que permiten modular el poder de los distintos participantes mediante una nueva asignación de derechos.

---

que obliga a incorporar la DDAMUD, rompiendo la unidad regulatoria que hasta ahora personificaba el Texto Refundido de la Ley de Propiedad Intelectual.

Capítulo IV. Los intermediarios tradicionales

El estudio del mercado de la propiedad intelectual ha estado marcado por dos figuras principales: los titulares (de derechos de autor y conexos, ya sean a título originario o derivativo) y los consumidores, aunque siempre con una preocupación predominante por los primeros en detrimento de los segundos, cuya libre actuación es vista como una amenaza para el mercado. Sin embargo, una vez que los medios técnicos se consolidaron como instrumentos esenciales para el funcionamiento del mercado apareció un nuevo participante en estas relaciones que ha jugado, juega y jugará un papel esencial en el desarrollo de las relaciones comerciales: los intermediarios. Esta posición privilegiada se debe a que son el nexo entre el autor y el consumidor.

Por este motivo, podemos afirmar que la propiedad intelectual no es la historia de un diálogo entre los titulares y los consumidores, sino que realmente es un triálogo[168] que incluye a los intermediarios. El funcionamiento de los mercados culturales no se puede entender sin el papel determinante que han jugado los intermediarios en el pasado, el que juegan ahora y el que pueden jugar en el futuro. Por lo tanto, es esencial hacer un estudio más profundo de sus funciones para ver cómo su actividad afecta a los incentivos y cómo les

---

168 Vid. Malevanny, N. (2019). *Online Music Distribution-How Much Exclusivity Is Needed?A Study of International, European, German and US Copyright Systems and Their Objectives* (Vol. 12). Springer Nature, p. 297.

afectaría una reforma del sistema de propiedad intelectual con límites remunerados más amplios y más derechos exclusivos de gestión colectiva obligatoria.

No obstante, no todos los intermediarios son iguales porque no todos forman parte del *statu quo* que queremos modificar. Anteriormente[169] ya hicimos una presentación sumaria de los dos tipos existentes hasta el momento: los intermediarios tradicionales y los usuarios profesionales. La posición de cada uno de ellos en el mercado y cómo dicho contexto afecta al sistema de límites es notablemente distinta. Los intermediarios tradicionales son los operadores que ya están presentes en el mercado y tienen la capacidad de diseñar las estrategias de explotación, mientras que los intermediarios de la sociedad de la información son los que están buscando la forma de hacerse un hueco gracias a las nuevas tecnologías[170] y conseguir la posición de poder para ser ellos quienes determinen el funcionamiento del mercado.

---

169 Vid. Apartado 2.4. Desde la Revolución Digital (último cuarto del siglo XX) hasta la actualidad.

170 Vid. Miller, V. (2020). *Understanding digital culture.* Sage. Las inversiones para poder convertirse en un operador en el mercado de la propiedad intelectual tradicionalmente han sido muy elevadas, impidiendo así que cualquier persona pudiera participar. Por lo tanto, su titularidad da cierto poder de influencia en el funcionamiento del mercado.
En el mismo sentido, Vid. Shove, G. F., & Robinson, J. (1933). The imperfection of the market. *The Economic Journal, 43*(169), 113-12; Estevan de Quesada, C. (2022). Desequilibrios de poder en los mercados digitales: Plataformas y dependencia. *Actas de derecho industrial y derecho de autor,* (42), 57-80 y Olmedo Peralta, E. (2021). Las plataformas de economía colaborativa ante la propuesta de ley de mercados digitales: ¿Son suficientemente disputables los mercados colaborativos? En *Desafíos del regulador mercantil en materia de contratación y competencia empresarial* (pp. 359-380). Marcial Pons.

I. EL ORIGEN DEL PODER Y SU CONSOLIDACIÓN COMO *GATEKEEPERS*

La participación de estos operadores en el mercado es esencial, dado que, en primer lugar, son los titulares de los medios de producción necesarios para la existencia de las copias de la obra o de la prestación y, en segundo lugar, porque ayudan a llevarlas a los consumidores. Estamos ante usuarios profesionales que han adquirido tal poder que se han convertido en indispensables para el resto de los participantes. Han sabido aprovechar su posición para organizar el funcionamiento del mercado de tal forma que favorezca a sus intereses.

Sabiendo que son uno de los grupos más poderosos en el entramado de los mercados culturales, debemos identificar su fuente de poder: el control de una tecnología esencial para el desarrollo de las transacciones. Además, al actuar como intermediarios, atesoran una información esencial para el discurrir de las transacciones. Un determinado sector de la doctrina sostiene que[171] las labores de intermediación son cada vez menos necesarias, dado que las nuevas tecnologías permiten un contacto más directo entre el creador y su público sin tener que pasar por las manos de estos operadores. No obstante, la expansión de estas tecnologías realmente supone que los intermediarios que las controlan son más necesarios que nunca. Además, la vulgarización de algunos medios técnicos suele ir ligada a la

---

[171] Vid. Malevanny, N. (2019). *Online Music Distribution-How Much Exclusivity Is Needed?: A Study of International, European, German and US Copyright Systems and Their Objectives* (Vol. 12). Springer Nature, pp. 75-76.
Para información más detallada sobre este fenómeno Vid. Cvetkovski, T. (2007). *The political economy of the music industry*. VDM Publishing, pp. 69-71.

aparición de otros más novedosos con los que convive o los sustituyen[172], por lo que de una forma o de otra los intermediarios van a seguir en nuestras vidas durante mucho tiempo.

Así, teniendo en cuenta que este tipo de intermediarios están presentes en nuestra sociedad y lo van a estar siempre, es importante estudiar la labor que realizan para entender la lógica que les guía y, en consecuencia, comprender el funcionamiento del mercado. Lo más relevante para el funcionamiento del mercado y para el estudio que estamos acometiendo es que la remuneración de los autores depende en una parte importante del esfuerzo realizado por estos intermediarios, pues diseñan las estrategias de explotación. Vamos a enfocar este análisis en la idoneidad de las estrategias de explotación de la obra y los incentivos existentes para desarrollarla de una manera o de otra.

II. LA ORGANIZACIÓN DEL MERCADO POR LOS INTERMEDIARIOS TRADICIONALES

El diseño de esta arquitectura contractual, como todas las decisiones que tomamos los seres humanos, está dirigida por un sistema de incentivos, una valoración personal sobre las ganancias y costes que aporta una determinada acción u omisión. El principal elemento que nos preocupa es el reparto del valor generado con las transacciones entre los titulares originarios de derechos de autor y conexos con estos usuarios profesionales. Por lo tanto, nos centraremos en los incentivos que otorga

---

172 En la industria musical podemos hacer referencia a la explotación mediante cintas de casete o en discos de vinilo. Se trata de formas de explotación que ya están prácticamente extintas o, en su caso, tienen una presencia residual en el mercado.

la normativa para que estos intermediarios favorezcan un reparto equitativo de las ganancias obtenidas.

A este respecto, no podemos perder de vista que, aunque la justificación económica de los derechos de propiedad sobre bienes inmateriales tiene una raíz distinta de la propiedad sobre los bienes materiales, existen puntos de conexión. Los derechos de propiedad sobre bienes intangibles se construyen sobre la necesidad de conseguir un control más o menos exhaustivo sobre la explotación de la obra, es decir, que su titular pueda ejercitar su voluntad sobre ella de una forma parecida a la que se puede hacer sobre los bienes materiales[173], luego se pretenden satisfacer dos objetivos:

i. Intentar amortizar la inversión realizada en la creación de la obra e incentivar así la creación de obras nuevas, algo que, en última instancia, beneficiará a la sociedad con la aparición de nuevos productos[174]. Se trata de avanzar en el progreso económico, técnico y cultural de nuestra sociedad.

ii. Garantizar la libertad de actuación de los titulares de derechos. Se trata de trasladar a los bienes inmateriales el componente liberal que tienen los derechos de propiedad sobre bienes tangibles. Por lo tanto, se busca crear un espacio en el que el titular no puede ser molestado o condicionado por otros sujetos sin más límites que los establecidos por las normas, que deben estar orientadas

---

173 Vid. Hughes, J. (1988). The philosophy of intellectual property. *Geo. LJ*, *77*, p. 332.

174 No debería ser un objetivo del sector púbico garantizar la creación de más obras originales por el mero hecho de tener una mayor cantidad de oferta. Por el contrario, debe buscarse que las obras que se creen merezcan la pena, esto es, que satisfagan las necesidades de los demás operadores.

a conseguir la convivencia humana pacífica. En definitiva, se trata de conseguir un contrapeso suficiente para que los autores puedan crear en libertad.

Debemos resaltar que el derecho de propiedad existe como un simple medio para generar incentivos a que los individuos tomen las decisiones más beneficiosas para el mercado. Es cierto que existen otras visiones del derecho de propiedad que parten del concepto de recompensa que debe recibir cualquier persona por su trabajo personal. No obstante, estas teorías no son incompatibles, sino que son complementarias. Para ello, es necesario que el titular desarrolle un esfuerzo suficiente para obtener esos rendimientos, para lo que debe tener en cuenta las necesidades del resto de participantes. En este sentido, tenemos que valorar qué esfuerzos les exige la normativa en distintos aspectos, de los que destacamos dos: los filtros que implementan en relación con la calidad de las obras que deciden explotar y el diseño de la estrategia de explotación.

1. La labor editorial de los intermediarios tradicionales

Una de las críticas que se hace a los usuarios profesionales que asumen la labor de organización del mercado es que no siguen criterios objetivos, sino que utilizan su capacidad de decisión para mejorar su propia situación y promover la explotación de sus prestaciones. Por este motivo, debemos valorar las distintas cuestiones que se utilizan para justificar sus decisiones.

En primer lugar, hay que analizar los argumentos referidos a la calidad de la obra, una característica directamente relacionada con la actividad de su creador, aunque también conviene estudiarla desde la perspectiva de los intermediarios tradicionales. En este sentido, debemos analizar si la normativa promueve un ejercicio eficiente de esta labor y obliga a los intermediarios a seleccionar obras de calidad.

Evidentemente la calidad es un criterio subjetivo, pero debemos ponerlo en relación con los gustos y preferencias de los consumidores. Una obra es tan buena o mala como la quieran valorar los consumidores a los que va dirigida, lo que tradicionalmente conocemos como el juego entre oferta y demanda. Ahora bien, la responsabilidad sobre la calidad de la obra no recae en exclusiva sobre los autores, también los intermediarios, como titulares de los medios de producción necesarios para la cadena de distribución de la obra, son responsables de su calidad porque estos medios técnicos también influyen en la decisión de los consumidores, pues los medios de acceso y las estrategias de explotación forman parte del producto final.

2. *Las decisiones sobre la estrategia de explotación y los incentivos al inmovilismo*

La estrategia de comercialización que se construya va a ser extraordinariamente relevante para determinar el resultado de la explotación, una táctica definida por el intermediario. Es cierto que existe competencia interna entre los distintos intermediarios, pero las posibilidades técnicas sobre las ventanas de explotación no eran infinitas, luego las coincidencias eran inevitables. No podemos afirmar que se trate de un acuerdo entre los distintos operadores del mercado, sino de estándares o inercias sobre el funcionamiento de cada sector de los mercados culturales. Lo que nos interesa destacar en este momento es la falta de contrapesos a su poder. Buena prueba de ello es la situación que nos encontramos con la aparición de los nuevos servicios digitales.

Los intermediarios tienen a su disposición una variedad de ventanas de explotación, ampliadas gracias a la Revolución Digital que ha abierto un mundo nuevo al cambiar el equilibrio en la gestión de la explotación de la obra. No obstante, estos nuevos medios no podían ser controlados íntegramente por los intermediarios tradicionales, porque habían nacido nuevos operadores que ostentaban su control. Por este motivo, fueron inicialmente rechazados por la incertidumbre que siempre plantea una nueva ventana de explotación[175] y por las luchas de poder que siempre subyacen toda relación de competencia.

En cambio, los consumidores querían acceder a estos servicios, existía un mercado. Sin embargo, como los intermediarios no se lo facilitaban, aparecieron nuevos operadores que aprovecharon este mercado, ilícitos o "piratas" [176], distribuyendo las obras sin contar con la autorización. Ante esta situación cabría pensar que si el intermediario no se adapta a estas nuevas técnicas de explotación de la obra es porque no quiere. Ahora bien, como hemos señalado, en ocasiones no reaccionan porque no es necesario para la recuperación de su inversión. A pesar de los daños que pueda causar la piratería, sigue siendo rentable mantener el modelo de negocio. Ahora bien,

---

175 Fue en este momento en el que los intermediarios tradicionales perdieron una gran oportunidad de adelantarse a los cambios del mercado, dado que, pese a que podrían haber colaborado con ellos, decidieron rechazar estos avances tecnológicos. De esta forma, dejaron que fueran otros operadores con los que no mantenían buenas relaciones los que lideraran el cambio tecnológico, lo que supuso una importante pérdida de influencia sobre el funcionamiento del mercado.

176 Este tipo de calificaciones realmente aportan poco al avance del derecho de autor porque simplemente crean enemigos, no buscan soluciones.

En este sentido, Vid. Patry, W. (2009). *Moral panics and the copyright wars.* Oxford University Press; Baldwin, P. (2014). The copyright wars. In *The Copyright Wars.* Princeton University Press y. Klein, B., Moss, G., & Edwards, L. (2015). *Understanding copyright: Intellectual property in the digital age.* Sage, pp. 84-101.

en su defensa debemos señalar que cambiar su modelo de negocio tampoco es ninguna garantía de éxito dados los costes de infraestructura que ello implica y los costes de información asociados a la incertidumbre y a la forma de concretar una estrategia poco desarrollada por otros previamente.

Lo cierto es que los intermediarios tradicionales no tienen un derecho exclusivo que les proteja en esta faceta de diseño del modelo de negocio. En algunas ocasiones tendrán un derecho conexo, pero está únicamente destinado a proteger una actividad necesaria para el buen funcionamiento del mercado[177]. No obstante, estos derechos les permiten crear una cierta burbuja en relación con el resto del mercado. De esta forma, los beneficios de monopolio y las facultades de autorizar y prohibir el uso de la obra cuyos derechos ostentan les permite frenar amenazas competitivas que les obliguen a reaccionar.

III. LOS INTERMEDIARIOS TRADICIONALES FRENTE A LA REVOLUCIÓN DIGITAL

El punto más interesante al analizar a los intermediarios tradicionales, íntimamente vinculado al esfuerzo competitivo, es cómo reaccionan ante cambios en el contexto económico y tecnológico[178] y ante la aparición de operadores no autorizados que aprovechan económicamente las obras sin el con-

---

177 Por lo tanto, todos los razonamientos que hemos desarrollado en el apartado anterior sobre los autores son aplicables a los intermediarios tradicionales cuya actividad está protegida por derechos afines.

178 Vid. Brem, A., & Viardot, E. (2017). *Revolution of Innovation Management. Volume 1. The Digital Breakthrough.* Palgrave Macmillan, London, pp. 2-3.

sentimiento de los titulares y que atrajeron la atención de los consumidores porque satisfacían mejor sus necesidades. Los intermediarios tradicionales se vieron en la obligación de reaccionar de una forma o de otra.

El primer ejemplo lo vimos en la industria audiovisual cuando la reacción frente a la tecnología de grabación VHS fue reclamar su prohibición en el Asunto Betamax[179]. La misma estrategia se siguió en el mercado musical con los Asuntos Napster[180] y Grokster[181], donde la industria fonográfica libró una lucha sin cuartel contra estos nuevos operadores. Posteriormente, ya en la Unión Europea vimos importantes asuntos vinculados a la piratería, siendo los más representativos PlayBoy[182], Filmspeler[183] o The Pirate Bay[184]. Se trataba de un drama económico, pues como consecuencia de la piratería, los titulares originarios vieron reducidos los ingresos percibidos por la explotación de sus obras o prestaciones.

También hemos visto como los intermediarios tradicionales intentaron frenar los avances tecnológicos no deseados con sus propios medios y actuando al margen del sector público. Es el caso de la implantación de los conocidos como DRM ("*Digital*

---

179 Sentencia del Tribunal Supremo de los Estados Unidos de América: Sony Corporation of America et al. v. Universal City Studios, Inc., et al. 464 U.S. 417 (1984).

180 A&M Records, Inc. v. Napster, Inc., 239 F.3d 1004 (2001).

181 Metro-Goldwyn-Mayer Studios, Inc., et al. contra Grokster, Ltd., et al. 545 US 913 (2005)

182 Sentencia del Tribunal de Justicia de la Unión Europea de 8 de septiembre de 2016 en el Asunto C-160/15, GS Media c. PlayBoy.

183 Sentencia del Tribunal de Justicia de la Unión Europea de 26 de abril de 2017 en el Asunto C-527/15, Filmspeler.

184 Sentencia del Tribunal de Justicia de la Unión Europea de 14 de junio de 2017 en el Asunto C-610/15, The Pirate Bay.

Rights Management" o medidas tecnológicas de protección en su traducción al castellano), que servían para bloquear determinados usos de las obras. Su utilización más conocida fue en los CDs, donde dichas medidas impedían que se copiara el contenido y, por lo tanto, evitaba que los usuarios utilizaran las grabaciones fonográficas para usos que no hubiera autorizado expresamente el titular de los derechos[185]. En ocasiones, los DRM se han encontrado con los órganos jurisdiccionales de frente dado que impedían el ejercicio de determinados derechos asociados a los límites, como era el caso de la copia privada[186].

En el panorama español no hubo que llegar a los tribunales, pero si generó un notable revuelo la implantación de un DRM en el disco de Alejandro Sanz "No es lo mismo", producido por Warner Music Spain[187]. El uso de este tipo de medidas no es exclusivo de los mercados culturales, también lo hemos visto en los mercados agrícolas de semillas con la utilización de los denominados GURTs (Genetic Use Restriction Technologies)[188]. No obstante, estos medios de protección también han evolucionado legislativamente, dado que en la actualidad están tolerados e, incluso, regulados y protegidos en la normativa comunitaria y de los Estados Miembros, en concreto, en la normativa

185 Vid. Arrasvuori, J., Liang, L., Wen, G., & Kuusisto, J. (2017). Defending territory: changing forms of intellectual protection: Creating Business Models with New Forms of Innovation. In *Capturing the Innovation Opportunity Space.* Edward Elgar Publishing, p. 89.

186 Sentencia de la "*Cour d'appel*" de París de 22 de abril de 2005; a Sentencia de la "*Cour d'appel*" de Bruselas de 9 de septiembre de 2005

187 Para más información, Vid. Marín López, J. J. (2005). La copia privada frente a las medidas tecnológicas de protección. *Pe. i.: Revista de propiedad intelectual,* (20), 9-76.

188 Correa, C. (2020). *Trade related aspects of intellectual property rights: a commentary on the TRIPS agreement.* Oxford University Press, p. 87.

de la UE en el Artículo 6 de la Directiva 2001/29/CE[189], cuya redacción proviene de los Tratados de la OMPI de 1996[190].

Ahora bien, este drama ponía de manifiesto una realidad subyacente muy importante, que los usuarios finales habían cambiado y querían una nueva forma de acceder a las obras. Esta necesidad no era ficticia, sino que quedó plenamente patente cuando servicios como los antes mencionado les facilitaron nuevas vías de consumo de contenido. Sin embargo, estos operadores del mercado se enrocaron en su modelo de negocio tradicional[191] y fueron reacios al cambio[192], mantenien-

---

189 Directiva 2001/29/CE del Parlamento Europeo y del Consejo, de 22 de mayo de 2001, relativa a la armonización de determinados aspectos de los derechos de autor y derechos afines a los derechos de autor en la sociedad de la información, publicada en el "DOCE" núm. 167, de 22 de junio de 2001, páginas 10 a 19. En este sentido, Vid. Kur, A., Dreier, T., & Luginbuehl, S. (2019). *European intellectual property law: text, cases and materials.* Edward Elgar Publishing, pp. 312-313.

190 Tratado de la OMPI sobre Derechos de Autor y Tratado de la OMPI sobre Interpretación o Ejecución de Fonogramas, ambos adoptados en el año 1996.

191 Vid. Erixon, F., & Weigel, B. (2016). *The innovation illusion.* Yale University Press, p. 74. Estos autores señalan que en toda empresa llega un punto en el que crecen tanto que ya no se pueden dedicar tanto a innovar, sino que deben buscar la forma de mantener su poder e influencia en el mercado.

192 Vid. Riles, A. (2020). Building Platforms for Collaboration: A New Comparative Legal Challenge. In *Legal Tech and the New Sharing Economy* (p. 17). Springer, Singapore.
En el mismo sentido, Goorha, P., & Potts, J. (2018). *Creativity and Innovation: A New Theory of Ideas.* Springer, p. 36 y 65, señalan que en ocasiones el ser humano es reacio a cambiar sus ideas a pesar de que tenga indicios de que su posición no es la más correcta. Una posible explicación de este fenómeno es que el rechazo se convierte en una

do un modelo de control estricto sobre la explotación de los productos protegidos[193]. Así, en lugar de colaborar con nuevos operadores para ganar influencia o simplemente aprender de ellos para mejorar su estrategia, prefirieron mantener un modelo que posteriormente se ha demostrado que estaba agotado. Por lo tanto, ya no se trata exclusivamente de que estos operadores no inviertan en innovar sobre su modelo de negocio y marcar el camino para la evolución del mercado[194], sino que

---

cuestión de prestigio. En este sentido, al no adoptar esa innovación estás haciendo ver al público que confías en tu modelo de explotación frente a otros por su probada calidad.

Así mismo, Vid. Velu, C. (2020). Business Model Cohesiveness Scorecard: implications of digitization for business model innovation. In *Handbook of Digital Innovation*. Edward Elgar Publishing; Brem, A., & Viardot, E. (2017). *Revolution of Innovation Management. Volume 1. The Digital Breakthrough*. Palgrave Macmillan, London, p. 232 haciendo referencia al Asunto Napster (A&M Records, Inc. v. Napster, Inc., 239 F.3d 1004 (2001); y Wang, R. (2015). *Disrupting digital business: Create an authentic experience in the peer-to-peer economy*. Harvard Business Review Press, narrando el proceso de competencia por el mercado de la distribución digital de música entre Sony y Apple, donde terminó ganando por arriesgar y no pretender mantener un modelo de negocio que estaba en decadencia.

193 Vid. Arrasvuori, J., Liang, L., Wen, G., & Kuusisto, J. (2017). Defending territory: changing forms of intellectual protection: Creating Business Models with New Forms of Innovation . In *Capturing the Innovation Opportunity Space*. Edward Elgar Publishing, p. 99.

194 Vid. Erixon, F., & Weigel, B. (2016). *The innovation illusion. How so little is created by so many working so hard*. Yale University Press, pp. 36 y ss. que narran como la tendencia actual dentro de las empresas es no aprovechar su propensión al ahorro para innovar, sino que se dedican a seguir acumulando capital que, de esta forma, queda totalmente improductivo. Esta situación podría deberse a un miedo a lo que pueda pasar en el futuro. Los

no dejan que otros innoven y transformen el mercado para no tener que adaptarse. Es cierto que la evolución del mercado puede producirse al margen de los llamados *incumbents*, pero será notablemente más complicada.

En definitiva, podemos hablar de la presencia de un comportamiento inmovilista y cortoplacista por parte de estos operadores económicos que en el mundo anglosajón se califica como *rent-seeking* y que en un lenguaje más prosaico podríamos denominar "efecto burbuja" de la propiedad intelectual. Este fenómeno responde a una lógica aparentemente simple, obtener el máximo rendimiento económico con la explotación de un producto o servicio en el corto plazo y la menor inversión en innovación.

Este tipo de estrategias de explotación no son del todo concordantes con el fundamento económico de los derechos de propiedad. En teoría, estos derechos buscan garantizar una explotación eficiente del recurso, aprovechando todo su valor económico, pero permitiendo su supervivencia en el largo plazo y pensando en la construcción de un mercado que se pueda consolidar con el paso del tiempo[195]. Para ello, es necesario

---

cambios tecnológicos que estamos viviendo están siendo tremendamente disruptivos para la forma de hacer negocios que había imperado hasta ahora. Así, la falta de conocimiento de lo que puede venir y la aversión al riesgo que suele guiar al ser humano pueden ser un gran desincentivo a la innovación. Por este motivo, parece que los operadores económicos están haciendo mayores esfuerzos de inversión en conseguir eficiencias estáticas, esto es, en reducir costes en su cadena de producción que en buscar eficiencias dinámicas e innovar.

En el mismo sentido, Vid. Elert, N., Henrekson, M., & Sanders, M. (2019). *The entrepreneurial society: a reform strategy for the European Union* (p. 173). Springer Nature.

195 Vid. Erixon, F., & Weigel, B. (2016). *The innovation illusion. How so little is created by so many working so hard.* Yale University Press, pp. 59-65, que

que los titulares de los derechos de propiedad tengan en cuenta las necesidades y preferencias de los demás participantes del mercado, porque así podremos construir un mercado con bases sólidas y que pueda perdurar en el futuro. De lo contrario, tendremos un mercado precario donde solamente tenemos un operador fuerte del que depende el éxito de todos los demás.

En este sentido, deberíamos preguntarnos si el ordenamiento jurídico debería proteger este tipo de conductas mediante el derecho exclusivo o, por el contrario, debería buscar la forma de evitarlas. No necesariamente con una prohibición, sino con incentivos que mantengan la libertad de diseñar la estrategia de explotación que consideren más adecuada.

Ahora bien, el planteamiento que aquí acabamos de proponer no está acogido ni por la normativa de derechos de autor y conexos, ni por la jurisprudencia del TJUE, sumo intérprete de dicha regulación. Cuando se han planteado asuntos en los que la estrategia de explotación podría estar en entredicho como los ya mencionados Filmspeler o The Pirate Bay o, más recientemente, el Asunto Tom Kabinet, Renckhoff, Papeles de Afganistán, Pelham; el TJUE en ningún momento se ha plan-

---

desarrollan las posibles causas de este fenómeno cortoplacista. Suelen asociar esta visión de los negocios a la composición del capital social de las compañías, cada vez más marcada por la presencia de intermediarios de capital y no por personas que gestionan su propio dinero. Así, dado que los gestores no van a percibir una repercusión directa de una actividad potencialmente innovadora, no tienen incentivos a desarrollarla. Es más, señalan que el perfil de los inversores ha cambiado y ya no buscan crear riqueza en el seno de la empresa, sino que utilizan la inversión como una forma de ahorro, como si se tratase de un producto bancario para incrementar su riqueza personal. En definitiva, estamos ante una desnaturalización de lo que debe ser la actividad empresarial tendente a la innovación y al progreso económico debida a la falta de incentivos para que esta actividad se mantenga en estos términos.

teado la necesidad de modificar los incentivos para obligar a los titulares de derechos a esforzarse más. Sí que se habla de incentivos, pero el enfoque vigente no tiene en cuenta todas sus consecuencias, pues solamente considera a una de las partes interesadas, a los titulares, indirectamente, a los intermediarios tradicionales como cesionarios de los derechos de los autores.

En defensa de los intermediarios tradicionales, y en aras de no crear una "leyenda negra" sobre su labor, podemos afirmar que, en ocasiones, la decisión de no evolucionar no se debía a un simple capricho, sino a que el contexto económico en el que iban a entrar realmente no era del todo favorable para sus intereses y, por lo tanto, para su supervivencia, o bien a que era un entorno desconocido en el que no sabían si iban a poder sobrevivir. Los intermediarios de la sociedad de la información, con los que tendrían que competir, también son operadores económicos que buscan su beneficio propio y que reproducen los mismos esquemas de dominación-sumisión de los intermediarios tradicionales. Por lo tanto, podríamos encontrarnos ante una situación poco óptima para favorecer el desarrollo del mercado, dado que el progreso no redundará en beneficio de la sociedad en su conjunto, sino solo en el de los nuevos operadores.

Viendo que la dinámica más habitual en el mercado consiste en establecer relaciones de dominación-sumisión, conviene hacer una reflexión sobre el verdadero significado de la libertad de actuación vinculada a los derechos de propiedad y a la libertad de empresa. Hemos podido observar que el ordenamiento jurídico exige a los titulares de derechos un esfuerzo moderado para obtener su remuneración, pero al hilo de la reflexión que planteamos aquí debemos preguntarnos si realmente podemos exigir más a estos intermediarios.

Existe el dicho, bastante manido, según el cual la libertad no es absoluta y que debe acabar donde empieza la de los demás, reproduciendo el imperativo categórico de Immanuel Kant, según el cual nuestra actuación debe ser tal que estaríamos cómodos si nosotros fuéramos el sujeto pasivo de nuestras decisiones[196]. Traducido a términos jurídicos esto simplemente quiere decir que la legislación nunca puede amparar el abuso de derecho ni actuaciones contrarias al interés general, recogido de forma vertebradora de todo el ordenamiento jurídico en el Artículo 7.2 del Código Civil y que, en última instancia, pretende garantizar la libertad colectiva porque si algún individuo se ve privado de su libertad de actuación, la libertad del colectivo desaparece. No obstante, para garantizar la libertad del sujeto colectivo no basta con tener un precepto en el ordenamiento jurídico, sino que hay que establecer un sistema de incentivos para que esto no ocurra, dado que la tendencia a actuar de forma egoísta está presente en la naturaleza humana.

Al hilo de lo planteado podemos acudir a los teóricos clásicos que sentaron las bases filosóficas del libre mercado. Adam Smith planteaba la necesidad de la interdependencia, lo que supone que nadie debe tener la capacidad de vencer la voluntad de otro individuo y que un intercambio solamente opere en beneficio de una de las partes, planteando, de nuevo, el imperativo categórico. La verdadera garantía de la libertad individual y, en consecuencia, de la libertad colectiva, es que todos los ciudadanos

---

[196] El imperativo categórico tiene distintas formulaciones, siendo las más conocidas: "*obra como si por medio de tus máximas fueras siempre un miembro legislador en un reino universal de los fines*" y "*obra solo según una máxima tal, que puedas querer al mismo tiempo que se torne en ley universal*", ambos recogidos en Kant, I. (1785). *Fundamentos de una metafísica de las costumbres* (Vol. 3). También Hegel lo adapta en su doctrina señalando que los individuos deben "ser una persona y respetar a los demás como personas.
En este sentido, Vid. Schroeder, J. L. (2005). Unnatural rights: Hegel and intellectual property. *U. Miami L. Rev., 60*, 453.

tengan un poder equivalente para impedir que nadie influya en su comportamiento de forma injustificada. En definitiva, la libertad depende de que los ciudadanos puedan vivir sin ayuda de nadie dentro de la sociedad y que la colaboración sea una elección, pero nunca una imposición por necesidad.

La actuación de los intermediarios no busca llegar a este escenario de interdependencia, sino que reman en la dirección contraria para mantener su posición de poder. Ello nos aleja del fomento del esfuerzo por obtener una remuneración suficiente y por adaptarse a las necesidades de los demás participantes del mercado.

IV. ¿QUÉ INCENTIVOS DEBEN TENER LOS INTERMEDIARIOS TRADICIONALES?

Terminábamos el apartado anterior señalando los efectos más perniciosos de la actuación de los intermediarios tradicionales frente a la Revolución Digital, lo que nos lleva a hacer una reflexión sobre la libertad y viabilidad de estas posibles iniciativas para contribuir al desarrollo tecnológico y así evitar que los argumentos sobre la innovación futura se conviertan en meras construcciones teóricas sin traslación práctica. Para ello, primero debemos saber quién es el destinatario de este tipo de productos o servicios, dado que tenemos dos opciones: el titular de los derechos sobre la obra (o su cesionario) o el consumidor final de la obra o prestación protegida.

Si consideramos que el destinatario es el titular de los derechos y éste la rechaza de forma justificada, entonces podríamos entender que realmente esta innovación no es viable poque no existe un mercado para ella, dado que los destinatarios del producto no la quieren. Podríamos hacer la misma reflexión si se tratara del consumidor final. No obstante, la realidad es que los destinatarios son los dos, puesto que ambos se benefician de esta nueva ventana de explotación. No estamos ante un mercado bilateral, sino trilateral.

Es pertinente señalar que antes de la Revolución Digital sí podíamos hablar de un mercado bilateral, dado que lo normal era que los medios de producción estuvieran en manos de los usuarios profesionales (cesionarios de los derechos y distribuidores): los editores eran los dueños de las imprentas, los productores de fonogramas eran los dueños de los medios de grabación y se encargaban de explotar la obra musical y los productores audiovisuales eran los dueños de los medios de grabación y se encargaban de explotar la obra audiovisual.

Sin embargo, en la actualidad estamos viendo como esta dualidad de funciones está dejando de existir y se están disgregando las funciones. Esta mayor complejidad de la estructura del mercado ha podido generar un efecto rechazo por parte de los intermediarios, que antes tenían un gran poder en el mercado y que, como consecuencia, de estos cambios, ha ido menguando. Sin embargo, pese a las evidencias, la normativa trata los abusos del derecho de propiedad intelectual, vinculado a la libre iniciativa empresarial, como casos excepcionales y puntuales[197], cuando realmente tenemos varios ejemplos que muestran una tendencia.

Este contexto nos debe hacer reflexionar sobre el motivo del rechazo de los usuarios profesionales hacia las nuevas formas de explotación y las medidas que podemos adoptar para

---

197 Vid. Heinemann, A. (1996). Antitrust law of intellectual property in the TRIPs agreement of the World Trade Organization en *GATT to TRIPS–The Agreement on Trade-related Aspects of Intellectual Property Rights*, Beier, F. K., & Schricker, (Eds.), Wiley-VCH, Max Planck Institute for Foreign and International Patent, Copyright and Competition Law, Munich, p. 241

evitarlo. En el caso de que podamos llegar a la conclusión de que el rechazo no está fundado en razones objetivas, sino en un planteamiento puramente egoísta que busca mantener su cuota de poder y su modelo de negocio, no podemos hablar de un ejercicio de libertad, sino de un abuso de su posición de poder y, en su caso, del derecho exclusivo del que son titulares o que han obtenido mediante cesión o licencia. Incluso, podríamos hablar de una vulneración del deber de competir y, en consecuencia, de una actitud anticompetitiva, aunque no podemos hablar de posición de dominio[198].

Es más, no debemos hablar de una posición de dominio porque el objetivo aquí no es aplicar el derecho de defensa de la competencia en bloque a la normativa de propiedad intelectual, sino introducir en la estructura interna de los derechos de propiedad intelectual consideraciones propias del derecho de la competencia y del derecho regulatorio estableciendo obligaciones de comportamiento destinadas a evitar conductas desleales o anticompetitivas.

V. ¿UN NUEVO EQUILIBRIO?

Siguiendo con este argumento sobre los perjuicios del freno a la innovación, debemos referirnos específicamente a aquellas nuevas funcionalidades que los intermediarios se negaron a incorporar en sus modelos de negocio. Una de las principales aportaciones que trajeron los nuevos operadores del mercado tenía que ver con la forma en la que se hacen las transacciones en los mercados culturales. Cambió el papel de los usuarios en

---

198 Dependerá del criterio utilizado para definir el mercado relevante.

su modelo de negocio[199], pasando de un servicio unidireccional a otro bidireccional. De esta forma, gracias a las funciones interactivas, los consumidores tienen la capacidad de participar en el desarrollo del servicio, de colaborar con otros usuarios[200] y de dar información a los proveedores sobre la forma y el tipo de contenido que quieren visualizar. Estos operadores vieron las nuevas formas de comercialización de las obras y las inmensas posibilidades que permitían las nuevas tecnologías[201] y se lanzaron a explorarlas, algo que los intermediarios tradicionales nunca se vieron en la necesidad de hacer por la falta de presiones competitivas.

Precisamente esta nueva forma de entender el servicio prestado ejemplifica muy bien el cambio en la forma de afrontar la definición del modelo de negocio, quizá provocado por la dificultad de mantener un modelo construido sobre el control absoluto sobre la explotación de la obra o prestación. Los antiguos intermediarios siguen centrados en una estrategia de explotación vinculada al monopolio clásico donde solamente ellos deciden cómo se comercializan los productos.

No debemos confundir la influencia que tienen los usuarios finales con la que tienen otros usuarios profesionales en el mercado que son, precisamente, los que han forzado este cambio en la estrategia de comercialización. Estos sujetos participan en la explotación de la obra o prestación sin ser cesionarios, sino

---

199 Vid. Brem, A., & Viardot, E. (2017). *Revolution of Innovation Management. Volume 1. The Digital Breakthrough.* Palgrave Macmillan, London, pp. 18-19

200 Vid. Liang, L., & Kuusisto, A. (2017). New frontier business models: creating value through innovation: Creating Business Models with New Forms of Innovation en *Capturing the Innovation Opportunity Space.* Edward Elgar Publishing, p. 114.

201 Vid. McGuinness, P. (Ed.). (2015). *Copyfight.* NewSouth, pp. 4-5.

aportando su tecnología. Estos usuarios profesionales tienen una influencia notable sobre los titulares de derechos, incluso sobre las entidades de gestión colectiva a las que tienen que abonar sus tarifas. Por este motivo, no debemos perderlos de vista. No obstante, no todo es positivo con estos nuevos modelos de negocio, pues a pesar de dar un nuevo papel a los usuarios finales, de dar un espacio para ejercer cierto nivel de influencia y, en definitiva, de crear oportunidades, se siguen emulando los patrones de conducta de dominación-sumisión.

En este sentido, hay autores[202] que afirman que la relación con los consumidores finales genera intercambios de información positivos para la innovación en el modelo de negocio, fenómeno que les permite cambiar a la vez que la sociedad y, en consecuencia, consolidarse en el mercado y poder permanecer durante más tiempo. Ahora bien, esta es precisamente la intención de la normativa, perseguir la interdependencia y que los operadores económicos se amolden a las necesidades de los demás.

Los titulares de derechos deben tener libertad para decidir la estrategia de explotación del producto, pero dicha libertad se torna completamente inútil cuando la estrategia de explotación que les beneficia a ellos por encima de todo y no tiene en cuenta las necesidades de los consumidores. Por lo tanto, la libertad debe ejercerse con el insoslayable límite de las necesidades y preferencias de los consumidores, a los que deben escuchar para garantizar su propia supervivencia. Hasta la aparición de

---

[202] Vid. Bogers, M., Afuah, A., & Bastian, B. (2010). Users as innovators: a review, critique, and future research directions. *Journal of management, 36*(4), 857-875 y Dahan, E., & Hauser, J. R. (2002). The virtual customer. *Journal of Product Innovation Management: An International Publication of the Product Development & Management Association, 19*(5), 332-353.

los nuevos usuarios profesionales no tenían incentivos suficientes para escuchar a los consumidores finales porque no tenían presiones competitivas.

Esta nueva forma de afrontar el papel de los usuarios dentro de la cadena de explotación de las obras no implica necesariamente que vayan a tener un poder tan relevante como para poder influir en las decisiones empresariales. Simplemente se les escucha mínimamente, un avance positivo. Si bien es cierto que este proceso de escucha se hace por un interés puramente comercial, ello no nos debe suponer ningún reparo porque precisamente se trata de eso, de que los operadores económicos busquen estrategias de negocio que consigan un retorno económico a través de la satisfacción de las necesidades de terceros.

Pese a que nos encontramos en una situación mejor, no debemos caer en el triunfalismo porque en este nuevo equilibrio, si podemos calificarlo como tal, los consumidores finales siguen en una situación precaria dada su reversibilidad. En este sentido, si estas nuevas formas los llevan a desarrollar su modelo de negocio ejerciendo un control exhaustivo de sus productos, sin duda lo harán, como parece que está ocurriendo gracias a la tecnología criptográfica y la tokenización de activos[203].

Los cambios en los modelos de negocio de los operadores establecidos llegaron en el momento en el que el peligro para su supervivencia era inminente y los consumidores no iban a

---

[203] Vid. Wilkoff, N. (2022). Tokenization of intellectual property for IP rights management, The IPKat, disponible en: https://ipkitten.blogspot.com/2022/01/tokenization-of-intellectual-property.html (consultado el 18 de enero de 2022), en el que el autor habla de la posibilidad de utilizar la tokenización de activos y la tecnología blockchain para ayudar a controlar la explotación de las obras protegidas y, en consecuencia, a mejorar su gestión.

aceptar otra cosa. Pese a que estas nuevas formas de llevar las obras al mercado se habían desarrollado sin su consentimiento, a los consumidores no pareció importarles demasiado viendo lo atractivas que encontraron estas alternativas[204]. De esta forma, para bien o para mal, el mercado ya había cambiado de forma radical con la incorporación de las nuevas tecnologías y los operadores económicos se vieron obligados a modificar su conducta. Recordemos que los procesos económicos son cíclicos, luego, aunque se pueda atisbar un retroceso, con el tiempo llegarán otros avances económicos y tecnológicos que podrán reequilibrar la situación, aunque sea mínimamente.

Lo que resulta más paradójico es que las formas de explotación desarrolladas inicialmente por los operadores calificados de "piratas" han sido las que les han servido para remontar y conseguir un modelo de negocio que sí escuchará las necesidades de los consumidores[205] como, por ejemplo, su voluntad de acceder al contenido que ellos quieren en el momento que quieran o la posibilidad de tener todo su contenido integrado en una misma plataforma. No obstante, como señala PATRY[206]

---

204 De hecho, hay autores como Fennel, M. (2015). Be there first, be there better, be there easier en McGuinness, P. (Ed.). (2015). *Copyfight.* NewSouth, p. 30 que sostienen que la culpa de la piratería la tienen las propias industrias culturales por no satisfacer las necesidades de los consumidores, algo que sí hacían los proveedores de contenido que no contaban con una licencia para la explotación de la obra.

205 Vid. Klein, B., Moss, G., & Edwards, L. (2015). *Understanding copyright: Intellectual property in the digital age.* Sage, p. 79. En el mismo sentido, Vid. Brem, A., & Viardot, E. (2017). *Revolution of Innovation Management. Volume 1. The Digital Breakthrough.* Palgrave Macmillan, London, p. 18, que hace una curiosa analogía con el cuento clásico de La Sirenita.

206 Vid. Patry, W. (2009). *Moral panics and the copyright wars.* Oxford University Press; Baldwin, P. (2014). The copyright wars. In *The Copyright*

este largo proceso que comienza con la aparición de internet ha venido junto al señalamiento de una serie de "enemigos"[207] de la supervivencia del mercado y de la propia cultura[208]. Sin

---

Wars. Princeton University Press y Klein, B., Moss, G., & Edwards, L. (2015). *Understanding copyright: Intellectual property in the digital age.* Sage, pp. 84-101.

207 Vid. García de Enterría, E. (1994). La lengua de los derechos: la formación del derecho público europeo tras la Revolución Francesa. *Alianza Universidad.* En el mismo sentido, Vid. Kur, A., Dreier, T., & Luginbuehl, S. (2019). *European intellectual property law: text, cases and materials.* Edward Elgar Publishing, p. 435.

208 Es importante reseñar que el impacto que tuvo la piratería en el mercado no está del todo claro. Por ejemplo, en el sector de la música contamos con estudios que afirman que las ventas efectivamente se redujeron como consecuencia de esta actividad y otros que indican lo contrario, que los efectos fueron inexistentes o, incluso, positivos; aunque los ingresos sí que se redujeron considerablemente. En este sentido, Vid. Liebowitz, S. J. (2006). File sharing: creative destruction or just plain destruction? *The Journal of Law and Economics, 49*(1), 1-28; Hong, S. H. (2013). Measuring the effect of napster on recorded music sales: difference-in-differences estimates under compositional changes. *Journal of Applied Econometrics, 28*(2), 297-324; sobre la ausencia de efectos relevantes Vid. Oberholzer-Gee, F., & Strumpf, K. (2007). The effect of file sharing on record sales: An empirical analysis. *Journal of political economy, 115*(1), 1-42; y sobre la presencia de efectos positivos Vid. Andersen, B., & Frenz, M. (2010). Don't blame the P2P file-sharers: the impact of free music downloads on the purchase of music CDs in Canada. *Journal of Evolutionary Economics, 20*(5), 715-740.

Sobre lo que sí existe cierto consenso es acerca de la ausencia de una caída en la producción de obras musicales, lo que nos debe hacer reflexionar sobre el efecto real que tiene el actual ámbito objetivo de los derechos de autor en los incentivos.

En el mismo sentido, Vid. Insights from the Fashion Industry. Ju, J. (2014). *Essays on the Effects of Intellectual Property Rights on Innovation: Insights from the Fashion Industry.* Lulu Press, p. 27, que hace referen-

embargo, es importante indicar que algunos estudios[209] afirman que, hasta cierto punto, y hablando en términos estrictamente económicos y no jurídicos, un mínimo nivel de piratería o apropiación de las características de las prestaciones ajenas puede ser positivo para el mercado. Como ya dijimos, el mayor incentivo a la conducta promercado y al esfuerzo no es la garantía de una remuneración, sino el miedo a perder una posición económica.

Sin embargo, esta situación puede tener efectos perversos para la propia competencia en el mercado, dado que estaríamos fomentando una innovación mediante la simple apropiación o copia. De esta forma, tendríamos un grupo de participantes que se dedican a innovar, mientras que el resto se dedican a imitar. Esta actuación en principio crea menos valor añadido, pero no por ello debe ser desechada dado que este tipo de competencia sí puede aportar conocimientos e innovación a la sociedad[210]. Lo cierto es que este tipo de competencia permite

---

cia a la falta de pruebas empíricas sobre la conveniencia de seguir con este sistema de derechos de propiedad intelectual o sobre la necesidad de evolucionar hacia otro modelo. Así mismo, Vid. Kur, A., Dreier, T., & Luginbuehl, S. (2019). *European intellectual property law: text, cases and materials.* Edward Elgar Publishing, pp. 436-437. Otros autores como McGuinness, P. (Ed.). (2015). *Copyfight.* NewSouth, p. 18 hacen referencia al impago psíquico que tiene la piratería sobre los titulares de derechos.

209 Vid. Insights from the Fashion Industry. Ju, J. (2014). *Essays on the Effects of Intellectual Property Rights on Innovation: Insights from the Fashion Industry.* Lulu Press, p. 13.

210 En ocasiones se ha planteado este tipo de competencia por imitación como el primer paso para construir una industria más potente, especialmente en el caso de países en vías de desarrollo que no tenían el capital humano y material suficiente como para desarrollar una industria de alto valor añadido. De esta manera,

explorar nuevos horizontes del producto o servicio al llevarlo a nuevos mercados[211]. Por consiguiente, podría descubrirse una nueva aplicación de la prestación que no había sido prevista por su creador o por la persona que se dedica a su explotación.

Parece que la doctrina tiende a idealizar la actividad innovadora, valorando solo los grandes inventos disruptivos y desdeñando las aportaciones de menor entidad que se basan en las creaciones ajenas. Esta valoración tiene mucho que ver con la todavía presente concepción romántica de la actividad creativa, donde crear sobre el trabajo previo de los demás y que se note está mal visto.

A pesar de que estamos ante dos formas de competir muy dispares, ambas son necesarias para el correcto desarrollo del mercado. Así, en lugar de buscar enemigos en los mercados culturales, quizá deberíamos centrarnos en buscar formas de dinamizar el mercado y nuevos modelos de negocio que satisfagan correctamente los intereses de todos los participantes.

---

veían como una amenaza el establecimiento de derechos de propiedad intelectual fuerte, dado que ello solamente beneficiaría a los Estados que ya tenían una industria de alto valor añadido consolidada y con capacidad de generar innovación lo que les impediría crear una industria de base sobre la que poder crecer. En este sentido, Vid. Pacón, A. M. (1996). What will TRIPS do for developing countries. *From GATT to TRIPS–the Agreement on Trade-Related Aspects of Intellectual Property Rights* en Beier, F. K., & Schricker, (Eds.), (Vol. 18). Wiley-VCH, Max Planck Institute for Foreign and International Patent, Copyright and Competition Law, Munich, pp. 329-331. En el mismo sentido, Vid. Kur, A., Dreier, T., & Luginbuehl, S. (2019). *European intellectual property law: text, cases and materials.* Edward Elgar Publishing, p. 247.

211 Vid. Erixon, F., & Weigel, B. (2016). *The innovation illusion.* Yale University Press, p. 33.

Ambas situaciones aportan bienestar al conjunto de la sociedad porque promueven el esfuerzo de todos los participantes, luego deben ser convenientemente tuteladas.

VI. ¿HASTA QUÉ PUNTO NECESITAMOS RELACIONES DE DEPENDENCIA?

El nuevo equilibrio que han traído los operadores digitales ha reducido en cierta medida la dependencia que tienen los usuarios finales de los usuarios profesionales y, en parte, de los titulares de derechos. En este sentido, los incentivos de los organizadores del mercado son esenciales para garantizar un determinado equilibrio en el reparto de los beneficios generados con la explotación de la obra. Como hemos visto, el equilibrio de poder que generan los derechos de autor garantiza poder de mercado a los titulares de derechos para establecer la estrategia de explotación de la obra. De hecho, se trata de una de las bases de la normativa, garantizar que el titular tome las decisiones concernientes a la estrategia de explotación de la obra y que nadie le condicione. Sin embargo, esta visión está viciada de origen porque sigue pensando que son los autores los que toman las decisiones económicas cuando, como regla general, delegan estas funciones en un intermediario/cesionario que lo hará en su nombre[212].

Realmente esta relación de dependencia no es negativa, pero depende de cómo se ejerza el poder otorgado. La teoría liberal clásica sobre la que se han construido los paradigmas económicos modernos afirma que la división del trabajo es positiva para el desarrollo de la sociedad, ya que una persona que

---

212 Vid. Klein, B., Moss, G., & Edwards, L. (2015). *Understanding copyright: Intellectual property in the digital age*. Sage, p. 45.

se dedica a una única actividad puede producir más y acumular más experiencia y conocimientos sobre dicha labor que una persona que tiene que desempeñar diversas labores.

Además, esta especialización crea interdependencia, dado que todos los ciudadanos se necesitan para sobrevivir, siendo posible un equilibrio relativo. Los titulares de derechos necesitan a los intermediarios para llevar sus obras al mercado y los intermediarios necesitan autores que produzcan obras. Estaríamos ante una forma de establecer un sistema de *checks and balances* al poder de los distintos operadores económicos y evitar así los abusos de poder. Si existe una situación de equilibrio de poder de los dos operadores económicos, éstos serían capaces de controlarse mutuamente, lo que permitiría un reparto equitativo de la riqueza generada con estos intercambios. No obstante, conseguir este equilibrio es complicado y en el momento actual no existe, pese a la existencia de alternativas.

Ya sabemos que el sistema no crea por sí solo los incentivos suficientes para redirigir los esfuerzos. Por lo tanto, debemos analizar a qué situación nos conducen los incentivos vigentes. La teoría clásica sobre los derechos de propiedad asume que la atribución de un derecho de propiedad es suficiente para garantizar una explotación racional de la obra, aquella que beneficia a todos los participantes del mercado gracias a la creación de valor añadido[213]. En el caso de la propiedad intelectual la finalidad de esta institución está ligada a la creación de un

---

213 Vid. Furseth, P. I., & Cuthbertson, R. (2013). The service innovation triangle: a tool for exploring value creation through service innovation. *International Journal of Technology Marketing 24, 8*(2), p.7; citado en Brem, A., & Viardot, E. (2017). *Revolution of Innovation Management. Volume 1. The Digital Breakthrough.* Palgrave Macmillan, London, p. 130

instrumento legal que permita controlar la explotación de la obra para evitar el *free-riding*[214].

La explicación sobre la necesidad y el origen de los derechos de propiedad parte de la existencia de unos incentivos a la conclusión de intercambios que permitirán generar valor añadido, algo en última instancia positivo para el conjunto de la sociedad. Estos planteamientos tienen un problema de fondo importante, ambos asumen que todos los seres humanos actúan de forma racional y guiados por la generación de valor, cuando ello no es así.

En primer lugar, no todos los ciudadanos actúan conforme al prototipo de *homo economicus* sobre el que se basan muchos de los estudios económicos sobre la materia. Los seres humanos se mueven también por otras motivaciones que tienen un componente no económico[215] que es imposible de predecir.

En segundo lugar, el fallo de mercado derivado de las asimetrías de la información tiene importantes consecuencias para este caso. Las partes de una negociación nunca tienen la misma información sobre la naturaleza del producto. De esta forma, el proveedor del servicio, que es quien generalmente tiene más información sobre este aspecto, puede aprovechar esa falta de conocimiento del consumidor para salir beneficiado en la transacción y absorber una mayor parte del valor generado con ella. En este contexto debemos enmarcar las desigualdades cognitivas de las que habla José María Lassalle[216] y que ya intuía Adam Smith en su obra "La Riqueza de las Naciones". Estas desigualdades no

---

214 Ju, J. (2014). *Essays on the Effects of Intellectual Property Rights on Innovation: Insights from the Fashion Industry*. Lulu Press, p. 12.

215 Vid. Burrell, R., & Coleman, A. (2005). *Copyright exceptions: the digital impact* (No. 6). Cambridge University Press, p. 174.

216 Vid. Lassalle Ruiz, J. M. (2019, June). Ciberleviatán. Arpa.

se refieren a deficiencias en la información sobre la naturaleza de la transacción o sobre el producto o servicio objeto de dicho intercambio, sino a conocimientos sobre el funcionamiento del mercado y sobre los intereses que mueven a una u otra parte. Así, aquel sujeto que tenga más información sobre el funcionamiento del mercado puede aprovecharlo para obtener una mayor parte del valor añadido generado con la transacción.

Otra forma de información imperfecta, descrita por Erixon y Weigel (2016)[217], consiste en el desconocimiento de la titularidad de un determinado operador económico. Estos autores plantean que si no sabemos quién toma las decisiones comerciales, entonces es muy difícil reaccionar para salvaguardar sus intereses, dado que no conocemos sus verdaderas motivaciones, siendo, además, muy complicado averiguarlas. De esta forma, hay determinados operadores del mercado que juegan con una ventaja competitiva al tener la capacidad de "despistar" al resto que no saben a qué responden sus decisiones.

En tercer lugar, estos autores, en ocasiones, parten de que los intercambios se pueden producir sin más impedimento que la mera voluntad de las partes gracias al sistema de intercambio de precios, algo que rara vez se produce por la presencia de los costes de transacción asociados a toda negociación[218]. Aquí encontramos los costes de información asociados a identificar a la otra parte con la que tenemos que negociar, nada desdeñables en un sistema de propiedad intelectual no formalista y sin obligación de acudir a un registro con datos públicos; los

---

217 Vid. Erixon, F., & Weigel, B. (2016). *The innovation illusion.* Yale University Press, p. 44.

218 Vid. Cooter, R. and Ulen, T. (2016). Law and Economics. Sexta Edición. *Berkeley Law Books*, pp. 84-85, disponible en: https://lawcat.berkeley.edu/record/1127400 (consultado por última vez el día 13 de septiembre de 2022).

costes de realizar la propia negociación; y los costes asociados al cumplimiento del contrato.

En cuarto lugar, tenemos el problema del coste social[219] que generan determinadas transacciones. La teoría liberal nos ha transmitido el mantra de que aquello que es bueno para una de las partes de forma individual es positivo para el conjunto del mercado porque el sumatorio de las distintas voluntades individuales construye la voluntad colectiva. No obstante, puede darse la circunstancia de que aquello que es bueno para uno de los individuos que componen el mercado, no sea positivo para la otra parte que conforma una transacción y que se ve obligado a negociar con ese operador por la falta de alternativas o de un tercero con el que contratar, impidiendo la satisfacción de sus expectativas. Quizás ese ideal pueda alcanzarse en una negociación en la que ambas partes negocian en clave de igualdad, que es el planteamiento que hace el derecho privado clásico en los ordenamientos europeos modernos. En este caso, para acceder a la negociación ambas tienen capacidad de influir a la contraparte, tienen alternativas a las que podrían acudir y el intercambio que puede resultar efectivamente tiene potencial de ser equilibrado. Sin embargo, esta situación no existe, ni en la relación entre los intermediarios y los titulares originarios de derechos ni entre los intermediarios y los consumidores.

Precisamente por esa falta de igualdad que beneficia a los intermediarios, un sector de la doctrina sostiene que la normativa de propiedad intelectual se ha construido para beneficiar a las grandes industrias culturales en detrimento de los

---

219 Vid. Coase, R. H. (1960). The problem of social cost. In *Classic papers in natural resource economics* (pp. 87-137). Palgrave Macmillan, London.

consumidores y de los autores[220]. En ocasiones se habla de las industrias culturales como un conglomerado compuesto tanto por los intermediarios que realizan la explotación de las obras, como por los autores, aunque con la excepción de aquellos que tienen un renombre, el resto no tienen capacidad de negociación en clave de igualdad con los intermediarios[221].

Uno de los ejes de la política digital que más ha beneficiado a estos intermediarios ha sido la neutralidad tecnológica, intentando que las decisiones jurisdiccionales, legislativas y gubernamentales no condicionaran el desarrollo tecnológico. No obstante, la neutralidad tecnológica ni existe, ni debe existir[222]. Debemos regular el uso de la tecnología para que

---

220 Vid. Klein, B., Moss, G., & Edwards, L. (2015). *Understanding copyright: Intellectual property in the digital age.* Sage, p. 43.

221 Tomemos como ejemplo la demanda que presentó la actriz Scarlett Johasson contra Disney por estrenar la película "La Viuda Negra" simultáneamente en cines y en la plataforma Disney+, incumpliendo su contrato de cesión de derechos. Dado su renombre en el mundo audiovisual pudo presentar una demanda contra este gran distribuidor que finalmente ha terminado mediante un pacto entre ambos. Vid. https://www.hollywoodreporter.com/business/business-news/scarlett-johansson-disney-settle-black-widow-lawsuit-1235022598/ (consultado el 1 de octubre de 2021).

222 Vid. López Richart, J. (2019). Responsables, ma non troppo: las reglas de exención de responsabilidad de las plataformas para el intercambio de contenidos en línea en la directiva sobre derechos de autor en el mercado único digital. En Saiz García, C. y Evangelio Llorca, R *Propiedad intelectual y mercado único digital europeo* (pp. 308-366). Tirant lo Blanch, Valencia, quien señala que estos operadores tienen unas características y desempeñan unas funciones que les obligan a tener una responsabilidad social especial. El autor utiliza este argumento para la retirada de

sea conforme con las reglas que estructuran nuestro marco de convivencia. Para ello, debemos defender unos intereses colectivos o sociales frente a los de los titulares de estos avances técnicos que, como cualquier otro participante del mercado, tienen su propia agenda económica y pretenden hacer valer sus intereses. En consecuencia, desde el momento en el que tiene la capacidad de transformar nuestras ideas, la tecnología nunca puede ser neutral.

Los distintos fallos de mercado y la actitud del legislador nos abocan a una situación en la que no se va a realizar una explotación eficiente para los distintos participantes del mercado, actuando de forma individualista, pues no se promueve el esfuerzo por buscar satisfacer las necesidades de los demás. Por el contrario, lo que buscan los operadores es fortalecer su posición de poder para mantener su modelo de negocio sin variaciones y sin asumir muchos riesgos.

En este sentido, Arrow[223] ya señalaba que, ante una situación de monopolio, los operadores tienen grandes incentivos para entrar en el mercado ante la expectativa de hacerse con esta posición. Sin embargo, una vez que se convierten en

---

contenido al no poder acogerse al régimen del puerto seguro, pero podemos extenderlo a su actuación general, también para la forma en la que desarrollan sus transacciones, pues ello también supone respetar la propiedad intelectual. Precisamente por este motivo, el Artículo 17 de la DDAMUD establece como uno de los presupuestos esenciales para evitar la responsabilidad por los actos cometidos por sus usuarios el tener o haber intentado conseguir una licencia para utilizar el contenido que se pone a disposición del público mediante sus servicios.

223 Vid. Arrow, K. J. (1962). *Economic welfare and the allocation of resources for invention* (pp. 609-626). Princeton University Press.

monopolistas, como regla general[224], existen pocos o escasos incentivos a innovar. De esta forma, el sistema actual estaría incumpliendo uno de los objetivos básico de la propiedad intelectual: promover la creatividad y la innovación en el mercado. En definitiva, promover el esfuerzo.

Es cierto que a lo largo de la historia hemos visto cómo los mecanismos del libre mercado han terminado por forzar cambios en el comportamiento de los distintos operadores económicos que participan en el. No obstante, estos cambios no han venido exentos de problemas y, sobre todo, de luchas entre los viejos y los nuevos modelos, lo que implica un importante derroche de recursos y una posible pérdida de oportunidad al haber dificultado el desarrollo temprano de determinadas tecnologías e impedir el nacimiento de otras. Por lo tanto, sería ideal buscar mecanismos que permitieran suavizar estas transiciones, aunque, no nos engañemos, nunca serán fáciles y siempre van a generar tensiones.

Así, podemos afirmar que la existencia de un derecho de propiedad intelectual que puede ser negociado mediante contratos de cesión de derechos no garantiza una explotación eficiente, lo que nos sitúa en un claro fallo de mercado. De esta manera, hay que buscar mecanismos para intervenir en el mercado y establecer incentivos para que la explotación que se haga sea la más eficiente y satisfaga a todos los participantes del mercado. Los intermediarios, como cualquier otro participante, tienen sus preferencias y sus necesidades, luego es lógico entender que

---

224 Vid. Ju, J. (2014). *Essays on the Effects of Intellectual Property Rights on Innovation: Insights from the Fashion Industry.* Lulu Press, p. 43, indica que otros autores afirman que según el contexto, los monopolistas sí pueden tener incentivos a innovar.

van a actuar de una forma que les permita satisfacerlas[225]. Siendo conscientes de esta realidad, tenemos que buscar la forma de incentivarles a actuar en beneficio de los demás, puesto que la mejor forma de colmar sus intereses es mediante la satisfacción de los intereses de los demás. En definitiva, debemos buscar que la función social inspire también el ejercicio de los derechos de autor y no se quede solamente en meros deseos.

VII. UNA REFORMA DEL SISTEMA DE LÍMITES PARA MODIFICAR LOS INCENTIVOS

Los apartados anteriores nos han permitido conocer cuál es la conducta de los intermediarios tradicionales y el sistema de incentivos vigente, una base suficiente para plantear una reforma que fuerce cambios de conducta e introduzca más interdependencia. La vía por la que hemos optado es afrontar una reforma de los límites, pues son la manera de moldear el contenido de los derechos exclusivos eliminando el *ius prohibendi* a la vez que mantenemos el derecho a obtener una remuneración.

Para ver si realmente tenemos un sistema de límites que cree esta presión competitiva debemos ver cómo está estructurado dicho sistema y a qué necesidades obedece. El lector podría preguntarse por qué hacemos este análisis económico y normativo en este capítulo y no en el anterior, dedicado a los autores. La respuesta es sencilla, quienes se ven directamente afectados por los límites no son únicamente los autores. Los operadores, al diseñar la estrategia de explotación, se ven afectados directamente por estos límites, pese a su extraordinaria protección en el sistema actual.

---

225 Vid. Wang, R. (2015). *Disrupting digital business: Create an authentic experience in the peer-to-peer economy*. Harvard Business Review Press, p. 125.

1. Situación actual de los límites

En el panorama internacional, una de las primeras regulaciones de los límites la encontramos en la Revisión de Estocolmo del Convenio de Berna (1967), donde se añade lo que hoy conocemos como "regla de los tres pasos" en su Artículo 9.2, aunque la Guía Interpretativa del Convenio de Berna[226] habla únicamente de dos requisitos[227]. No obstante, debemos señalar que el diseño de este precepto no es un límite en sí mismo, sino una guía para que los Estados firmantes del tratado establezcan sus propios límites sobre el derecho de reproducción. La Guía da pocas pistas sobre los intereses que persigue su establecimiento, pero la única que proporciona es bastante útil al indicar que:

> *Conviene conciliar estos intereses [de los titulares de derechos] con las necesidades de los usuarios, correspondiendo a cada Estado adoptar con tal fin las medidas apropiadas que mejor convengan a su propio desarrollo educativo, cultural, social y económico.*[228]

---

226 Disponible en: https://www.wipo.int/publications/es/details.jsp?id=3172&plang=ES (consultado el 4 de octubre de 2021).

227 Aunque la Guía Interpretativa del Convenio de Berna indique que solamente hay dos requisitos, implícitamente son tres: (i) que la limitación se aplique únicamente a determinados casos especiales, (ii) que no atente contra la explotación normal de la obra y (iii) que no cause un perjuicio injustificado a los intereses del autor. No obstante, la Guía sobre los Tratados de Derecho de Autor y Derechos Conexos Administrados por la OMPI, p. 58 disponible en (https://www.wipo.int/publications/es/details.jsp?id=361&plang=ES) sí que habla de un triple criterio.

228 Vid. Guía Interpretativa del Convenio de Berna, pp. 64-65. Disponible en: https://www.wipo.int/publications/es/details.jsp?id=3172&plang=ES (consultado el 4 de octubre de 2021).

Así, podemos apreciar que los límites nacen para dar cabida dentro del derecho de autor a intereses de carácter público (desarrollo educativo, cultural, social y económico) y a otros de carácter privado (intereses de los usuarios, ya sean profesionales, institucionales o finales). Es decir, son la manera de conciliar intereses aparentemente contradictorios reasignando derechos. Ahora bien, el texto establece una jerarquía clara entre ellos, dado que uno de los requisitos es que no afecte de forma sustancial a los intereses económicos del autor al perjudicar la normal explotación de la obra[229]. Lo lógico sería hacer un juicio de ponderación *ad hoc.* Sin embargo, la normativa establece directamente que hay un nivel de protección mínimo que no se puede tocar[230]. De hecho, en los trabajos preparatorios se llegó a afirmar que:

229 La mejor prueba de ello es la Regla de los Tres Pasos tal y como se recogió en el Artículo 10.2 del Tratado de la OMPI sobre derechos de autor, Artículo 16.2 del Tratado de la OMPI sobre interpretación o ejecución de fonogramas, Artículo 5 de la DDASI y Artículo 40 bis del TRLPI, que limita la aplicación de los límites para proteger a los titulares originarios de derechos de autor y conexos.
En este sentido, Vid. López Maza, S. (2016). La posibilidad de utilización directa por el juez de la regla de los tres pasos. En Aparicio Vaquero, J. A. et. al. (Coord.). *Estudios sobre la ley de propiedad intelectual: últimas reformas y materias pendientes*, Dykinson, 297-342.

230 Vid. Correa, C. (2020). *Trade related aspects of intellectual property rights: a commentary on the TRIPS agreement.* Oxford University Press, p.128, donde indica expresamente que los redactores del Convenio de Berna no estaban tan preocupados por garantizar un justo equilibrio de intereses, sino en proclamar y proteger los derechos de los autores.

> *El Grupo de Estudio observó que [...] es evidente que todas las formas de explotar una obra que tengan, o puedan tener, importancia económica o práctica considerable deben estar reservadas, en principio, a los autores; las excepciones que puedan restringir las posibilidades de que dispongan los autores a ese respecto son inaceptables.* [231]

La siguiente mención a los límites en el panorama internacional la encontramos en los Tratados de la OMPI de 1996, el Tratado de la OMPI sobre Derecho de Autor y el Tratado de la OMPI sobre Interpretación y Ejecución de Fonogramas. En el primero de los Tratados, el Artículo 10 es el que se encarga de regular la cuestión de los límites y es donde hallamos dos apartados de relevancia. El primero no aporta nada nuevo respecto a la redacción del Convenio de Berna dado que su redacción es prácticamente idéntica. Sin embargo, el segundo incluye una novedad. Ya no solo hay que cumplir estos requisitos al diseñar los límites en la normativa nacional, sino que, además, cuando se apliquen deben respetarse los mismos márgenes. Es decir, tenemos un límite a la aplicación de los límites, lo que restringe aún más la protección de los intereses de los usuarios mediante esta institución.

La introducción de esta novedad en la regla de los tres pasos es relevante porque ahonda en el establecimiento de una prelación entre los intereses de los titulares de derechos, en última instancia los intermediarios que los van a gestionar, y de los consumidores y del mercado dentro de los límites, fenómeno que ya había iniciado el Artículo 9.2 del Convenio de Berna. Por lo tanto, la normativa ya nos da a entender que los límites son algo secundario dentro de la normativa de propiedad intelectual, debiendo respetarse los intereses de los titulares de derechos de

---

231 Vid. Guía sobre los Tratados de Derecho de Autor y Derechos Conexos Administrados por la OMPI, p. 60 disponible en (https://www.wipo.int/publications/es/details.jsp?id=361&plang=ES).

autor y conexos y su libertad para explotar la obra en la forma que consideren más adecuada conforme a su buen saber y entender. De hecho, el objetivo de este nuevo Tratado Internacional al margen del Convenio de Berna era reforzar los derechos exclusivos frente a las "amenazas" de la explotación digital.

La misma regulación encontramos en el Tratado de la OMPI sobre Interpretación y Ejecución de Fonogramas, donde se establece el mismo marco tanto para el diseño de los límites como para su aplicación por parte de los órganos jurisdiccionales nacionales. Por lo tanto, de nuevo, nos encontramos con la misma jerarquía de intereses.

En el Tratado sobre los Aspectos de los Derechos de Propiedad Intelectual aplicados al Comercio encontramos una situación similar, dado que en su Artículo 13 reproduce la ya analizada regla de los tres pasos. La principal diferencia con el Convenio de Berna es que los límites ya no quedan circunscritos al derecho de reproducción, sino que pueden afectar a cualquiera de los derechos reconocidos en los Tratados ADPIC. Además, Correa (2020)[232] señala una diferencia extraordinariamente relevante al tratar los incentivos de los intermediarios a hacer una explotación eficiente de la obra. El Artículo 13 ADPIC ya no habla solo de los legítimos intereses del autor, sino que cambia la palabra autor por una categoría más amplia: "titular de derechos". De esta forma, está dando cabida no solo a los intereses del autor, sino a los intereses económicos del cesionario o intermediario, que es quien, en última instancia, va a realizar la explotación de los derechos de autor. Por este motivo, podríamos decir que los ADPIC son una norma más realista que las anteriores y que directamente tiene en

---

232 Vid. Correa, C. (2020). *Trade related aspects of intellectual property rights: a commentary on the TRIPS agreement.* Oxford University Press, p.126.

cuenta los intereses de los intermediarios tradicionales, tratando por igual derechos de autor y derechos conexos, así como a titulares originarios y titulares derivativos de ambos.

Así, este Convenio, aunque sigue la misma tendencia que el resto de los tratados internacionales dando una importancia especial a la libertad de los autores para decidir la explotación de su obra, sí atiende a la realidad de las circunstancias, dado que tiene en mente que no es el autor, sino el intermediario, quien explota la obra y soporta el ejercicio del límite o excepción. Al margen de esta diferencia, los ADPIC ni amplían ni reducen la capacidad de los Estados Firmantes para establecer nuevos límites, sino que la dejan igual de reducida que antes. De esta forma, los intermediarios siguen igual de protegidos que con los tratados internacionales anteriores, debiendo primarse sus intereses frente a los de los demás.

A pesar de no dar un mayor margen de libertad, sí que es cierto que introducen una novedad importante en su texto por la presencia de los Artículos 7 y 8, que recogen una serie de principios rectores que podrían dar cierta esperanza sobre la presencia de incentivos a un determinado comportamiento de los intermediarios al hablar de la necesidad de que los derechos protegidos en dicho Tratado promuevan el desarrollo tecnológico y, especialmente, que aproveche tanto a los creadores como a los usuarios[233]. No obstante, se trata de meras proposi-

---

[233] Vid. Heinemann, A. (1996). Antitrust law of intellectual property in the TRIPs agreement of the World Trade Organization en *GATT to TRIPS–The Agreement on Trade-related Aspects of Intellectual Property Rights,* Beier, F. K., & Schricker, (Eds.), Wiley-VCH, Max Planck Institute for Foreign and International Patent, Copyright and Competition Law, Munich, pp. 240-241; quien señala que solamente debería quedar protegido el "comercio legítimo". El autor no da una definición o unos rasgos que nos permitan iden-

ciones que no van acompañadas de cambios reales en la forma en la que funciona la propiedad intelectual.

Otra novedad interesante es el Artículo 40 del Tratado ADPIC, que sí busca corregir la posibilidad de que algunas conductas de los titulares de derechos restrinjan la competencia en el mercado y el interés público a la hora de establecer la estructura contractual de la explotación de sus derechos. Sin embargo, de nuevo, nos quedamos en un mero propósito[234], dado que el Tratado no obliga a tomar medidas concretas que realmente solucionen este problema de forma efectiva. De hecho, ni siquiera obliga a tomar algún tipo de medida, sino que deja al arbitrio de los Estados firmantes la posibilidad de hacer algo al respeto, o no[235].

---

tificar qué es el "comercio legítimo", pero podríamos decir que es aquel que respeta las exigencias de una competencia justa y leal en el mercado. No obstante, es difícil garantizar la competencia justa y leal en el mercado sin la existencia de medidas, que, además, sean efectivas.

234 Vid. Correa, C. (2020). *Trade related aspects of intellectual property rights: a commentary on the TRIPS agreement.* Oxford University Press, pp. 381-382.

235 Vid. Heinemann, A. (1996). Antitrust law of intellectual property in the TRIPs agreement of the World Trade Organization en *GATT to TRIPS–The Agreement on Trade-related Aspects of Intellectual Property Rights*, Beier, F. K., & Schricker, (Eds.), Wiley-VCH, Max Planck Institute for Foreign and International Patent, Copyright and Competition Law, Munich, pp. 241-242; se plantea si realmente la redacción del Artículo 8.1 de los Acuerdos TRIPs establecen una obligación de intervenir para garantizar la libertad de participar en el mercado de absolutamente todos los operadores. No obstante, él mismo rechaza esta interpretación viendo la redacción del apartado 2 del Artículo 8 del mismo texto legal.

Como podemos apreciar, el panorama internacional ofrece una imagen clara, los límites son una institución necesaria dentro de la normativa de derecho de autor porque permite solventar ciertas tensiones, pero deben primar los intereses de los titulares de derechos. Además, las escasas provisiones recogidas en los Tratados ADPIC parten de conceptos derivados del derecho *antitrust*, cuando realmente las conductas no se pueden encuadrar dentro de este sector del ordenamiento jurídico. Efectivamente, estamos ante conductas anticompetitivas o abusos del derecho a la libre iniciativa empresarial, en el que claramente se fundamenta el derecho de la competencia, pero no estamos ante prácticas concertadas o abusos de una posición de dominio. El planteamiento legislativo vigente es insuficiente para atajar los problemas asociados a la existencia del monopolio y, por lo tanto, deberíamos establecer categorías nuevas dentro de la estructura de la propiedad intelectual que nos permitan abordar estos abusos, una posición que no comparte toda la doctrina especializada[236].

---

236 Vid. Heinemann, A. (1996). Antitrust law of intellectual property in the TRIPs agreement of the World Trade Organization en *GATT to TRIPS–The Agreement on Trade-related Aspects of Intellectual Property Rights*, Beier, F. K., & Schricker, (Eds.), Wiley-VCH, Max Planck Institute for Foreign and International Patent, Copyright and Competition Law, Munich, p. 247; quien indica que el derecho de la competencia y la normativa de propiedad intelectual deben seguir caminos separados porque tienen objetivos distintos. Por el contrario, el hecho de que la propiedad intelectual busque el establecimiento de incentivos dinámicos para que crezca la competencia en el mercado y el riesgo de crear ineficiencias estáticas en la asignación de recursos por la existencia de un monopolio sobre la explotación de la obra durante la vigencia del derecho, nos hacen ver que hay un punto de unión en el que estos cuerpos legales confluyen.

Esta regulación sesgada de los límites influye en el desarrollo de las estrategias de explotación, pues dan pocos incentivos a asumir las innovaciones. Es el titular de derechos el que establece el modelo de negocio que se quiere utilizar para la explotación de la obra y nadie puede interferir en él generando una situación de competencia efectiva. Así, si aparecen nuevas innovaciones técnicas que permiten explorar una nueva ventana de explotación, queda al libre arbitrio del titular de derechos asumirlo o no, pese a los posibles beneficios que tendría para el bienestar social la aparición de un nuevo mercado.

De hecho, la resolución del Panel de la OMC que resolvió sobre la conformidad de dos excepciones previstas en la nor-

---

Así mismo, Vid. En este sentido, Vid. Uribe Piedrahita, C. A., & Carbajo Cascón, F. (2013). Regulación ex ante y control ex post: la difícil relación entre propiedad intelectual y derecho de la competencia. *Actas de Derecho Industrial y Derecho de Autor. Tomo XXXIII (2013)*, 307-330; Uribe Piedrahita, C. A. (2013). La innovación subsiguiente como límite económico para la valoración del comportamiento de abuso de posición dominante relacionado con las negativas a contratar o licenciar. *Vniversitas*, (126), 269-298 y Carbajo Cascón, F. (2015). Estandarización, propiedad intelectual y Derecho de la competencia. *Actas de Derecho Industrial y Derecho de Autor. Tomo XXXV (2014-2015)*, 311-320.

A contrario, Vid. Kur, A., Dreier, T., & Luginbuehl, S. (2019). *European intellectual property law: text, cases and materials*. Edward Elgar Publishing, p. 393; quienes indican que, efectivamente, el derecho de la competencia y de la propiedad intelectual tienen como objetivo evitar comportamientos anticompetitivos en el mercado, aunque desde distintas perspectivas. No obstante, proponen que los abusos del derecho de propiedad intelectual sean juzgados desde la óptica del derecho de la competencia como un ilícito *antitrust* más, algo que puede ser problemático porque no siempre concurren los requisitos para su aplicación, aunque exista una conducta claramente anticompetitiva.

mativa de EE. UU. con los ADPIC[237] señala que todas las nuevas modalidades de explotación deben quedar bajo el monopolio del titular de derechos[238]. En España, el Artículo 17 del TRLPI enuncia las cuatro modalidades principales de derechos de explotación que aparecen regulados inmediatamente a continuación (reproducción, distribución, comunicación pública y transformación), pero comienza con una cláusula residual en la que indica "*corresponde al autor el ejercicio exclusivo de los derechos de explotación de su obra* ***en cualquier forma***" (énfasis propio).

No obstante, cabría esperar una cierta reflexión sobre las posibilidades que conllevan estas nuevas formas de explotación antes de establecer un monopolio estricto, dado que quizás la manera más adecuada de gestionar los derechos de propiedad intelectual en un contexto tan novedoso y disruptivo deba ser otra alejada del derecho exclusivo que parece adoptarse por la inercia del tiempo. Debería realizarse una nueva asignación de derechos que tenga en cuenta las circunstancias del caso concreto[239].

En resumen, podemos afirmar que la normativa internacional pretende garantizar a los titulares de derechos un espacio de explotación de la obra donde no haya competencia efectiva y se minimice la interdependencia para maximizar beneficios. Este planteamiento puede ser bastante problemático, dado

---

[237] Vid. Report of the WTO Panel on the United States – Section 110(5) of the US Copyright Act (WT/DS160/R) de 15 de junio del 2000.

[238] Vid. Correa, C. (2020). *Trade related aspects of intellectual property rights: a commentary on the TRIPS agreement.* Oxford University Press, p.139.

[239] Uno de los supuestos que más complejidad presentan es el de los NFTs, pues son explotaciones digitales que tratan de emular la explotación de reproducciones de las obras o prestaciones en soportes materiales.

que la falta de tensiones competitivas puede provocar que los intermediarios no tengan una visión a largo plazo de sus necesidades. Para ello deben tener en cuenta los intereses del resto de participantes del mercado, es decir, ser conscientes de que viven en sociedad donde o todos los participantes tienen satisfechos sus intereses o la supervivencia del propio mercado puede verse comprometida en el medio o largo plazo.

2. *¿Cómo reformamos el sistema de límites?*

Un enfoque más amplio y flexible de los límites permitiría conciliar otros intereses de los usuarios que necesitan utilizar la obra para el ejercicio de determinados derechos salvando la necesidad de mantener los incentivos abonando una remuneración equitativa. De esta forma, podríamos mantener un espacio de libre actuación de los titulares de derechos, que pueden seguir definiendo su propia estrategia de explotación a la vez que condicionamos su toma de decisiones con la actitud de los demás participantes del mercado, ya sean competidores o no[240].

Evidentemente, esta propuesta no está exenta de polémicas y las dos principales críticas que podemos manifestar contra este sistema son las siguientes: la coherencia interna y la posible reducción de ingresos que provocaría.

2.1. Coherencia interna del sistema de límites

Los derechos exclusivos nacen como una forma de liberar a los autores de los abusos históricos de poder del sector público a sus derechos a la libertad de expresión y a la libertad de em-

---

240 Vid. Capítulo XII. POSIBLES ESTRATEGIAS Y ALGUNAS CONCLUSIONES.

presa, garantizándoles independencia económica, principal garantía de libertad del ser humano en un sistema de economía de mercado. En este sentido, si queremos que esta persona tenga libertad, debe tener la capacidad de explotar la obra con independencia y sin condicionantes de terceros.

No obstante, debemos recordar que en la práctica los autores no toman este tipo de decisiones, sino que lo más habitual es que se lo encarguen a un tercero, tradicionalmente el titular de los medios de producción necesarios para llevar a cabo la explotación de la obra. En este sentido, si esta cesión se concluye, es porque son las personas mejor posicionadas en el mercado para tomar las decisiones estratégicas sobre la explotación de la obra.

Ahora bien, ningún sujeto participante del mercado está solo en el mundo, tenemos la necesidad y la obligación de relacionarnos con los demás. El "no hay nosotros, siempre estamos solos"[241] o el "no existe tal cosa como la sociedad, sino que existen hombres y mujeres individuos, y hay familias"[242] realmente no refleja la realidad que vivimos.

El ejercicio de la libertad individual debe respetar los derechos de los demás y los intereses de la sociedad como sujeto colectivo en el que se encuentran y conviven todos los individuos. En este supuesto concreto podríamos señalar que está en juego la libertad de otras personas de acometer inversiones empresariales en determinados campos de la tecnología que

---

241 Vid. Lemire, J., Sorrentino, A. y Stewart D., (2021). Gideon Falls 6. El fin. Astiberri (Traducción al castellano de Santiago García Fernández).

242 Expresión pronunciada por la Primera Ministra del Reino Unido de Gran Bretaña e Irlanda del Norte en en la revista Women´s Own el 31 de octubre de 1987.

permiten la difusión de contenido, como en su día lo fueron Napster y Grokster, con la evidente y, por otro lado, esencial excepción de que no abonaban ninguna cantidad al titular de los derechos. El hecho de que estos servicios no actuaran en plena conformidad con el ordenamiento jurídico no implica que debamos rechazar su estrategia de explotación de las obras y el nuevo marco de relaciones que planteaban, dado que podría haber sido positivo para el desarrollo del mercado y para garantizar unas relaciones más sanas entre los distintos participantes. Frenar este tipo de actividades supone una mala distribución de recursos escasos, ya que nos impide ver qué estrategias son mejores para el desarrollo del mercado.

Anteriormente, hacíamos referencia a que Locke veía el desperdicio de recursos como la imposibilidad de generar valor añadido, es decir, tener recursos en nuestro patrimonio de forma improductiva[243]. Esta conducta que, como ya señalamos antes no entra dentro de los márgenes razonables del ejercicio. De esta forma, una actuación que prevenga de abusos en el ejercicio de los derechos de propiedad intelectual no restaría libertad a los titulares de derechos.

Debemos ser cuidadosos a la hora de adoptar cualquier tipo de medida que afecte a la libertad de los titulares de definir su estrategia de explotación porque forma parte del contenido esencial del derecho exclusivo de propiedad intelectual[244]. De hecho, en los pocos casos en los que el TJUE ha limitado la libertad de definir la estrategia de negocio de los titulares de derechos de propiedad intelectual, aplicando la normativa

---

243 Vid. Hughes, J. (1988). The philosophy of intellectual property. *Geo. LJ*, 77, pp. 327-328.

244 Vid. Sentencia del Tribunal de Justicia de 5 de octubre de 1988 en el Asunto C-238/87.

de defensa de la competencia, ha sido muy cauto con lo que hacía y con cómo lo hacía, al aplicar el conocido como test de las circunstancias excepcionales[245], lo que denota, de nuevo, una primacía de la libertad de elección basada en los derechos de propiedad y la libre iniciativa empresarial[246] por encima de todo en nuestro sistema. Los órganos jurisdiccionales

245 Vid. Kur, A., Dreier, T., & Luginbuehl, S. (2019). *European intellectual property law: text, cases and materials*. Edward Elgar Publishing, pp. 406 y ss.

246 Vid. Ginsburg, J. C. (2010). European Copyright Code-Back to the First Principles (With Some Additional Detail). *J. Copyright Soc'y USA, 58*, 265; quien argumenta que las nuevas tendencias en el derecho de autor moderno en las que se busca un refuerzo de los derechos de los usuarios y lograr un mayor equilibrio entre los intereses en juego, ponen en riesgo el contenido esencial del derecho de propiedad, algo que no podemos compartir, dado que reducir el ámbito objetivo del derecho exclusivo no implica de forma automática poner en riesgo la existencia del derecho. Los distintos derechos de los ciudadanos deben convivir entre sí y siempre que se cumpla con las exigencias de la proporcionalidad no deberíamos ser tan alarmistas. Así mismo, debemos destacar que las afirmaciones de la autora se basan, de nuevo, en el mantra de que un elevado nivel de protección es necesario para mantener los incentivos a la creación, algo que no ha sido probado e incluso ha sido desmentido en algunas ocasiones. Por ejemplo, Vid. Gowers Review of Intellectual Property, Diciembre de 2006 y Digital Opportunity A Review of Intellectual Property and Growth también conocida como Hargreaves Review, Mayo de 2011. La otra justificación que ofrece la autora tampoco es muy convincente, pues parte de una concepción naturalista del derecho de propiedad, postura que debe ser matizada, dado que, aunque el resultado artístico sea producto de la mente humana, no todos los elementos presentes en la obra han sido creados por su autor, sino que ha tomado como referencia parte del acervo cultural común que se ha ido creando a lo largo de la historia. Por lo tanto, es difícil hablar de un derecho tan omnicomprensivo sobre la explotación de la obra cuando no todo lo que hay en la obra ha sido creado por su autor.

consideran que la asignación de derechos a los creadores y sus cesionarios es prioritaria porque permite un mejor funcionamiento del mercado.

En definitiva, la regulación de los límites debe partir siempre de un respeto absoluto a la libertad de los intermediarios de diseñar la estrategia de comercialización, pero siempre garantizando un equilibrio y incentivando el esfuerzo por adaptarse a las necesidades de los demás participantes del mercado.

2.2. Reducción de los ingresos de los intermediarios tradicionales

El principal motivo de rechazo a una ampliación de los límites remunerados y de los derechos exclusivos de gestión colectiva obligatoria es la posible reducción de los ingresos. La teoría económica afirma que, al introducir competencia en el mercado, el precio se irá reduciendo hasta llegar a un punto cercano al coste marginal. El problema de reducción de ingresos que esto puede ocasionar ya lo hemos tratado brevemente en relación con los autores[247].

En primer lugar, no sabemos a ciencia cierta hasta qué punto los costes de creación son los más importantes dentro de la estructura de costes de las obras. La doctrina económica simplemente ha planteado su existencia, pero cada obra es distinta y hay creaciones que llevan más tiempo y recursos que otras, luego no podemos hacer asunciones cuando carecemos de pruebas empíricas al respecto. En consecuencia, es difícil hacer afirmaciones sobre el perjuicio real que esta apertura del mercado podría suponer para los intermediarios.

---

247 Vid. Capítulo III: TITULARES DE DERECHOS ORIGINARIOS

En segundo lugar, el hecho de que se abra la competencia no implica expresamente que todo aquel que utilice la obra lo vaya a hacer gratis. Si esta fuera la solución, evidentemente, estaríamos ante una desventaja competitiva, creando una situación de desigualdad de la que saldrían peor parados los titulares de derechos. Por el contrario, lo que busca este sistema es potenciar los intercambios en aquellos campos en los que el titular de los derechos no pueda realizar una explotación lo más eficiente posible forzando la conclusión de licencias.

Ante esta propuesta hay quien podría plantear que los derechos de remuneración generalmente cubren poca cantidad respecto a la que se podría obtener mediante la gestión directa y a la que necesitan para sobrevivir. Sobre la primera consideración, existe una profusa jurisprudencia de la Sección Primera de la Comisión de Propiedad Intelectual del Ministerio de Cultura sobre la forma en la que se calculan las tarifas. Como señalábamos con anterioridad al estudiar los problemas sobre la fijación de la remuneración[248], no podemos reducir la cuestión a que los derechos de remuneración no permiten obtener una remuneración suficiente.

Como podemos apreciar, a pesar de que las objeciones que se pueden plantear a una "liberalización" de los derechos de propiedad intelectual son importantes, puesto que afectan al contenido esencial de esta institución jurídica, y no podemos perderlas de vista en ningún momento, debemos ser conscientes de que no es todo blanco o negro. Hemos planteado posibles soluciones intermedias que permitirían solventar estos problemas sin alterar en exceso el funcionamiento del mercado.

---

[248] Vid. Capítulo III.I. ¿QUÉ DEBEN GARANTIZAR LOS DERECHOS DE PROPIEDAD INTELECTUAL A LOS AUTORES?

Por lo tanto, el camino que debemos seguir es potenciar la cultura del esfuerzo en la conducta de los titulares de derechos. El sistema actual no les exige esforzarse tanto como para tener en cuenta que viven en sociedad y como para obligarles a obtener su remuneración mediante la previa satisfacción de las necesidades de los demás. Al contrario, el sistema promueve un aislamiento de los intermediarios gracias a los beneficios de monopolio, que les permiten tomar decisiones al margen de los intereses y preferencias de los demás participantes del mercado. Así, la vía de la reforma de los límites, que nos permite cambiar la asignación de derechos, puede ser el medio más oportuno para modificar los incentivos de estos intermediarios, aunque la forma concreta en la que debemos acometer este cambio la trataremos más adelante.

Capítulo V. Los intermediarios de la sociedad de la información

El participante del mercado que abordamos ahora es bastante reciente en términos históricos, pero supone uno de los grandes retos para la propiedad intelectual, no tanto por la novedad de su actividad, sino por sus modelos de negocio disruptivos y por la necesidad de regular nuevas relaciones jurídicas. Estos intermediarios realizan labores de intermediación técnica y de selección de contenido, una labor para la que la normativa vigente no tenía una respuesta clara.

La primera normativa en la hoy UE que reguló el papel que juegan los intermediarios de la sociedad de la información en nuestra sociedad, la Directiva de Comercio Electrónico, lo hizo pensando en unas labores de intermediación meramente técnicas o Web 1.0 (servicios de mera transmisión, de memoria tampón y de alojamiento de datos; a los que la normativa española añadió los proveedores de enlaces). Sin embargo, con el paso de los años los intermediarios han evolucionado a servicios de agregación de contenido o Web 2.0. Ambas actividades se han terminado fundiendo de tal manera que es difícil distinguir si estamos ante servicios de la Web 1.0 o de la Web 2.0.

Si bien sus labores de intermediación son importantes para el desarrollo legislativo y para la consolidación del mercado único digital, debemos centrarnos en cómo estos servicios informáticos interactúan con la propiedad intelectual. Normalmente, los intermediarios técnicos realizan una labor más o menos aséptica[249] en la que hacen de mero hilo conductor en las relaciones existentes entre oferentes y demandantes. Sin embargo, los nuevos intermediarios de la sociedad de la información aportan un importante valor añadido a la explotación de las obras al permitir abrir nuevas ventanas de explotación que pueden ser interesantes tanto para los titulares derechos de propiedad intelectual como para los consumidores y al establecer un filtro importante, pues seleccionan las obras que van a llegar a los consumidores. Este nuevo modelo de negocio que aparece al albur de las nuevas innovaciones técnicas nace con un vicio de origen: el marco legislativo nunca los había previsto al elaborar la normativa.

---

249 No debemos confundir la asepticidad con la neutralidad. Ningún participante del mercado puede ser calificado como neutral porque los intereses comerciales siempre afectan a su toma de decisiones. En este sentido, todo participante del mercado tiene una visión de cómo deben desarrollarse sus relaciones con los demás, luego toda decisión que tomen procederá de esa visión, que no puede partir sino de un posicionamiento ideológico claro que compromete su neutralidad. Además, debemos tener en cuenta que el propio concepto de neutralidad tecnológica es un oxímoron, puesto que la tecnología, por su propia naturaleza, tiene como fin modificar el desarrollo de las relaciones sociales. Por lo tanto, ninguna tecnología puede ser neutral desde el momento en el que tiene una finalidad transformadora.
Por el contrario, sí que pueden ser asépticos, en el sentido de que las tareas a las que se dediquen sus medios técnicos les puede ser indiferente y, sobre todo, ellos no toman decisiones relevantes en este aspecto. En este sentido, son intermediarios puramente técnicos, dado que no gestionan el contenido o la actividad de terceros que utilizan su tecnología. Esta es la principal diferencia entre los intermediarios de la Web 1.0 y de la Web 2.0.

I. ¿EN QUÉ SE DIFERENCIAN DE LOS INTERMEDIARIOS TRADICIONALES?

La principal diferencia es que los intermediarios de la Web 2.0 realizan una labor de selección de los contenidos que pueden circular por sus servicios. No obstante, la intensidad con la que hacen esta labor no siempre es la misma, por ejemplo, no podemos comparar a un servicio como Spotify o Netflix con otro como YouTube o Facebook. Los primeros organizan un contenido que han seleccionado ellos previamente o, en su caso, los han encargado para exponerlos en su plataforma, mientras que los segundos ponen a disposición de sus usuarios una plataforma para compartir contenidos en línea. No hacen una labor editorial, pero una vez que el contenido está subido lo indexan y lo presentan de forma organizada. Además, en este segundo tipo de servicios, el modelo de negocio es sustancialmente distinto: explotar los datos de sus usuarios[250].

Se trata de un servicio necesario para la sociedad, pues ante una pluralidad de ofertas creativas inabarcables para el consumidor medio, este operador hace una selección. Por ello, debemos buscar un sistema de incentivos que nos garantice que su actuación es leal con el resto de los operadores y tiene en cuenta sus intereses. El funcionamiento del mercado no es en absoluto perfecto y los participantes no siempre van a tomar decisiones plenamente racionales y beneficiosas para su propio interés. Se puede apreciar que hay una tendencia natural a buscar el beneficio propio a toda costa, incluso cuando ello entraña un perjuicio. En este proceso de toma de decisiones,

---

250 Vid. Barrio Andrés, M. (2022). Modelos de negocio basados en datos, publicidad programática, inteligencia artificial y regulación: algunas reflexiones. *IDP. Revista de Internet, Derecho y Política*, (36), 1-13.

los distintos operadores, aunque busquen su propio beneficio, se pueden equivocar o pueden verse condicionados por el resto de los operadores con una posición de poder[251].

Por lo tanto, para valorar el impacto de una posible reforma, primero debemos conocer cómo se configura la asignación de derechos en el marco de estas nuevas relaciones de los intermediarios de la sociedad de la información con los demás participantes del mercado, centrándonos en los conflictos sobre su labor editorial. Así, debemos estudiar qué posibilidades tienen los titulares para exigirles responsabilidad y, a sensu contrario, qué espacios de libertad se concede a los intermediarios para realizar su actividad sin injerencias de los titulares.

El principal problema con el que todavía tienen que lidiar el legislador y los órganos jurisdiccionales está en que, en ocasiones, las tareas editoriales se realizan utilizando algoritmos, lo que dificulta la aplicación del sistema de responsabilidad de intermediarios del puerto seguro, que poco a poco está desapareciendo para este sector del mercado.

Esta forma de afrontar la regulación del mundo digital tiene su razón de ser en dos pilares fundamentales, íntimamente relacionados, sobre los que la Unión Europea parece que quie-

---

251 Vid. Decisión de la Comisión Europea de 18 de julio de 2019 relativa al procedimiento del Artículo 102 del Tratado de Funcionamiento de la Unión Europea y al Artículo 54 del Acuerdo sobre el Área Económica Europea en el Asunto AT.40099 contra Google Android de 18 de julio de 2018, confirmada mediante la Sentencia del Tribunal General de la Unión Europea en el Asunto T-604/18 Google y Alphabet c. Comisión "Google Android" en el que se sancionó a Google por abuso de posición dominante de exclusión, impidiendo que otros servicios informáticos de consumidores pudieran entrar al mercado.

re construir su modelo de regulación de la red: el humanismo o individualismo y la neutralidad tecnológica.

El primer pilar es el humanismo individualista, un elemento ideológico muy propio de la Unión Europea, pues los Estados Liberales que la conforman se construyen sobre la idea del individuo y no entienden otra forma de atribuir responsabilidad. Así, es difícilmente concebible atribuir responsabilidad a un individuo por la actividad de un instrumento técnico, aunque lo haya diseñado él. El principal problema que plantea este tipo de esquemas de responsabilidad es que crean incentivos a esconderse tras el algoritmo. Por lo tanto, si bien modificar este sistema de atribución de responsabilidad es una cuestión de poco interés porque no ha perdido utilidad, sí lo es buscar medidas para que los intermediarios de la sociedad de la información no se escondan detrás del algoritmo. En definitiva, el humanismo que caracteriza la actuación del sector público es una actitud con un claro componente histórico y que busca ensalzar al individuo como elemento estructural de la sociedad, pero este sistema ha perdido vigencia como consecuencia del desarrollo tecnológico. Las tendencias actuales nos alejan del humanismo individualista y nos arrastran a una nueva era donde el eje del poder está en los dueños de la tecnología[252].

El legislador debiera empezar a plantearse escenarios alternativos y plantear reformas que incentivaran a los participantes

---

[252] Cabría pensar que nos acercamos a la distopía tecnológica que plantea José María Lassalle (Vid. Lassalle Ruiz, J. M. (2019, June). Ciberleviatán. Arpa), donde las grandes industrias tecnológicas están tratando de ocupar el puesto que antes habíamos asignado al sector público y monopolizar la toma de decisiones sobre el funcionamiento de la sociedad huyendo de las formas democráticas, más o menos imperfectas, que hemos construido a lo largo de la historia.

del mercado a asumir este humanismo, de tal forma que el sector público marque el camino sobre el que debe construirse el futuro del mundo digital.

El segundo pilar sobre el que la Unión Europea quiere construir el mundo digital es la neutralidad tecnológica. En primer lugar, en el plano del deber ser nos encontramos con las obligaciones que les queremos imponer a los intermediarios de la sociedad de la información en relación con su supuesta, aunque imposible, neutralidad tecnológica, así como las facultades que damos a las autoridades legislativas y ejecutivas en relación con el control de estas tecnologías[253]. En resumen, en el plano del deber ser nos encontramos con la estrategia de asignación de derechos.

En segundo lugar, al analizar el plano del ser tenemos que estudiar si, efectivamente, las tecnologías que salen al mercado son neutrales. Toda innovación tecnológica está controlada por un ente privado que quiere participar en el mercado, luego va a luchar dentro de sus posibilidades por influir en su funcionamiento para que la estructura le beneficie. Por lo tanto, su actuación nunca será neutral. Esta es una realidad que no podemos obviar porque está anudada a los principios más básicos de los sistemas liberales. Cuando se asignan derechos de propiedad sobre un objeto, debemos asumir que los titulares ejercerán su

---

253 En este sentido, debemos recordar que la actividad de cualquier participante del mercado está fuertemente marcada por el contexto económico en el que se tiene que mover. No podemos esperar que un operador económico esté aislado y, en consecuencia, no tenga en cuenta las decisiones de los demás. Además, tampoco podemos perder de vista que en la naturaleza de la actividad de estos intermediarios de la sociedad de la información está la selección de contenido, luego tampoco podemos utilizar el concepto de asepticidad que planteábamos anteriormente.

voluntad sobre estos medios técnicos. Por lo tanto, es necesario encontrar la forma de modificar las estructuras del mercado, de tal modo que los operadores tengan incentivos para que dicha gestión sea lo más favorable a los intereses del conjunto de la sociedad y no exclusivamente a los suyos propios.

En definitiva, si nuestro sistema permite derivar responsabilidad por acciones u omisiones solamente cuando son cometidas por un humano y partimos de que la tecnología se diseña de una forma neutral, es complicado poder controlar ciertas derivas del mundo digital. Consciente de estas dificultades, el Tribunal de Justicia de la Unión Europea, con la estrecha colaboración de los órganos jurisdiccionales nacionales, ha tomado cartas en el asunto interpretando estas normas de una forma más flexible para encontrar acciones u omisiones humanas que sirvieran de base de la responsabilidad de los intermediarios en aras a conseguir una tutela más fuerte de los titulares de derechos. Así, ha considerado que, pese a que en la actividad intervienen elementos técnicos, existen determinadas labores humanas de las que se puede derivar responsabilidad. No obstante, nunca ha llegado a considerar que el hecho de que el algoritmo haya sido diseñado por un humano es base suficiente para atribuir responsabilidad a su creador, asumiendo que dicho algoritmo actúa de forma autónoma y sin que nadie tenga por qué conocer sus decisiones.

II. EL PAPEL DE LOS INTERMEDIARIOS DE LA SOCIEDAD DE LA INFORMACIÓN EN LA TRANSFORMACIÓN DEL MERCADO

Los cambios respecto a la labor que hacían los intermediarios tradicionales son evidentes, pero debemos ahondar en la estrategia de estos nuevos usuarios profesionales, consistente en indexar la información disponible en la red de tal forma que los usuarios no tengan que perder el tiempo buscando entre la maraña de contenidos que terceros ponían a su disposición. Dentro de este catálogo encontramos servicios tan habituales como son las redes sociales (Twitter, Facebook, Instagram, TikTok, etc.), otros servicios de agregación de contenido de terceros muy extendidos en la sociedad (YouTube, Vimeo, etc.), servicios de puesta a disposición de contenido propio o de terceros (Netflix, HBO, Spotify, Apple Music[254], etc.) y otros servicios quizás más profanos por su calificación como servicios "piratas", algunos ya cerrados (series.ly, seriesdanko.to o pordede) y otros que siguen operando en la actualidad (seriescube.pw, palomitacas.com o megadede.in). En definitiva, volvemos a los dos bloques que hemos planteado al comienzo de este capítulo: los que se dedican a distribuir contenido y los que dan un espacio a sus usuarios para que compartan contenidos. La voluntad detrás de este segundo grupo de intermediarios realmente nunca la llegaremos a conocer. La versión oficial era que tenían un ánimo disruptivo y querían romper el mercado tradicional de la propiedad intelectual. No en vano, el nombre popular que se les dio era el de "piratería", un nombre cargado de épica y, en ocasiones, de maldad sin mayor pretensión que cometer fechorías. Querían quebrar los equilibrios de fuerza por el mero hecho de hacerlo, no había otra intención[255].

---

254 Tanto Spotify como Apple Music han comenzado a producir contenido propio, por ejemplo, en forma de Podcasts y la creación de listas de reproducción basadas en el material subido por terceros, lo que supone un grado de interacción con el contenido que va más allá de la mera intermediación técnica, incluso cuando está basada en la utilización de algoritmos. Por este motivo, tienen una naturaleza jurídica mixta, dado que indexan u organizan el contenido ajeno y producen contenido propio.

255 Vid. Patry, W. (2009). *Moral panics and the copyright wars.* Oxford University Press y Baldwin, P. (2014). The copyright wars. In *The Copyright Wars.* Princeton University Press.

No obstante, uno de los mayores exponentes de estos nuevos modelos de negocio en el sector audiovisual en España fue series.ly, una plataforma de puesta a disposición de enlaces que cesó su actividad en el año 2014 como consecuencia de la reforma del Artículo 138 de la Ley de Propiedad Intelectual que entraría en vigor el 1 de enero de 2015. Este precepto actualizó la asignación de derechos a los autores e incluyó la posibilidad de dirigir las acciones de cesación y la reclamación de responsabilidad extracontractual a las personas que gestionaran las páginas de enlaces, incluso cuando ellos no fueran quienes realizaran los actos de puesta a disposición que infringían sus derechos. De esta forma, se incluyó la responsabilidad indirecta de los intermediarios de la sociedad de la información en su nuevo párrafo segundo[256], decisión que también vino motivada por el efecto de prevención especial del derecho penal con la

---

256 Este nuevo párrafo del Artículo 138 de la LPI podríamos atribuirlo a la Sentencia de la Audiencia Provincial de Madrid, Sección 28ª, Núm. 103/2014, de 31 de marzo, pronunciamiento que incluyó el siguiente "recado" para el legislador:
"*Sin una previsión legal que tipifique el alcance de la cooperación necesaria o de la complicidad en esta materia, lo que depende de un designio del poder legislativo (y no puede ser suplido en nuestro ordenamiento jurídico por la mera opinión del judicial, que no es el encargado de marcar la política legislativa), resulta complicado que pueda encontrarse un soporte jurídico suficientemente sólido (no constituyen tal, dado su carácter específico y su incidencia colateral, las normas citadas por la actora a las que nos hemos referido en el párrafo segundo del presente fundamento jurídico) para que el juez pueda condenar por infracción indirecta en este ámbito. En la medida en que una imputación de ese tipo implicaría bien adelantar las posibilidades de defensa del titular para dotarle de una protección más eficaz o bien imputar la comisión de la vulneración del derecho a alguien diferente del propio autor material de la misma, haría falta un soporte legal para poder fundar una condena por tales motivos que el juez español no tiene a su alcance porque el legislador no ha dado el paso de tipificar como infractora tal contingencia.*"

detención de los administradores de las páginas web *seriespepito* y *peliculaspepito*[257]. En este sentido, en un comunicado hecho público en el momento en el que retiraron todos los enlaces de su plataforma, indicaron que su objetivo era modernizar el mercado de la distribución de productos audiovisuales. De hecho, en una entrevista a la página web Genbeta, dedicada a la actualidad de, entre otras materias, el mundo de internet y los servicios web, los responsables de Series.ly declararon que:

> *"Nuestra actividad ha sido legal desde el primer día y así seguirá siéndolo.* ***La única misión de series.ly es la de aportar soluciones al mercado de la distribución de contenidos online mediante la innovación*** *y seguiremos trabajando en este sentido."*[258] (énfasis propio).

Podemos tomarnos estas declaraciones todo lo en serio que queramos, dado que esta plataforma no desarrollaba esta actividad de forma puramente caritativa, como tampoco lo hacían los administradores de *seriespepito* y *películaspepito* y muchos otros que escogieron modelos de negocio parecidos. Existía un evidente ánimo de lucro que partía de aprovechar económicamente el trabajo de otras personas mientras se escudaban en que ellos no creaban los enlaces ni eran los titulares de las copias digitales que se estaban poniendo a disposición del público, sino que actuaban como una red social.

Pese a que ellos no pudieron continuar desarrollando su modelo de negocio, sembraron una semilla en los consumidores y provocaron importantes cambios en la forma en la que se orga-

257 https://elpais.com/politica/2014/12/03/actualidad/1417613664_895317.html (consultado por última vez el 21 de marzo de 2022).

258 https://www.genbeta.com/actualidad/series-ly-nuestra-actividad-ha-sido-legal-desde-el-primer-dia-y-asi-seguira-siendolo (consultado por última vez el 21 de marzo de 2022).

nizaba la industria. De esta forma, nacieron nuevos servicios técnicos[259] (en el caso del sector audiovisual Netflix, el actual HBO Max, Amazon Prime Video, Apple TV, Disney +, Movistar +, AtresPlayer Premium, etc.) que permitían a los consumidores ver las obras en el momento y en el lugar que quisieran, sin tener que depender de una parrilla de contenidos previamente determinada por otro operador del mercado. Esta fue la reacción del mercado frente a los servicios no autorizados que estaban atrayendo a tantos consumidores, abonar una remuneración en forma de licencia por la explotación de las obras a las que estaban dando acceso. De esta forma, incorporaron los modelos de negocio otrora ilícitos por la falta de autorización de los titulares de derechos, pero notablemente atractivos para los consumidores.

La forma en la que se ha afrontado la aparición de estos usuarios profesionales no ha favorecido especialmente la interdependencia, sino que se ha buscado mantener un esquema de

---

259 En el caso del sector audiovisual podemos destacar las siguientes plataformas: Netflix, el actual HBO Max, Amazon Prime Video, Apple TV, Disney +, Movistar +, AtresPlayer Premium, etc.; mientras que en el sector de la música podemos acudir a Spotify, Apple Music, Amazon Prime Music, Deezer, YouTube Music, etc. Sin embargo, en el sector literario no contamos con plataformas de este tipo, dado que la industria sigue muy anclada a la explotación en papel. La única plataforma similar es Kindle, pero sigue un modelo de negocio distinto, dado que el consumidor no paga una suscripción mensual o anual con la que puede acceder a todo el fondo bibliográfico, sino que tiene que pagar por cada contenido que quiere visualizar. Sí existen proyectos que se asimilan más a las plataformas de distribución de contenido mediante suscripción de los mercados musical y audiovisual, aunque no terminan de cuajar en Europa. Así, existe una plataforma llamada Bookmate, una plataforma nacida en México, o Storytel, que además de libros permite acceder a podcasts y audiolibros.

dominancia sobre el resto, lo que nos debe hacer reflexionar sobre la posibilidad de encontrar otro modelo de relaciones alternativo[260]. De hecho, el poder de los usuarios profesionales ha llegado a tal punto que tienen capacidad de dominar al resto de participantes del mercado. Desde el momento en el que los esquemas de conducta son los mismos, circunstancia que no debe extrañarnos, por muy novedosa que sea su actividad, el funcionamiento del mercado va a tener los mismos defectos. El libre desarrollo de los intermediarios de la sociedad de la información se terminará haciendo, en parte, a costa de una menor cuota en el reparto del valor añadido generado con las transacciones para los demás participantes del mercado.

De esta forma, con el paso del tiempo, de triunfar los intermediarios de la sociedad de la información en esta batalla por el poder, volveremos a la casilla de salida al haber adquirido la posición que antes ocupaban los intermediarios tradicionales, con toda la problemática asociada a ello[261]. Esto es consecuencia de que los incentivos existentes no son suficientes para forzarles a proceder de forma leal para con el resto de los participantes en el mercado.

No obstante, es necesario poner de manifiesto una importante diferencia en las características de estos intermediarios de la sociedad de la información, pues no actúan como cesionarios de los derechos de los autores, sino como meros comercializadores que no tienen capacidad para diseñar la estrategia de explota-

---

260 En este sentido, Vid. Sganga, C. (2018). *Propertizing European Copyright: History, Challenges and Opportunities.* Edward Elgar Publishing, pp. 32-33, autora que plantea que estos marcos de actuación parecen tener un elemento idiosincrático que parte del origen de los derechos de autor y de su carácter liberador. Así, se entiende la concesión de derechos de propiedad como una suerte de revancha contra todos los sujetos que limitaron las libertades.

261 Vid. Capítulo IV. LOS INTERMEDIARIOS TRADICIONALES.

ción de las obras. Sin embargo, sí tienen capacidad para condicionar la actividad de los demás participantes del mercado.

III. LA CONSOLIDACIÓN DE SU PODER EN EL MERCADO EN LA LEGISLACIÓN VIGENTE

La posición de poder que tienen estos usuarios profesionales viene por su gran capacidad de controlar el mercado, dado que tienen una posición transversal que les permite abarcar una gran variedad de servicios digitales. De hecho, sus ingresos provienen del tráfico de datos y de información de sus usuarios. El modelo de explotación de los intermediarios de la sociedad de la información no se basa en la creación de escasez artificial, sino en generar tráfico de información. Por ello, la existencia de unos límites más flexibles no es una amenaza para su supervivencia, ya que pueden verlo como una ventaja para afianzar y reforzar su modelo de negocio.

En este sentido, durante la tramitación en el Parlamento Europeo de la Directiva 2019/790 pudimos ver que uno de los grandes representantes de los intermediarios de la sociedad de la información y del poder en el mundo digital como es Alphabet, Inc. (la sociedad matriz que aglutina los servicios de Google) inició una gran campaña en contra del entonces Artículo 15 de la propuesta de Directiva (actual Artículo 17) a través de todas sus redes sociales, siendo muy visible en su servicio de publicidad de YouTube. Este precepto sí ponía en peligro su modelo de negocio al introducir más rigidez en el mercado mediante derechos de autor basados en un modelo propietario, obligándoles bien a negociar una licencia, bien a establecer un sistema de control[262]. Este apartado de la refor-

---

262 Aquí podemos ver la ironía, que no es en absoluto exclusiva de estos operadores, dado que ven con buenos ojos que la normativa obligue

ma pretendía imponer el modelo de escasez artificial frente al modelo de mayor volumen de tráfico de los intermediarios de la sociedad de la información, encontrándonos, otra vez, ante una nueva etapa en las constantes luchas de poder entre operadores. No obstante, el hecho de que sean favorables a una mayor flexibilidad del sistema de límites porque fomenta su modelo de negocio, no supone que vayan a ser neutrales ante una posible reforma, sino que van a buscar que se afiance un sistema que les permita consolidarse como un actor poderoso.

De esta forma, al diseñar una nueva normativa que busque un mayor equilibrio es esencial tener presente qué modelos se están contraponiendo y promover un cambio en los modelos de conducta mediante la interdependencia. No es conveniente perder de vista que un mercado en el que un grupo de operadores predomina sobre los demás es igual de malo con independencia de que sean los autores, los intermediarios tradicionales, los intermediarios de la sociedad de la información o cualquiera que pueda venir en el futuro.

Una estructura del mercado mal diseñada puede llevar a una dominancia excesiva de este grupo de participantes, que tienen el objetivo de transformar el funcionamiento del mercado para contrarrestar el modelo de explotación exclusiva de derechos de autor para transitar hacia un sistema de acceso abierto donde todo el mundo pueda acceder a todos los contenidos y donde sean ellos los que tengan el control. Evidentemente, estamos ante un asunto notablemente conflictivo porque los operadores preexistentes no van a aceptar tan fácilmente un cambio tan radical en la estructura del mercado

---

a cambiar la conducta de los demás usuarios, pero no la suya propia. De nuevo, estamos ante una prueba más de que estos operadores nunca han sido neutrales, sino que buscan su propio beneficio y para ello condicionan la conducta de los demás.

por dos motivos principales. Todos los operadores del mercado tienen un carácter conservador. Han creado un modelo de negocio que satisface sus intereses y si pueden evitarlo van a intentar mantenerlo intacto para obviar los costes de transformación y la incertidumbre asociada a cualquier cambio.

Este cambio no debe ser calificado automáticamente como perjudicial, pero sí debemos ser conscientes de que estamos atribuyendo a estos usuarios profesionales un poder sobre nuestras vidas muy relevante cuando son entidades privadas que solamente actúan conforme a su propio interés. Únicamente cuentan con los contratos firmados de cestión, normalmente contrato de adhesión, que presentan unas limitaciones significativas para que los ciudadanos negocien su contenido.

Lo ideal sería que el legislador asignara derechos en origen de una forma más clara y equilibrada, como efectivamente hizo en las relaciones entre los titulares de derechos y los consumidores. De esta manera, podríamos estudiar si la asignación es efectiva y permite una gestión eficiente de los recursos escasos, algo sobre lo que ya hemos manifestado notables dudas. Sin embargo, lo que está claro es que esta asignación de derechos nos facilitaría tener un horizonte de estabilidad y seguridad jurídica, pero siempre respetando un equilibrio.

Sin embargo, la inacción del legislador nos ha dejado en un equilibrio inestable que provoca conflictos, jurídicos[263] y sociales, pues ha desembocado en un sector de creadores muy desigual que se ve en la necesidad de luchar contra la industria,

---

263 La integración de los intermediarios de la sociedad de la información en nuestro ordenamiento jurídico está siendo uno de los grandes focos de acción jurisprudencial en el Tribunal de Justicia de la Unión Europea, así como en los órganos jurisdiccionales nacionales.

cuando en realidad debería estar colaborando con ella. Precisamente para evitar esta lucha es conveniente que tengamos una normativa clara que asigne derechos y que esta asignación sea efectiva para que, con posterioridad, se puedan desarrollar intercambios satisfactorios para ambas partes que resulten en un reparto equitativo de la riqueza. Por lo tanto, la normativa debe determinar qué función cumplen los intermediarios de la sociedad de la información y qué derechos deben tener para ello, especialmente en lo relativo a la supervisión y al filtro sobre los contenidos que ponen a disposición de los consumidores con sus redes. De lo contrario, nos vemos abocados a la situación que tenemos actualmente donde, ante la falta de una asignación derechos clara, existen numerosos conflictos sobre la aplicación de las normas.

Ante esta inacción legislativa, fue el Tribunal de Justicia de la Unión Europea quien tuvo que sentar las bases de este sistema de asignación de derechos con la STJUE GS Media o PlayBoy[264]. Este pronunciamiento supuso un gran cambio en la forma en la que se afrontaba esta nueva actividad, pero tuvo que hacerlo a través de la política del puerto seguro que había instaurado la DCE. En este sentido, los intermediarios de la sociedad de la informa-

---

264 Vid. Evangelio Llorca, R. (2017). Incidencia de la jurisprudencia del TJUE en la legitimación pasiva de los proveedores de enlaces a los efectos de la ley española de propiedad intelectual. *Incidencia de la jurisprudencia del tjue en la legitimación pasiva de los proveedores de enlaces a los efectos de la ley española de propiedad intelectual*, 101-163. La autora se remonta a la Sentencia del TJUE de 13 de febrero de 2014, en el Asunto C-466/12, Svensson. Esta resolución es la base sobre la que se ha construido esta doctrina, pero sus resoluciones sobre intermediarios de la sociedad de la información en el sentido que los estamos tratando en este estudio comenzó con la Sentencia del TJUE de 8 de septiembre de 2016, en el Asunto C-160/15, GS Media.

ción, para ser liberados de responsabilidad por las infracciones que cometieran sus usuarios, no debían haber interactuado con el contenido más que de forma estrictamente técnica. Esta fue una reacción lógica frente a una normativa insatisfactoria que se estaba aplicando a unos usuarios de las obras que no estaban correctamente regulados. Esta jurisprudencia se fue consolidando en otros supuestos como Filmspeler o The Pirate Bay.

Finalmente, el legislador comunitario ha recogido el guante dejado por el TJUE con los nuevos Reglamentos de Servicios Digitales y de Mercados Digitales. Aquí el legislador por fin deja atrás la política del puerto seguro para unos servicios digitales a los que nunca se debió aplicar[265]. Además, entra más a fondo en la regulación del mercado y en la asignación de derechos estableciendo obligaciones de conducta a los intermediarios de la sociedad de la información que se encuentren en una posición de poder (*gatekeepers*)[266]. No obstante, queda tiempo para ver si esta normativa es efectiva a la hora de luchar contra posiciones de poder perjudiciales para el funcionamiento del mercado.

---

265 Vid. Peguera Poch, M. (2018). La exoneración de responsabilidad por infracción directa en la Directiva de derechos de autor en el mercado único digital. *Actas de derecho industrial y derecho de autor*, (39), 229-249.

266 Vid. Fernández García de la Yedra, A. (2021). Ley de servicios digitales: Nuevas obligaciones en torno a la responsabilidad de las plataformas electrónicas de intermediación. In *Desafíos del regulador mercantil en materia de contratación y competencia empresarial* (pp. 213-224). Marcial Pons. La autora no habla específicamente de asignación de derechos, pero el establecimiento de un régimen de responsabilidad más claro para los *gatekeepers* supone una asignación efectiva de derechos en sus relaciones con los titulares de derechos, ya sean a título originario o derivativo, y con los consumidores finales.

IV. UNA REFORMA DE LOS LÍMITES PARA LUCHAR CONTRA LOS DESEQUILIBRIOS DE MERCADO

Seguidamente debemos analizar si un diseño más flexible de los límites puede servir como herramienta efectiva para que la asignación de derechos realizada controle suficientemente el poder de estos intermediarios para un mejor funcionamiento del mercado de la propiedad intelectual. Este objetivo no es fácil de conseguir, pues los intermediarios de la sociedad de la información desarrollan su actividad en el gran grupo que podríamos denominar los mercados digitales. Por ello, limitar el análisis de su actividad exclusivamente al mercado de la propiedad intelectual podría parecer reduccionista. No obstante, es necesario hacer dos análisis distintos. Por un lado, uno que tenga en cuenta el poder que tienen y cómo afecta globalmente a la sociedad y, por otro, análisis parciales de los distintos mercados individuales en los que participan para ver cómo afecta su presencia a la estructura de ese mercado concreto y qué reformas podrían plantearse como consecuencia de esta alteración de elementos. Como esta monografía solamente pretende abarcar las reformas necesarias en el mercado de la propiedad intelectual, nos vamos a centrar en el segundo análisis propuesto con un gran énfasis en la flexibilidad. Una flexibilidad que permita un mejor funcionamiento del mercado gracias a la efectiva asignación de derechos.

Precisamente por este motivo, no podemos mantener la situación vigente, pues la estructura actual del mercado favorece un reparto desequilibrado del poder. La herramienta más adecuada para conseguir el tan deseado equilibrio son los límites asociados a derechos de simple remuneración y los derechos exclusivos de gestión colectiva obligatoria. De esta forma, será más sencillo establecer relaciones de colaboración entre las partes que resulte en un retorno adecuado fijado mediante tarifas de las entidades de gestión colectiva. Así mismo, esto permite que haya estrategias de explotación competidoras que puedan llegar a forzar cambios en los distintos participantes del mercado.

Ahora bien, esta reforma supondría un choque bastante importante con los modelos de negocio actualmente implantados. El propio nombre que hemos atribuido a esta categoría de intermediarios ya nos da una cierta idea de las funciones que asumen. Su modelo de negocio se basa en hacer una intermediación entre ofertas y demandas con mayor o menor intervención en la selección del contenido. Es cierto que a estos intermediarios les podría favorecer un derecho de autor más flexible, pero podrían ser los únicos. La forma en la que se ha desarrollado el mercado hasta ahora ha creado tendencias de comportamiento bastante asentadas. Los consumidores se han acostumbrado a un tipo de servicio al que no van a renunciar, de tal forma que quieren poder acceder a multitud de obras de distinto tipo en una misma plataforma, que era lo que permitían los servicios de agregación de contenido del tipo de series.ly y similares.

Hasta cierto punto, el mercado ha dado solución a estos problemas, ya que el número de plataformas que había hace unos años era reducida, pero ahora no para de crecer y el modelo podría llegar a morir de éxito. Este fenómeno puede estar teniendo un efecto contrario al que se pretendía conseguir con la aparición de las plataformas: una nueva fragmentación del mercado que no satisface plenamente a los consumidores. Es cierto que, en el caso de las plataformas de contenido audiovisual, cada vez podemos ver más títulos comunes entre ellas, aunque suelen ser contenidos antiguos que fueron puestos a disposición del público por primera vez en otros formatos de explotación y ahora están disponibles en estas plataformas Over The Top (OTT, en adelante).

En el mercado musical la unidad de contenidos es más habitual, el consumidor puede disfrutar de los mismos contenidos en las distintas plataformas disponibles. Pese a ello no hemos visto un repunte en las cifras de accesos ilícitos a las obras, al contrario, las cifras han disminuido notablemente en los últimos años. Según los datos ofrecidos por el Observatorio de Piratería y Hábitos de Consumo Digital en su informe del año 2021, entre 2020 y 2021 se ha producido una reducción del 8%, lo que supone, además, una caída del 21% desde 2018. No obstante, los operadores del sector siguen considerando que en España tenemos unas cifras excesivamente elevadas que requieren de medidas adicionales.

El informe del Observatorio de Piratería y Hábitos de Consumo Digital de 2020 incluye unos datos muy relevantes, que pone de manifiesto un incremento del número de usuarios que utilizan las redes sociales, que no dejan de ser intermediarios de la sociedad de la información, para acceder a estos contenidos que no cuentan con el beneplácito de los titulares de derechos para su explotación, hemos pasado de un 23% de los usuarios a un 27%, lo que supone un incremento del 17,4%. Esto quiere decir que las redes sociales son cada vez más el lugar donde los usuarios acceden al contenido puesto a disposición del público de forma ilícita y van a ser cada vez más en el futuro. Dentro de la mala noticia que es que los usuarios utilicen canales no regulados para acceder al contenido, el hecho de que se empiece a concentrar en las redes sociales de uso habitual es un dato positivo de cara a ofrecer soluciones, dado que al tener unas características más o menos homogéneas podemos obtener conclusiones claras sobre las necesidades de los consumidores, las carencias de los canales tradicionales y las medias que podemos adoptar para que la transición sea más pacífica.

Debemos ser conscientes de que los hábitos de consumo de los usuarios están cambiando, cada vez se busca más interactuar con contenidos. El consumidor parece querer evitar la burocracia privada y busca un entorno más sencillo en el que poder desarrollar su voluntad sin mayores complicaciones. Este planteamiento, de nuevo, no es del todo conforme con la idea que queremos trasladar en este estudio al estar ante la implantación del individualismo en los consumidores, que no quieren preocuparse de las necesidades de los demás participantes del mercado al que acuden.

No es una situación nueva, pero la diferencia es que antes no podían conseguirlo tan fácilmente porque los intermediarios tradicionales lo impedían, mientras que ahora los intermediarios de la sociedad de la información les dan esta posibilidad. No obstante, debemos afrontarlo de una forma realista y pragmática, dado que una vez que los consumidores han tenido acceso a este tipo de servicios, no van a renunciar a ellos tan fácilmente. Por lo tanto, debemos diseñar la estructura del mercado de tal manera que los derechos asignados a los usuarios y de forma mediata a los intermediarios de la sociedad de la información mediante la asignación de derechos, sea justa y efectiva para el funcionamiento del mercado.

Siendo conscientes de esta situación, para conseguir un marco jurídico más equilibrado, primero debemos modular la capacidad de decisión sobre las estrategias de explotación que tienen los titulares de derechos, para fomentar la interdependencia. Los modelos de explotación no pueden diseñarse solamente en beneficio de una de las partes, sino que deben tenerse en cuenta a todos los participantes del mercado que intervienen en la creación de valor.

Evidentemente esto supone un cambio en la forma en la que se ha planteado el sistema de propiedad intelectual. No podemos olvidar que, en varias ocasiones, el TJUE ha recogido en sus pronunciamientos que la facultad de escoger a las personas a las que se licencian los derechos forma parte del contenido mínimo del derecho de autor[267]. Por lo tanto, estamos dando un salto im-

---

267 En este sentido, Vid. entre otras, STJUE de 5 de octubre de 1988 en el Asunto C-238/87, AB Volvo c. Erik Veng (UK) Ltd. ECLI:EU:C:1988:477.

portante al moderar la posibilidad de que los titulares de derechos seleccionen de forma previa quienes pueden llevar a cabo actos de explotación de sus obras protegidas. Ello no les impide diseñar su estrategia de explotación, pero esta no será la única.

Sin embargo, esta modificación no debería extenderse de forma generalizada a cualquier mercado en el que se comercie con obras protegidas o en el que estas tengan alguna representación. Este cambio obedece a una variación en el entorno digital. El mundo digital carece de unas características que el mundo físico sí proporciona, siendo la más importante la capacidad de tener la posesión inmediata de los objetos.

Tradicionalmente, se suele alegar que los derechos de propiedad son la garantía esencial de la libertad de los individuos frente a los abusos de poder que puedan ejercer terceras personas. No en vano, John Locke construyó su teoría sobre la libertad del individuo y su articulación en la colectividad partiendo de que cada persona tiene derecho de propiedad sobre su propia persona, sobre su conciencia y, por lo tanto, sobre cualquier producto de su actividad física o mental. Si bien el derecho de propiedad es la categoría jurídica que nos permite articular esta teoría, la verdadera garantía práctica de la libertad no es el derecho de propiedad por sí solo, sino la posesión. Una persona

---

En especial hay que apreciar lo dispuesto en sui párrafo 8:
"8. Hay que destacar a continuación que la facultad del titular de un modelo protegido de impedir a terceros fabricar y vender o importar, sin su consentimiento, productos que incorporen dicho modelo constituye el contenido mismo de su derecho exclusivo. Por tanto, una obligación impuesta al titular del modelo protegido de conceder a terceros una licencia para suministrar productos que incorporen el modelo protegido, incluso a cambio de una compensación económica razonable, supondría privar a dicho titular del contenido de su derecho exclusivo, y la negativa a conceder tal licencia no constituye en sí misma un abuso de posición dominante."

tiene libertad de conciencia o de pensamiento porque solamente ella tiene la capacidad de controlar lo que sucede con ella y lo mismo ocurre con su libertad de actuación física, solamente ella puede determinar las tareas que quiere realizar. En este sentido, cuando uno interactúa con los objetos de su entorno tiene libertad en la medida en la que el individuo puede determinar qué quiere hacer con ellos, cómo los quiere manipular, explotar económicamente, etc. Para ello debe tener, previamente, un derecho de propiedad, pero la verdadera garantía de que va a poder hacerlo es que tiene una posesión inmediata del objeto.

Esta es una cualidad que solamente puede existir en el mundo material, donde los individuos tienen un contacto directo con los objetos que les rodean. Por el contrario, en el mundo digital, la posesión inmediata de los objetos que lo conforman es imposible. Para ejercer las facultades dominicales necesitamos de la ayuda de unos nuevos operadores del mercado, los que hemos decidido llamar intermediarios de la sociedad de la información, que son los que custodian los archivos digitales y los que nos dan herramientas para acceder a ellos.

De esta forma, debemos ser conscientes que desde el momento en el que pasamos de modelos de explotación basados en la utilización de objetos físicos a nuevos modelos de explotación digital, perdemos el control directo sobre la explotación de las obras. Quizás este escenario ya nos suene, dado que la inmaterialidad y la falta de posesión son escenarios que ya hemos tenido que tratar como consecuencia de la existencia de los derechos de propiedad intelectual.

V. LA NECESIDAD DE SUS SERVICIOS

Teniendo en cuenta la función que tienen estos usuarios profesionales, podríamos pensar que estos intermediarios deberían cumplir una función puramente neutral, consistente exclusivamente en satisfacer las necesidades que les planteen los titulares de derechos y sus usuarios finales. No obstante, estaríamos proponiendo un escenario completamente irreal porque tienen su propio interés. No podemos pretender que el mercado se organice exclusivamente pensando en los intereses de los titulares de derechos o de cualquier otro participante[268], sino que tenemos que buscar un cierto equilibrio entre los intereses de todas las partes implicadas. Todos los participantes deben ser conscientes de que coexisten con otros y de que esa coexistencia requiere de su colaboración mutua.

Así mismo, debemos entender la estructura del mercado. Actualmente, existen unos intermediarios de la sociedad de la información que se encuentran en una posición de superdominancia del mercado (empresas como Alphabet o Meta controlan una gran proporción de los servicios en línea que están a disposición de los usuarios), operadores que están en disposición de controlar el funcionamiento del mercado.

---

268 En los últimos años la normativa de la Unión Europea ha caído en un "consumerismo" bastante radical, de tal forma que parece que el mercado debe girar a su alrededor. En este sentido, también es importante que éstos tengan en cuenta las necesidades de los demás y se adapten, dado que, de lo contrario, caeríamos en la dictadura de los consumidores, que es tan perjudicial como la de los creadores o de la de cualquiera de los intermediarios. En este sentido, Vid. Delgado Sáez, J. (2022). "La transposición de la Directiva (UE) 2019/771 al ordenamiento jurídico español: falta de conformidad, remedios y plazos". *Actualidad jurídica iberoamericana*, (16), 854-873, donde la autora pone de manifiesto el insistente empeño de la Unión Europea por proteger a los consumidores, aunque en algunos casos podríamos llegar sustituir el término por "sobreproteger".

No estamos ante un escenario claro de aplicación del derecho de la competencia en el campo de la explotación de los derechos de autor, pero ello nos debe hacer reflexionar sobre la forma en la que el sector público ha gestionado el tamaño de los operadores económicos y su influencia. Esto nos obliga a hacernos los siguientes planteamientos.

En primer lugar, si como sociedad hemos decidido que el desarrollo tecnológico tiene que estar liderado por organizaciones privadas y no por el propio sector público, con la evidente cesión de soberanía sobre el entorno digital que ello supone, debemos ser consecuentes con esa decisión. Si hemos asignado el derecho a liderar este progreso técnico a los intermediarios, el sector público tiene la obligación de supervisar y asignar derechos. La asignación de derechos se realiza en dos momentos distintos:

a. En un primer momento, tenemos una asignación de derechos en la relación entre el sector público y los intermediarios en la que el primero le otorga al segundo la iniciativa para liderar el cambio tecnológico.

b. Posteriormente, una vez que se van produciendo las sucesivas innovaciones tecnológicas habrá que hacer nuevas asignaciones de derechos que tengan en cuenta la nueva realidad que plantean.

Por lo tanto, si en el primer momento les hemos dado un derecho a liderar el cambio tecnológico, evidentemente crearán sus nuevas estrategias de mercado en libertad y transformarán la sociedad partiendo de esa libertad que les hemos otorgado; pero, con la segunda asignación el sector público no les debe poner la zancadilla no adoptando un ordenamiento jurídico en el que no ha tenido en cuenta sus avances.

El derecho de puesta a disposición del público fue la solución a una nueva realidad como los servicios de streaming o de descargas, pero los intermediarios más disruptivos y que abogaban por la desintermediación de la economía (por ejemplo, Youtube o redes sociales como Twitter, Facebook, etc.) plantearon como defensa, amparándose en la política de puerto seguro, que ellos no interferían con derechos de propiedad intelectual al dar una plataforma a sus usuarios para que compartieran contenidos.

No obstante, las recientes reformas, en particular el Artículo 17 de la DDAMUD y, su transposición en España, el Artículo 73 del RDL 24/2021 han resuelto este debate acogiendo el criterio marcado por el TJUE al estudiar estos servicios[269], afirmando que si no cumplen los requisitos establecidos (obtener una licencia de uso para el contenido compartido por sus usuarios o no establecen sistemas de control de contenido), podrán ser considerados infractores en virtud del derecho de puesta a disposición del público.

De esta forma, podemos ver que el derecho a la puesta a disposición del público ha ido evolucionando para dar cabida a una amalgama de servicios, incluso sobrepasando las previsiones del legislador en el momento de dictar la norma. Así, estamos en un segundo paso de la adaptación de la normativa de propiedad intelectual a la nueva realidad tecnológica. No obstante, en lugar de establecer una nueva modalidad de explotación como se hizo en la década de 1990 con el derecho a la puesta a disposición del público, se ha optado por reinterpretar esta institución e incluir a otros servicios en su seno para intentar encontrar un equilibrio.

---

269 Sentencia del Tribunal de Justicia de la Unión Europea de 26 de abril de 2017 en el Asunto C-527/15, Filmspeler y de 14 de junio de 2017 en el Asunto C-610/15, The Pirate Bay.

Es cierto que el derecho a la puesta a disposición del público ha sido una solución acertada para traer más estabilidad al mercado cultural, pero no debemos caer en una posición complaciente y pensar que ya está todo hecho. La evolución tecnológica en ocasiones ha demostrado no ser del todo propicia para la convivencia humana pacífica, cayendo fuera de los márgenes de coexistencia socialmente aceptados. Esta situación nos obliga a estar siempre vigilantes.

Ahora bien, igual que no podemos ser complacientes, tampoco debemos luchar contra la tecnología cuando perjudique en mayor o menor medida la posición de determinados sectores de la sociedad. La estrategia debería ser la regulación y la constante adaptación, nunca la destrucción. Debemos buscar acomodo a los nuevos modelos de negocio para que todos los operadores puedan convivir en armonía, colaborar unos con otros y los procesos competitivos sigan teniendo lugar. La tecnología en sí misma no es mala o buena, todo depende del uso que se le dé. Pero, si lo que queremos es retirarles la iniciativa a los entes privados para cambiar la titularidad del mundo digital, lo que debemos solucionar es la asignación de derechos para que el Estado vuelva a ocupar el lugar que nunca debió de abandonar.

En segundo lugar, debemos conocer el grado de penetración de estos servicios en los consumidores y ver cómo ello afecta al diseño del mercado. Anteriormente indicamos que parece que los consumidores ya se han acostumbrado a esta forma de acceder al contenido, motivo por el cual pretender ahora cambiar su comportamiento sería un trabajo tremendamente costoso que podría ser contraproducente.

Precisamente, una reforma del sistema de límites parece ser el camino más sencillo para conseguir este objetivo. El establecimiento de reglas flexibles para la explotación de contenido en la red facilitaría el desarrollo de estos operadores económicos que dan un servicio a los usuarios que se adapta a sus nuevas preferencias. Ahora bien, tendríamos una pluralidad de plataformas que ya no competirían solamente por el tipo de contenidos que tienen, sino por el tipo de servicio que dan al usuario. El objetivo es transformar el funcionamiento del mercado para hacerlo más abierto y, sobre todo, más dinámico para que, aunque lleguen cambios tecnológicos de gran calado, la transición sea menos problemática.

Para ello tenemos alternativas ya planteadas en esta monografía como son los derechos de simple remuneración o figuras alternativas que nos permitan dar el salto desde el *ius prohibendi* a los derechos de crédito. Esta institución modifica la forma en la que se obtiene la remuneración, pero en ningún caso la pone en cuestión[270]. Por lo tanto, a la hora de definir la asignación de

---

270 Anteriormente pusimos de manifiesto que hay autores que sostienen que los derechos de crédito, al eliminar el derecho exclusivo no permiten obtener una remuneración suficiente y justa como para mantener los incentivos a la creación.
En este sentido, Vid. Ginsburg, J. C. (2010). European Copyright Code-Back to the First Principles (With Some Additional Detail). *J. Copyright Soc'y USA, 58,* 265 y May, R. J. y Cooper, S. (2020). *Modernizing Copyright Law for the Digital Age. Constitutional Foundations for Reform.* Durham, North Carolina: Carolina Academic Press, p. 110.
No obstante, debemos tener en cuenta que, en el caso de que el resultado de los derechos de crédito fuera la reducción de la remuneración que se puede obtener con la explotación de la obra, no toda reducción supone una disminución significativa de los incentivos. En este sentido, debemos recordar que los estudios más recientes sobre propiedad intelectual en el mundo digital (Vid. Gowers Review of Intellectual Property, Diciembre de 2006 y Digital Opportunity A Review of Intellectual Property and Growth también conocida como Hargreaves Review, Mayo de 2011) sostienen que estamos sobreincentivando a las industrias culturales. Por lo tanto, no estaríamos actuando en contra de la estabilidad del mercado, sino cambiando los ejes de poder.

derechos mediante la flexibilización de los límites, debemos ser muy precisos al diseñar el contorno de los derechos que les damos a los intermediarios de la sociedad de la información para ver qué poder les estamos otorgando. En este sentido, no podemos olvidar que, al reducir el poder de las industrias culturales, estamos dejando más hueco a los intermediarios de la sociedad de la información para que ocupen su lugar.

Anteriormente, señalábamos que en el mercado actual tenemos dos bloques bien diferenciados las industrias culturales, por un lado, y los usuarios profesionales y finales, por otro. Así, aunque los límites busquen proteger a los usuarios en el ejercicio de sus derechos, no cabe duda de que esto beneficia sobre todo a los usuarios finales, que son aquellos que les dan esas posibilidades de acceso creando modelos de negocio con este propósito.

Además, no tener que negociar una licencia podría facilitar una reducción de la cantidad de servicios de explotación no autorizados, dado que los legalizaría. Así mismo, mejoraría la calidad del servicio, puesto que solamente habrá servicios ilícitos cuando los beneficios que pueda obtener compensen la sanción que se le puede imponer, teniendo en cuenta las posibilidades de que dicha sanción llegue a ser impuesta. Es decir, existirá una actividad ilícita en la medida en la que el beneficio marginal de realizarla supere o, al menos, iguale a su coste marginal. Esta fórmula incentivaba a los infractores a realizar inversiones ínfimas que permitieran maximizar el margen de beneficio y, en consecuencia, se daba un servicio técnico bastante deficiente (las plataformas tienen un diseño excesivamente básico, con poca información sobre el producto, etc.) e inseguro (riesgos de que los servidores se infectaran con algún virus informático, etc.) al consumidor. De esta forma, el beneficio marginal de entrar en este mercado y de ofrecer más obras sin contar con la autorización de sus legítimos titulares, sería cada vez mayor y, en consecuencia, la infracción sería rentable.

Por lo tanto, la introducción de este nuevo sistema permitiría modificar los incentivos de la siguiente manera. En primer lugar, se eliminaría la posibilidad de imponer una sanción en la medida en la que se cumplan los requisitos establecidos por el ordenamiento jurídico. En segundo lugar, como consecuencia de la reducción del riesgo de imposición de una sanción, ya no existe un incentivo a realizar una inversión mínima. De esta forma, una vez que entran en competencia con otros operadores, aparecen los incentivos a prestar un mejor servicio a los consumidores, dado que estos cuentan con otras alternativas para visualizar el contenido de forma legítima. De hecho, al liberalizar de esta forma el mercado de la propiedad intelectual, la principal forma de competencia entre las plataformas de puesta a disposición de contenido ya no será el contenido que ofrecen, sino el precio y otros servicios complementarios prestados. Por lo tanto, el mercado podría realizar su labor esencial de selección natural de los operadores que deben permanecer en el mercado en función de la forma en la que satisfacen las preferencias y necesidades de los consumidores. Del mismo modo, la competencia en contenido seguiría existiendo, ya que el tipo de productos que prefieren los consumidores se puede seguir evaluando. Ahora bien, en todo caso, habría que cerciorarse de que las tendencias ya presentes en el mercado no lastran los cambios que pretendemos introducir[271], dado

271 No podemos olvidar que la Comisión Europea está tratando de atajar los problemas de competencia e interdependencia que rodean a los mercados digitales. En este sentido, Vid. Decisión de la Comisión Europea de 18 de julio de 2019 relativa al procedimiento del Artículo 102 del Tratado de Funcionamiento de la Unión Europea y al Artículo 54 del Acuerdo sobre el Área Económica Europea en el Asunto AT.40099 contra Google Android de 18 de julio de 2018. Así mismo, actualmente se está tramitando un importante paquete legislativo en las instituciones de la Unión Europea que pretenden cambiar radical-

que en ocasiones anteriores ya hemos hecho referencia a la aversión al riesgo que caracteriza a todos los seres humanos en sus procesos de toma de decisiones.

Hasta hace poco, el mero hecho de plantearse una reforma tan profunda del mercado era simplemente ilusorio, puesto que estaríamos provocando un shock quizás demasiado grande. Sin embargo, el Reglamento de Mercados Digitales nos permite albergar cierta esperanza[272]. No obstante, tampoco podemos olvidar que el equilibrio de fuerzas actuales en el mercado no es igual con los consumidores que frente a los órganos institucionales que conforman el sector público. En este sentido, los intermediarios de la sociedad de la información tienen una fuerte implantación entre los consumidores y tienen un gran poder sobre su vida cotidiana. Es cierto que cada vez son más los consumidores que se cercioran del, a veces, excesivo poder que tienen los intermediarios sobre sus vidas, pero no pueden vivir sin ellos porque el ecosistema tecnológico y económico existente requiere necesariamente de su presencia. En cambio, los intermediarios no gozan de la misma relación con el sector público. No podemos olvidar que el tipo de actividad que desarrollan estos intermediarios puede llegar a suponer una amenaza directa a la existencia de las propias autoridades públicas. Sin embargo, no hace muchos años eran vistos con

mente la soberanía del sector público sobre el mundo digital. En la misma línea, la Federal Trade Commission (Comisión Federal de Comercio) ha iniciado acciones legales para actuar contra, entre otros, Meta, Inc. (antiguo Facebook) por la posible comisión de conductas contrarias al derecho de la competencia https://www.ftc.gov/enforcement/cases-proceedings/191-0134/facebook-inc-ftc-v https://www.ftc.gov/system/files/documents/cases/1910134fbcomplaint.pdf

272 Vid. Vezzoso, S. (2020). Digital Platforms and Antitrust: Towards a More Techno-Economic Approach. En Haucap, J. y Budzinski, O. *Recht und Ökonomie*, 119-132.

buenos ojos al ser los heraldos del progreso, de la libertad y del avance social[273]. En cierta medida, uno de los objetivos de la existencia del mundo digital era la emancipación respecto de los corsés que ataban a los individuos al mundo material y una forma de desembarazarse del poder público y establecer un nuevo orden donde los individuos tuvieran menos restricciones. Sin embargo, las consecuencias no han sido las esperadas.

Este cambio de actitud por parte del sector público merece cierto reproche, dado que no podemos decir que estos servicios hayan tratado de ocultar lo que hacen. Si les podemos atribuir una virtud, es el grado de transparencia sobre los objetivos de su actividad. Siempre han manifestado su voluntad de transformar la sociedad en la que vivimos, reforzar la posición del individuo y darle un espacio de libertad que el mundo físico no le permitía, aunque en todo momento bajo su control. Entonces se vio como algo positivo, pero el sector público pecó de inocente al no ver que tras implementar las profundas transformaciones técnicas y económicas pretendían la aplicación de un régimen jurídico nuevo, construido sobre unas bases nuevas que no iban a ser definidas por los mismos actores políticos y económicos sobre las que se había construido la sociedad en la que vivíamos antes de la irrupción del mundo digital. Además, podemos señalar que el sector público pretendió que estos intermediarios de la sociedad de la información fueran un *tertium genus* en el panorama económico que les daba un mejor régimen jurídico y les permitía tener un mayor margen de actuación. Entendían que, como se trataba de intermediarios esencialmente técnicos, iban a ser neutrales en el tráfico económico, una pretensión claramente ilusoria, dado que en

---

273 Vid. Loon, S. V. (2012). The power of Google: first mover advantage or abuse of a dominant position? en Google and the Law, p.10. TMC Asser Press.

ningún momento podemos obviar los intereses económicos que tenían estos operadores. Desde el momento en el que los intermediarios actúan en un entorno económico, no pueden ser inmunes a las dinámicas de conducta que les rodean.

En consecuencia, podemos afirmar que el mayor punto de fricción con el que nos vamos a encontrar a la hora de implementar esta modificación del sistema de propiedad intelectual está relacionado con los equilibrios de poder en la construcción de la sociedad. Al iniciar este trabajo afirmamos que la historia de la propiedad intelectual es la historia de grandes luchas por el control del mercado.

Parece que estamos ante la crónica de una muerte anunciada dado que, pese a que los titulares de derechos siguen dando la batalla, ya han perdido la guerra, porque los usuarios profesionales han conseguido transformar la sociedad de tal forma que se han convertido en un engranaje imprescindible del mercado actual. La Web 2.0 y la incipiente Web 3.0 en la que se desarrollan un gran número de transacciones económicas de alto valor, no pueden sobrevivir sin la existencia de estos nuevos intermediarios que, al ser los propietarios de los instrumentos técnicos sobre los que se construye la nueva realidad económica, tienen la capacidad de imponer su voluntad y, como haría cualquier otro operador económico que estuviera en su posición, no dudará en hacerlo.

En este punto debemos plantearnos cómo podemos conseguir que los intermediarios de la sociedad de la información se comporten de forma leal en el mercado con el resto de los operadores con los que se ven en la necesidad de colaborar. Hasta ahora hemos descrito un régimen jurídico con el cual podemos limitar las posibilidades de abuso de poder o abuso de derecho por parte de los titulares de derechos y los intermediarios tradicionales. Este régimen ha favorecido a los consumidores finales de productos culturales y a los nuevos intermediarios.

El Artículo 17 de la DDAMUD y el 73 del RDL 24/2021 han provocado un importante cambio en cómo el legislador afronta a los nuevos intermediarios, pues les impone una obligación general de colaborar con los titulares de derechos de autor y conexos mediante la obtención de licencias generales al considerar que realizan actos de puesta a disposición de contenido. También permite salirse de este régimen mediante la supervisión del contenido, pero es evidente que el legislador comunitario pretende priorizar la primera opción planteada.

La intención del legislador parece clara, introducir más competencia en el mercado mediante la modificación de su estructura. No obstante, como ya hemos planteado anteriormente, no basta con introducir más competencia, sino que esta tiene que ser mejor en términos cualitativos.

Así mismo, no debemos tener una confianza ciega en el funcionamiento del mercado[274], pues en la sociedad en la que vivimos, las condiciones materiales de acceso limitan la cantidad de competidores que pueden ofrecer una competencia de calidad que satisfaga plenamente las necesidades y preferencias de los consumidores. Evidentemente, si eliminásemos la barrera de entrada que supone la necesidad de obtener una licencia para la explotación de derechos de autor, podrían surgir más plataformas. Sin embargo, en los mercados culturales, paradójicamente, la normativa de propiedad intelectual no es el único factor ni,

---

274 Tampoco la tenía Adam Smith, uno de los primeros teóricos del liberalismo económico. En este sentido, Vid. Smith, A. & Skinner, A. (1973). *The wealth of the nations. With an Introduction by Andrew Skinner*, pp. 192 y ss. que ya sostenía que para garantizar el correcto funcionamiento del mercado es necesario regularlo, puesto que la tendencia natural de los operadores es limitar la vigencia de las leyes del libre mercado para garantizar su propia supervivencia sin asumir riesgos.

posiblemente, el más importante. Por un lado, las barreras de entrada no van a desaparecer nunca, pues el desarrollo de estos modelos de negocio requiere una inversión previa importante que no va a cambiar con la modificación en el sistema de límites, ya que los intermediarios van a tener que seguir abonando una remuneración. Así, aunque su cuantía pueda variar, no va a desaparecer por completo. Por otro lado, como ya hemos mencionado con anterioridad, los nuevos intermediarios de la sociedad de la información tienen una actividad que va mucho más allá de la explotación de derechos de propiedad intelectual.

Por el contrario, actúan de forma coordinada en muchos otros mercados como son la publicidad, los servicios de pago, los buscadores de contenido en internet, los servicios de alojamiento de datos, etc. Por lo tanto, si queremos atajar el poder que tienen en el mercado y su capacidad de influencia sobre el resto de los operadores, no podemos quedarnos en un enfoque reducido como es su actuación en los mercados de propiedad intelectual. Debemos abordar la cuestión desde una perspectiva mucho más amplia que tenga en cuenta la dimensión global de todas sus actividades. Es más, es precisamente esta interrelación entre los diversos nichos de mercado lo que les otorga esta influencia.

Capítulo VI. Los consumidores finales

Este capítulo debe comenzar con una reflexión sobre el papel que los consumidores han tenido en la normativa sobre propiedad intelectual. Según la trayectoria que hemos planteado, podemos ver que son uno de los eslabones más importantes de todo el proceso competitivo, al ser quienes seleccionan las ofertas y determinan cuáles deben seguir existiendo. Sin embargo, representan la gran tarea pendiente en la regulación de la propiedad intelectual, puesto que sus relaciones con los titulares de derechos solamente se han visto desde el prisma de la sumisión a su voluntad. Se ha dado una importancia tan lógica como excesiva a los titulares de derechos y a su adecuada remuneración, de tal forma que la asignación de derechos relegaba los intereses de los consumidores, estrategia que, aunque legítima, se ha demostrado poco efectiva.

Las circunstancias han cambiado, pero el foco se ha puesto en los usuarios profesionales, puesto que son el gran reto del presente para la remuneración de los titulares de derechos. Estos operadores han conseguido transformar la estructura del mercado, provocando grandes tensiones con los intermediarios tradicionales, que estaban acostumbrados a dominar las transferencias de renta.

Sin embargo, de nuevo, los intereses de los consumidores han quedado relegados, decisión poco comprensible teniendo en cuenta que las teorías que fundamentan la economía social de mercado se basan en la libre elección de los consumidores ejerciendo la función de árbitros del mercado y, en consecuencia, se active el proceso de selección natural, expulsando a los operadores menos eficientes. No obstante, deberíamos garantizar que sus intereses estuvieran mucho más presentes en el proceso de toma de decisiones de los titulares de derechos, puesto que el *ius prohibendi* les permite, hasta cierto punto, vivir al margen de sus necesidades, dado que pueden condicionar el tipo de ofertas que les llegan y, en consecuencia, limitar su margen de toma de decisiones.

La vía de protección de los intereses de los consumidores es el sistema de límites a la propiedad intelectual, que conforme al Considerando 32 de la DDASI, debe tener carácter exhaustivo y, por lo tanto, limitado. Es decir, su asignación de derechos en las relaciones con los titulares se encuentra restringido por la propia normativa. A esto debemos añadir el Considerando 9 del mismo texto legal que nos habla del elevado nivel de protección de los autores y creadores. La asignación de derechos realizada por el legislador apuesta claramente por proteger a los titulares originarios frente al resto de operadores del mercado, esperando que ello redunde en beneficio de los demás participantes y, en última instancia, del mercado. Ello no supone que los titulares de derechos vivan totalmente al margen de las necesidades de los consumidores finales, pero sí tienen una posición de poder que les permite imponerse.

El legislador está sacrificando la labor de los consumidores en el mercado de la propiedad intelectual para tratar de conseguir una mayor oferta de productos que simplemente es posible, pero no segura. No obstante, consideramos necesario establecer un mejor equilibrio y para ello es esencial que sus necesidades se internalicen en la toma de decisiones de los titulares de derechos. La experiencia con la era digital nos ha demostrado que la rigidez del sistema ha sido incapaz de adaptarse a las nuevas necesidades de los consumidores. El nuevo contexto económico y social ha provocado que las excepciones previstas para las tecnologías propias de principios del siglo XXI hayan quedado desfasadas. Además, han aparecido nuevas figuras vinculadas al concepto de consumidor como la del "prosumidor" que no tienen una respuesta jurídica clara. La evolución de los límites es un elemento esencial para seguir garantizando los derechos de los usuarios[275].

---

[275] Así lo hizo el TJUE en su Sentencia de 7 de agosto de 2018 en el Asunto C-161/17, Renckhoff y en las Conclusiones del Abogado General de UE de 12 de diciembre de 2018 en el Asunto 476/17, Pelham. Además, la doctrina más autorizada habla de distintas justificaciones de los límites claramente relacionadas con derechos de los usuarios.

En este sentido, Vid. P. B. Hugenhotz (1997). Fierce Creatures. Copyright Exemptions: Towards Extinction? In keynote speech, IFLA/IMPRIMATUR Conference, Rights, Limitations and Exceptions: Striking a Proper Balance, Amsterdam (pp. 30-31), quien señala tres posibles justificaciones para los límites externos: presencia de derechos fundamentales que justifican una intromisión en la propiedad intelectual, presencia de intereses públicos que justifican ciertas intromisiones en la protección de la propiedad y presencia de fallos de mercado que requieren una corrección por vía legal.

Por otro lado, Samuelson, P. (2008) en Unbundling fair uses. Fordham L. Rev., 77, 2537 a diferencia de Hugenholtz no distingue si el interés o el derecho relevante que debe prevalecer sobre la propiedad intelectual es un derecho fundamental, un interés público o un fallo de mercado. Simplemente plantea diversas situaciones que requieren de una ponderación, entre las que se encuentran: libertad de expresión, promoción de la creación subsiguiente, el derecho a la educación, acceso a la información, defensa de la competencia y promoción de la innovación científica y tecnológica y la autonomía de los usuarios. La misma autora en Samuelson, P. (2017) en Justifications for Copyright Limitations and Exceptions en Okediji, R. L. (Ed.). (2017). Copyright law in an age of limitations and exceptions. Cambridge University Press, pp. 24-45 actualiza su teoría y señala seis grupos de intereses: autoría en desarrollo, autonomía de los usuarios e intereses sobre la propiedad privada, beneficios para la sociedad, objetivos de índole económica, oportunidad política y flexibilidad de la normativa.

En el mismo sentido se pronunció el Abogado General de la UE en sus conclusiones en el Asunto Pelham (As. 476/17), Párrafo 90, donde señaló que los límites: "están dirigidos a garantizar un justo

Por ello, es esencial hacer nuevas asignaciones de derechos que tengan en cuenta estas nuevas realidades. Ahora bien, para saber en qué medida debemos modificarla y conseguir un sistema más efectivo, primero debemos analizar cuáles son las necesidades de los consumidores. Estas prioridades han ido evolucionando a lo largo de los años, pero su esencia no dista mucho de las manifestadas por el resto de los operadores del mercado: poder. Los avances tecnológicos han consolidado una creciente independencia de los consumidores frente a los intermediarios tradicionales gracias a la labor de los intermediarios de la sociedad de la información. No obstante, no deja de ser una mera ilusión de independencia, puesto que ahora dependen de los servicios prestados por estos usuarios profesionales.

I. LOS FALLOS DE MERCADO Y LA FALTA DE AMENAZAS COMPETITIVAS

Los consumidores tienden a ser tratados como sujetos pasivos que deben limitarse a elegir entre las propuestas lícitamente ofrecidas. No obstante, esta perspectiva tiene importantes aristas que deben ser abordadas, puesto que el hecho de que deben aquietarse a lo que otros les ofrecen no significa que no tengan voz ni que sus necesidades no deban ser escuchadas. Así, entramos en las continuas luchas de poder propias de todo

---

equilibrio entre, por un lado, los derechos e intereses de los titulares de los derechos de autor y de derechos afines a los derechos de autor y, por otro, los demás intereses públicos y privados, incluido el de la protección de los derechos fundamentales."

En definitiva, podemos ver que en todas estas definiciones realizadas por estos teóricos y el Abogado General de la UE, estamos incluyendo derechos de los usuarios, ya sea en forma de derechos fundamentales o en forma de derechos subjetivos de configuración legal.

proceso competitivo y tenemos que decidir qué poder concedemos a cada participante. En ocasiones, los oferentes se niegan a acoger nuevos modelos de negocio vinculados a nuevas tecnologías por el motivo que consideren oportuno. Sin embargo, ello no significa que los consumidores no vayan a actuar en consecuencia si esa nueva forma de explotación les parece atractiva. No podemos olvidar que los consumidores no solo eligen entre las ofertas lícitas, sino que los mercados "piratas" también están en su radio de acción.

Un primer ejemplo lo vimos en la década de 1980 con la lucha por las garantías de la copia privada en el Asunto Betamax[276] donde Sony, empresa encargada de la fabricación de las cintas VHS pretendía defender los intereses de los consumidores frente a los Estudios Universal para permitir que éstos realizaran lo que hoy conocemos como copia privada. Realmente, lo que permite la copia privada por la que batalló Sony es establecer una amenaza competitiva a los titulares de derechos porque si no ofrecen lo que el consumidor requiere conforme a sus preferencias, éste tiene la posibilidad de salirse del camino que le han marcado. De esta manera, si una determinada cadena de televisión ponía una película o una serie a una hora determinada, el consumidor podía grabarla y verla cuándo, dónde y con quién quisiera. En este sentido, se asigna un derecho a los consumidores para utilizar la obra fuera de los márgenes otorgados por los titulares de derechos, una actividad molesta que condiciona a los titulares de derechos.

---

276 Vid. Sentencia del Tribunal Supremo de los Estados Unidos de América en el Asunto Sony Corp. of America v. Universal City Studios, Inc., 464 U.S. 417 (1984). Para más información al respecto Vid. Morton, B. N. (1985). The Copyright Monopoly after the Sony Corp. of America v. Universal City Studios. *Touro Law Review*. Vol. 1, No. 1. Spring 1985.

Frente a estos avances en los derechos de los consumidores finales, la industria suele traer a colación los perjuicios vinculados a la disminución de sus ingresos[277]. No obstante, el impacto económico es secundario. Su verdadero problema es la batalla por mantener el control del mercado. Los titulares de derechos no quieren ceder parcelas de poder a los consumidores porque implica una situación clara de pérdida de iniciativa.

Los siguientes ejemplos que nos hemos encontrado desde la aparición de internet siguen la misma estela de las luchas de poder, pero de otra forma muy relevante para entender la estructura del mercado. En los conflictos provocados por los Asuntos Napster y Grokster a principios de la década de los años 2000 o, más recientemente, con The Pirate Bay no hemos visto un choque con las posibilidades de actuación de los usuarios en su ámbito privado, sino con nuevos intermediarios de la sociedad de la información que daban a los consumidores alternativas a las vías de consumo autorizadas. No atacan directamente la conducta de los consumidores, sino a los sujetos que les dan nuevas posibilidades que escapan de su control.

Esta evolución del comportamiento de los consumidores pone de manifiesto un descontento generalizado con la estructura del mercado que, ante la falta de amenazas competitivas, se anquilosó y dejó de tener en cuenta las necesidades de los

277 Prácticamente todos los informes sobre esta cuestión están realizados por las propias industrias, que pese al respeto que merecen, no dejan de ser informes de parte. En este sentido, Vid. W. Patry (2011), en "How to Fix Copyright" (págs. 62-67), donde el autor manifiesta sus dudas sobre la fiabilidad de los informes presentados por las industrias en EE. UU. dado que utilizan cifras de dudosa procedencia, coeficientes multiplicadores sobre esas cifras que tampoco están plenamente justificados y tasas de evolución anual sorprendentes.

destinatarios del producto. El malestar de los consumidores no tiene que ver tanto con el tipo de contenido que tienen a su disposición[278], sino con la forma de acceso y con el catálogo de productos[279] al que pueden acceder.

Ante esta evolución, debemos plantearnos cuál es el mejor mecanismo dentro de la regulación de los mercados culturales para conseguir que las preferencias de los consumidores sean valoradas en la toma de decisiones. La principal garantía para los destinatarios de los productos es que existan amenazas competitivas, pero

---

[278] Sí existen preocupaciones en la doctrina sobre la variedad de contenido y cómo la globalización ha forzado una cierta uniformidad en el tipo de contenidos que financia la industria, especialmente la audiovisual, como consecuencia de la aparición de actores globales que no están interesados en la satisfacción de mercados de tipo "nicho".
En este sentido, Vid. Uribe Piedrahita, C. A., & Carbajo Cascón, F. (2013). Regulación ex ante y control ex post: la difícil relación entre propiedad intelectual y derecho de la competencia. *Actas de Derecho Industrial y Derecho de Autor. Tomo XXXIII (2013)*, 307-330; Uribe Piedrahita, C. A. (2013). La innovación subsiguiente como límite económico para la valoración del comportamiento de abuso de posición dominante relacionado con las negativas a contratar o licenciar. *Vniversitas*, (126), 269-298 y Carbajo Cascón, F. (2015). Estandarización, propiedad intelectual y Derecho de la competencia. *Actas de Derecho Industrial y Derecho de Autor. Tomo XXXV (2014-2015)*, 311-320
Este enfoque competitivo también está muy vinculado con la gestión colectiva de los derechos de autor, un tema que hemos dejado de lado, pero ciertamente interesante. En este sentido, Vid. Cuerdo Mir, M. (2010). La economía de los derechos de propiedad intelectual y la defensa de la competencia: una aproximación empírica a algunos aspectos de su gestión en España, *Actas de Derecho Industrial y Derecho de Autor. Tomo XXX (2009-2010)*, 183-210.

[279] Cuando hablamos de catálogo de productos no nos referimos a su calidad, sino al conjunto de obras y prestaciones protegidas a las que se puede acceder desde una misma plataforma.

la existencia de monopolios en la explotación de las obras impide que se desarrollen estas amenazas competitivas de forma efectiva, lo que favorece esta desconexión de los titulares de derechos con la realidad en la que tienen que comercializar sus productos.

No obstante, tenemos excepciones como la industria musical, donde existe un contexto bastante propicio para el desarrollo de la competencia, pues, aunque la diferenciación de producto es más reducida que en el sector audiovisual[280], se compite en los servicios de acceso. Lo cierto es que en la industria musical siempre se ha trabajado con otras formas de gestión de los derechos de propiedad intelectual gracias a la implantación de los derechos de gestión colectiva, ya sea obligatoria o voluntaria. No obstante, podemos apreciar una peligrosa deriva por la acogida de derechos exclusivos en el mundo digital vinculado a la modalidad de puesta a disposición interactiva (Artículo 20.2.i) del TRLPI).

En el caso de la industria audiovisual el panorama es menos halagüeño, puesto que, pese a que la competencia en contenido es más intensa, la competencia en servicios adicionales no lo es tanto. Cada plataforma ofrece un contenido distinto con productos originales, de tal forma que la competencia en servicios al consumidor final queda relegada.

En el caso de la industria editorial nos encontramos con un planteamiento radicalmente distinto, ya que no se ha dado el salto a las plataformas digitales. Actualmente, uno de los pocos servicios autorizados por los editores es el desarrollado por Amazon con su servicio Kindle, pero lo que hace es reproducir los esque-

---

280 En los últimos tiempos estamos observando una cierta especialización de determinadas plataformas de audio en productos que les permitan diferenciarse de las demás, como es el caso de la producción de Podcasts. Por ejemplo, Spotify está invirtiendo en el desarrollo de podcasts originales.

mas clásicos de la industria editorial en papel con un soporte electrónico. No obstante, quizás esta falta de conversión digital tiene que ver con una satisfacción de los consumidores con los modelos de negocio analógicos[281], motivo por el cual no podemos hablar de un fallo en el mercado. Existen algunos subsectores del mundo editorial en los cuales todavía no se ha encontrado un modelo de negocio que termine de satisfacer plenamente las necesidades de los consumidores, como es el caso del sector periodístico, donde la transformación digital ha sido necesaria, pero sin conseguir un modelo plenamente satisfactorio para todos. Prueba de ello son los continuos cambios en los modelos de explotación por la imposibilidad de conseguir ingresos suficientes[282].

---

281 Desde el año 2014, las cifras de facturación de la industria editorial se han incrementado en un 70,7% hasta el año 2019. Datos obtenidos del Informe Anual del sector de los Contenidos Digitales en España 2020 (Audiovisual, cine, video, música, publicaciones, videojuegos y publicidad online). Disponible en: https://www.ontsi.es/es/publicaciones/Informe-Anual-del-sector-de-los-Contenidos-Digitales-en-Espana-2020 (consultado por última vez el día 28 de abril de 2022).

282 Consecuencia de este fallo de mercado es el Artículo 15 de la DDAMUD y el nuevo Artículo 129 bis del TRLPI introducido por el Artículo 80.7 del RDL 24/2021, que establece un derecho exclusivo en manos de los editores de prensa. De nuevo, estamos ante una asignación de derechos en origen que trata de solventar los continuos conflictos sobre la explotación de las obras periodísticas en internet.
En este sentido, Vid. Díaz-Noci, J. (2017). ¿Necesita la sociedad un derecho de autor para los editores de prensa? *Anuario ThinkEPI, 11*, 200-204; Carbajo Cascón, F. (2019). Hacia un nuevo marco normativo de los derechos de autor y derechos conexos en el mercado único digital. *Revista Electrónica de Direito. RED, 19*(2), 1-10 y Sánchez Aristi, R. (2019). PROTECCIÓN DE LAS PUBLICACIONES DE PRENSA EN LO RELATIVO A LOS USOS EN LÍNEA. EL ARTÍCULO 15 DE

Ante esta situación, podemos apreciar que el problema está en las estrategias de explotación y no en el tipo de productos. Por ello, proponemos una reforma del sistema de límites para garantizar la existencia de amenazas competitivas que fuercen a diseñar teniendo en cuenta las preferencias de los usuarios en este aspecto. Las industrias culturales vivieron momentos muy duros con la crisis de la piratería, con una caída de ingresos significativa que puso en riesgo su existencia. Motivos podremos encontrar muchos, pero aquí nos vamos a centrar en uno concreto, la falta de adaptación a las nuevas necesidades de los consumidores.

La industria musical sí aprendió la lección tras la gran crisis de la "piratería" que se vivió en la primera década del silgo XXI adoptando modelos de negocio similares a los que rechazaron a principios de siglo y que tan bien acogieron los consumidores. Así, los modelos de negocio propios de servicios como Napster son equivalentes a lo que hoy tenemos en forma de Spotify, Apple Music, YouTube Music, Amazon Prime Music, etc.

Sin embargo, la competencia en el mercado audiovisual todavía presenta numerosas deficiencias. Un ejemplo muy claro es Netflix, servicio en el que la gran caída del número de suscriptores y, como consecuencia de ello, de su cotización en la bolsa de valores, advierte una crisis del modelo de negocio derivada de la saturación de contenido a la que ha sometido a sus usuarios. Esta plataforma ha optado por una competencia en contenido en detrimento de una peor experiencia de usuario, dado que se pierde mucho más tiempo en decidir qué producto visualizar que en hacerlo.

LA DIRECTIVA (UE) 2019/790, DE 17 DE ABRIL, SOBRE LOS DERECHOS DE AUTOR Y DERECHOS AFINES EN EL MERCADO ÚNICO DIGITAL. *Actualidad Jurídica (1578-956X)*, (52).

Otra posible explicación es la saturación de plataformas que tenemos actualmente en el mercado, obligando al consumidor a estar suscrito a muchas de ellas en función del tipo de contenido que quiera ver, siendo imposible suscribirse a una plataforma que tenga contenido de diversos creadores como ocurre, por ejemplo, en el mercado musical. Este contexto también redunda en una peor experiencia de usuario, dado que el consumidor debe aprender a manejar distintas plataformas que funcionan de distinta manera

Este sector de los mercados culturales parece estar volviendo a caer en los mismos errores, precisamente por no haber escapado de un modelo de negocio basado en el control exhaustivo y por no dar un buen servicio a sus usuarios, tanto en catálogo como en servicios de acceso. El principal atractivo de plataformas, como, por ejemplo, The Pirate Bay, y otras similares que ya hemos citado anteriormente, no era solo la posibilidad de visualizar el contenido en el momento y en el lugar que el usuario quisiera, sino que, además, solo tenía que acudir a una única plataforma en la que podía encontrar una amplia oferta de productos audiovisuales. No tenía que utilizar una pluralidad de plataformas que no solo incrementa el coste final para el consumidor, sino que aumentan los costes de tiempo asociados al consumo.

Ahora bien, la cuestión que nos debemos plantear es si una nueva asignación de derechos con límites más flexibles realmente podría beneficiar a los consumidores en el modo pretendido. Si conseguimos pasar de un modelo de protección de los derechos de autor basado en los derechos de propiedad para entrar en un modelo de responsabilidad, la primera consecuencia es que se "liberaliza" el mercado: cualquier operador puede explotar cualquier producto cultural de un tercero, siempre que abone una remuneración equitativa a sus legítimos titulares para satisfacer la necesidad de retribuir el trabajo personal y mantener así el sistema de incentivos. Esto redundaría en una mayor oferta de plataformas de puesta a disposición de contenido que podrían ofrecer distintos catálogos, más o menos especializados en un determinado contenido, que se adaptaran a las preferencias de los consumidores. Ello generaría una mayor competencia entre las distintas plataformas, las obligaría a buscar mejores soluciones técnicas para garantizar un buen servicio a los consumidores y, así, atraerlos e incrementar su volumen de negocio.

El legislador no ha ido tan lejos como para modificar la normativa en el sentido que planteamos, pero sí está buscando la forma de fomentar la concesión de licencias en algunos sectores del mercado digital con los Artículos 17 de la DDAMUD y 73 del RDL 24/2021. No obstante, esta solución no tiene por qué ser la más beneficiosa para los consumidores finales, pues no garantiza una pluralidad de propuestas para consumir.

Una posibilidad que evitaría afrontar estos costes de transacción sería sustituir el derecho exclusivo en el que se basan los preceptos antes citados por un derecho de simple remuneración. En definitiva, tendríamos una licencia *ex lege* otorgada por el legislador y gestionada por las entidades de gestión colectiva. Esto supondría cambiar a los titulares de derechos por las entidades de gestión colectiva en la batalla por la determinación del precio, aunque encontramos una diferencia significativa, los titulares no tendrían ningún *ius prohibendi*, sino únicamente exigir el pago de una remuneración fijada en la tarifa.

Así mismo, esta propuesta facilitaría que otros competidores establecieran negocios parasitarios explotando las obras creadas por terceros. No estamos ante una propuesta negativa para el mercado, pues introduce competencia y aporta variedad en los modelos de negocio y, en su caso, en la selección del contenido. Ahora bien, debemos decidir si este tipo de modelo competitivo es políticamente conveniente.

Como podemos apreciar, un sistema más flexible de límites traería ventajas para los consumidores, especialmente porque al permitir la aparición de amenazas competitivas, tendrían más poder como árbitros del mercado.

II. GARANTÍA DE LOS DERECHOS DE LOS USUARIOS

Los límites al derecho de autor no solamente sirven para corregir fallos de mercado, sino que otra de sus funciones es garantizar el ejercicio de determinados derechos de los usuarios cuando este choca con la protección de la propiedad intelectual. Nuestro sistema se ha construido sobre la exhaustividad de la lista de límites, donde el legislador hace una valoración sobre la asignación de derechos. No obstante, la DDASI se dictó en el año 2001 y no ha habido modificaciones hasta el año 2019, por lo que algunos avances tecnológicos determinantes para los consumidores no han sido tenidos en cuenta por el legislador.

Esta falta de previsión en la asignación de derechos ha provocado una gran litigiosidad en la que los órganos jurisdiccionales han tenido que sustituir a los órganos legislativos. Al margen de los problemas de legitimidad democrática de los órganos jurisdiccionales para crear derecho, debemos tener en cuenta que tampoco se encuentran en la mejor posición para tomar decisiones con repercusiones a largo plazo en la estructura del mercado. No olvidemos que las decisiones judiciales se toman como consecuencia de la estructura del procedimiento judicial, que poco o nada tiene que ver con el procedimiento de creación legislativa. En un tribunal de justicia se decide en función de las pruebas que han podido aportar las partes, por lo que podríamos llegar a la extensión de sus efectos por la vía del precedente judicial a otras situaciones que no requieran de la misma solución. Ahora bien, es difícil no ver que estas decisiones judiciales han tenido una influencia directa en la normativa vigente. Sentencias como las dictadas por el TJUE en los Asuntos Filmspeler o The Pirate Bay son la base sobre la que se han construido los Artículos 17 de la DDAMUD y 73 del RDL 24/2021. Por lo tanto, con el paso del tiempo podríamos esperar que otros pronunciamientos judiciales como la Sentencia del Tribunal Supremo español en el Asunto Megakini o la STJUE en el Asunto CV Latvia Online podrían llegar a motivar una limitación abierta.

Por este motivo, es deseable que el sector público tome cartas en el asunto y resuelva esta situación porque el actual esquema no permite solucionar los problemas existentes a largo plazo, dado que la insuficiencia legislativa no solo perdurará en el tiempo, sino que seguirá *in crescendo*. Ahora bien, para buscar esta solución tenemos distintas posibilidades, siendo los dos puntos ideales, por un lado, mantener el sistema de límites cerrados e ir haciendo adiciones según el legislador lo valore oportuno y, por otro, flexibilizar el sistema para que sean los órganos jurisdiccionales los que puedan realizar esta adaptación con la guía dada por el legislador en la definición del límite.

Debemos apostar por un sistema más flexible que nos aleje de modelos de gestión exclusiva, que frenan la aparición de amenazas competitivas para abordar una mayor implantación de derechos exclusivos de gestión colectiva obligatoria y, en su caso, límites asociados a derechos de remuneración. Esto nos permite mantener un equilibrio, dando la iniciativa a los titulares de derechos, pero favoreciendo la aparición de otras propuestas que los consumidores finales pueden favorecer. Esto nos permitirá una mejor adaptación a los cambios tecnológicos desde la perspectiva de la competencia en los servicios de acceso al contenido.

En definitiva, la adopción de un sistema más flexible nos permite dar una mejor respuesta a las necesidades de los consumidores, tanto para proteger sus intereses en la toma de decisiones y en sus relaciones con los demás participantes del mercado, como para tutelar el ejercicio de sus derechos, que se pueden ver amenazados por los cambios tecnológicos.

Capítulo VII. El mercado

El siguiente miembro del mercado que vamos a tratar no es ni oferente ni demandante, sino que es una mezcla de todos ellos. Realmente no es una persona o grupo de ellas como tal, sino que es un lugar común en el que los demás participantes confluyen. El mercado es una institución a la que, aunque no tenga presencia física, todos tiene que acudir ya sea para vender o para adquirir las prestaciones comercializadas. Podríamos definir el mercado como el conjunto de relaciones y transacciones que tienen lugar entre los distintos participantes. Así, mientras que cada participante tiene un interés privado en conseguir que cada transacción sea beneficiosa para sus intereses, el mercado prefiere que se desarrollen más intercambios de mayor calidad para que se genere valor y, mediante su continua evolución, se pueda consolidar en el medio y largo plazo.

El mercado es otro de los grandes olvidados en el estudio de la regulación de la propiedad intelectual, pero el que más debería habernos preocupado desde el inicio. El legislador siempre ha priorizado los intereses de los titulares de derechos, pero no se ha dado cuenta de que éstos necesitan al resto de participantes. Lo que hay que lograr es un funcionamiento efectivo del mercado, para que los derechos estén correctamente asignados y ello resulte en un mejor desenvolvimiento de las transacciones, pues esta es la forma de generar valor.

De esta forma, podemos plantear la teoría de que el mercado tiene un interés propio que no es solamente una agregación de intereses individuales. Este se apoya necesariamente en los individuos que lo conforman, pero lo hace entendiéndolos como meros instrumentos para conseguir un bien mayor. Plantear este tipo de perspectiva del mercado implica hacer un cambio importante en la forma en la que analizamos los distintos componentes del estudio. Existe una línea doctrinal que trata de presentar al individuo como un antagonista de la colectividad o de la sociedad, lo que no es posible, dado que el individuo se ve obligado a vivir en sociedad y se encuentra en la obligación de convivir con el resto de los conciudadanos, lo que requiere desarrollar relaciones de cooperación para satisfacer sus intereses. De hecho, las teorías que fundamentan la idea del libre mercado se han construido sobre la necesidad de convivir gracias a la especialización y la cooperación mediante transacciones. Del mismo modo, la sociedad solamente podrá funcionar positivamente si los individuos, todos, están plenamente satisfechos. Nos encontramos ante un círculo vicioso según el cual el individuo necesita a la sociedad y la sociedad necesita a los individuos. Estamos ante una relación inseparable que nos obliga a entender la propiedad intelectual desde otro prisma, alejándonos del individualismo y del autor-centrismo, para estudiar las relaciones entre todos los participantes.

En el caso de los mercados culturales, la normativa ha limitado la cantidad y la calidad de los intercambios que se pueden producir en el mercado con la introducción de un derecho de autor basado, principalmente, en reglas de propiedad y no en reglas de responsabilidad (derechos de gestión colectiva obligatoria o límites asociados a derechos de remuneración).

I. CONSECUENCIAS DE LA ACTUAL ASIGNACIÓN DE DERECHOS

En primer lugar, el autor tiene capacidad de decidir de forma exclusiva con quién mantiene relaciones comerciales y los términos en los que las puede mantener gracias al sistema de creación de valor mediante la escasez artificial. Una limitación en la cantidad de transacciones realizadas no es tan importante si tenemos mecanismos suficientes para garantizar un reparto equitativo de la riqueza. El problema es que tampoco podemos asegurarse de que estos intercambios controlados por los titulares vayan a ser de la mejor calidad posible. Si tomamos una postura esencialmente individualista, las transacciones serán cualitativamente positivas para la sociedad cuando se satisfagan los intereses individuales de todas las partes contratantes.

Precisamente, esta circunstancia nos lleva a la segunda consecuencia de la actual asignación de derechos: la acumulación de riqueza y, por lo tanto, poder. En este sentido, la asignación de derechos podría servir para reforzar el poder de algunos participantes. De nuevo, la acumulación de riqueza y de poder, por sí sola, no es una situación negativa que debamos atacar, sino que depende de su contexto. Se trata de situaciones potencialmente peligrosas porque pueden alimentar los abusos de poder. No obstante, estableciendo un sistema de incentivos podríamos intentar contrarrestar estas posibilidades. Para atajar estas situaciones tenemos el derecho de la competencia y el de la competencia desleal. Ahora bien, estos sectores del ordenamiento jurídico no siempre son suficientes, puesto que su finalidad preventiva no es tan efectiva.

Estas circunstancias no han sido abordadas por el legislador en el campo de la propiedad intelectual, pero sí en lo que a la regulación de la labor de los *gatekeepers* se refiere, más vinculada al derecho regulatorio y de la competencia. En este caso, el legislador ha visto un riesgo importante para la estabilidad del mercado y ha decidido imponer obligaciones de conducta a determinados operadores económicos que estaban adquiriendo un poder desorbitado.

Las industrias culturales tienen una estructura muy concentrada en el tramo de los intermediarios tradicionales que pueden causar daño al mercado. Ya se ha intentado aplicar el derecho de la competencia en otras ocasiones como en los

Asuntos Weblisten[283] en el sector de la producción musical y no fue posible al estimarse que ninguno de los operadores tenía una posición de dominio. Existe una estructura oligopolística en la que los operadores principales tienen cuotas de mercado similares y ninguno de ellos tiene un poder relevante. Sin embargo, pese a no haber una posición de dominio, estos productores musicales sí conforman un cuello de botella que les permite organizar el mercado en su propio beneficio. Por lo tanto, tenemos problemas de estructura de mercado que el derecho de la competencia no está consiguiendo corregir.

En tercer lugar, tenemos un problema para garantizar una justas recompensa del esfuerzo realizado por cada participante en el mercado. Un sistema que da una preponderancia a uno de los participantes del mercado impide que los demás obtengan una remuneración equitativa por su trabajo, porque el sujeto protegido podrá imponer su voluntad gracias a su derecho exclusivo. Esta asignación de derechos no tiene en cuenta algunas de las consecuencias que sirven para acumular poder.

---

283 Vid. Sentencias de la Audiencia Provincial de Barcelona de 27 de junio de 2002 y 7 de julio de 2005; de las Sentencias de la Audiencia Provincial de Madrid de 13 de noviembre de 2003, 16 de julio de 2004 y 16 de noviembre de 2004; de las Resoluciones del Tribunal de Defensa de la Competencia de 7 de mayo de 2003 y de 5 de mayo de 2005; de la Sentencia del Juzgado de lo Penal núm. 3 de Madrid de 31 de mayo de 2005, y del Auto de la Sección 25.a bis de la Audiencia Provincial de Madrid de 20 de diciembre de 2005.
Para más información, Vid. Carbajo Cascón, F. (2006). El caso Weblisten y sus implicaciones para el futuro de la gestión de los derechos de propiedad intelectual sobre contenidos musicales en Internet. *Actas de Derecho Industrial y Derecho de Autor. Tomo XXVI (2005) (2006)*, 615-673.

Esta circunstancia es lo que la doctrina ha llamado el reparto de la cadena de valor o *value gap*[284], que ya ha sido analizados en otros aspectos del mercado[285]. El legislador se ha dado cuenta de que las diferencias de poder que tienen los distintos participantes del mercado provocan un reparto de la riqueza generada bastante desigual[286]. El profesor PEGUERA POCH[287] señala que estas diferencias están directamente ligadas con la política del puerto seguro, que ha sobreprotegido a los intermediarios técnicos. Ahora bien, podemos ir más allá y señalar que la cuestión no es solo el puerto seguro, sino la asignación de derechos que se haga y las obligaciones de conducta que estos operadores deben asumir en sus relaciones con otros operadores.

---

284 Vid. López Richart, J. (2019). Responsables, ma non troppo: las reglas de exención de responsabilidad de las plataformas para el intercambio de contenidos en línea en la directiva sobre derechos de autor en el mercado único digital. En Saiz García, C. y Evangelio Llorca, R. *Propiedad intelectual y mercado único digital europeo* (pp. 308-366). Tirant lo Blanch, Valencia, p. 321.

285 Vid. Ordelin Font, J. L. (2017). El mánager musical como intermediario de la prestación artística: apuntes para una polémica. *Actas de Derecho Industrial y Derecho de Autor. Tomo XXXVII (2016-2017)*, 387-398 y Muñoz García, C. (2022). Adaptar o reformular la directiva 85/374 sobre responsabilidad por daños causados por productos defectuosos a la inteligencia artificial: últimas novedades. *Revista Crítica de Derecho Inmobiliario, 98*(793), 2886-2908.

286 Vid. Comunicación de la Comisión Europea "Hacia un marco más moderno y más europeo de los derechos de autor".

287 Vid. Peguera Poch, M. (2018). La exoneración de responsabilidad por infracción directa en la Directiva de derechos de autor en el mercado único digital. *Actas de derecho industrial y derecho de autor,* (39), 229-249.

No obstante, tengamos en cuenta que, como bien señaló el profesor Peguera Poch la normativa de propiedad intelectual no es la solución a este problema. Él señala como solución el fin de la política del puerto seguro que se articula de forma indirecta en los Artículos 17 de la DDAMUD y 73 del RDL 24/2021, pero a ello debemos añadir la intensa regulación mediante obligaciones de conducta que han introducido tanto el Reglamento de Mercados Digitales como el Reglamento de Servicios Digitales.

Los derechos de simple remuneración asociados a la gestión colectiva obligatoria o un sistema de licencias más amplio son una solución eficiente para el funcionamiento del mercado. Sin embargo, los Artículos 17 de la DDAMUD y 73 del RDL 24/2021 aspirando a ser una solución con efectos equivalentes, se han quedado cortos, pues siguen confiando en la buena voluntad de los participantes del mercado. Al no establecer una obligación de conceder licencias, la aparición de amenazas competitivas que presionen a los titulares de derechos para adaptarse a las necesidades de los demás se ve limitada.

Ya tenemos ejemplos en los que el legislador ha optado por sistemas de gestión directamente vinculados a reglas de responsabilidad, principalmente donde el titular de derechos no puede controlar directamente la explotación de su contenido. Es el caso, por ejemplo, de la retransmisión por satélite o por cable, donde no existe un derecho exclusivo, sino un derecho de mera remuneración[288] regulado en la Directiva (UE) 2019/789 del Parlamento Europeo y del Consejo, de 17 de abril de 2019, por la que se establecen normas sobre el ejercicio de los derechos de autor y derechos afines aplicables a determinadas transmisiones

---

288 Para más información, Vid. López Maza, S. (2017). Artículo 36. En Bercovitz Rodríguez-Cano, R. (Dir.). *Comentarios a la ley de propiedad intelectual.* Tecnos, Madrid.

en línea de los organismos de radiodifusión y a las retransmisiones de programas de radio y televisión, y por la que se modifica la Directiva 93/83/CEE.

No obstante, no deberíamos aceptar que los derechos de simple remuneración solamente tengan cabida cuando el titular no tenga la capacidad material de control directo. En España tenemos un ejemplo de sustitución *ex lege* de la asignación de derechos cuando había capacidad de control el derecho de remuneración que se implantó en el año 2010 con el Artículo 32.2.2º del TRLPI por la utilización de las obras periodísticas en agregadores de prensa. Su significado era muy importante, pues el legislador intentaba darles más poder de negociación a los editores de prensa, titulares de un derecho exclusivo, frente a los grandes agregadores de contenidos[289], principalmente Google. El legislador era consciente de que, si tenían que asumir una negociación, el desequilibrio de poder dejaría a los titulares de derechos en una posición precaria. Ahora bien, el efecto no fue el esperado, dado que Google anunció que abandonaba el mercado español ante esta situación, luego los titulares se quedaron sin remuneración de igual manera. El RDL 24/2021 ha eliminado este derecho de remuneración y lo ha sustituido por un derecho exclusivo de los editores de prensa configurado en el Artículo 129 bis del TRLPI. De nuevo, volvemos a un sistema de derechos exclusivos que, primando la negociación, no sabemos muy bien qué efectos va a tener en la práctica dada la disparidad en las posiciones de negociación.

---

289 Vid. Pauner Chulvi, C. (2022). Sobre la compleja relación entre los medios de comunicación y las plataformas tecnológicas. Google news y los derechos de autor en el entorno digital, *Revista de Derecho Político,* N.º 115, septiembre-diciembre, 2022, 45-72 y Arnau Moya, F. (2016). Los derechos patrimoniales de autor y sus límites. En *La propiedad intelectual en la era digital* (pp. 49-83). Dykinson.

II. UNA NUEVA ASIGNACIÓN DE DERECHOS

El objetivo principal de este cambio de paradigma es abandonar un enfoque individualista para tener una visión colectiva del mercado. No debemos centrarnos en la satisfacción de los intereses individuales en cada una de las transacciones, sino en cómo las transacciones realizadas en el mercado permiten consolidarlo en el medio y largo plazo.

Hemos visto que la asignación de derechos vigente no permite conseguir este objetivo. Lo cierto es que la elevada cantidad de participantes nos lleva a una dilución del coste que tiene la desaparición del mercado entre los distintos operadores, luego las ganancias que pueden tener en el corto plazo compensan las pérdidas. Por lo tanto, se favorece un comportamiento individualista de los operadores en contra de una consolidación del mercado que permita un mayor aprovechamiento para todos los participantes.

A ello debemos sumar el comportamiento de los operadores más poderosos, que no está marcado por la interdependencia, sino por consolidar y aumentar su poder para conseguir un mayor retorno en las transacciones. De esta forma, con el advenimiento de la economía digital nos estaríamos abocando a una situación de crisis de modelo en la que los intereses particulares de algunos operadores terminan por monopolizar el funcionamiento del mercado y no dan lugar a que otras personas puedan ver sus intereses satisfechos.

La solución que podemos proponer consiste en flexibilizar los derechos exclusivos para tratar de modificar el sistema de incentivos vigentes y de condicionar el comportamiento de los operadores presentes en el mercado. Lo que buscamos con esta reforma es conseguir más interdependencia en la toma de decisiones, limitando el radio de actuación de algunos individuos para proteger la libertad de todos los participantes, incluida la suya propia si en un futuro se vieran en otra situación. Como señalamos en páginas anteriores, la verdadera garantía de la libertad individual y, en consecuencia, de la libertad colectiva, es que cualquier individuo tenga en su poder la capacidad de influir en el comportamiento del resto para que siempre respeten sus intereses legítimos y no cometan abusos. Esto solamente lo podemos conseguir con una flexibilización de los derechos exclusivos, ya sea a través de los límites asociados a derechos de remuneración o mediante derechos de gestión colectiva obligatoria.

La interdependencia, hasta ahora, se ha visto frustrada por un exceso de dependencia de unos operadores (los usuarios finales y profesionales que quieren desarrollar nuevos modelos de negocio) frente a los titulares de derechos de propiedad intelectual, sus cesionarios y los intermediarios de la sociedad de la información convertidos en nuevos *gatekeepers*.

La introducción de unas reglas más flexibles en materia de derechos exclusivos y límites nos permitirían "liberalizar", siquiera parcialmente, la explotación de los derechos de propiedad intelectual y facilitaría que la entrada de nuevos operadores condicionara el comportamiento de los titulares de derechos, sus cesionarios y los intermediarios de la sociedad de la información. En definitiva, tendríamos más amenazas competitivas para que el desarrollo de las transacciones fuera positivo para todos los participantes, consolidándose en el medio y largo plazo.

III. UN ENFOQUE UTILITARISTA O PRO-COMPETITIVO. ¿FACILITAR LAS TRANSACCIONES?

El planteamiento realizado en el apartado anterior parece complicado de visualizar porque cada sujeto que interviene en este mercado acude para satisfacer sus intereses particulares. Ahora bien, el único interés que debería prevalecer sobre los demás es el del mercado. Podríamos pensar que estamos ante una contradicción, pero, aunque el mercado es una institución independiente con sus intereses propios y diferenciados, no es un grupo como los demás, pues los aglutina a todos ellos. Además, su interés propio es que se produzcan transacciones de tal forma que su vida se alargue el mayor tiempo posible. De esta forma, no puede perseguir mayores cuotas de poder para obtener más ingresos precisamente porque los beneficios revierten en toda la sociedad, que ve incrementado su bienestar general. Por el contrario, la satisfacción de sus intereses depende en exclusiva de que todos los participantes tomen decisiones que le beneficien.

En este sentido, debemos plantear una forma de que todos los grupos tengan la posibilidad de satisfacer sus intereses si su conducta puede ser calificada como adecuada. Para entender que una conducta es adecuada debemos regirnos por el principio básico planteado en el párrafo anterior, que el mercado sobreviva en el medio y el largo plazo en armonía, garantizando la convivencia humana pacífica. Para ello se requiere que ninguno de los operadores tenga más poder que los demás sobre el desarrollo de las transacciones. Es esencial que la estrategia de asignación de derechos sea efectiva, de tal forma que se proteja el interés de quien más lo necesita y garanticemos que el derecho tiene unos límites diseñados para que no se pueda usar para unos fines que no sean los previstos a la hora de diseñarlo.

1. Asignación de derechos

La asignación de derechos es una manera de plantearse la creación legislativa ajena a la tradicional. Se acerca más a planteamientos económicos sobre la necesidad de proteger ciertos intereses beneficiosos para el interés general. De esta forma, debemos prescindir de los caracteres habituales de justicia, para entrar en el terreno de la necesidad económica. No nos debe importar solamente quién puede ejercitar los derechos en sí mismos, sino, además, cómo podemos evitar que terceros infrinjan estos derechos y causen daños que sean irreparables para la sociedad o que generen más daños patrimoniales. En definitiva, tenemos que diseñar una estrategia de asignación de derechos y de protección de intereses que permita el libre desarrollo de transacciones dirigidas a la consolidación del mercado en el medio y largo plazo.

Los instrumentos jurídicos que nos ofrece la propiedad intelectual para diseñar la asignación de derechos son los siguientes: derechos exclusivos, derechos de gestión colectiva obligatoria, límites y excepciones. Frente a estas instituciones, tenemos hasta cuatro grupos de interés: los autores o titulares originarios de derechos, los titulares derivativos e intermediarios tradicionales, los nuevos intermediarios de la sociedad de la información y los consumidores y usuarios finales. No obstante, tal y como está la situación en la actualidad, sí que podemos hacer una asignación equilibrada, aunque sujeta a constantes tensiones.

Por un lado, los autores y los intermediarios tradicionales ven garantizados sus derechos e intereses mediante los derechos de explotación. Los primeros con la asignación originaria que hace la Ley de Propiedad Intelectual y los segundos con la asignación originaria procedente del mismo texto, en su caso, y por vía derivativa gracias a los contratos de cesión de derechos que concluyen con los autores. Por otro lado, los usuarios profesionales y finales tienen a su disposición el sistema de licencias y los límites para satisfacer sus intereses.

Por lo tanto, tenemos que buscar la forma de diseñar los derechos de explotación y los límites de tal forma que puedan satisfacer las necesidades e intereses de todos los participantes del mercado y conseguir que con ellos ninguna de las partes tenga más poder del estrictamente necesario para garantizar un buen funcionamiento del mercado y una adecuada distribución de la riqueza que permita la consolidación de los operadores y, en consecuencia, del propio mercado en el medio y largo plazo.

2. *Estrategias de protección de intereses*

En las páginas precedentes, hemos planteado la necesidad de flexibilizar los derechos exclusivos para favorecer la consolidación del mercado, pero debemos concretar mejor esta propuesta. La configuración actual de los derechos exclusivos se fundamenta en una dicotomía[290] entre las reglas de propiedad o derechos de exclusión y control preventivo y las reglas de responsabilidad, que en nuestro derecho se han traducido en derechos de remuneración de gestión colectiva obligatoria y límites remunerados. Esta dicotomía no se ha planteado de forma equitativa, sino con una prevalencia de las reglas de propiedad, algo que debería cambiar. No obstante, conviene detenerse en ellos para saber en qué consiste cada una de estas categorías.

---

290 Vid. Calabresi, G., & Melamed, A. D. (1972). Property rules, liability rules, and inalienability: one view of the cathedral. *Harvard law review*, 1089-1128, donde el autor pone de manifiesto la posibilidad de elegir entre tres fórmulas para proteger intereses jurídicos: las reglas de propiedad, las reglas de responsabilidad y las reglas de inalienabilidad. No obstante, teniendo en cuenta el objeto de nuestro estudio, solamente nos vamos a centrar en las dos primeras, ya que la última, las reglas de inalienabilidad no tienen cabida en los mercados culturales más allá de los derechos morales de los autores que quedan fuera del alcance de nuestros objetivos.

1.1. Regla de propiedad

Las reglas de propiedad son un instrumento jurídico muy apropiado para la protección de intereses en el mundo físico, dado que el titular controla la explotación del objeto. Sin embargo, no podemos perder de vista que el *corpus mysticum* propio de las creaciones intelectuales carece de materialidad alguna. Esta circunstancia tenía antes una solución sencilla, pues todas las formas de explotación estaban vinculadas a la utilización de copias materiales. Por lo tanto, se producía una suerte de metonimia jurídica y se sustituía la obra por las copias de la misma. No obstante, una vez que entramos en el entorno digital el presupuesto de hecho decae, dado que las copias son intangibles y solamente se puede ejercitar una posesión mediata, es decir, sirviéndose de medios técnicos controlados por terceros.

No obstante, la asignación de derechos de propiedad va mucho más allá del control exclusivo, pues son la forma en la que se estructuran las transacciones en los mercados. La definición más básica a estos efectos la encontramos en la obra de CALABRESI y MELAMED (1972)[291], que nos indican lo siguiente:

> *An entitlement is protected by a property rule to the extent that someone who wishes to remove the entitlement from its holder must buy it from him in a voluntary transaction in which the value of the entitlement is agreed upon by the seller.*[292]

---

[291] Vid. Calabresi, G., & Melamed, A. D. (1972). Property rules, liability rules, and inalienability: one view of the cathedral. *Harvard law review*, 1089-1128.

[292] *Un derecho está protegido mediante una regla de propiedad en el sentido de que si alguien quiere quitarle ese derecho a su titular, debe comprárselo mediante una transacción voluntaria en la que el valor del derecho sea acordado con el vendedor* (traducción propia).

En definitiva, se trata de un derecho a autorizar y prohibir la utilización de un determinado objeto, debiendo obtenerse una licencia cuyo contenido se negociará. Son estas licencias las que determinan la existencia del mercado. La asignación de derechos permite la realización de intercambios entre los distintos participantes del mercado, pero debemos plantearnos si las reglas de propiedad son el medio más oportuno para proteger los intereses del mercado cultural.

Las reglas de propiedad tienen un sentido muy evidente cuando existe un riesgo de pérdida del objeto del derecho. No obstante, en materia de propiedad intelectual este peligro es menos relevante. En primer lugar, la pérdida absoluta de un determinado bien material tiene consecuencias irreparables para la sociedad, dado que los posibles rendimientos económicos que se hubieran podido obtener nunca van a volver. No es un valor que pierda únicamente el titular del derecho, sino que todas las transacciones que no se han llegado a producir suponen una pérdida para toda la sociedad, pues estamos ante una riqueza que nunca se va a generar y a repartir. Sin embargo, el agotamiento que se puede producir con la propiedad intelectual no tiene tanta relevancia social. El objeto protegido nunca va a desaparecer, sino que va a permanecer siempre entre nosotros. Cuestión distinta es que su explotación se reduzca con el paso del tiempo, pero está en manos de los interesados remontar la situación.

En segundo lugar, debemos detenernos en las consecuencias que tienen las reglas de propiedad. No se trata de un asunto baladí, ya que conceden un monopolio sobre la explotación de un determinado producto, lo que entra en cierta contradicción con las raíces propias del derecho de propiedad liberal. La razón de ser de las Revoluciones Liberales tiene un componente antimonopolístico muy importante. Así, los derechos y libertades individuales se plantearon como un contrapeso al poder del Estado de tal forma que no todo el poder sobre la vida económica y política residiera en el sector público, sino que tuvieran que convivir con actores privados. Partimos del principio básico de que nadie es libre de equivocarse, sino que hay que evitar que las decisiones de unos no terminen lastrando a toda la sociedad.

No estamos cuestionando que una persona sea la titular de ese interés jurídico que deba protegerse, pero sí el alcance de las facultades que se le otorgan en defensa de esos intereses. Hemos visto en los párrafos precedentes que esa justificación existe en el supuesto de los bienes materiales para conseguir que el coste de la desaparición de los bienes se internalice en la toma de decisiones de los titulares de derechos, algo que sería imposible si hubiera un grupo indefinido de personas tomando dichas decisiones.

El principal efecto jurídico que tiene la implantación de un monopolio, tanto en la utilización de soportes materiales como de soportes digitales, es la creación de escasez artificial. Las obras intelectuales son bienes públicos, dado que tienen un consumo no rival y no excluyente. De esta forma, la implantación generalizada de una regla de propiedad pretende establecer ese consumo excluyente, algo que solamente beneficia a los titulares de derechos al permitirles acudir al precio de monopolio.

A pesar de las buenas intenciones, la regla de propiedad no les beneficia tanto como se pretendía. El poder de negociación de los intermediarios, ya presente en la promulgación del Estatuto de la Reina Ana, no proviene únicamente de los derechos de propiedad que se les asignaban, sino de la condición de *gatekeepers* que tenían como titulares de los medios materiales para la fabricación de copias. Así, los autores pudieron mejorar su situación económica porque ahora los intermediarios tenían que pagar una licencia, pero no se alteró la fuente del poder de negociación de los participantes, sino que se mantuvo y se consolidó. Por lo tanto, las consecuencias de la regla de propiedad fueron limitadas y lo siguen siendo hoy en día.

Ante esta estrategia de protección de intereses, debemos preocuparnos por cómo afecta al resto de participantes. En el caso de los intermediarios tradicionales no tenemos ningún problema, de hecho, les favorecen profundamente. Estos operadores económicos tienen un gran poder por ser uno de los principales *gatekeepers* del mercado analógico y un actor esencial de los mercados digitales ya que son los encargados de la comercialización primaria de los productos culturales. A estos intermediarios les ha terminado pasando lo mismo que a los creadores con la implantación del Estatuto de la Reina Ana, el reconocimiento de derechos no les da tanta influencia en el mercado como ellos querrían. El motivo es el mismo, pues los derechos de propiedad por sí solos no garantizan una posición jurídica. Los intermediarios tradicionales han tenido que permanecer impasibles ante el rápido crecimiento de los usuarios profesionales tecnológicos, que han conseguido consolidarse en el mercado como uno de los principales actores gracias a la titularidad de medios de producción.

El caso de los usuarios profesionales nos lleva a la parte contraria del tablero, dado que tal y como está planteada la estructura del mercado, los derechos de propiedad suponen un obstáculo al desarrollo de sus modelos de negocio. Estos operadores quieren una visión más abierta del mercado, pues pretenden proporcionar más posibilidades de acceso a los productos. Su finalidad no es que se consuman más obras, sino generar un mayor tráfico en la red que les permita captar un mayor número de usuarios que, al mismo tiempo, generen cada vez más volumen de transacciones virtuales en sus plataformas; es decir, la generación de efectos de red sistémicos.

Por lo tanto, debemos ser capaces de separar el mercado de contenido, en el que operan los autores como creadores de contenido y los intermediarios tradicionales como asistentes técnicos de la creación y como comercializadores del contenido, del mercado de plataformas o de infraestructuras técnicas en el que operan exclusivamente los intermediarios de la sociedad de la información.

Existe un paralelismo evidente con los intermediarios tradicionales, que controlan una estructura analógica necesaria para la producción y distribución de obras, una tarea que continúa al operar en un campo más amplio que el de los productos culturales. En este contexto, las reglas de propiedad son un obstáculo para el desarrollo de su modelo de negocio al tener que pedir autorización y, en su caso, abonar una licencia por la explotación de las obras.

Sin embargo, este malestar únicamente se produce con los modelos de negocio creados por los autores y los intermediarios tradicionales. Por el contrario, los intermediarios de la sociedad de la información abrazan el modelo de protección del software como derechos de propiedad y de los secretos comerciales para su propia actividad como algo natural y necesario para remunerar su esfuerzo.

La situación de los consumidores frente a las reglas de propiedad es quizás la más ambigua de todas. En su condición de consumidor, el hecho de que cambiemos la regla de propiedad por una de responsabilidad no les afecta directamente en su posición. Ahora bien, la estructura económica que resultaría del cambio sí les beneficiaría al tener a su disposición una mayor cantidad de ofertas entre las que elegir y estar presentes unas amenazas competitivas que podrían dar más importancia a sus intereses.

Ahora bien, cuando hablamos de la faceta de los consumidores como sujetos que interactúan con el contenido, el relato debe cambiar radicalmente. Una de las dificultades que plantea la sociedad de la información como agente de cambio social es que algunas categorías se diluyen radicalmente. Los consumidores ya no son meros sujetos pasivos de los mercados culturales, sino que ahora desempeñan un papel activo. Cuando los consumidores adoptan este rol activo, la estrategia de protección mediante derechos de propiedad sí que les afecta directamente al no poder interactuar de ninguna manera con el contenido si no cuentan con la autorización expresa del titular de derechos. Sin embargo, a diario vemos como en las redes sociales se crea contenido a partir de creaciones anteriores sin autorización y simplemente se tolera. Esto ha permitido abrir un mercado que se encuentra al margen de la explotación ordinaria de las obras. Aquí los consumidores discuten sobre el contenido de las obras, idean y especulan sobre su futuro, sobre la historia que cuentan, hacen creaciones derivadas, etc. Quizás podríamos denominar este mercado como el arte fan, vinculado al fenómeno *fandom*.

Por último, debemos valorar cómo la estrategia de las reglas de propiedad condiciona la evolución de nuestro ordenamiento jurídico. Los cambios tecnológicos son imparables y cada vez más rápidos. Como consecuencia de estos cambios en la técnica utilizada en nuestra vida cotidiana, nuestra vida cambia, como también lo hacen nuestros hábitos de consumo. La forma en la que los distintos operadores responden a estas alteraciones del entorno económico en el que tienen que actuar determinará la calidad del funcionamiento del mercado en función de su capacidad para moldearse y sobrevivir en el futuro.

En las páginas precedentes hemos destacado que uno de los planteamientos iniciales del legislador a la hora de afrontar los cambios en la técnica era el principio de neutralidad tecnológica. Sin embargo, la neutralidad como tal no existe, es un mero deseo del sector público que difícilmente se va a materializar. Todos los operadores toman partido al elegir sus estrategias de negocio. Si la neutralidad tecnológica fuera real, las nuevas posibilidades de explotación que han traído los modelos de negocio asociados a ellas no serían un problema para los operadores actuales. Sin embargo, a la vista está que ese no es el mundo en el que vivimos, pues la falta de neutralidad ha creado fuertes choques con las estrategias de negocio definidas por los operadores ya instalados en el mercado que no quieren modificar sus patrones de conducta por los elevados costes que ello tendría y por el riesgo que acarrea, aunque la decisión de no cambiar su comportamiento no siempre va a ser una opción.

Las reglas de propiedad pueden suponer un obstáculo importante para el desarrollo de estos cambios. La decisión de frenar la innovación puede estar justificada e, incluso, ser positiva para el funcionamiento del mercado. No podemos caer en un sistema que traiga cambios por el mero hecho de cambiar. El objetivo del sector público debería ser garantizar el nivel máximo de interdependencia en el mercado y la existencia de amenazas competitivas para que cuando un cambio sea positivo para el conjunto del mercado, sin que haya operadores que puedan frenarlo de forma egoísta.

Ahora bien, ese freno a la innovación técnica, económica y social puede estar justificado. En este sentido, podemos acudir a Robert Schumann, Ministro de Asuntos Exteriores de la República Francesa en el año 1950, en el albur de la creación de la Comunidad Económica del Carbón y del Acero, uno de los entes que componen lo que hoy conocemos como Unión Europea, quien en su Declaración de 9 de mayo de 1950 pronunció las siguientes palabras:

> *"Europa no se hará de una vez ni en una obra de conjunto: se hará gracias a realizaciones concretas, que creen en primer lugar una solidaridad de hecho".*

La principal conclusión que debemos extraer de estas sabias palabras es que los cambios sociales deben hacerse poco a poco, dado que los cambios radicales suelen traer consecuencias negativas, sobre todo porque no da tiempo a reaccionar. Así, un cambio sosegado y reflexionado es la principal garantía de la convivencia humana pacífica.

Si bien es cierto que este planteamiento es notablemente loable y cargado de mucha sabiduría, lo que no termina de estar claro es si el bastón de mando debe estar en manos de los titulares de derechos. Estaríamos dejando las decisiones sobre la evolución de un mercado en poder de un grupo que no representa a la totalidad del mercado. Ahora bien, las reglas de propiedad no son incompatibles con la interdependencia siempre que estemos en un sistema de pesos y contrapesos que establezca amenazas competitivas.

Por lo tanto, pese a que los derechos de propiedad, bien asignados, pueden ser un instrumento importante y efectivo para corregir determinadas desigualdades, debemos ser conscientes de sus limitaciones para poder atajar el resto de los problemas que acarrea esta posición de poder. Así, debemos establecer las medidas oportunas para garantizar que las decisiones sobre la transformación del mercado se tomen en beneficio de todos los operadores y del mercado.

2. Regla de responsabilidad

Las reglas de responsabilidad son otra forma distinta de tutelar los intereses de los participantes del mercado y, en consecuencia, de estructurar su funcionamiento. La diferencia esencial con las reglas de propiedad es la ausencia de *ius prohibendi,* de tal forma que cualquiera pueda utilizar la obra o prestación protegida abonando una remuneración. Por ello, los titulares de derechos no tienen la capacidad de condicionar el funcionamiento del mercado de una manera tan intensa, lo que plantea un escenario incierto. Para entender este cambio de paradigma debemos tener en cuenta que la explotación se canaliza cada vez más a través del entorno digital. Esto supone que el poder de exclusión es más complicado y, sobre todo, menos efectivo.

Estas reglas de responsabilidad no son una figura ajena a nuestro ordenamiento jurídico *iusautoral* al estar presentes, aunque sea de forma marginal[293]. Esta circunstancia debe llevarnos a reflexionar sobre la idoneidad de este mecanismo de sustitución de reglas de propiedad por otras de responsabilidad en casos concretos para organizar el mercado de forma general. A este respecto, debemos señalar que una posibilidad nada descartable es que la regla de responsabilidad sea útil únicamente en determinados supuestos, pero no para la organización de todo el mercado. Las reglas de propiedad funcionaron durante un tiempo porque satisfacían las necesidades de los participantes del mercado. En el mundo digital las circunstancias, las necesidades de los operadores y los patrones de consumo han cambiado radicalmente. Por lo tanto, ante situaciones distintas no podemos ofrecer soluciones iguales.

---

293 Vid. Kur, A., & Schovsbo, J. (2011). Expropriation or fair game for all? The gradual dismantling of the IP exclusivity paradigm. In *Intellectual Property Rights in a Fair World Trade System.* Edward Elgar Publishing. En este texto, los autores ponen de manifiesto que los denominados derechos de mera o simple remuneración están entre nosotros desde hace bastante tiempo y los resultados han sido positivos. Además, debemos destacar que hay casos de gestión colectiva voluntaria, que en la práctica suponen adoptar el mismo esquema de funcionamiento del mercado y también han dado un resultado beneficioso para el bienestar general, adaptando la necesaria remuneración de los titulares a las circunstancias del mercado y a las necesidades del resto de operadores.
En el mismo sentido, Vid. Gervais, D. (2016). Extended Collective Licensing. A Significant Contribution to International Copyright Law and Policy en Rosen, J. *Liber Amicorum,* p. 319.
A contrario, otros autores señalan que, ante la ausencia de precios de monopolios únicamente posibles ante una regla de propiedad, los titulares de derechos estarán infrarremunerados. En este sentido, Vid. May, R. J. y Cooper, S. (2020). *Modernizing Copyright Law for the Digital Age. Constitutional Foundations for Reform.* Durham, North Carolina: Carolina Academic Press p. 97.

La generalización de las reglas de responsabilidad en el mercado tendría importantes consecuencias para su estructura. En primer lugar, para los autores realmente no supone un cambio tan sustancial como cabría pensar. No podemos olvidar que, para la explotación de sus obras, primero deben ceder sus derechos económicos a terceros que van a diseñar la estrategia de comercialización, luego no tienen la capacidad de diseñar la estrategia de explotación. Sin embargo, aunque no les quita poder de decisión sobre la estrategia comercial, sí que tiene capacidad para debilitar su posición negociadora respecto a los intermediarios que sí van a diseñar la estrategia de comercialización porque tienen menos que ofrecer a los intermediarios tradicionales, dado que ya no les pueden dar un derecho exclusivo a autorizar y prohibir. Estas circunstancias nos deben hacer reflexionar sobre las consecuencias directas que pueden tener para los autores relajar el derecho de propiedad estableciendo una regla de responsabilidad a favor de los usuarios en casos concretos.

Por lo tanto, habría que analizar en detalle si esta potencial disminución del valor de los derechos se compensa con la configuración de los derechos de remuneración. Ante esta situación, debemos plantearnos la siguiente pregunta, ¿de dónde obtienen la remuneración los titulares de derechos? El hecho de que los contratos de cesión de derechos dejen de ser necesarios no significa que las relaciones entre los autores y los intermediarios vayan a desaparecer. Debemos recordar que el principal interés que existe en la vinculación entre estos dos operadores no es la cesión de derechos, sino la realización de copias para llevarlas a los consumidores. Esta es una tarea que podrían seguir realizando, aunque el contexto y la estructura económica del mercado sean distintas. De hecho, este tipo de relaciones ya existían incluso cuando los autores no tenían derechos de autor, sino que el privilegio para la impresión lo tenían los propios intermediarios. El principal obstáculo que nos vamos a encontrar es que la falta de control sobre la explotación haga menos interesante este mercado.

No obstante, el hecho de que los intermediarios tengan una menor recaudación debido a este cambio de paradigma y, en consecuencia, una menor influencia sobre la remuneración de los autores no significa que esta se vaya a perder. Muy al contrario, la regla de responsabilidad implica que la influencia sobre la remuneración recaiga sobre más personas, fomentando la interdependencia. El operador al que le correspondería la obligación de remunerar a los autores serían los usuarios comerciales de contenidos.

Ahora bien, debemos plantearnos si dar más influencia a estos dos grupos es algo positivo o no para el buen funcionamiento del mercado. Si conseguimos que ninguno de los grupos tenga un poder preeminente, sino que esté dividido entre todos, los problemas que pudieran surgir se podrían reducir, generando valor y garantizando un retorno justo para todos los participantes. No obstante, debemos ser conscientes de lo difícil que será conseguir este objetivo.

En segundo lugar, los intermediarios tradicionales se verán más afectados por el establecimiento de una regla de responsabilidad, dado que elimina la capacidad de ejercer un control preventivo. Ahora bien, el control juega un papel esencial en la configuración de los modelos de negocio de los intermediarios, pues les permite condicionar el desarrollo de las transacciones y, en consecuencia, el funcionamiento del mercado.

Ante esta situación, debemos plantearnos si al carecer de esta red de seguridad que supone la explotación exclusiva y la capacidad de control preventivo, el mercado va a dejar de ser atractivo para los intermediarios. Tenemos algún ejemplo que nos podría servir de referencia, como es el caso del mercado de la música, en el que la explotación en establecimientos de restauración, establecimientos comerciales, etc. se gestiona de forma colectiva mediante las entidades de gestión y no hay una capacidad de control tan exhaustiva. A la vista está que ese sistema no ha acabado con la industria editorial musical y discográfica, que pese al embate de la piratería en la primera década del siglo XXI ha sobrevivido, entre otros motivos, gracias a su profunda transformación digital. No obstante, sí debemos señalar que en el momento en el que han tenido la oportunidad de acoger el modelo de explotación exclusiva, no lo han dudado. Es el caso de las explotaciones digitales, que sí están sometidas a una regla de propiedad. A pesar de ello, siempre nos queda la duda de si esta conducta se produce por propia necesidad de supervivencia o por el afán inherente a todos los operadores de dominar el funcionamiento del mercado.

El hecho de que los intermediarios carezcan de este poder de exclusión tiene una parte positiva. Al no tener el monopolio sobre la explotación de la obra pueden surgir nuevos operadores económicos que planteen nuevas estrategias de comercialización que se adapten mejor a las necesidades de los autores y con ello presiones competitivas que fomenten la interdependencia. Además, al reducir el poder de los intermediarios, el filtro de acceso al mercado que ejercen se verá debilitado, permitiendo salir de ciertas dinámicas de poder que pueden llegar a ser tóxicas y endogámicas por la necesidad de jugar sobre seguro y no asumir determinados riesgos al apostar por productos demasiado novedosos.

También debemos presentar los puntos débiles de este planteamiento. Por un lado, el nacimiento de una pluralidad de operadores que compiten entre sí para satisfacer las necesidades de los consumidores implica un mayor consumo de recursos escasos que no siempre van a aprovecharlos de forma eficiente. El proceso de competencia en el mercado es un proceso de lucha por la supervivencia, luego algunos de estos no van a sobrevivir a esta selección natural y todos los recursos invertidos en construir esta amenaza competitiva podrían haberse perdido[294]. Ante esta situación, debemos plantearnos la elección entre un modelo en el cual tenemos una mayor incertidumbre sobre la viabilidad de los modelos de explotación de las obras frente a otro que al no ofrecer alternativas proporcionen menos inseguridad.

Por otro lado, uno de los aspectos positivos que planteábamos anteriormente se puede volver en nuestra contra. El hecho de que haya más operadores hace que los filtros de calidad se relajen porque cada operador pretende llegar a un público determinado, luego tiene más seguridad sobre el posible éxito o fracaso de su producto. Esta circunstancia la hemos visto muy claramente con el auge de las redes sociales, donde al reducir el filtro de los intermediarios mucha más gente puede acceder al mercado presentando productos de menos calidad de la que se producía anteriormente, con posibles perjuicios para el desarrollo del mercado y para el bienestar general[295]. No obstante, no debemos priorizar criterios de este tipo, dado que, si

---

294 No todos los costes quedarían en saco roto, dado que, pese a que el modelo de negocio no haya sido exitoso, quizás algunas partes sí puedan ser aprovechadas por el resto de los competidores, o el modelo en sí parta de ideas potencialmente exitosas pero que hayan sido mal ejecutadas o ejecutadas en el momento erróneo. De esta forma, por lo menos una parte de la inversión beneficia al interés general.

295 Un buen ejemplo lo encontramos con la industria editorial-periodística y la aparición de redes sociales, donde la opinión y la información ya no pasa necesariamente por filtros de periodistas profesionales, sino que cualquiera puede presentar su opinión o información libremente. Evidentemente, tiene un punto positivo, el incremento de la competencia obliga a esforzarse más a los operadores ya existentes y a pensar mejor qué tipo de información quieren dar. No obstante, también tiene una perspectiva muy negativa, dado que permite que opiniones no informadas y

hay un mercado para estos productos culturales, estos deben ser creados y comercializados.

Por último, el hecho de que introduzcamos más competencia en el mercado necesariamente va a reducir los márgenes de beneficio empresarial, comprometiendo la viabilidad económica de algunos participantes. A esto debemos añadir que los titulares de derechos ya no pueden imponer un precio de monopolio por sus prestaciones, lo que les otorga una importante ventaja competitiva en la fijación de precios. Por el contrario, ahora solamente podrán competir por sus propios méritos y por la percepción directa que los destinatarios tienen de sus productos. Esta circunstancia, por sí sola, no es necesariamente negativa, significa que los operadores que no pueden satisfacer las necesidades de los consumidores se ven expulsados del mercado gracias al proceso competitivo. Si bien estamos ante un aspecto positivo, puede suponer que el atractivo principal de este modelo, la participación de más operadores, se vea frustrados[296].

---

poco profesionales lleguen al resto de la sociedad, distorsionando el debate público.

296 Hay autores que han planteado con más o menos fundamento la posibilidad de que este modelo produzca una infrarremuneración de los distintos participantes del mercado. En este sentido, Vid. May, R. J. y Cooper, S. (2020). *Modernizing Copyright Law for the Digital Age. Constitutional Foundations for Reform.* Durham, North Carolina: Carolina Academic Press p. 97. El problema que plantea esta publicación es que no da argumentos sólidos que prueben la realidad de dichas pérdidas económicas y que, de producirse, tendrían un efecto significativo en el funcionamiento del mercado.
Los autores, como la citada en el párrafo anterior, normalmente se refieren a la participación de los autores en labores creativas, pero podemos extenderlo perfectamente a los intermediarios tradicionales, que si no ven un atractivo suficiente en este mercado, dedicarán sus recursos a otras actividades.

En tercer lugar, la posición de los usuarios profesionales y comerciales mejoraría notablemente con la implantación de una regla de responsabilidad. Ya no necesitarían negociar autorización para la explotación de obras y prestaciones, sino que bastaría con abonar la correspondiente licencia. No obstante, debemos valorar si este cambio es positivo para el equilibrio en el mercado.

Los usuarios profesionales, buscan conseguir una posición predominante que le permita obtener un mejor resultado de las transacciones. Esta actitud no es contraria a derecho, pero sí debería levantar ciertas sospechas para el legislador. En este sentido, otorgar más libertad de actuación a estos intermediarios no va a redundar necesariamente en un mejor funcionamiento del mercado al permitir que se conviertan en un actor aún más poderoso.

Ante esta situación, el gran problema que plantea el establecimiento de una regla de responsabilidad es que no tiene contrapesos fuertes y efectivos frente a la actuación de los intermediarios de la sociedad de la información. Esta forma de introducir flexibilidad en el funcionamiento del mercado les beneficia directamente y supone un gran contrapeso frente a la actuación de los autores y de los intermediarios tradicionales, pero no nos permite corregir los posibles abusos que puedan cometer estos usuarios comerciales.

Podemos corregir esta situación adoptando medidas que condicionen su comportamiento, pero no las vamos a encontrar en la propiedad intelectual sino en la regulación de la tecnología, algo a lo que tradicionalmente el legislador se había negado[297],

---

[297] En este sentido, el Artículo 15 de la Directiva 2000/31/CE de Comercio Electrónico establece uno de los principios fundacionales de la normativa sobre tecnología en el marco del derecho de la Unión Europea, el principio de neutralidad tecnológica. Pese a que este precepto tiene un alcance limitado, al impedir que el legislador imponga a los intermediarios de la sociedad de la información la obligación de

aunque parece que esta situación ha llegado a su fin con los Reglamentos de Mercados Digitales y el de Servicios Digitales.

En cuarto lugar, la posición de los consumidores tendría visos de mejorar notablemente, pues la introducción de más flexibilidad en el sistema facilitaría un incremento de la cantidad de

---

sistemas de supervisión de infracciones legales, ya sean de propiedad intelectual o de cualquier otro tipo (reglamentación del sector audiovisual en general en materia de prevención del terrorismo, la trata de personas o protección de menores), la regla que subyace en esta norma es que el sector público no puede imponer un determinado comportamiento a los distintos operadores técnicos porque ello iría en contra de la libertad de empresa que consagra la Carta de Derechos Fundamentales de la Unión Europea y pondría en juego el principio de neutralidad tecnológica (en este sentido, Vid. Sentencia del Tribunal de Justicia de la Unión Europea de 24 de noviembre de 2011, As. C-70/10, "Scarlet Extended y SABAM"). El principal problema ha llegado cuando el sector público se ha dado cuenta de que el principio de neutralidad tecnológica solamente se lo ha creído él y nos las empresas tecnológicas que en ningún momento han guardado esta pretendida neutralidad. Muy al contrario, han impuesto su propia forma de ver el mundo y las relaciones comerciales al resto de operadores del mercado sin ningún tipo de consenso democrático.
Tengamos en cuenta que el Artículo 17 de la DDAMUD y el Artículo 73 del RDL 24/2021 modifican sustancialmente este régimen de responsabilidad de estos intermediarios de la sociedad de la información, afirmando que realizan un acto de comunicación al público del que pueden eximirse en determinadas situaciones.
En este sentido, Vid. López Richart, J. (2018). Un nuevo régimen de responsabilidad para las plataformas de almacenamiento de contenidos generados por usuarios en el mercado único digital, *Pe. i.: Revista de propiedad intelectual* (60) y López Richart, J. (2019). Responsables, ma non troppo: las reglas de exención de responsabilidad de las plataformas para el intercambio de contenidos en línea en la directiva sobre derechos de autor en el mercado único digital. En Saiz García, C. y Evangelio Llorca, R *Propiedad intelectual y mercado único digital europeo* (pp. 308-366). Tirant lo Blanch, Valencia.

participantes en el mercado. Al margen del número de ofertas entre las que pueden decidir, debemos plantearnos de qué forma afecta una regla de responsabilidad al poder de los consumidores. En el análisis de los demás operadores del mercado hemos planteado cuestiones sobre el poder de influencia que tienen sobre las transferencias de renta. Sin embargo, no podemos hacer una comparación directa entre el poder que tienen los demás participantes, puesto que los consumidores nunca tienen la iniciativa en el mercado, no son ellos los que diseñan las obras y prestaciones ni sus estrategias de explotación. Su función consiste en esperar a que el resto de los operadores del mercado les presenten sus opciones para que, a posteriori, elijan lo que les satisfaga. Por lo tanto, el poder que atribuimos a los consumidores no debe incrementarse, aunque visto del lado contrario, tampoco reducirse.

No obstante, debemos tener presente las advertencias que hicimos en párrafos precedentes, pues un sistema basado en las reglas de responsabilidad puede tener efectos perjudiciales al tener potencial para reducir la producción de obras originales y la cantidad de intermediarios tradicionales. Estas advertencias no tienen por qué frenarnos en la implantación de una regla de responsabilidad, dado que ello no implica que la situación vaya a estar peor, pero sí debemos decidir qué preferimos: un mercado donde tenemos multitud de operadores que no nos garantizan un buen funcionamiento ni una consolidación del mercado porque únicamente buscan un rendimiento cortoplacista, o menos operadores que se adapten a este nuevo funcionamiento del mercado. Se trata de una elección de política económica que requiere decidir previamente qué modelo de mercado queremos para nuestra sociedad.

En conclusión, la evolución científico-técnica es un fenómeno imparable que el legislador solamente puede intentar condicionar para buscar un equilibrio entre todos los participantes del mercado al propio mercado. Ante estas transformaciones en el entorno en el que se tienen que desarrollar los intercambios, el legislador debe buscar la forma de adaptar el ordenamiento jurídico para que no haya un shock ante variaciones repentinas y radicales. Hasta ahora, la resolución de estos conflictos se ha delegado en los órganos jurisdiccionales[298] cuando esta no era su función, dado que la respuesta que puedan dar al conflicto está necesariamente limitada, el ordenamiento jurídico actual no está pensado para resolver estas cuestiones[299]. De hecho, dar más libertad a los órganos jurisdiccionales para resolver los asuntos no siempre va a ser algo positivo, dado que puede servir para restringir aún más la normativa o llevar a resultados igualmente perjudiciales[300].

---

298 Basta con estudiar las múltiples Sentencias que ha dictado el Tribunal de Justicia de la Unión Europea sobre la aplicación de los derechos exclusivos y los límites a los novedosos cambios tecnológicos.

299 Uno de los ejemplos más recientes es la Sentencia del Tribunal de Justicia de la Unión Europea de 16 de septiembre de 2021 en el Asunto C-410/19, Computer Associates UK Ltd y The Software Incubator Ltd, en la que el TJUE ha tenido que resolver sobre la aplicación de una normativa dictada a mediados de la década de 1980 sobre la distribución de software mediante la descarga de un archivo digital, es decir, sin la presencia de medios materiales. Evidentemente, en aquella fecha, el legislador comunitario no se planteaba que la actividad de un agente comercial pudiera incluir la comercialización de código informático y, mucho menos, que la forma de entregar el producto a los consumidores fuera mediante la entrega de un enlace para la descarga del archivo. Casos como este se han producido en multitud de ocasiones con la aplicación de los límites, cuya configuración legal está pensada para un tipo de mercado que está desapareciendo a marchas forzadas.

300 Vid. Beebe, B. (2008). *An Empirical Study of U.S. Copyright Fair Use Opinions,* 1978-2005, 156 U. PA. L. REV. 549, en el que el autor hace

IV. CONCLUSIONES PRELIMINARES

Ambas estrategias de protección de intereses comerciales plantean serios riesgos para la viabilidad del mercado. Las reglas de propiedad dan demasiado poder a los titulares de derechos de propiedad intelectual, especialmente aquellos que lo son a título derivativo al tener, además, un poder de hecho vinculado a su *know how*, en detrimento del resto de participantes, sobre todo de los intermediarios de la sociedad de la información y los consumidores. Sin embargo, la estrategia basada en una regla de responsabilidad plantea riesgos en el sentido contrario, ya que permitiría a los usuarios comerciales obtener demasiado poder en detrimento de los demás participantes.

Ante esta dicotomía y la necesaria elección entre modelos, debemos tener en cuenta un aspecto adicional, como son los costes de transición de un modelo a otro. La estructura de los mercados culturales se ha construido siempre sobre los derechos exclusivos a autorizar y prohibir la explotación de la obra, estrategia condicionada por la materialidad de los soportes. Sin embargo, un cambio de modelo tan radical cuando la Revolución Digital todavía se está produciendo podría ser contraproducente. El mundo material no ha desaparecido ni tiene visos de desaparecer en un futuro cercano, luego no podemos olvidarnos de golpe las reglas de propiedad.

---

un repaso de las principales resoluciones del Tribunal Supremo de los Estados Unidos de América sobre la utilización de la cláusula *fair use* en materia de derechos de propiedad intelectual. El autor pretende trasladarnos que todas las sentencias se mueven por una serie de patrones comunes que unifican doctrina. Sin embargo, la impresión general tras el análisis de su estudio es precisamente la contraria, dado que el Tribunal se ha apartado de su propia doctrina en multitud de ocasiones sin poder ofrecer una justificación precisa, creando más inseguridad jurídica todavía al no poder confiar en la presencia de reglas generales que sirvan de base para el futuro.

Tampoco podemos ignorar que los marcos teóricos sobre los que se ha construido la conducta de los participantes del mercado están también fundamentados en las reglas de propiedad. Es cierto que las reglas de responsabilidad tienen algunas manifestaciones en nuestro ordenamiento jurídico, pero no son la regla general. Quizás deberíamos trabajar en esta línea e incrementar los supuestos cubiertos por los límites que están asociados a derechos de remuneración o con derechos de gestión colectiva obligatoria, pues, de lo contrario, provocaríamos una disrupción demasiado fuerte en el mercado. La estrategia que más convence sería buscar una combinación de las reglas de propiedad y de responsabilidad que introduzca flexibilidad, para lo que podemos seguir distintas estrategias que desgranaremos en el undécimo Capítulo.

En conclusión, el sistema requiere una estructura más flexible porque no podemos conseguir un mercado estable y viable, expuesto a los continuos vaivenes tecnológicos, en el largo plazo, si damos un poder excesivo a uno de los operadores económicos por encima de los demás. De esta manera solamente conseguiremos la consolidación de los equilibrios en el largo plazo y el nacimiento de graves tensiones en relación con el reparto de la riqueza generada con las transacciones, como la que estamos viviendo en la actualidad. Además, la sociedad evoluciona y los mercados culturales con ella, luego el ordenamiento jurídico tiene que estar preparado para poder dar respuesta a las nuevas necesidades que provocan las nuevas formas de explotación.

PARTE III. LOS LÍMITES VIGENTES. LÍMITES EXTERNOS E INTERNOS

Los procesos históricos nos han llevado a una situación en la que se producen múltiples tensiones entre los participantes del mercado. No estamos ante algo necesariamente malo, pues las tensiones obligan a todos los operadores económicos a reaccionar. Ahora bien, en este caso sí debemos introducir algunos mecanismos de corrección a través del sistema de límites dado que las tensiones suelen afectar en menor medida a los titulares de derechos, sobre todo a los derivativos, lo que les deja en una mejor posición que desequilibra el mercado.

Por esta razón, tenemos que valorar cual es la mejor estrategia para conseguir un equilibrio sin que los incentivos a la participación en el mercado se vean comprometidos. En las páginas precedentes planteamos que la solución más efectiva para reducir estas fricciones pasa por abordar una reforma de los límites añadiendo mayores dosis de flexibilidad al monopolio y tolerando mayores incursiones de terceros en la explotación de las obras, con o sin el pago de una remuneración equitativa. Por este motivo, el núcleo central de esta tercera parte será analizar los límites vigentes y qué tipo de flexibilidad permite el ordenamiento jurídico actual.

Capítulo VIII. Los límites externos

Los límites externos están previstos dentro de la estructura de la propiedad intelectual pero no como límites *stricto sensu*. Es decir, funcionan como elementos estructurales del derecho exclusivo pues delimitan su contenido, aunque no forman parte de la lista exhaustiva de límites y excepciones del Artículo 5 de la DDASI. Pese a la amplitud del concepto "límite externo", nos vamos a centrar en el abuso de derecho, cuyo contenido en absoluto es accidental y cumple una función concreta en el sistema de propiedad intelectual; y en la aplicación del derecho de la competencia y de la doctrina de las infraestructuras esenciales.

I. EL ABUSO DE DERECHO

Este límite no está recogido en el catálogo de límites y excepciones del TRLPI, complementado con el RDL 24/2021, o en el Artículo 5 de la DDASI, y tampoco forma parte de estos textos. Ahora bien, estamos ante una institución de largo recorrido en nuestro ordenamiento jurídico general, pero muy marginada en el marco de los derechos de autor.

En España solamente ha sido utilizado una vez por el Tribunal Supremo en el Asunto Megakini[301], donde se trataba la

---

[301] Este Asunto fue resuelto en apelación mediante la Sentencia de la Audiencia Provincial de Barcelona N.º 317/2008, de 17 de septiembre, y, posteriormente, en suplicación mediante la Sentencia del Tribunal Supremo (Sala Primera) N.º 172/2012, de 3 de abril.
Para más información Vid. Carbajo Cascón, F. (2013). "Flexibilización del derecho de autor mediante límites externos a la normativa específica. El caso Megakini v. Google" en *Actas de Derecho Industrial y Derecho de*

posible infracción de derechos de propiedad intelectual por parte de Google con una de las nuevas funcionalidades ofrecidas por el buscador, una suerte de evolución del servicio de memoria caché. En las dos primeras instancias se discutió sobre la naturaleza y requisitos de la excepción de reproducciones provisionales (Artículo 5.1 DDASI y Artículo 31.1 LPI).

Sin embargo, el conflicto jurídico que trascendió al TS fue la posibilidad que daba Google de acceder mediante un enlace a la copia caché[302] alojada en sus servidores, en lugar de acudir

---

Autor. Tomo XXXIII (2013). Así mismo, Vid. Torremans, P. L. (2011). Fair use for Europe?: private international rather than substantive law, *Actas de Derecho Industrial y Derecho de Autor. Tomo XXXII (2011-2012)*, 369-387.

302 En este sentido, Vid. Peguera Poch, M. (2012). Copyright issues regarding Google images and Google cache; en Lopez-Tarruella, A. (Ed.), *Google and the Law, Information Technology and Law Series 22*, pp. 169-202. TMC Asser Press. El autor expone los problemas que provocan los servicios de memoria caché, en particular el utilizado por Google o Internet Archive para desarrollar sus servicios. En concreto, se refiere a los conflictos con los derechos de autor y, sobre todo, la forma de abordar la responsabilidad civil extracontractual derivada de estas posibles infracciones, ya sea responsabilidad directa o primaria, o responsabilidad indirecta o secundaria.
En su capítulo, el autor también menciona sendos casos iniciados por Blake A. Field ("Field v. Google Inc"., 412 F.Supp.2d 1106 [D.Nev. 2006]) un autor de relatos cortos que demandó a Google como responsable directo o primario por hacer copias en caché de la página web en la que ponía a disposición del público sus creaciones. En este supuesto, el Tribunal entendió que existía una licencia implícita para que cualquier proveedor de servicios de búsqueda en internet realice estas actividades, puesto que existen medidas técnicas suficientes como para oponerse a ello. No obstante, esta resolución podría ser contraria al Artículo 5.2 del Convenio de Berna, que indica que "el goce y el ejercicio de estos derechos no estarán subordinados a ninguna formalidad", puesto que obligaría a los autores a tomar medidas preventivas para proteger sus derechos, algo

al servidor donde se aloja la página web. Así, el demandante consideraba que se estaba haciendo una puesta a disposición no autorizada de su página web y del contenido alojado en esta.

El TS consideró que este servicio tiene como finalidad facilitar el tráfico de contenido online y realmente no tiene una significación económica suficiente como para merecer formar parte del monopolio del titular de derechos. De esta forma, realizó una interpretación integradora de la excepción de reproducciones provisionales, la exención a los intermediarios de la sociedad de la información de servicios de memoria caché (Artículo 13 Directiva de Comercio Electrónico, en adelante, DCE; y Artículo 15 de la Ley de servicios de la sociedad de la información y de comercio electrónico, en adelante, LSSICE) y provisión de enlaces (Artículo 17 LSSICE) tomando los criterios de la regla de los tres pasos (Artículo 5.5 DDASI y Artículo 40 bis LPI) y concluyó que al margen de los límites recogidos en la lista tasada, todo acto de utilización está sometido a los límites naturales del derecho civil, entre los que se encuentra el uso inocuo.

No obstante, el uso marginal de la doctrina del abuso de derecho en la propiedad intelectual no es una cuestión propia de España, sino que se extiende por toda la Unión Europea como consecuencia de la aplicación restrictiva de los límites tan asumida por el TJUE. A pesar de ello, tenemos ejemplos en otros países que han aplicado el abuso de derecho u otras instituciones de igual contenido en sus ordenamientos. Por ejemplo, en Dinamarca su aplicación se ha producido recientemente con la resolución del

---

que este texto pretende evitar. Sin embargo, podemos entender la lógica de esta decisión si tenemos en cuenta que el entorno para el que se promulgó el Convenio de Berna poco tiene que ver con el entorno digital en el que se encuadra esta sentencia.

Asunto Coop Danmark A/S c. K.H. Würtz ved Kasper Heie Würtz (Sentencia del TS de Dinamarca de 18 de diciembre de 2018).

Este asunto aborda el conflicto entre un fabricante de vajilla, al que se reconoció protección por la vía del derecho de autor, que demandó a una cadena de supermercados por utilizar sus creaciones en su publicidad sin haber pedido la correspondiente autorización a su titular. El demandado alegó que la utilización de las piezas en su publicidad era un uso inocuo que de ninguna manera perjudicaba al fabricante al considerar que la vajilla no era relevante en la publicidad (adjuntó como prueba una encuesta a los usuarios del supermercado y únicamente un 2% de estos consideraron que la vajilla había sido relevante a la hora de tomar la decisión de comprar).

Dicho conflicto llegó hasta el Tribunal Supremo de Dinamarca que afirmó que dicho uso era de menor importancia y, por tanto, no constituye infracción de derecho de autor. Sin embargo, el TS de Dinamarca, al contrario que el español, no se salió de los cánones establecidos por el ordenamiento jurídico y, dado que ni en la legislación danesa ni en la legislación europea existe un límite de minimis, sentenció que había una infracción de propiedad intelectual. Por lo tanto, el TS de Dinamarca reconoce la existencia de estos límites externos, pero considera que deben estar incluidos en las normas que regulan la propiedad intelectual para ser directamente aplicables. Esta solución es, cuanto menos, criticable, puesto que la propiedad intelectual no es un compartimento estanco de nuestro ordenamiento jurídico del que se excluya la aplicación de ciertos principios generales del derecho.

Como podemos ver, no se trata de un concepto de derecho comunitario, pero tampoco podemos considerar que el abuso de derecho y el uso inocuo sean ajenos a la jurisprudencia comunitaria, pues el TJUE los ha utilizado, aunque sea de forma indirecta. Así, la aplicación del umbral de minimis en el concepto de público en los actos de comunicación al público[303] (establecido, entre otros, en las SSTJUE de los Asuntos C-135/10, Del Corso, p. 86; C-160/15, GS Media, p. 41; y C-610/15, The

---

[303] Un supuesto curioso fue el que se produjo al hilo del Asunto Renckhoff, también conocido como Asunto Córdoba II en el TJUE (As. C-161/17). En este asunto, un fotógrafo profesional denunció al Land Alemán de Renania del Norte-Westfalia porque en la página web de un colegio público se había publicado el trabajo de una alumna para su asignatura de español en el que se incluía una fotografía de Córdoba que la menor había obtenido del servicio de Google imágenes. Ante esta tesitura, el *Bundesgerichtshof* (Tribunal Supremo Federal civil y pena de Alemania) decidió elevar una cuestión prejudicial al TJUE en la que, en resumidas cuentas, se valoraba la existencia de un agotamiento del derecho de comunicación pública en su modalidad de puesta a disposición interactiva en el ámbito digital, una cuestión parecida a la que ya se planteó en el Asunto Tom Kabinet, donde el TJUE rechazó esta posibilidad (Vid. STJUE de 19 de diciembre de 2019, As. C-263/18). Así las cosas, el TJUE dictaminó que estábamos ante un acto de reproducción y posterior comunicación al púbico que requería de la autorización del titular puesto que estábamos ante una nueva copia de la obra que estaba siendo objeto de explotación. Sin embargo, pese a que el *Bundesgerichtshof* no tenía más alternativa que aceptar la interpretación de la DDASI dictaminada por el TJUE, en su Sentenciad e 10 de enero de 2019 (IZR267/15) decidió aplicarla de una forma *sui generis* y en la práctica utilizó la regla *de minimis* o *ius usus inocui*, al determinar que la indemnización que le correspondía al demandante era de 0€ puesto que no se le había producido ningún daño relevante con el acto de explotación. En definitiva, el *Bundesgerichtshof* creó una nueva forma de aplicar los límites al entender que hay determinados usos de la obra que no provocan ningún daño a sus titulares, luego deberían tener la obligación de tolerarlos en tanto en cuanto producen efectos positivos para el resto de la sociedad. En este sentido, Vid. Ling, P. (2019). Copyright Infringement Confirmed, but No Damages for "Cordoba" Photographer, *The IPKat*, disponible en: https://ipkitten.blogspot.com/2019/07/copyright-infringement-confirmed-but-no.html (consultado por última vez el día 21 de julio de 2022).

Pirate Bay, p. 36) no es otra cosa que la manifestación de que existe una cantidad de público por debajo de la cual ni el ordenamiento jurídico ni las autoridades jurisdiccionales deben preocuparse al no existir un daño relevante a los intereses del autor, planteamiento análogo al *ius usus inocui*.

De la misma manera, podemos encontrar referencias similares a la existencia de usos inocuos que no deben dar lugar a una intervención del sector público en la regulación de la copia privada. En el Considerando 35 DDASI se indica que el derecho de remuneración asociado a este límite no se devenga si el daño causado es mínimo. Tomando esta referencia, la STJUE en el Asunto C-467/08, Padawan indicó en su párrafo 46 que, si el daño es mínimo, puede no dar lugar a la obligación de pagar el canon por copia privada.

El día 3 de junio de 2021, el TJUE dictó una Sentencia muy interesante en el Asunto C-762/19, también conocido como "CV-Online Latvia". En esta sentencia, el Tribunal examinó una decisión prejudicial del Tribunal Regional de Riga, Letonia, sobre la "extracción y reutilización" de contenido de una base de datos. En este caso, se aplicó la doctrina del abuso de derecho de una manera similar al Asunto "Del Corso", introduciendo un nuevo requisito no previsto por la normativa para concretar cuándo existe una infracción de derechos de autor. El nuevo requisito implica que la presunta infracción debe constituir "*un riesgo para la posibilidad de recuperar esa inversión mediante el funcionamiento normal de la base de datos en cuestión*". Una vez más, estamos ante una nueva forma de aplicar la doctrina del abuso de derecho al ejercicio de las facultades del titular de derechos de autor, impidiendo que utilicen su *ius prohibendi* para actividades que no generan daño efectivo o razonable a sus intereses y que tienen como objetivo dificultar la competencia dinámica en el mercado.

Este tipo sentencias del TJUE suponen un avance muy importante, ya que la regla general hasta ahora era que las infracciones no deben medirse sino apreciarse, no pudiendo distinguirse una escala de grises. En ese sentido, el papel del tribunal no es introducir nuevos requisitos, sino aplicar los existentes con independencia de la relevancia que tenga la infracción en la esfera patrimonial del titular de derechos.

Ahora bien, esta manifestación tiene una excepción, pues, en ocasiones, el TJUE ha introducido nuevos requisitos, pero reforzando la protección de los titulares de derechos. No obstante, poco a poco van apareciendo asuntos como Del Corso y CV-Online Latvia donde se rompe esta tendencia. De esta forma, el TJUE asume que existen determinadas acciones por parte de los titulares que suponen un abuso en su derecho al estar reclamando la prohibición de una conducta cuando no les afecta de forma relevante. Lo que han hecho los órganos jurisdiccionales es institucionalizar la función que desempeña la propiedad intelectual en la sociedad. Así, no podemos permitir que los derechos de autor se conviertan en un medio que sirva exclusivamente para proteger a los titulares de derechos, sino que tienen que valer para promover objetivos públicos como la promoción de la creatividad. Esta protección debe cubrir un ámbito objetivo mínimo para proteger los incentivos a la creación, pero nunca más allá. Como podemos ver, estamos ante un debate de muy largo recorrido, puesto que esta discusión ya se planteaba en el siglo XIX con las sucesivas reformas de la normativa de propiedad intelectual en Inglaterra, donde Lord Macaulay[304] pronunció un discurso que podría resumirse en estos términos.

---

[304] Vid. el Discurso pronunciado por Lord Thomas Babington Macaulay en la Cámara de los Comunes el 5 de febrero de 1841, disponible en: https://www.thepublicdomain.org/2014/07/24/macaulay-on-copyright/

En definitiva, este límite externo está presente en nuestro ordenamiento de una forma u otra. No obstante, los órganos jurisdiccionales deberían aclarar cómo quieren aplicarlo, aunque ello requeriría de cierta asistencia legislativa. Debemos tener claro que el objetivo no puede ser establecer una nueva desigualdad, sino permitir que tengan una interpretación amplia para otorgar protección, pero limitando su campo de aplicación cuando ello suponga reducir el derecho exclusivo. Para ello, es necesario cambiar el paradigma según el cual el monopolio es la regla general y los límites deben tener una aplicación restringida. La Revolución Digital nos ha entregado el marco perfecto para cambiar esta forma de entender la propiedad intelectual y, sobre todo, la manera en la que se asignan y estructuran los derechos.

El debate más interesante es la posibilidad de que en un futuro estas excepciones puedan estar en la práctica jurisprudencial pese a no tener un reconocimiento legal expreso. La protección de conductas que generan eficiencias dinámicas[305] y beneficios para el bienestar social bien podríamos considerarlas como subsectores del abuso de derecho.

Para resolver esta cuestión debemos tener en cuenta los siguientes factores. En primer lugar, este tipo de límites, que no son ajenos a nuestro ordenamiento, suponen una transferencia de renta entre un individuo (titular de derechos) y el resto de la sociedad. Es decir, estamos planteando restarle una cantidad que el titular podía esperar como beneficio para trasladarlo a la sociedad. De esta forma, tenemos un posible problema de legitimidad social del límite, puesto que el coste es posible individualizarlo

---

305 Vid. Vid. Marengo, L., & Vezzoso, S. (2006). Dynamic Inefficiencies of Intellectual Property Rights from an Evolutionary/Problem-Solving Perspective: Some Insights on Computer Software and Reverse Engineering. Disponible en: https://ssrn.com/abstract=1358920

en los titulares de derechos, pero el beneficio se diluye dentro de la amplia categoría que es la sociedad. A la hora de diseñar los límites debemos ser conscientes de cómo estamos articulando estas transferencias de renta entre operadores y, sobre todo, cómo podemos evaluar su efecto positivo. Si no podemos valorar si la introducción de un límite realmente responde a su planteamiento inicial, tenemos un grave problema de técnica legislativa.

El sistema de propiedad intelectual que hemos construido a lo largo de los años está basado en el individuo, motivo por el cual estos límites tan abstractos pueden ser vistos con algo de recelo, precisamente, porque no se concreta la persona o grupo de personas a las que van dirigidas los beneficios. Podríamos tomar la referencia del abuso de derecho vinculado al uso inocuo, institución que nos permite individualizar claramente quienes son los beneficiarios de su utilización, puesto que se aplica como defensa ante un conflicto. Así, una vez que el titular ha presentado la demanda correspondiente reclamando la tutela de sus derechos, el demandado puede oponer esta defensa con la importante carga de la prueba que dificulta sobremanera su aplicación práctica.

En segundo lugar, tendríamos un problema de concreción del límite. Por lo tanto, conviene acotar el ámbito objetivo de aplicación a determinadas conductas que cumplan una serie de requisitos preestablecidos que garanticen cierta uniformidad en su definición. A la vista está que los conceptos de eficiencias dinámicas o de beneficios para el bienestar general son bastante amplios y podrían servir para alterar el equilibrio de intereses que busca la normativa de propiedad intelectual, motivo por el cual no entraría en los requisitos que estamos planteando.

De nuevo, podemos seguir el ejemplo del abuso de derecho, que únicamente se ha aplicado en su vertiente del uso inocuo, una pequeña parte de este amplio concepto. La jurisprudencia no ha reconocido expresamente el abuso de derecho como límite externo, sino determinadas aplicaciones concretas que permiten acotar su ámbito de aplicación.

Por lo tanto, lo que sí podríamos plantearnos es la inclusión de este, invariablemente vinculado a la consecución de eficiencias y de bienestar social. El objetivo siempre es evitar que el derecho de autor proteja comportamientos antieconómicos. Podríamos concretar este concepto señalando que un comportamiento antieconómico es aquel en el que el titular solamente impide a un tercero actuar sin obtener ningún beneficio claro, o el daño que se le produce es insignificante como para activar los resortes del derecho de autor ante los órganos jurisdiccionales. Para acotar estos conceptos, podemos acudir a la basta jurisprudencia y doctrina sobre la aplicación del derecho de la competencia a la propiedad intelectual y a la doctrina de las infraestructuras esenciales.

Debemos tener en cuenta que los órganos jurisdiccionales, al abordar los asuntos que se les plantean, no siempre se detienen a hacer grandes disquisiciones doctrinales sobre un determinado concepto. Por el contrario, en muchas ocasiones se ven compelidos a valorar algunas características de dicha categoría jurídica en lo que tienen que ver con las circunstancias del caso concreto y con las pruebas que se les han presentado[306]. Nos encontraríamos ante un límite excesivamente casuístico que daría poca seguridad jurídica, pero esto no es necesariamente algo negativo, puesto que para dar seguridad jurídica ya está la lista cerrada de límites. Así, este límite más abierto nos permitiría dar más flexibilidad al sistema.

---

306 No podemos olvidar que, como recoge el Artículo 282 de la Ley de Enjuiciamiento Civil, en derecho procesal civil rige el principio de justicia rogada y, en consecuencia, el principio de aportación de la prueba por las partes.

No obstante, si queremos que estos límites entren a formar parte del ordenamiento jurídico, debemos introducirlos por la vía legislativa siempre respetando los requisitos y caracteres que hemos puesto de manifiesto en estas páginas. Debe quedar muy claro quiénes son los sujetos afectados por este límite y, sobre todo, a dónde se dirigen las transferencias de renta para saber si hemos adoptado una medida efectiva para el objetivo que nos habíamos planteado. Así mismo, debemos ser precisos con la definición de los requisitos de aplicación del límite para que la flexibilidad introducida no termine por desequilibrar aún más el sistema de propiedad intelectual. La flexibilidad no está reñida con la seguridad jurídica, pues los conceptos jurídicos indeterminados son una herramienta legislativa cuya precisión se manifiesta en la claridad de la finalidad perseguida.

II. LA IMPLEMENTACIÓN DEL DERECHO DE LA COMPETENCIA Y LA DOCTRINA DE LAS INFRAESTRUCTURAS ESENCIALES

Los mercados culturales y el derecho de la competencia tienen una relación cuanto menos compleja[307], pues las situaciones de dominancia en el mercado no siempre son fácilmente demostrables. Se trata de sectores del ordenamiento jurídico que comparten un objetivo, la promoción de la competencia en el mercado, aunque lo hacen desde perspectivas distintas[308].

---

307 Vid. Uribe Piedrahita, C. A., & Carbajo Cascón, F. (2013). Regulación ex ante y control ex post: la difícil relación entre propiedad intelectual y derecho de la competencia. *Actas de Derecho Industrial y Derecho de Autor. Tomo XXXIII (2013)*, 307-330.

308 Vid. Ghidini, G. (2010). *Innovation, competition and consumer welfare in intellectual property law.* Edward Elgar Publishing.

Los derechos de autor trabajan sobre la competencia dinámica, sacrificando la eficiencia en la asignación de recursos escasos para conseguir mejores productos y servicios. Los competidores no pueden plantear alternativas iguales, sino que tienen que innovar y ofrecer productos y servicios distintos. El derecho de la competencia, por su parte, pretende atajar la competencia estática consiguiendo una asignación de recursos más eficiente.

Ahora bien, las interacciones son evidentes[309], pues los sacrificios a la eficiencia estática tolerados en aras de garantizar la libertad en el diseño de la estrategia de explotación no siempre tienen un límite claro. La conducta potencialmente anticompetitiva que más nos vamos a encontrar en este ámbito es la negativa a contratar, lo que nos lleva necesariamente a la doctrina de las infraestructuras esenciales[310]. La propiedad intelectual es un bien escaso por excelencia desde el momento en el que existe el derecho exclusivo. Recordemos que la motivación de estos derechos es, precisamente, el carácter no rival y no excluyente del objeto protegido. Por lo tanto, estas obras y prestaciones protegidas podrían ser calificadas como infraestructura esencial.

---

309 Vid. Vezzoso, S. (2012). Towards an EU Doctrine of Anticompetitive IP-Related Litigation. *Journal of European Competition Law & Practice, 3*(6).

310 Vid. Calvo Caravaca, A. L. y Rodríguez Rodrigo, J. (2011). La doctrina de las infraestructuras esenciales en derecho antitrust europeo: cuestiones escogidas. *La doctrina de las infraestructuras esenciales en Derecho antitrust europeo: cuestiones escogidas,* 27-53 y Olmedo Peralta, E. (2016). Las licencias obligatorias de patentes para poner remedio a prácticas anticompetitivas:(análisis sistemático del art. 94 de la nueva Ley de Patentes). *Actas de derecho industrial y derecho de autor,* (36), 197-222.

Siempre nos vamos a encontrar con una duda importante sobre la definición del mercado relevante[311]. Las Autoridades de defensa de la competencia no nos han dado pistas sobre cómo aplicarlo a derechos de autor *stricto sensu.* Por el contrario, si lo han hecho en lo que a programas de ordenador y bases de datos se refiere. Ahora bien, tengamos en cuenta que la normativa europea que regula estos dos títulos de propiedad intelectual parte de unos principios sustancialmente distintos. En lo que respecta a estos títulos de propiedad intelectual, el propio objeto puede constituir un mercado en sí mismo, pero cuando hablamos de obras y prestaciones protegidas, este análisis es más complejo, pues una obra o prestación no siempre va a ser insustituible, sino que compiten en un amplio mercado definido por categorías de obras.

De hecho, en la única experiencia que tenemos al respecto, los Asuntos Weblisten[312], se hablaba de un bloque de obras y prestaciones para competir. De esta forma, debemos determinar

---

311 Vid. Lamping, M. (2014). Refusal to licence as an abuse of market dominance: from commercial solvents to microsoft. In *Compulsory Licensing: Practical Experiences and Ways Forward* (pp. 121-145). Berlin, Heidelberg: Springer Berlin Heidelberg.
Así mismo, Vid. Vezzoso, S. (2021). Competition Law's Innovation Factor: The Relevant Market in Dynamic Contexts in the EU and the US, 5 Eur. *Competition & Reg. L. Rev. 177.*

312 Vid. Sentencias de la Audiencia Provincial de Barcelona de 27 de junio de 2002 y 7 de julio de 2005; de las Sentencias de la Audiencia Provincial de Madrid de 13 de noviembre de 2003, 16 de julio de 2004 y 16 de noviembre de 2004; de las Resoluciones del Tribunal de Defensa de la Competencia de 7 de mayo de 2003 y de 5 de mayo de 2005; de la Sentencia del Juzgado de lo Penal núm. 3 de Madrid de 31 de mayo de 2005, y del Auto de la Sección 25.a bis de la Audiencia Provincial de Madrid de 20 de diciembre de 2005.

si el mercado relevante está en los modelos de explotación de la obra y, en consecuencia, el mercado es la propia obra[313]; o tenemos un mercado más amplio en el que conviven un grupo homogéneo de obras. En todo caso, se trata de cuestiones que habrá que analizar caso a caso en función de las circunstancias en las que desarrolle la negativa a contratar, pues podremos encontrar enfoques distintos .

Pendientes de resolver esta cuestión sobre la definición del mercado relevante, lo cierto es que algunos usuarios de derechos de propiedad intelectual, cuando ven que la materia prima para su modelo de negocio les es negada, aparentemente de forma injustificada, ven como única salida acudir al derecho de la competencia solicitando una obligación de contratar[314] para conseguir la licencia que necesitan.

La doctrina del TJUE tradicionalmente establecía una diferencia esencial en el tratamiento de los supuestos. Por un lado, cuando el objeto protegido sirva para crear un mercado nuevo, la obligación de contratar tiene una justificación más consistente, pues el ejercicio del derecho exclusivo está reduciendo las posibilidades de acudir a productos distintos. Así, la utilización que pretende el licenciatario no crearía

---

Para más información, Vid. Carbajo Cascón, F. (2006). El caso Weblisten y sus implicaciones para el futuro de la gestión de los derechos de propiedad intelectual sobre contenidos musicales en Internet. *Actas de Derecho Industrial y Derecho de Autor. Tomo XXVI (2005) (2006)*, 615-673.

313 Vid. Roth, P. M., & Rose, V. (Eds.). (2008). *Bellamy & Child European Community Law of Competition* (pp. 947-1030). New York: Oxford University Press.

314 Para más información, Vid. Ahlborn, C., Evans, D. S., & Padilla, A. J. (2004). The Logic & Limits of the Exceptional Circumstances Test in Magill and IMS Health. *Fordham Int'l LJ, 28*, 1109.

una situación de competencia efectiva con el titular de derechos. Esta es la situación que ocurría en el Asunto Magill[315] y en el Asunto Microsoft[316]. En ambos supuestos, el titular de derechos estaba impidiendo que un tercero desarrollara un servicio en un mercado complementario en el que no participaba, pero para el que tenía una infraestructura esencial. En el Asunto Magill, si el titular de derechos no daba acceso a la base de datos, la creación de una revista sobre la programación televisiva sería imposible. En el Asunto Microsoft, si esta compañía no daba acceso a parte del código fuente de su consola XBOX, los fabricantes de videojuegos serían incapaces de establecer los patrones de interoperabilidad para que su prestación pudiera ser jugada en dicha consola.

Por otro lado, nos encontramos ante una situación distinta cuando la infraestructura esencial, cuya contratación se niega, sirve para establecer un servicio competidor como

---

315 Vid. Sentencia del Tribunal de Justicia de las Comunidades Europeas de 6 de abril de 1995, Asuntos acumulados C-241-242/91 P, *Radio Telefis Eireann (RTE) e Independent Television Publications ltd (ITP)* v. *Comision (Magill).*

316 Vid. Sentencia del Tribunal de Primera Instancia de 17 de septiembre de 2007, asunto T-201/04, Microsoft v. Comisión. Para más información Vid. Anderman, S. (2004). Does the Microsoft Case offer a New Paradigm for the 'Exceptional Circumstances' Test and Compulsory Copyright Licenses under EC Competition Law. *The Competition Law Review, 1*(2), 7-22.
Para más información, Vid. Vezzoso, S. (2006). The incentives balance test in the EU Microsoft case: a pro-innovation'economics-based'approach?. *European Competition Law Review, 27*(7), 382-390.

ocurrió en los Asuntos Oscar Bronner[317] e IMS Health[318]. No obstante, estos dos asuntos tienen resoluciones radicalmente distintas. En el primer supuesto, se dijo que como se estaba intentando establecer un servicio competidor, el titular del derecho sobre la base de datos, tenía derecho a negarse. Esta forma de entender la doctrina de las infraestructuras esenciales entronca perfectamente con la base de la propiedad intelectual, que busca remunerar el esfuerzo en generar valor para la sociedad. Así, si una persona ha invertido en desarrollar un producto o servicio exitoso, no debería romperse el derecho exclusivo para que otra persona utilice ese producto, aunque sea de forma remunerada, pues ello supondría un desincentivo al esfuerzo. De esta forma, pudiendo aprovechar lo creado por otros a cambio de una remuneración, la innovación subsiguiente podría frenarse.

Sin embargo, esta lógica desapareció en el Asunto IMS Health, pues el TJUE consideró que, a pesar de tratarse de un competidor, se le debería dar acceso a la base de datos porque ello supondría un incremento de la competencia en el mercado. Se trata de una aplicación amplia del derecho de

---

317 Sentencia del Tribunal de Justicia de las Comunidades Europeas de 26 de noviembre de 1998, en el Asunto C-7/97, Oscar Bronner GMBH & Co. KG v. Mediaprint Zeitungs- und Zeitschriftenverlag GMBH & Co. KG, Mediaprint Zeitungsvertriebsgesellschaft MBH & Co. KG y Mediaprint Anzeigengesellschaft MBH & Co. KG.,

318 Vid. Sentencia del Tribunal de Justicia de las Comunidades Europeas de 29 de abril de 2004, asunto C-418/01, IMS Health c. NDC Health.
Para más información, Vid. Drexl, J. (2004). Intellectual Property and Antitrust Law. IMS Health and Trinko-Antitrust Placebo for Consumers Instead of Sound Economics in Refusal-to-Deal Cases. *IIC-international review of intellectual property and competition law, 35*(7), 788-808.

la competencia, al unir la competencia estática y la dinámica. En este sentido, el TJUE consideró prioritario garantizar la competencia estática en la explotación de un determinado producto protegido por propiedad intelectual.

Esta solución también tiene su lógica interna ligada al pragmatismo, hay situaciones en las que por mucho que un operador cree un producto distinto y mejor, el producto preexistente ha generado unos efectos de red que impiden a los consumidores cambiar, pues los costes serán superiores a los beneficios que puedan obtener. De esta forma, cuando la competencia por sustitución no sea posible, el TJUE considera prioritario introducir competencia estática en la explotación del objeto protegido. Es cierto que ello podría desincentivar la creación, pues no se permite una explotación exclusiva. No obstante, establecer una remuneración permite salvaguardar los intereses del titular de derechos y los de los consumidores, ofreciéndoles la variedad de productos y servicios que la estructura del mercado les niega.

La doctrina sentada por el hoy TJUE en estos Asuntos nos sirve como un refuerzo del derecho de autor más flexible[319]. Este tribunal ha considerado en diversas ocasiones que el derecho de autor, aunque sean títulos *sui generis* como las bases de datos y los programas de ordenador, se puede utilizar de forma antisocial y contraria al derecho de la competencia. Así, establece una obligación de contratar asociada a una licencia. Este es un punto de partida muy interesante al suponer una flexibilización del derecho exclusivo bastante intensa, pues reconociéndolo, obliga a las partes a realizar una transacción por ser positiva para el funcionamiento del mercado. En de-

---

319 Vid. Derclaye, E. (2004). The IMS Health Decision: A Triple Victory. *World Competition*, *27*(3).

finitiva, lo que ha hecho el TJUE es replantearse hasta qué punto tiene sentido el derecho exclusivo en determinadas circunstancias, adoptando una solución flexible en forma de licencia obligatoria con remuneración cuando la actuación pueda considerarse como anticompetitiva.

Es fácil apreciar que la aplicación generalizada del derecho de la competencia a los derechos de autor es complicada como consecuencia de los conceptos manejados, sobre todo el de mercado relevante. Ahora bien, ello no nos impide llevar parte del acervo jurisprudencial y doctrinal a la construcción de un nuevo derecho de autor más flexible. La normativa debe buscar trasladar la aplicación de estas negativas a contratar a la normativa estructural de los derechos de autor y conexos, evitando que los titulares de derechos frenen la aparición de nuevos mercados. De hecho, esta parece ser la intención que está detrás del Reglamento de Mercados Digitales, que establece obligaciones de conducta para los que sean calificados como *gatekeepers*. Por lo tanto, debemos seguir esta estela y regular la actividad de los demás participantes del mercado desde esta perspectiva. Para ello, la solución que está sobrevolando de forma constante en esta monografía es acudir a los derechos de remuneración como regla general o a los límites remunerados.

III. CONSIDERACIONES FINALES SOBRE LOS LÍMITES EXTERNOS

Está claro que debemos incluir nuevos límites que tengan en cuenta esta dimensión del funcionamiento del mercado para hacerlo más flexible[320], aunque es muy importante definir la estrategia para que, al hacerlo, las medidas adoptadas sean efectivas. Un límite de este tipo nos permitiría ir mucho más allá de los usos inocuos e incluir otras explotaciones que generaran competencia en el mercado, existiendo la posibilidad de establecer un sistema de remuneración *ex post* a modo de indemnización por la explotación realizadas. Así, tendríamos un sistema más flexible en el que el derecho exclusivo se iría diluyendo para dar paso a un sistema de responsabilidad que tuviera en cuenta no solo los incentivos de los titulares originarios de derechos, sino también los del resto de los participantes y los del mercado como sujeto colectivo independiente.

---

320 Vid. Hugenholtz, P. B., & Senftleben, M. (2012). Fair use in Europe: in search of flexibilities. *Amsterdam Law School Research Paper*, (2012-39), quienes sostienen con bastante tino que los conceptos flexibles en los límites ya están muy presentes en nuestra normativa, y la originalidad o el uso inocuo son el mejor ejemplo de ello. Así mismo, hacen referencia a la regla de los tres pasos, pese a su formulación en el Articulo 5.5 de la DDASI, que realmente actúa como límite a la aplicación de los límites; así como a otros que ha ido desarrollando la jurisprudencia al definir el contenido del derecho, por ejemplo, al abordar las parodias o el contenido generado por usuarios, situación que, por el momento, no está del todo resuelta.
No obstante, esta flexibilidad se ha utilizado con carácter asimétrico para proteger a los titulares de derechos sobre los terceros que se beneficiarían de una aplicación más estricta de los límites.

Capítulo IX. Los límites internos

Los límites internos son aquellos que están previstos en la normativa de propiedad intelectual como tales. Se diferencian de los externos porque cumplen otra función: no buscan condicionar el contenido del derecho para hacerlo conforme a su propia filosofía interna, sino que pretenden adaptarlo a las necesidades del resto de participantes del mercado con los que tienen que convivir. Así mismo, también encontramos dentro de esta categoría aquellos que *lato sensu* son inherentes al alcance del derecho exclusivo como la originalidad y la dicotomía idea/expresión.

I. LA ORIGINALIDAD Y LA DICOTOMÍA IDEA/EXPRESIÓN

La originalidad[321] es un filtro que establece el ordenamiento jurídico para controlar qué tipo de obras deben estar protegidas.

---

321 Para más información, Vid. Bercovitz Rodríguez-Cano, R. (2017). Artículo 10. En Bercovitz Rodríguez-Cano, R. (Dir.). *Comentarios a la ley de propiedad intelectual.* Tecnos, Madrid, quien señala que el criterio de originalidad más aceptable es el de novedad objetiva. Realmente lo es, también, en términos competitivos, pues es el que mejor responde a la recognoscibilidad de la obra en el mercado. Estamos ante un criterio objetivo que nos obliga a identificar los elementos distintivos que un autor plasma en su obra y la hacen distinguible respecto de las demás.
En el mismo sentido, Vid. Ghidini, G. (2018). *Rethinking intellectual property: balancing conflicts of interest in the constitutional paradigm.* Edward Elgar Publishing y Galacho Abolafio, A. F. (2018). La originalidad en los derechos de autor, un enfoque fotográfico. *Actas de derecho industrial y derecho de autor: XXXVIII*, 323-348.

Nuestro ordenamiento, siguiendo una clara orientación francesa propia del *droit d´auteur*, propone un estándar bastante bajo, muy alejado de los sistemas que promueven el criterio de la altura creativa, según el cual debe protegerse toda obra que sea fruto de una actividad intelectual humana[322]. Estamos ante un criterio en consonancia con los objetivos de nuestra propiedad intelectual, dado que la finalidad es proteger las creaciones intelectuales y artísticas en general, sin importarnos su calidad. En este sentido, debemos tener en cuenta que todos aquellos criterios que tienen que ver con altura creativa o con un determinado estatus artístico son eminentemente subjetivos. Por lo tanto, la decisión de lo que debe ser una obra o no siempre quedaría al arbitrio de un grupo reducido de personas, una estrategia peligrosa para el futuro de la creación artística y, en definitiva, de la libertad de expresión. De esta forma, podríamos dar cabida a interpretaciones posiblemente abusivas que darían al traste con el objetivo de esta normativa, que también debe ser racionalizar el ejercicio del poder y evitar que esté en manos de un único sujeto.

---

322 Vid. Heredia-Carroza, J., Palma Martos, L. A., & Aguado Quintero, L. F. (2017). Originalidad Subjetiva y Copyright. El caso del flamenco en España. *Anduli. Revista Andaluza de Ciencias Sociales, 16*, 175-194, donde los autores, al hilo del particular caso del flamenco, analizan el criterio de originalidad subjetiva, ya descartado en nuestro ordenamiento. Así, desde la Unión Europea se ha promovido un criterio de originalidad que utiliza estándares que permiten una mayor objetividad, como la novedad o, en un lenguaje más llano, que "no haya sido copiado".
En el mismo sentido, Vid. Sanz Acosta, L. (2011). La «mínima altura creativa» como elemento diferenciador de protección jurídica entre la obra fotográfica y mera fotografía: a propósito de la sentencia del Tribunal Supremo de 5 de abril de 2011. *Actualidad civil, (13)*, 4. En este caso, el autor habla de las diferencias entre una prestación técnica como es la realización de una mera fotografía y la realización de una obra fotográfica que, evidentemente, requiere de la existencia de una mínima actividad creativa.

Por el contrario, este sistema por el cual se protege toda obra que sea fruto de una actividad intelectual humana permite establecer un criterio con mayores dosis de objetividad. A pesar de ello, como todo concepto en derecho, es interpretable, motivo por el cual el TJUE ha tenido que pronunciarse en varias ocasiones[323] sobre qué debemos entender como actividad humana que da lugar a una creación original. Siempre nos vamos a encontrar con una dosis de subjetividad, puesto que el lenguaje tiene este componente innato. No obstante, la objetivación de los conceptos mediante criterios preestablecidos permite aportar mayor seguridad jurídica al sistema.

Como señalábamos anteriormente, este criterio de acceso a la protección puede ser positivo para el funcionamiento del ordenamiento jurídico y para la sociedad, puesto que permite que cualquier persona, con independencia de su subjetiva calidad artística, acceda a la protección del sector público. De

---

323 SSTJUE de 16 de julio de 2009, Asunto C-5/08 "Infopaq"; de 1 de marzo de 2012, Asunto C-604/10, "Football Dataco c. Yahoo"; y de 1 de diciembre de 2011, Asunto C-145/10, "Painer; de 13 de noviembre de 2018, Asunto C-310/17 "Levola Hengelo" y de 12 de septiembre de 2019, Asunto C-683/17 "Cofemel". También el Tribunal Supremo Español ha tenido oportunidad de pronunciarse en su STS, Sala de lo Civil, Sección Primera, Núm. 82/2021, de 16 de febrero, Ponente: Ignacio Sancho Gargallo, "Faena Taurina".
Para más información, Vid. Margoni, T. (2016). The harmonisation of EU copyright law: the originality standard. In *Global governance of intellectual property in the 21st century* (pp. 85-105). Springer, Cham; donde el autor narra el proceso de armonización del concepto de originalidad en el derecho de la Unión Europea. De este artículo debemos separar la parte referida a la evolución de la originalidad en determinadas normas sectoriales como la de programas de ordenador y bases de datos, que han seguido una línea distinta, precisamente, porque el sustrato sobre el que se construyen estos títulos de protección es sustancialmente distinto en relación con el de las obras originales.

esta forma, dejamos que sea el mercado el que seleccione el tipo de obras que son exitosas y las que no. De lo contrario, estaríamos consintiendo que un grupo de personas se convirtieran en árbitros de lo que puede ser protegible y lo que no. Existiría un "*gatekeeper*" institucional que limitaría la protección de determinadas creaciones. Como podemos apreciar, esto iría en contra del espíritu histórico de la propiedad intelectual, que precisamente luchaba contra esa tiranía que limitaba el acceso de determinadas obras al mercado. De nuevo, debemos resaltar el importante componente democrático al que aspira la normativa de propiedad intelectual.

Ahora bien, si tenemos un sistema que permite acceder a la protección otorgada por la propiedad intelectual a muchas obras, debemos ser consecuentes con las secuelas que ello provoca. No podemos olvidar que uno de los objetivos principales de la propiedad intelectual es promover la creatividad mediante la existencia de incentivos. Sin embargo, la monopolización de ciertas formas de expresar ideas no hace sino cerrar el campo en el que se pueden expresar los autores con posterioridad, luego no podemos permitir que una protección intensa en el presente frene la innovación intelectual y artística en el futuro. Siempre han existido tendencias a incrementar la protección por la vía de los derechos de autor a otros objetos que no son propiamente obras originales, como ocurre con los diseños industriales, siendo el mejor ejemplo la Sentencia del TJUE de 12 de septiembre de 2019 en el Asunto C-683/17, "Cofemel c. G-Star"[324], lo que implica un serio riesgo para la competencia

---

[324] Vid. Carbajo Cascón, F. (2020). Objetos industriales, derecho de autor y libre competencia. Consideraciones a partir de las SSTJUE de 12 de septiembre de 2019 ("Cofemel") y 11 de junio de 2020 ("Brompton"). *Cuadernos de derecho transnacional, 12*(2), 913-942, Rocha, M. V. (2019). Proteção autoral para modelos

en el mercado al incrementar la protección que el legislador había previsto para un determinado grupo de objetos y dificultar la competencia dinámica.

En el párrafo anterior utilizamos de forma intencionada el verbo frenar y no impedir, pues el hecho de que muchas obras accedan a la protección ahora no supone un impedimento para el desarrollo futuro, pero sí un freno. Esto se debe a que estamos introduciendo en el mercado la necesidad de concluir transacciones con los titulares de las innovaciones ya protegidas para poder utilizarlas, bajo la amenaza de una sanción civil o, en su caso, penal cuando se hace uso de ellas sin autorización. Por consiguiente, existe una restricción a la innovación subsiguiente que no siempre va a estar justificada por la necesidad de remunerar el trabajo preexistente de otros creadores. En consecuencia, deberíamos buscar la forma de compensar este tipo de sobreprotección con límites que permitan hacer un uso sin autorización y, en función de las circunstancias, sin remuneración[325].

---

de vestuário?: Acórdão do Tribunal de Justiça da União Europeia no caso Cofemen/G-Star (C-638/17) de 12.09. 2019. *Actas de Derecho Industrial y Derecho de Autor XL (2019-2020)*, 467-482. Otero Lastres, J. M. (2021). La comisión europea y la reforma del diseño, *Actas de Derecho Industrial y Derecho de Autor. Tomo XLI (2020-2021)*, 155-169.

325 En este marco se encuentran las reivindicaciones de un acceso más amplio vinculados a los derechos a la educación, el derecho al acceso a la cultural y a la ciencia.
En este sentido, Vid. Sun, H. (2020). Reinvigorating the Human Right to Technology. *Mich. J. Int'l L., 41*, 279; Sobrino-García, I. (2020). Copyright in the scientific community. The limitations and exceptions in the European Union and Spanish legal frameworks. *Publications*, 8(2), 27; y Shaver, L. (2010). The right to science and culture. *Wis. L. Rev.*, 121.

En definitiva, podemos apreciar que la mayor o menor amplitud de la originalidad, que está pensada como un límite interno a los derechos de autor, tiene sus consecuencias para el funcionamiento del mercado. La originalidad parece que no podía tener otra configuración que la que hemos expuesto aquí porque la coherencia conceptual exigía que así fuera, pero debemos ser conscientes de los efectos que ello conlleva y actuar para mitigarlos mediante los límites. Así, siendo un concepto puro de doctrina *iusautoral*, tiene un componente procompetitivo muy importante que podemos concretar con la dicotomía idea/expresión, más propio de la doctrina anglosajona, pero que, sin duda, está presente en nuestra doctrina[326].

En definitiva, esta teoría nos permite poner un filtro sobre los elementos que deben ser protegidos y los que no, algo esencial para garantizar que los procesos de competencia dinámica sigan funcionando correctamente.

II. LÍMITES INTERNOS *STRICTO SENSU*. ARTICULO 5 DE LA DDASI Y ARTÍCULOS 31 Y SS. DEL TRLPI

En páginas anteriores hemos visto que el mercado de la propiedad intelectual tiene diversos participantes, luego el reparto de la riqueza debería ser acorde a la aportación que cada uno hace a la cadena de valor. Precisamente, para resolver los conflictos en el marco de las relaciones entre los operadores del mercado de la propiedad intelectual están los límites internos, que sirven para delimitar los derechos exclusivos.

---

326 Vid. Sentencia del Tribunal de Justicia de la Unión Europea de 13 de noviembre de 2018 en el Asunto C-310/17, “Levola Hengelo”.

No obstante, a la hora de diseñar el mercado no solamente podemos tener en cuenta a las personas que participan directamente en este, puesto que hay otras a las que la estructura de la propiedad intelectual les afecta de forma indirecta. Así, nos vamos a encontrar con situaciones en las que otras personas que ni participan, ni tienen intención de participar, ven limitadas sus capacidades por la existencia de derechos exclusivos.

A diferencia de los límites externos, los internos sí presentan una sistemática dentro de la normativa de propiedad intelectual para acotar de forma precisa sus ámbitos subjetivo y objetivo. La precisión en su definición obedece a la misma intención: asegurar la protección que ofrece el ordenamiento jurídico a los titulares de derechos.

La norma que sirve de paraguas a los límites en el marco de la Unión Europea es el Artículo 5 de la DDASI, que recoge un catálogo exhaustivo, pero voluntario[327] de límites que pue-

---

327 El único límite que es obligatorio para todos los Estados Miembros es el límite de reproducciones provisionales previsto en el Artículo 5.1 de la DDASI. El legislador europeo entendió que esta excepción era esencial para el correcto funcionamiento y posterior desarrollo de las redes digitales y no podía correrse el riesgo de que algún Estado Miembro decidiera no implementarlo, puesto que ello dañaría gravemente el desarrollo del Mercado Único en su vertiente digital. De lo contrario, si no se reconociera este límite, estaríamos dando derecho a los titulares a dificultar la circulación de obras en internet. De esta forma, sabiendo que el propósito del entorno digital era la libre difusión de información y contenidos, el sector público tomó una decisión clara para impedir que esto pudiera llegar a producirse. No obstante, autores como Ginsburg, J. C. (2003). Achieving balance in international copyright law. *Columbia Journal of Law and the Arts, 26*, 201-245, señalan que algunas de estas previsiones están basadas en planteamientos utópicos o apocalípticos alejados de la realidad. A contrario, Vid. Samuelson, P. (2001). Anticircumvention rules: Threat to science. *Science, 293*(5537), 2028-203 quién sí dio

den adoptar los estados miembros. De esta forma, el legislador comunitario ha elegido una serie de puntos en los que considera que el sector público debería regular la relación entre los intereses protegidos por la propiedad intelectual y los demás, pero dejando libertad a los Estados Miembros para decidir cuáles son los que necesitan sus economías nacionales. Así, se establece un sistema que da cierta flexibilidad[328] a los Estados

---

pábulo a este presagio y formuló alegaciones a favor de prever, al menos, una excepción para la realización de estos actos en libertad. De hecho, este planteamiento ya estuvo presente en el desarrollo de los Tratados de Derecho de Autor de la OMPI de 1996, donde se planteó este debate de forma intensa. No obstante, en este caso, la discusión iba más allá, puesto que se llegó a plantear que las reproducciones provisionales no formaran parte del derecho exclusivo a la reproducción de la obra.

En este sentido, Vid. Reinbothe, J., & Von Lewinski, S. (2002). *The WIPO treaties 1996: the WIPO copyright treaty and the WIPO performances and phonograms treaty: commentary and legal analysis.* Butterworths, planteaban que las reproducciones provisionales, en tanto en cuanto son actos de creación de copias de la obra, siempre deben estar dentro del ámbito objetivo del derecho de reproducción y, en consecuencia, sujetos a la previa autorización del titular, salvo que se instituya un límite.

Lo cierto es que, finalmente, la excepción se terminó adoptando, bajo el amparo de la regla de los tres pasos en los Tratados de Derecho de Autor de la OMPI (1996) y en el Artículo 5.1 de la DDASI como límite obligatorio para todos Estados Miembros.

328 Este trabajo pretende estudiar la flexibilidad existente en los límites previstos en nuestro ordenamiento. No obstante, la flexibilidad para implementar unos límites u otros a la que hacemos referencia aquí no tiene que ver con la flexibilidad del sistema en su conjunto. Esto se debe, precisamente, a que la flexibilidad que plantea el legislador de la UE opera de forma asimétrica. Así, permite a los Estados Miembros no adoptar ciertos límites para proteger más a los titulares de derechos, pero no avala la incorporación de nuevos límites que incrementen la tutela de los demás intereses que también debe proteger esta normativa.

Miembros para estructurar la propiedad intelectual según las necesidades que presente su mercado.

No obstante, los órganos de la propia Unión Europea han roto esta unidad legislativa en relación con la regulación de los límites. Anteriormente, todos estos estaban previstos exclusivamente en la Directiva de derechos de autor por excelencia, la DDASI, y en la Directiva 2006/115/CE que regula los derechos conexos, además de concretar la regulación de dos vertientes del derecho de distribución: los derechos de alquiler y préstamo. De esta forma, teníamos una regulación concentrada en dos normas principales[329]. Sin embargo, con la Directiva (UE) 2019/790 esta unidad de actuación se ha roto, puesto que su Título II (Artículos 3 a 7) introduce nuevos límites para el entorno digital y su Título III incluye disposiciones para facilitar la concesión de licencias que, en la práctica, aportan importantes incentivos para transitar a un sistema donde la gestión colectiva sea más fuerte. De la misma forma, el Artículo 17.7, al regular el complicado papel que juegan los agregadores de contenidos, señala que éstos deben respetar siempre los límites de citas, críticas, reseñas; y los usos a efectos de caricatura, parodia o pastiche[330].

---

329 La Unión Europea tiene diversas normas de derechos de autor en su ordenamiento jurídico. A estos efectos, cabe destacar las regulaciones sectoriales que existen para los programas de ordenador o las bases de datos. No obstante, se trataba de títulos de propiedad intelectual que requieren una regulación especializada, dado que su explotación poco se parece a la de las obras originales en sentido estricto. Así, la regulación principal de los límites se encontraba en estas dos normas estructurales del funcionamiento del mercado.

330 Estos límites ya estaban previstos en el Artículo 5 de la DDASI, aunque tienen una formulación más genérica. Ello nos lleva a reflexionar sobre si estamos ante límites nuevos o ante una concreción de los ya existentes para el nuevo entorno digital.

En definitiva, ahora tenemos una regulación más fragmentada, con dos normas estructurales (Directiva de derechos de autor en la sociedad de la información y Directiva de derechos conexos) y otra norma sectorial para el Mercado Único Digital. Esta situación, lejos de actualizar los límites a los retos de la sociedad digital, provoca cierta incertidumbre, lo que aleja la inversión de los participantes del mercado y de quienes aspiran a entrar en él.

Seguimos apreciando un sesgo favorable a los titulares dentro de la normativa de propiedad intelectual[331]. Ya hemos se-

---

331 Vid. Geiger, C., & Izyumenko, E. (2019). Towards a European "Fair Use" Grounded in Freedom of Expression. *Am. U. Int'l L. Rev.*, *35*, 1; quienes señalan que la normativa actual ha perdido el contacto con la realidad social y ya no responde a las necesidades de la sociedad precisamente por la falta de flexibilidad para reforzar un enfoque pro-titulares. Los autores ponen de manifiesto que la apertura del trámite parlamentario que precedió a la DDAMUD fue un halo de esperanza para conseguir un mayor grado de flexibilidad en el sistema, aunque sus expectativas se vieron insatisfechas en lo que se refiere a la protección de los derechos de terceros que se ven obligados a interactuar con la propiedad intelectual, ya sea en actividades creativas, especialmente en lo relacionado con el contenido creado por usuarios, o de otra naturaleza, como pueden ser actividades informativas o periodísticas, que pese a tener un componente creativo, buscan informar y no crear una sensación artística.
No obstante, sí que debemos destacar el importante avance que ha supuesto, pese a su indefinición y a la falta de concreción de algunos aspectos que llegarán en el futuro, la regulación de los agregadores de contenido en el Artículo 17, que nos permiten acercarnos a un sistema de derechos de crédito frente al modelo de derechos exclusivos con el que se opera en la actualidad.
En el mismo sentido, Vid. Hugenholtz, P. B., & Senftleben, M. (2012). Fair use in Europe: in search of flexibilities. *Amsterdam Law School Research Paper*, (2012-39) quienes sostienen que el sistema actual requiere mucha más flexibilidad para poder atender a los objetivos que se planteó, puesto que la exhaustividad de la lista de límites no satisface las necesidades de la sociedad.

ñalado que en el desarrollo de los derechos de autor siempre se ha buscado proteger intensamente a los creadores, aunque ello ha desembocado en un poder a veces desmedido de los intermediarios tradicionales que gestionan esos derechos en el mercado. La definición de la estructura de la propiedad intelectual es fruto de un cúmulo de decisiones de política económica realizadas por el sector público que, en determinados casos, decide priorizar unos intereses concretos sobre otros. En este caso, el legislador ha optado por dar preferencia a los titulares de derechos, algo legítimo, pero debemos ser conscientes de las consecuencias que ello tiene. Al dar prioridad a uno de los operadores, los demás, necesariamente salen perjudicados. En este caso, no estamos hablando del reparto de la riqueza creada a lo largo de la cadena de valor, sino de la riqueza generada con otros actos, ya sean de creación o de otra naturaleza.

Cuando analizábamos la estructura de la propiedad intelectual y la protección que se da a cada participante del mercado, veíamos que el ámbito objetivo que se concede a los derechos exclusivos influye de una forma muy determinante en la estructura del mercado, puesto que al reforzar o reducir un derecho exclusivo, estamos jugando con el poder que tienen los distintos operadores en el mercado. Cuando afrontamos los límites externos estamos hablando de lo mismo, ya que permiten limitar la actuación de personas que no participan en el mercado de la propiedad intelectual y quieren hacerlo o simplemente se han topado con esta institución en el desarrollo de su actividad (docencia, investigación científica, periodismo y comunicación, etc.).

Por lo tanto, los límites también tienen una dimensión concurrencial importante. Tener un sistema de límites más flexible o rígido incide directamente en el poder que damos a los titulares de derechos y, en consecuencia, en el mercado. En definitiva, son una institución determinante para garantizar la interdependencia en el mercado, así como en las relaciones de los titulares con operadores ajenos al mercado. Esto se debe no solo al poder que otorgan a las terceras personas que se van a enfrentar a los titulares, sino en mayor medida al poder que quitan a los titulares de derechos para controlar el funcionamiento del mercado. Al eliminarse el derecho exclusivo y pasar a un derecho de crédito[332] o a una utilización libre[333], se reducen los supuestos en los que es posible una negativa a contratar. Paradójicamente, para conseguir que los terceros sean más libres y, en consecuencia, que el funcionamiento del mercado también lo sea, debemos restar poder y, también, libertad de actuación a los titulares de derechos. De lo contrario, estaríamos permitiendo que, en el marco de la negociación para la obtención de una licencia, los titulares

---

332 En este sentido, Vid. Kretschmer, M. (2007). Access and reward in the information society: Regulating the collective management of copyright, quien habla de las nuevas formas de explotación y analiza los objetivos de política económica y cultural que tienen tanto la Unión Europea como sus Estados Miembros y cómo la gestión colectiva se ha convertido en la mejor forma de afrontar este nuevo contexto. Además, considera que con el advenimiento de la Revolución Digital debemos abandonar una lógica propietaria en la propiedad intelectual para abordar un enfoque más centrado en la regulación del mercado.

333 En este sentido, el TJUE ha llegado a valorar utilizaciones libres sin previo reconocimiento legislativo por la vía de las licencias implícitas. Este fue el caso tratado en la Sentencia del Tribunal de Justicia de la Unión Europea de 14 de noviembre de 2019, As. C-484/18, "Spedidam". No obstante, en este caso concreto, el TJUE consideró que, pese a su posible utilidad para el funcionamiento del mercado y para salvaguardar algunos de los objetivos planteados por la normativa, en este caso su establecimiento quedaría fuera de los márgenes del principio de proporcionalidad y supondría un perjuicio excesivo para los intereses de los titulares de derechos.

pudieran utilizar su amenaza de no contratar para conseguir unas condiciones más beneficiosas de lo que realmente merecen por su aportación a la cadena de valor.

Esta estrategia reduciría los beneficios de monopolio, pero ya hemos argumentado que la eliminación de esta sobrerremuneración no implica necesariamente un empeoramiento en el funcionamiento del mercado. Sí supondrá una merma en la posición de los titulares de derechos, pero debemos evaluar los beneficios para el resto de los participantes, que pueden verse beneficiados por un mejor reparto del valor que incremente el bienestar social.

En definitiva, debemos buscar un nuevo marco legal que permita una explotación de la obra que se ajuste mejor a las necesidades de todos los participantes, lo que requiere de nuevas estrategias que pasan por una mayor competencia en el mercado. Los titulares de derechos no son entes omnipotentes y omniscientes, motivo por el que no podemos dejar que las decisiones de explotación estén solamente en sus manos.

Capítulo X. Análisis de los principales límites

La doctrina especializada ha desarrollado distintas clasificaciones de los límites[334]. No obstante, a los efectos de este estu-

334 Vid. Hugenhotz, P. B (1997) Fierce Creatures. Copyright Exemptions: Towards Extinction?. In keynote speech, IFLA/IMPRIMATUR Conference, Rights, Limitations and Exceptions: Striking a Proper Balance, Amsterdam (pp. 30-31) señala tres tipos de justificaciones para los límites externos: presencia de derechos fundamentales que justifican una intromisión en la propiedad intelectual, presencia de intereses públicos que justifican ciertas intromisiones en la protección de la propiedad y presencia de fallos de mercado que requieren una corrección por vía legal.
Por otro lado, Samuelson, P. (2008) en Unbundling fair uses. Fordham L. Rev., 77, 2537 a diferencia de Hugenholtz no diferencia si el interés o el derecho relevante que debe prevalecer sobre la propiedad intelectual es un derecho fundamental, un interés público o un fallo de mercado, simplemente señala situaciones que pueden plantear un conflicto que requiere una ponderación, entre los que se encuentran: libertad de expresión, promoción de la creación subsiguiente, el derecho a la educación, acceso a la información, defensa de la competencia y promoción de la innovación científica y tecnológica y la autonomía de los usuarios. Samuelson, P. (2017) en Justifications for Copyright Limitations and Exceptions en Okediji, R. L. (Ed.). (2017). Copyright law in an age of limitations and exceptions. Cambridge University Press, pp. 24-45 evoluciona su teoría y señala seis grupos de intereses: autoría en desarrollo, autonomía de los usuarios e intereses sobre la propiedad privada, beneficios para la sociedad, objetivos de índole económica, oportunidad política y flexibilidad de la normativa.
En el mismo sentido se pronuncia el Abogado General de la UE en sus conclusiones en el Asunto Pelham (As. 476/17) en el párrafo 90, donde señaló que los límites: "están dirigidos a garantizar un justo equilibrio entre, por un lado, los derechos e intereses de los titula-

dio, vamos a centrarnos solamente en tres grandes categorías que nos permiten agrupar todas las posibles tipologías[335]. Así, distinguiremos entre la protección de derechos fundamentales, la solución de fallos de mercado y la promoción de la competencia y la innovación.

Ninguna clasificación, ni la nomenclatura que se da a cada categoría es inocente, sino que dará cuenta de las prioridades que cada uno tiene al realizarla. En este sentido, debemos tener en cuenta que ni la DDASI[336], ni la DDAMUD en la Unión Europea ni la Ley de Propiedad Intelectual en España tratan de forma ordenada los límites. No obstante, ha habido propuestas para organizar los límites en grupos. Uno de los ejemplos paradigmáticos es la Ley Modelo propuesta por el Wittem Group[337] en la que sí aparece una clasificación que permite diferenciar las características de cada grupo. Una sistemática coherente nos ayudará a aplicar la normativa de una forma más efectiva con el objetivo de satisfacer los intereses de todas las partes implicadas, creando las presiones competitivas en las que hemos insistido en los apartados precedentes y consiguiendo un mejor funcionamiento del mercado.

---

res de los derechos de autor y de derechos afines a los derechos de autor y, por otro, los demás intereses públicos y privados, incluido el de la protección de los derechos fundamentales."

335 Vid. Casas Vallés, R. (2007). Los límites al derecho de autor. *Revista Iberoamericana de Derecho de Autor, 1*(1), 42-97.

336 Esta norma de derecho interno de la UE sí tiene una sistemática, pero que no obedece a las características de los límites, sino a la voluntad del legislador de que sean obligatorios o voluntarios y a que afecten a unos derechos o a otros.

337 The Wittem Project en el European Copyright Code (disponible en: https://www.ivir.nl/copyrightcode/european-copyright-code/)

I. LÍMITES PARA LA PROTECCIÓN DE DERECHOS FUNDAMENTALES Y CONSTITUCIONALES

Los límites siempre se han planteado como una forma de dar acogida dentro de la normativa de propiedad intelectual a intereses de terceros que chocan con el monopolio. De esta forma, si no existieran, un titular de derechos podría impedir el ejercicio de derechos reconocidos por la constitución o por cualquier otra norma del ordenamiento[338]. Por lo tanto, es necesario que el legislador resuelva este conflicto.

A continuación, realizaremos un estudio detallado de los límites existentes, en particular de los destinados a proteger la libertad de información y expresión, de los que permiten solventar los fallos de mercado; y, finalmente, de aquellos que fomentan la competencia en el mercado.

1. Límites destinados a proteger la libertad de información y de expresión

Este grupo de límites tiene una importancia capital en nuestro ordenamiento jurídico dadas las implicaciones democráticas. Como ya hemos indicado anteriormente, los derechos de autor nacieron como defensa frente a los abusos del Estado absoluto que minaban la libertad de expresión y de información. No obstante, debemos ser conscientes de que el Estado no es ahora la única amenaza a estos derechos, sino que las propias entidades privadas también pueden imponer restricciones que no deberían ser toleradas en una sociedad democrática. Por lo tanto, estas situaciones también deben motivar

---

338 Vid. Ghidini, G., y Galacho Abolafio, A. F. (2018). Conflictos de interés y contrastes de modelos jurídicos en la evolución de la disciplina de la propiedad intelectual. *Revista de derecho mercantil*, (308), 7.

una flexibilización de los derechos exclusivos para tolerar determinadas conductas que incrementan el bienestar general. No se trata de estrategias competitivas distintas, pero sí permite evitar determinadas circunstancias nocivas para la salud del Estado democrático.

1.1. Los límites de cita y de informaciones de actualidad

Este grupo de límites tiene un recorrido bastante extenso en nuestra doctrina y jurisprudencia. No en vano, es consustancial a la propia idea de la propiedad intelectual, pues nace ligada a la protección de los derechos fundamentales a la libertad de expresión y de información. No obstante, el devenir de los acontecimientos ha provocado cambios en la forma en la que deben aplicarse los límites. Por este motivo, dividiremos la exposición en dos partes. En primer lugar, haremos un análisis de la evolución de los límites como defensa de los usuarios frente a los titulares de derechos, que ha sido la finalidad propia de los límites hasta ahora, pero las nuevas tecnologías han cambiado notablemente la forma en la que se ejercen dichos límites y conviene evaluar cómo han enfrentado estos cambios tanto el legislador como los órganos jurisdiccionales. En segundo lugar, plantearemos la forma en la que los intermediarios de la sociedad de la información abordan el ejercicio de estos límites en sus plataformas

1.1.1. El ejercicio de los límites frente a los titulares de derechos

El análisis de las características de este tipo de límites conviene realizarlo conjuntamente, pues tienen puntos en común. Estamos ante límites como los de cita y trabajos sobre temas de actualidad, que cumplen una función social al eximir a determinados creadores de pedir autorización a titulares de obras ajenas para utilizarlas, siempre que ello conlleve un beneficio para la sociedad, esto es, que dicha creación sea útil e incremente el bienestar social[339]. Ahora bien, el legislador todavía tiene que resolver la cuestión del lucro en este tipo de actividades[340], aunque podemos señalar que se trata de una cuestión común a todo el sector de la propiedad intelectual, pues la mención "no es irrelevante" que suele incluir el TJUE en sus resoluciones deja más dudas que soluciones.

Conviene señalar que no existe una única forma o un grupo tasado de modalidades en la que estas aportaciones puedan ser útiles para la sociedad, sino que irán evolucionando a lo largo del tiempo al albur de los cambios económicos, tecnológicos y sociales. La sociedad va modificando sus medios de comunicación, luego lo lógico sería que la legislación se ajuste a ellos para facilitar estas transiciones. La Revolución Tecnológica ha traído una nueva forma en la que se pueden desarrollar las relaciones humana, pero la normativa no se ha adaptado a la misma medida. No siempre es necesario un cambio legislativo, sino que, en ocasiones, basta con un cambio en la jurisprudencia para que se entiendan estas nuevas realidades. El problema es que esta modificación por la vía jurisprudencial no se ha producido, en parte, por algunas previsiones legislativas

---

339 Vid. López Maza, S. (2017). Artículo 33. En Bercovitz Rodríguez-Cano, R. (Dir.). *Comentarios a la ley de propiedad intelectual.* Tecnos, Madrid, p. 673; quien añade que el límite de trabajos sobre temas de actualidad, además, tiene un fundamento constitucional en el Artículo 20.1.d) de la Constitución Española.
En el mismo sentido, Vid. Minero Alejandre, G. (2017). Artículo 35. En Bercovitz Rodríguez-Cano, R. (Dir.). *Comentarios a la ley de propiedad intelectual.* Tecnos, Madrid.

340 Vid. Mesa Marrero, C. (2005). Excepciones y limitaciones a los derechos de explotación de la propiedad intelectual en la Directiva 2001/29/CE y su incidencia en el Derecho español. *Revista Aranzadi de derecho y nuevas tecnologías,* (7), 119-137.

vigentes. Los órganos jurisdiccionales, especialmente el Tribunal de Justicia de la Unión Europea, interpretan la norma de una forma demasiado literal y apegada a lo que el legislador comunitario quiso cuando promulgó la norma, olvidando que los trabajos preparatorios se desarrollaron durante la década de 1990 y que la realidad tecnológica y social que vivimos en la actualidad se parece muy poco a aquel momento histórico.

En el año 2019 vimos la Sentencia del TJUE de 29 de julio en el Asunto C-516/17 "Spiegel Online"[341], que dificulta este proceso de adaptación, puesto que considera que los órganos jurisdiccionales no tienen el poder para realizar este cambio de paradigma, sino que, antes, es necesario un cambio legislativo. No obstante, el Abogado General de la UE llegó a plantear que el TJUE debería tener la posibilidad de integrar el sistema de límites con ponderaciones de intereses propias atendiendo a las circunstancias del caso concreto, aunque luego él mismo decidió optar por mantener la ortodoxia vigente y no posicionarse a favor de esta solución. La Sentencia, como no podía ser de otra manera viendo la estela de resoluciones previas, acogió la opinión del Abogado General y resolvió que los límites no

---

341 En este caso, el órgano jurisdiccional remitente planteaba al TJUE la posibilidad de ampliar el sistema de límites sin necesidad de acudir a los órganos legislativos en el caso de que la realidad superara las previsiones legislativas. El supuesto de hecho era una serie de publicaciones de la revista Der Spiegel del año 2013 dentro de la campaña electoral de 2013 en la que un diputado del Bundestag y candidato a la reelección hacía unas consideraciones comprometidas sobre la edad de consentimiento sexual en el año 1988, afirmaciones de las que se retractó cinco años más tarde. Sin embargo, la revista publicó el texto original sin mencionar el retracto posterior, lo que motivó una demanda del afectado con motivo de la infracción de sus derechos de autor, puesto que no habían obtenido su autorización para publicar dicho artículo.

se pueden ampliar jurisprudencialmente, sino que tienen que ser ampliados por el legislador, incluso cuando se trata de la protección de derechos fundamentales[342].

Aquí nos encontramos con uno de los principales problemas de la flexibilidad del sistema, puesto que el TJUE cierra la puerta a que los órganos jurisdiccionales adapten la normativa a nuevas realidades sociales[343]. Por lo tanto, es muy importante valorar las posibles soluciones legislativas que permitan que los juzgados y tribunales puedan asumir esa tarea. No obstante, ambas instancias cuestionan la necesidad y la conveniencia de que esto pueda pasar al considerar que dañaría seriamente a la seguridad jurídica y pondría en riesgo la estabilidad del mercado interior al permitir que los límites se aplicaran de forma desigual dentro de la UE.

El argumento que sostienen tanto el Abogado General como el TJUE ya lo hemos analizado en apartados anteriores, por lo que ahora basta decir que la seguridad jurídica no puede ser una excusa para todo sin aportar más argumentos, como si de

---

342 La crítica que aquí hacemos de esta resolución no es en cuanto al fondo, porque coincidimos en que debía darse la razón al Sr. Beck, pues la utilización que se hizo de su obra sobrepasaba con creces la finalidad pretendida por el límite. Dicha publicación excedía la libertad de expresión y de información protegida por el límite de cita. Esto se debe a que la forma en la que se realizaba la actividad periodística no cumplía con las normas de la *lex artis*, dado que se omitía información de gran relevancia para formarse una opinión global de la situación que rodeaba a dicha publicación.

343 Vid. Casas Vallès, R. (2003). Nota a la Sentencia del Juzgado de 1ª Instancia núm. 21 de Madrid de 27 de noviembre de 2003: caso" Aquellos años", Warner Chappell Music Spain y otros c. Unidad Editorial, SA. *Pe. i.: Revista de propiedad intelectual*, (15), 87-94.

una verdad absoluta se tratase[344]. Evidentemente, la seguridad jurídica es una de las principales garantías de la estabilidad de la sociedad por la previsibilidad de las resoluciones de las distintas instancias del sector público. Sin embargo, el argumento no convence, puesto que la seguridad jurídica admite muchos matices y se puede alcanzar de distintas formas.

No obstante, en ocasiones se utilizan algunos argumentos que exageran la realidad, puesto que permitir mayor flexibilidad no supone necesariamente un cambio de paradigma importante en la protección de los derechos de autor, sino que es una mínima evolución y un avance en situaciones que el legislador ya reconoce. Ahora bien, lo cierto es que los órganos jurisdiccionales no pueden hacer un cambio de paradigma unilateralmente, siempre va a ser necesario un refrendo democrático a través de los órganos legislativos. Por lo tanto, debemos excusar en parte al TJUE, pues la verdadera responsabilidad en un cambio del sistema recae en el legislador. Decimos excusar en parte porque otros tribunales nacionales sí han reaccionado de una forma más intensa promoviendo cambios de calado que han obligado al legislador a reaccionar. La realidad es que debemos ser comprensivos porque la posición del TJUE en el entramado institucional de la UE no es equivalente a la de los tribunales nacionales de los Estados Miembros.

Otro supuesto de extraordinaria relevancia para la materia que estamos tratando es el conocido como Asunto "Funke Medien", resuelto por la Sentencia del Tribunal de Justicia de la Unión Europea de 29 de julio de 2019 en el

---

[344] Vid. Luna Serrano, A. (2015). La seguridad jurídica y las verdades oficiales del derecho. *Dykinson*, Madrid.

Asunto C-469/17[345], donde, de nuevo, el quid de la cuestión era el ejercicio del derecho a la libertad de prensa y de información. En este supuesto, el medio de comunicación Funke Medien publicó unos documentos bastante comprometedores sobre la participación de la República Federal Alemana en la Guerra de Afganistán[346] que iban dirigidos al Bundestag y contienen información más sensible de la que se proporciona al público. Ante esta situación, el Gobierno Alemán, en lugar de acudir a la normativa sobre divulgación de información clasificada, decidió acudir a la normativa de propiedad intelectual alegando que dichos informes eran obras protegidas y que se habían publicado sin autorización. En este contexto, se plantearon cuestiones de extraordinaria relevancia para la doctrina del derecho de autor como, por ejemplo, la condición de obra original de los informes del gobierno, pero ello no nos ocupa en este momento. Presenta mayor interés si, en el caso de que pudieran considerarse como obra original, el límite de informaciones de

---

345 Para más información, Vid. Casas Vallés, R. (20199). "Funke Medien" (C-469/17), "Pelham" (C-476/17) y "Spiegel Online" (C-516/17). Tres sentencias en el mismo día (29/7/2019) con un denominador común: la relación entre la propiedad intelectual y las libertades de expresión e información, en el marco del sistema de límites (I) FUNKE MEDIEN, *Aladda*, disponible en: http://aladda.es/funke-medien-c-649-17-pelham-y-spiegel-online-c-516-17-tres-sentencias-en-el-mismo-dia-29-7-2019-con-un-denominador-comu/

346 Este es un tema bastante sensible en Alemania, puesto que en el año 2010 el entonces Presidente Federal de Alemania, Horst Köhler, tuvo que dimitir de su cargo tras haber realizado unas controvertidas declaraciones señalando que la participación de la Alemania en dicha guerra no obedecía estrictamente a razones de seguridad nacional, sino a la protección de intereses económicos en Oriente Medio.

actualidad (Artículo 5.3.c) de la DDASI) permite reproducir dichos documentos y en qué extensión.

A este respecto, el TJUE hizo una precisión de bastante relevancia y avanzó en la protección de los derechos fundamentales mediante los límites al derecho de autor al indicar que:

> *En una situación en que la actuación de los Estados miembros no viene determinada completamente por el Derecho de la Unión, [...] las autoridades y los tribunales nacionales siguen estando facultados para aplicar estándares nacionales de protección de los derechos fundamentales, siempre que esa aplicación no afecte al nivel de protección previsto por la Carta*[347].

Esta afirmación es ciertamente vaga, puesto que no se sabe si está habilitando a los Estados Miembros a proteger los derechos fundamentales en sus choques con los derechos exclusivos de propiedad intelectual al margen de los límites, o no. Incluso llega a afirmar que:

> La intención del legislador de la Unión es conceder un margen de apreciación a los estados miembros[348].

Estamos ante una duda más que legítima, puesto que en asuntos anteriores el propio tribunal había dicho que era imposible dejar a los Estados Miembros libertad para ampliar el listado de límites[349]. No obstante, el TJUE se justifica afirmando que, en el caso del límite de informaciones de actualidad, no existe una armonización completa dentro de la legislación

---

347 Vid. Sentencia del Tribunal de Justicia de la Unión Europea de 29 de julio de 2019 en el Asunto C-469/17, "Funke Medien", p. 32.

348 Vid. Sentencia del Tribunal de Justicia de la Unión Europea de 29 de julio de 2019 en el Asunto C-469/17, "Funke Medien", p. 34.

349 Vid. Sentencia del Tribunal de Justicia de la Unión Europea de 29 de julio de 2019 en el Asunto C-476/17, "Pelham", p. 63.

europea, lo que da a los Estados Miembros un mayor margen de apreciación a la hora de transponer y aplicar esta excepción. Esta resolución parece indicar un camino que el TJUE podría haber adoptado en resoluciones anteriores y que podría dar juego en el futuro: los conceptos autónomos del derecho de la UE. Se trata de soluciones que da el TJUE cuando quiere armonizar la situación, asumiendo que un determinado concepto está regulado por el derecho de la UE y, por lo tanto, este órgano jurisdiccional asume el deber de darle contenido de forma uniforme. Esta puede ser una vía adecuada para conseguir una mayor flexibilidad y adaptabilidad, pues es el TJUE el que puede modular la forma de aplicar la normativa europea.

Se trata de una sentencia que consideramos acertada y correcta para el buen funcionamiento del mercado de la propiedad intelectual, pero no deja de suponer una victoria agridulce a la hora de implantar una mayor flexibilidad en el marco de los límites a los derechos de propiedad intelectual[350]. Sería deseable que esta flexibilidad aceptada en este límite se permitiera también en todos los demás, dando más libertad a los órganos jurisdiccionales para que encuentren respuestas más adecuadas a los problemas que plantea la revolución digital para el ejercicio de los límites.

---

350 Este pronunciamiento está influido por las circunstancias del caso concreto, donde el sector público estaba cometiendo un grave abuso de derecho al pretender utilizar la normativa de derechos de autor para evitar la difusión de una información que no consideraba políticamente oportuna. De esta forma, la necesaria protección de la libertad de expresión que pretende este sector del ordenamiento prácticamente imponía al TJUE la obligación de proteger a estos periodistas. No obstante, habrá que ver en qué queda este pronunciamiento en futuras ocasiones, puesto que podría quedarse en una mera excepción y no convertirse en regla general a la hora de aplicar este límite.

Sin embargo, parece que el TJUE hace una distinción entre ampliar el catálogo de límites y ampliar el ámbito objetivo de los ya existentes. Esta clasificación es algo trivial, puesto que en la práctica nos dan el mismo resultado, un mayor margen de libertad para los usuarios de los objetos protegidos por propiedad intelectual.

El último supuesto lo hemos visto con la Sentencia del TJUE de 22 de junio de 2021 en los Asuntos acumulados C-682/18 y C-683/18 "You-Tube y Cyando", donde el Tribunal ha realizado una primera aproximación al contenido del Artículo 17 de la DDAMUD indicando cuándo una plataforma hace un acto de comunicación al público y, en consecuencia, tiene responsabilidad por los actos que, en la práctica, han cometido sus usuarios. A priori, parecería que esta sentencia poco o nada tiene que ver con la protección de los derechos fundamentales mediante los límites, pero resulta que el Tribunal, pese a que las cuestiones prejudiciales emitidas por el Tribunal Supremo Federal de Alemania no lo incluían, hace importantes referencias a la protección de la libertad de expresión y de información[351]. En este sentido, parte de la doctrina[352] considera que estamos ante un movimiento del TJUE para acercarse cada vez más a la jurisprudencia del TEDH en esta materia, que siempre ha tenido como norma realizar un ejercicio de ponderación, sin acudir a planteamientos

---

351 Vid. Sentencia del Tribunal de Justicia de la Unión Europea de 22 de junio de 2021 en los Asuntos acumulados C-682/18 y C-683/18 "You-Tube y Cyando", p. 64.

352 Vid. Reda, J., & Selinger, J. (2021). YouTube/Cyando–an Important Ruling for Platform Liability–Part 1, disponible en http://copyrightblog.kluweriplaw.com/2021/07/01/youtube-cyando-an-important-ruling-for-platform-liability-part-1/ (consultado por última vez el día 13 de septiembre de 2019).

previamente establecidos por el legislador[353], algo a lo que el TJUE nos suele acostumbrar cuando se trata de la aplicación de límites. Por lo tanto, aquí podemos ver la antítesis de los planteamientos habituales del TJUE con la utilización de un sistema más abierto que, en algunos aspectos, puede ser más positivo para el correcto desarrollo del mercado.

De hecho, un sistema demasiado específico en los requisitos de aplicación de sus límites, en el largo plazo, se vuelve mucho más inseguro que uno con límites abiertos, pues el paso del tiempo hace mella en la efectividad de los límites recogidos. Llegará un momento, como el actual, en el que la evolución tecnológica hará que los presupuestos sobre los que se construyen los límites dejen de corresponderse con la realidad.

Debemos ser conscientes de que ningún sistema nos va a proporcionar una seguridad jurídica plena. Además, el uso de un sistema u otro otorga más o menos seguridad jurídica dependiendo del contexto en el que se tenga que implementar y de la forma en la que lo interpreten los órganos jurisdiccionales, luego el diseño legislativo muchas veces puede resultar

---

353 En este sentido, debemos tener en cuenta que la normativa que tienen que aplicar el TJUE y el TEDH son radicalmente distintas. Por un lado, y como hemos señalado en repetidas ocasiones, el TJUE está vinculado por las disposiciones de la DDASI, especialmente por los Considerandos 9, 10 y 32 y por su Artículo 5, que ya establecen una ponderación de intereses *ex ante* que luego los órganos jurisdiccionales deben aplicar, haciendo la interpretación que consideren más adecuada. Por otro lado, el TEDH no parte de unas normas tan específicas como son la DDASI y ahora la DDAMUD, sino que el Convenio Europeo de Derechos Humanos simplemente enuncia derechos que, en caso de conflicto, el Tribunal debe compatibilizar mediante un ejercicio de ponderación.

inútil para prevenir determinados resultados. Por lo tanto, cuando estamos hablando de la protección de los derechos fundamentales en el marco de los sistemas de propiedad intelectual, deberíamos valorar cuáles son los instrumentos más efectivos para ello y no centrarnos exclusivamente en lo que otorga una mayor seguridad jurídica.

A estos efectos, conviene tener un sistema abierto a los cambios para que puedan solucionar distintos conflictos en el ejercicio de los derechos fundamentales. El caso que utilizábamos anteriormente muestra las dos caras de la misma moneda. Por un lado, veíamos que la Sentencia del TJUE cerraba la puerta a posibles actualizaciones de la lista de límites por vía jurisprudencial en aras de proteger la seguridad jurídica y la armonización legislativa dentro del mercado interior. Por otro lado, el TJUE sí que hace una cierta ampliación del límite y asume que la forma en la que se realizó la cita (colgar el artículo doctrinal escrito por el Sr. Beck en su página web mediante un enlace de descarga) era perfectamente compatible con las exigencias del límite, puesto que garantiza un acceso dentro de los márgenes necesarios para satisfacer la necesidad informativa. En este caso, como la información relevante era la opinión vertida por el Sr Beck en el artículo sobre la edad de consentimiento sexual, se vio que lo significativo era poder acceder a todo el artículo porque utilizar únicamente fragmentos podría darnos una versión tergiversada de la realidad.

No obstante, lo más importante no es la extensión permitida por el TJUE, sino la forma en la que se permite hacerlo. Normalmente, cuando se piensa en el límite de cita, uno piensa en las tradicionales citas a pie de página o en una cita literal en la que un autor introduce entrecomillado el texto de otro autor. Sin embargo, en este supuesto, la cita se produce mediante la inclusión de un enlace donde los lectores de la revista podían consultar el artículo íntegro. Efectivamente, no nos encontramos ante un límite nuevo, pero, en la práctica, el

TJUE ha acometido una ampliación del concepto de cita. Es difícil entender que el legislador comunitario previera esta posibilidad cuando elaboró dicha disposición, ya que el desarrollo de las herramientas digitales era escaso. Precisamente por este motivo, es extraño que el TJUE sea tan reacio a ampliaciones del catálogo de límites cuando él mismo, en ocasiones, favorece dichas expansiones en aras de proteger determinados derechos fundamentales o solventar fallos de mercado[354]. No terminamos de encontrar un hilo conductor que justifique unas ampliaciones sí y otras no.

Una conclusión que podemos obtener de este pronunciamiento es que la flexibilidad del sistema es posible incluso con la formulación actual[355]. Ahora bien, sería positivo que el legislador analizara los conceptos que utiliza en la definición de los límites, de tal forma que no supongan un obstáculo para la adaptación a los nuevos contextos económicos, tecnológicos y sociales. La presencia de conceptos más abiertos o flexibles permite a los órganos jurisdiccionales establecer definiciones amplias en las que quepan multitud de modalidades de ejercicio de derechos fundamentales.

Es importante entender que ambigüedad no es sinónimo de vaguedad. Según el Diccionario de la Real Academia

---

354 Vid. Sentencia del Tribunal de Justicia de la Unión Europea de 10 de noviembre de 2016 en el Asunto C-174/15, "Vereniging Openbare Bibliotheken".

355 En todo momento nos estamos refiriendo a la redacción dada por el Artículo 5.3.d) de la DDASI, puesto que el Artículo 32.1 del TRLPI recoge una definición excesivamente farragosa que acumula numerosos requisitos y conceptos adicionales que solamente reducen su campo de aplicación al complicar la labor interpretativa.

Española la ambigüedad[356] es la característica que tienen los elementos que pueden entenderse de varios modos o admitir distintas interpretaciones y dar, por consiguiente, motivo a dudas, incertidumbre o confusión. Por otro lado, la vaguedad es la cualidad de las cosas que son imprecisas o indeterminadas. Así, para la protección de los derechos fundamentales nos interesa tener conceptos que admitan cierta ambigüedad, pero con unos principios sólidos, puesto que ello nos dará capacidad de adaptación y dejará un margen suficiente para que, en función de las circunstancias del caso concreto, el precepto ampare la mejor solución para tutelar los derechos fundamentales en juego. Por el contrario, si tuviéramos conceptos vagos, realmente no habría principios que nos sirvieran de guía, sino que los órganos jurisdiccionales se encontrarían un poco perdidos y sin referencias que les permitieran dar una solución adecuada[357].

---

356 En este sentido, Vid. https://dle.rae.es/ambiguo (consultado por última vez el día 24 de noviembre de 2022).

357 Vid. Beebe, B. (2008). *An Empirical Study of U.S. Copyright Fair Use Opinions*, 1978-2005, 156 U. PA. L. REV. 549. Salvando las distancias de encontrarnos ante sistemas jurisprudenciales distintos, este artículo pone de manifiesto que la vaguedad de ciertos conceptos utilizados en la formulación del *fair use* en EE. UU. ha traído vaivenes en la jurisprudencia que han perjudicado la protección de los intereses que motivan la existencia de los límites como institución. Ya hemos señalado que el objetivo del autor era demostrar que una regla tan abierta como el *fair use* sería capaz de traer estabilidad al mercado de la propiedad intelectual, pero lo cierto es que pone de manifiesto ciertas disfuncionalidades del sistema, mostrando resoluciones que considera incorrectas no solo política, sino técnicamente, que se prolongan en el tiempo gracias al peso de los precedentes.

Es fácil entender que el legislador quiera reducir el campo de aplicación de un límite a un grupo de situaciones que guarden cierta homogeneidad entre sí. Podríamos cuestionarlo desde el punto de vista del principio de oportunidad, puesto que un límite tiene un impacto relevante en la estructura y funcionamiento del mercado, pero, entra dentro de los márgenes de valoración política que tiene todo órgano legislativo. Sin embargo, lo que no es comprensible es que el legislador ponga piedras en el camino de la adaptación del límite a situaciones futuras que guarden una identidad teleológica con los precedentes, pero en los que cambia la forma de ejercicio del interés que se pretende proteger.

Recientemente el TEDH ha resuelto un supuesto en el que nos encontramos el mismo dilema, pero a la inversa, puesto que a la hora de elegir entre la protección de los derechos de propiedad intelectual y los derechos fundamentales a la libertad de información y de prensa, los órganos jurisdiccionales han sido excesivamente celosos con estos últimos. El Asunto ha sido resuelto por el Tribunal Europeo de Derechos Humanos en su Sentencia de 1 de septiembre de 2022 en el Asunto Safarov contra Azerbaiyán[358]. En este supuesto, el Sr. Safarov, autor de un libro sobre la historia de Azerbaiyán, presentó una demanda en sus tribunales nacionales ante la publicación de la obra en la página web de una ONG sin contar con su autorización. El autor buscó la tutela de los órganos jurisdiccionales azerbaiyanos, pero consideraron que la ONG estaba actuando al amparo de un límite,

[358] Para más información, Vid. Rosati, E. (2022). Refusal of domestic authorities to enforce copyright breaches human rights, says ECtHR, *The IPKat*, disponible en: https://ipkitten.blogspot.com/2022/09/refusal-of-domestic-authorities-to.html (consultado por última vez el día 6 de octubre de 2022).

luego su actuación era lícita. Ante esta situación, el Sr. Safarov acudió al TEDH, que consideró que nos encontrábamos ante una vulneración del Artículo 1 del Protocolo N.º 1 del Convenio Europeo de Derechos Humanos.

Este supuesto es la prueba de que ninguno de los dos extremos es positivo y de que la normativa debería ser más flexible a la hora de abordar la efectividad de los límites y la protección otorgada por los derechos exclusivos. De hecho, la flexibilidad normativa se puede convertir en un arma de doble filo al permitirles adoptar soluciones mucho más restrictivas que antes en aras de la protección de unos intereses concretos[359]. El ordenamiento no debería hacer una apuesta decidida por una de las dos posturas, puesto que a la larga puede volverse en su contra y dificultar la consecución de sus objetivos. Muy al contrario, es deseable establecer un sistema más flexible que permita a los órganos jurisdiccionales adoptar soluciones intermedias que traten de satisfacer los intereses legítimos de cada una de las partes implicadas siguiendo una guía de creación legislativa. Esto se debe a que la solución no puede quedar exclusivamente en manos del legislador, pues sin la estrecha colaboración de los órganos jurisdiccionales no podemos conseguir nada. Si estos órganos no tienen un marco flexible, conseguir una solución efectiva será complicado. Ahora bien, aunque las normas y las soluciones deban ser flexibles, los principios que están detrás tienen que ser firmes.

---

359 Vid. Beebe, B. (2008). *An Empirical Study of U.S. Copyright Fair Use Opinions*, 1978-2005, 156 U. PA. L. REV. 549.

1.1.2. Los intermediarios de la sociedad de la información y los límites. Especial referencia a los mecanismos de resolución de conflictos

El apartado anterior estaba dedicado a ver la flexibilidad que proporciona este bloque de límites en el sistema de propiedad intelectual, pero poniendo el foco en la labor de los titulares de derechos. Ahora debemos realizar un análisis equivalente teniendo en cuenta a los usuarios comerciales de las obras o intermediarios de la sociedad de la información.

De nada sirve tener un sistema de límites perfectamente diseñado si este no responde a la realidad económica y tecnológica del mercado. A lo largo de los capítulos precedentes hemos señalado que estos operadores del mercado cada vez tienen más poder y, en cierta medida, se están convirtiendo en los sujetos que controlan la aplicación de las normas de propiedad intelectual. Estas normas deben ser necesariamente ambiguas si queremos un marco flexible que sea capaz de adaptarse a los retos del futuro. Sin embargo, en un mundo que tiende cada vez más a la automatización como respuesta lógica al gran volumen de interacciones que hay en el mundo digital, inabarcable para un ser humano, la aplicación de la flexibilidad se torna complicada.

La normativa básica que regula estas figuras está en la Directiva 2000/31 de Comercio Electrónico, insiste en la neutralidad que deben mantener en relación con el contenido. De esta forma, únicamente serán responsables de lo que hagan sus usuarios si rompen esa neutralidad, conocieran o, dadas las circunstancias, debieran conocer que éstos están incumpliendo la normativa vigente.

La homogeneidad que acogía la normativa se ha roto con la DDAMUD, que establece un nuevo régimen para los prestadores de servicios a la hora de compartir contenidos en línea. Ahora tenemos un régimen específico para las infracciones a los derechos de autor diferente al de otras infracciones civiles.

En lo que atañe a los límites relativos a los derechos fundamentales, el Artículo 17.7 de la DDAMUD señala que los intermediarios no pueden impedir que sus usuarios hagan actos de puesta a disposición del público siempre y cuando estén cubiertos por un límite debidamente reconocido y, especialmente, los de cita, crítica o reseña y el uso para caricatura, parodia o pastiche. No obstante, este régimen no prevé ninguna sanción civil especial por impedir que los usuarios no puedan ejercer los límites que la regulación les reconoce como derechos[360]. Únicamente se regulan sanciones específicas cuando causen algún perjuicio a los intereses de los titulares de derechos.

Por lo tanto, deberíamos reflexionar sobre la necesidad de introducir mecanismos que permitan condicionar la actividad de los intermediarios de la sociedad de la información introduciendo incentivos efectivos para que respeten estos derechos de los usuarios, que actualmente no existen. La regulación

---

360 Hay cierto debate en la doctrina sobre la posibilidad de reconocer los límites como derechos de los usuarios, pero la Sentencia del TJUE de 29 de julio de 2019 en el Asunto C-516/17, "Spiegel Online", p. 54, así como en la Sentencia de la misma fecha en el Asunto C-469/17, "Funke Medien". En otros asuntos, las instituciones de la Unión Europea nunca se habían atrevido a calificar los límites como verdaderos derechos de los usuarios. Por ejemplo, el Abogado General de la UE en sus conclusiones en el Asunto Pelham (As. C-476/17) en el párrafo 90, donde señaló que los límites: "están dirigidas a garantizar un justo equilibrio entre, por un lado, los derechos e intereses de los titulares de los derechos de autor y de derechos afines a los derechos de autor y, por otro, los demás intereses públicos y privados, incluido el de la protección de los derechos fundamentales." No obstante, el reconocimiento como derecho, hasta ahora no ha sido nada más que una cuestión meramente semántica, puesto que no ha tenido consecuencias prácticas relevantes.

actual no tuvo en cuenta estas cuestiones, puesto que cuando se promulgó la DDASI las funcionalidades y el poder de los intermediarios de la sociedad de la información no tenía parangón. Sin embargo, hoy en día es un debate ineludible, sobre todo porque estamos hablando de la protección de los derechos fundamentales.

Los intermediarios de la sociedad de la información se han convertido en una amenaza potencial para los derechos fundamentales. La actividad que realizan no es neutral, sino que tienen unos intereses comerciales claramente definidos por lo que es necesario garantizar que esas estrategias de negocio respeten los derechos fundamentales. No obstante, para crear estos incentivos no es imprescindible una modificación legislativa profunda, bastaría con garantizar que los límites tengan eficacia también frente a los intermediarios de la sociedad de la información. Actualmente, estos sujetos tienen mecanismos internos para resolver las posibles disputas que pudieran surgir entre los usuarios y la plataforma por vulneración de los derechos exclusivos de los titulares. Sin embargo, estos sistemas no gozan de plenas garantías ni son claramente equilibrados y habilitan al intermediario a adoptar medidas de dudosa proporcionalidad[361].

Además, las plataformas se han erigido como árbitros de esta clase de situaciones cuando son un participante interesado. En primer lugar, estos operadores se aprovechan económicamente tanto de los derechos exclusivos de los titulares como de la actividad de sus usuarios, puesto que son las interacciones

---

361 Vid. López Richart, J. (2019). Responsables, ma non troppo: las reglas de exención de responsabilidad de las plataformas para el intercambio de contenidos en línea en la directiva sobre derechos de autor en el mercado único digital. En Saiz García, C. y Evangelio Llorca, R *Propiedad intelectual y mercado único digital europeo* (pp. 308-366). Tirant lo Blanch, Valencia.

que se desarrollan en sus plataformas las que les dan ingresos. Por lo tanto, si dicha actividad les proporciona ingresos, tienen un interés evidente en la resolución del conflicto.

En segundo lugar, de conformidad con el actual Artículo 17 de la DDAMUD y con ciertas normas de derecho nacional[362] que ya lo preveían, los intermediarios pueden llegar a ser responsables de la comisión de dicha infracción. De esta forma, estamos creando incentivos perversos para que los intermediarios reduzcan lo máximo posible el ejercicio de los límites previstos para ceñirlos al núcleo de significado, disminuyendo significativamente las zonas de penumbra[363], algo que fue calificado como *chilling effect* en la Sentencia del Tribunal Supremo de los Estados Unidos en Gibson v. Florida Legis. Investigation Comm., 372 U.S. 539, 556-57 (1963), sentando la doctrina americana de protección del derecho a la libertad de

---

362 Es el caso del vigente Artículo 138.2 del TRLPI, cuya redacción data de 2014 y que se puede atribuir a la Sentencia de la Audiencia Provincial de Madrid, Sección 28ª, de 31 de marzo de 2014 que hizo un llamamiento al legislador para que regulara esta materia. Posteriormente, esta posibilidad de imputar responsabilidad a los intermediarios de la sociedad de la información por no actuar frente a actividades ilícitas cometidas por sus usuarios fue institucionalizada en el contexto de la Unión Europea por la Sentencia del Tribunal de Justicia de la Unión Europea de 14 de junio de 2017 en el Asunto C/610-15, "The Pirate Bay". En este pronunciamiento se recogieron los requisitos para considerar que un intermediario realiza actos sin los cuales no puede llevarse a cabo un acto de comunicación al público o su realización sería más difícil.

363 Tanto los conceptos núcleo de significado como zona de penumbra son utilizados en García Amado, J. A. (2013). *Razonamiento jurídico y argumentación. Nociones introductorias.* Editorial Eolas,

expresión[364]. No estamos ante un riesgo ajeno o pasado, sino que va en aumento, pues los intermediarios de la sociedad de la información tienen más influencia en nuestras actividades de ocio[365]. El *chilling effect* no es más que una externalidad negativa derivada del diseño institucional de la red.

No nos encontramos ante un reto nuevo, lo que están haciendo los intermediarios de la sociedad de la información es filtrar los contenidos que quieren dentro de su infraestructura. Por lo tanto, es un supuesto similar al que ya teníamos con los intermediarios tradicionales. No obstante, fijar el límite entre filtrar contenido por el interés editorial o por evitar la asunción responsabilidad infractores de derechos de propiedad intelectual es una tarea harto complicada. Precisamente por este motivo, las soluciones apriorísticas deberían estar excluidas, ya que supondrían un riesgo demasiado grande para la protección de los derechos fundamentales[366].

---

364 Para más información, Vid. Schauer, F. (1978). Fear, risk and the first amendment: Unraveling the chilling effect. *BUL rev., 58,* 685. En el mismo sentido, Vid. Youn, M. (2013). The Chilling Effect and the Problem of Private Action. *Vand. L. Rev., 66,* 1473, donde se aborda con más profundidad el ejercicio de este filtro por entes privados.

365 Vid. Keller, P. (2021). YouTube Copyright Transparency Report: Overblocking is real, disponible en: http://copyrightblog.kluweriplaw.com/2021/12/09/youtube-copyright-transparency-report-overblocking-is-real/ (consultado por última vez el día 13 de septiembre de 2022).

366 Vid. Martín Aláez, F. J. (2022). El control automático previo (filtrado) de los contenidos puestos en línea por los usuarios en la directiva de derechos de autor y derechos afines en el Mercado Único Digital: el asunto C-401/19. *Actualidad civil,* (7), 10.
En el mismo sentido, Vid. Psychogiopoulou, E. (2022). Copyright and Freedom of Expression in the Digital Age: Unravelling

El TJUE podría haber sido bastante más claro a este respecto al estar en juego los derechos fundamentales, y unos aspectos tan esenciales para el funcionamiento de cualquier sistema democrático[367]. En cambio, el Tribunal parece confirmar los incentivos que ya estableció el legislador para que los interme-

---

the Complexities of Fundamental Rights Analysis by the Court of Justice. In *Digital Media Governance and Supranational Courts* (pp. 91-111). Edward Elgar Publishing.

367 De hecho, el propio TJUE parte de esta premisa. En este sentido, Vid. Sentencia del Tribunal de Justicia de la Unión Europea de 22 de junio de 2021 en los Asuntos acumulados C-682/18 y C-683/18 "You-Tube y Cyando", p. 64. No obstante, esta preocupación no tiene una plasmación directa ni en su argumentación, ni tampoco en las decisiones adoptadas.
En este sentido, Vid. Reda, J., & Selinger, J. (2021). YouTube/Cyando–an Important Ruling for Platform Liability–Part 1, disponible en http://copyrightblog.kluweriplaw.com/2021/07/01/youtube-cyando-an-important-ruling-for-platform-liability-part-1/ (consultado por última vez el día 13 de septiembre de 2019).
Precisamente, el caso de YouTube es especialmente grave por el tipo de medidas cautelares que adoptan en el caso de los controles *ex post*, que requieren una denuncia previa por parte del titular de derechos o de cualquier persona con un interés legítimo. Admitida a trámite la denuncia, YouTube puede llegar a suspender la monetización de los vídeos subidos si hay una denuncia, o incluso bloquear el vídeo. Además, en el caso de que la denuncia por infracción de derechos de autor llegue a prosperar YouTube puede sustraer todos los ingresos recibidos por dicho vídeo y entregárselos al titular de derechos a modo de indemnización. No obstante, en ningún momento se establece un procedimiento para determinar los daños y perjuicios causados, que podrían ser de una cantidad menor a la sustraída al usuario o, incluso, mayor. Así mismo, debemos tener en cuenta que no todos los ingresos producidos por dicho vídeo tienen que estar directamente asociados a la utilización de obras originales de terceros, sino que pueden haber sido producidos como consecuencia del valor añadido generado por el usuario.

diarios establezcan controles previos de contenido con el fin de evitar actos de comunicación al público. El Artículo 17 de la DDAMUD favorece que en algunas circunstancias los intermediarios de la sociedad de la información establezcan controles para evitar que se produzcan infracciones y, así, eludir su propia responsabilidad. Esto se produce especialmente en el caso de aquellos que no tengan la capacidad de negociar licencias y no les queda más alternativa que acudir a este sistema.

Por el contrario, deberíamos centrarnos en las soluciones *a posteriori* que permitan evitar la existencia de estos peligrosos filtros. Así, debemos buscar la forma de que los límites para proteger los derechos fundamentales que ya tenemos en nuestro ordenamiento, puedan ser directamente aplicables, también, a los intermediarios de la sociedad de la información[368]. Sin embargo, parece que dicha solución pasa por privar a los intermediarios de la posibilidad de ofrecer mecanismos de resolución de conflictos donde son ellos mismos los que toman las decisiones y devolver dicho poder a los órganos jurisdiccionales, que son un sujeto sin ningún interés en la resolución del conflicto. A lo largo de este estudio hemos resaltado el peligro de ceder soberanía a los intermediarios de la sociedad de la información, precisamente, porque son entidades que tienen una clara agenda económica y política detrás y, por ende, no son sujetos que actúen de forma neutral. En muchas ocasiones se encuentran en la posición contraria de los intereses que pretenden armonizar. Estos operadores no dejan de ser empresas que participan del mercado y tienen como finalidad la obtención de beneficios. No son entidades sin ánimo de lucro

---

[368] Es cierto que los límites previstos en el ordenamiento jurídico no tienen un destinatario predefinido, pero están pensados como defensa frente a los titulares de derechos y no frente a los intermediarios de la sociedad de la información.

que quieren transformar la sociedad para mejorarla, sino que, como cualquier otro operador, buscan crear un escenario en el que sus posiciones estén mejor defendidas y puedan condicionar los flujos de rentas para obtener mejores resultados.

Por lo tanto, podemos ver que el problema no son esos sistemas internos de resolución de conflictos, sino la forma en la que se han configurado,[369]. El escenario digital ha traído un nuevo equilibrio de fuerzas donde el Estado ya no es el grupo dominante; sino que hay actores privados que, en ciertos aspectos, tienen más poder y actúan en multitud de territorios. De esta forma, pueden jugar con la libre competencia regulatoria que existe entre los distintos países del mundo[370]. Así, radicándose en Estados donde la regulación les es más favorable, pueden encontrar la forma de obtener un régimen jurídico más adecuado a sus intereses. Quizás el sector público no se ha dado cuenta a tiempo de esta realidad o simplemente la ha tolerado porque, hasta cierto punto, presentaba más beneficios que riesgos en términos generales. Sea por lo que sea, lo cierto es que estamos llegando a un punto peligroso.

De esta forma, el reto actual para proteger los derechos fundamentales de los ciudadanos mediante los límites consiste en sustraer este poder de resolución de conflictos para que las decisiones las tome una entidad imparcial. Uno de los motivos

---

369 En España, el Artículo 73.12 del RDL 24/2021 establece que los conflictos que pudieran darse dentro de los sistemas internos de resolución de conflictos deberán resolverse ante la Sección Primera de la Comisión de Propiedad Intelectual del Ministerio de Cultura.

370 En el marco de la Unión Europea rige el principio de país de procedencia, según el cual los operadores económicos solamente tienen que cumplir con la normativa del Estado en el que tengan su sede para operar en todo el territorio comunitario.

que podríamos apreciar para haber llegado hasta este punto sería la saturación de los sistemas públicos de resolución de conflictos. España es uno de los países con mayor tasa de litigiosidad de toda la OCDE[371], luego si trasladamos todos estos conflictos al sistema jurisdiccional caeríamos en un importante riesgo de colapso que dejaría sin resolver la gran mayoría de estos problemas, quedando desprotegidos los derechos fundamentales de los ciudadanos[372].

El recién aprobado Reglamento de Servicios Digitales de la Unión Europea, de nuevo, peca de cierta ingenuidad. El Artículo 17.3 indica que las plataformas deben resolver las controversias de manera oportuna, diligente y objetiva; y en el apartado 5º del mismo precepto indica que deben velar por que las decisiones no se tomen exclusivamente utilizando medios automatizados. Más allá de hacer estas declaraciones, el legislador europeo debería haber sido más invasivo y señalar determinados criterios que deben ser tenidos en cuenta.

A pesar de estas reticencias, sí que apreciamos un paso adelante, puesto que reconoce a los usuarios la posibilidad de acudir a

---

371 Vid. Pomar, F. G., & Mora-Sanguinetti, J. S. (2014). Males de la justicia: analizando los datos. *InDret.*

372 Tengamos en cuenta que solo en el primer trimestre del año 2022 el Consejo General del Poder Judicial puso de manifiesto que en la jurisdicción Civil entraron 727.191 asuntos nuevos, lo que supone un incremento del 7,3%. Se resolvieron 702.949 asuntos, un 1,5% más, y quedaron en trámite 1.766.410, un 2,2 % más que al final del primer trimestre de 2021. Datos obtenidos de https://www.poderjudicial.es/cgpj/es/Poder-Judicial/En-Portada/Los-organos-judiciales-mantuvieron-en-el-primer-trimestre-del-ano-el-nivel-de-pendencia-de-2021-pese-a-que-el-ingreso-de-nuevos-asuntos-crecio-un-7-7— (consultado por última vez el día 9 de septiembre de 2022).

medios de resolución extrajudicial de conflictos, un medio heterocompostitivo en el que se pueden revisar los criterios aplicados por el intermediario técnico. En este sentido, el Artículo 18.1 del Reglamento de Servicios Digitales, señala que, si el consumidor final quiere acudir a este medio extrajudicial de resolución de conflictos y no al mecanismo propuesto por el intermediario, parece que este tendrá obligación de hacerlo y de colaborar.

Sin embargo, de nuevo, es posible que estas disposiciones puedan quedar en meras propuestas programáticas, puesto que cuando llegamos al capítulo de sanciones, el Artículo 42 se limita a decir que serán los Estados Miembros quienes las adopten y que deberán ser eficaces, proporcionales y disuasorias. Así, el legislador comunitario no establece una serie de normas comunes para que, posteriormente, los Estados transpongan esta norma de manera homogénea y, de esta forma, las sanciones sean uniformes dentro del mercado único digital. Con esta estrategia, estamos permitiendo que algunos Estados adopten normas más laxas que posibiliten a estos usuarios comerciales hacer *fórum shopping* y evitar la aplicación de las disposiciones más invasivas del RSD.

La solución no es fácil, pero lo que está claro es que la situación no puede permanecer inalterada. Los intermediarios de la sociedad de la información no pueden seguir siendo juez y parte cuando de la defensa de los derechos fundamentales se trata[373]. El legislador debe repensar el papel que está dando a

---

373 Vid. Martín Aláez, F. J. (2022). El control automático previo (filtrado) de los contenidos puestos en línea por los usuarios en la directiva de derechos de autor y derechos afines en el Mercado Único Digital: el asunto C-401/19. *Actualidad civil*, (7), 10, p. 7 y 9-11, donde el autor nos muestra en qué casos el intermediario puede llegar a ser considerado autor de una infracción si no establece un sistema de filtrado y de resolución de conflictos. Por lo tanto, si el interme-

los intermediarios, pues ejercen una labor de control sobre los ciudadanos que antes correspondía al sector público. Quizás, el legislador considere que esta sea la solución más efectiva para el problema que estamos afrontando, pero si efectivamente es así, la normativa que debe regirles no debe ser la misma. Desde que las Revoluciones Liberales de finales del siglo XVIII dieron forma a los Estados Modernos y al nuevo modelo de sector público, se ha desarrollado una parte del ordenamiento jurídico al que hemos denominado derecho administrativo que sirve para regular de forma minuciosa la labor de la administración, especialmente, para salvaguardar los derechos fundamentales de los ciudadanos. Sin embargo, no encontramos disposiciones tan específicas para los intermediarios de la sociedad de la información, que ejercen un control muy importante sobre los derechos a la libertad de expresión y de información[374].

Los dos principales problemas que podemos imputar a las normas existentes son, en primer lugar, su vaguedad y falta de medidas para asegurar su efectiva implementación. Como hemos visto, el Reglamento de Servicios Digitales[375] resuelve el

---

diario puede ser considerado responsable de las infracciones que debe evitar, establecerá un sistema de filtrado que beneficie su posición dentro del conflicto. Además, señala el autor, que la Directiva no establece un mecanismo de resolución de conflictos concreto que dé incentivos efectivos para que los intermediarios actúen con objetividad, sino que les da "carta blanca".

374 Vid. Keller, D. (2020). Facebook Filters, Fundamental Rights, and the CJEU's Glawischnig-Piesczek Ruling. *GRUR International, 69*(6), 616-623. En este artículo el autor pone de manifiesto su preocupación por la falta de un enfoque centrado en los derechos fundamentales a la hora de evaluar la actividad de los intermediarios de la sociedad de la información

375 Una cuestión que no está del todo resuelta todavía es la interacción entre el Reglamento de Servicios Digitales y la Directiva de Derechos

asunto diciendo que los intermediarios de la sociedad de la información deben tomar decisiones de forma oportuna, diligente y objetiva. Ahora bien, no se detalla cómo debe desarrollarse el procedimiento; ni si deben tenerse en cuenta otras disposiciones, especialmente las relativas a los derechos fundamentales; ni qué tipo de medidas pueden adoptar a lo largo del procedimiento; ni qué forman deben seguir sus resoluciones; etc.

En segundo lugar, su falta de realismo, pues la normativa simplemente afirma que los usuarios comerciales deben actuar de forma oportuna, diligente y objetiva. Sin embargo, no tiene en cuenta que el intermediario tiene un interés en conflicto. Lo que no podemos pretender es que una de las partes decida por el resto y esperar que busque un equilibrio, incluso si dicha situación no le favorece.

---

de Autor en el Mercado Único digital, puesto que establecen sendos sistemas de responsabilidad de los intermediarios de la información y sistemas de control de contenido, siendo el primero una norma de carácter más general y la segunda más específica para el sector de la explotación de derechos de autor. No obstante, debemos tener en cuenta que hoy en día es difícil encontrar un intermediario que se dedique en exclusiva a la explotación de derechos de autor, sino que este es únicamente uno de los ámbitos de su actividad.
En este sentido, Vid. Quintais, J. P., & Schwemer, S. F. (2022). The Interplay between the Digital Services Act and Sector Regulation: How Special is Copyright?. *European Journal of Risk Regulation,* 1-31. En el mismo sentido, Vid. Krokida, Z. (2022). Internet intermediary liability and copyright infringement: shaping an alternative EU framework?, disponible en: http://copyrightblog.kluweriplaw.com/2022/09/12/internet-intermediary-liability-and-copyright-infringement-shaping-an-alternative-eu-framework/ (consultado por última vez el día 13 de septiembre de 2022).

1.2. Los límites de caricatura, parodia o pastiche

La caricatura, parodia o pastiche es otro de los límites esenciales para el funcionamiento de una sociedad democrática, puesto que nos permite articular las difíciles relaciones entre la propiedad intelectual y la necesaria crítica a través del humor[376] o de críticas ácidas o de sátiras[377]. Como ocurría con los límites estudiados en el apartado anterior, para criticar determinadas obras es necesario utilizarlas e, incluso transformarlas. No obstante, la crítica no tiene por qué centrarse en la obra, sino que en ocasiones se utiliza

---

376 El humorista Juan Ignacio Delgado, conocido popularmente como Ignatius Farray, sostiene que los cómicos se han convertido en los nuevos filósofos, puesto que son quienes realizan las mayores críticas al funcionamiento de la sociedad y tienen mayor calado entre los ciudadanos.

377 Vid. Condren, C., Davis, J. M., McCausland, S., & Phiddian, R. A. (2008). Defining parody and satire: Australian copyright law and its new exception: Part 2-Advancing ordinary definitions, quien señala que la parodia no tiene que estar relacionada directamente con usos humorísticos, poniendo como ejemplo la obra 1984 de George Orwell a la cual caracteriza como sátira. En este sentido, indica que la sátira no se define por una estructura o técnica concreta, sino por la finalidad perseguida. Así, considera que la sátira es cualquier utilización que tenga un mínimo contenido humorístico o crítico hacia algo. Realmente, no conviene introducir definiciones demasiado estrictas, puesto que el concepto de parodia debe estar separado de otros como el humor o la sátira para no atarlo. Debemos tener un concepto amplio y flexible que pueda evolucionar a lo largo del tiempo para adaptarse a las nuevas formas de crítica que encuentre la sociedad.
En el mismo sentido, podemos poner como ejemplo una obra clásica de la literatura española como es "El ingenioso hidalgo don Quijote de la Mancha" que hace una sátira de las novelas de caballería de la época sin necesidad de hacer humor. Para ello tomó elementos característicos y propios de las novelas que le rodeaban y así poner de manifiesto los aspectos que al autor le parecían menos deseables.

una obra de un tercero para criticar una situación que nada tiene que ver con ella, pero que es necesario para tener una sociedad democrática avanzada, dejando atrás la tradicional distinción entre parodia *target* y parodia *weapon*. La Sentencia del TJUE de 22 de mayo de 2014 en el Asunto C-201/143 "Deckmyn" consideró que la parodia es un concepto de derecho europeo que debe estar armonizado para garantizar una aplicación homogénea dentro de todo el mercado interior[378]. Por lo tanto, todas las consideraciones que hagamos deben entenderse dentro del heterogéneo marco cultural y de valores cívicos y políticos que tenemos dentro de la Unión Europea.

La razón de ser de este límite es fomentar la crítica y el diálogo de la sociedad con las obras. No obstante, debemos distinguirlo del límite de cita y del de informaciones de actualidad, que analizamos en el apartado anterior, pues, aunque la finalidad es similar, protegen la libertad de expresión desde perspectivas distintas. Los límites ya estudiados pretenden salvaguardar estos derechos mediante el comentario a los mismos, un comentario puntual que puede requerir una reproducción y posterior distribución o comunicación al público más o menos amplia. Sin embargo, la parodia pretende criticar una determinada situación, para lo que no solamente se toma una obra de un tercero y se analiza, sino que se transforma para hacer una crítica distinta. De esta forma, nos encontramos ante una utilización más amplia de lo que permiten los otros límites. Incluso podría llegar a

---

378 Vemos como en este caso el TJUE sí aprovechó la técnica del concepto de derecho de la Unión Europea para armonizar esta excepción al derecho exclusivo flexibilizando su contenido. En este sentido, incluyó en su contenido la parodia *weapon* pues lo considera necesario para satisfacer la finalidad de la propia excepción, aunque no estuviera expresamente previsto en su ámbito objetivo.

confundirse con la imitación[379] de la obra para hacer una crítica. Se toma algún elemento de la obra para transformarlo y crear algo nuevo. Es decir, crea una nueva obra que no tiene como objeto el comentario, sino la crítica o la sátira de la misma. En definitiva, se trata de formas distintas de acometer una crítica o un comentario que requieren de regulaciones distintas.

Dentro del concepto autónomo de derecho de la Unión Europea que ha construido el TJUE, el tribunal considera que deben reunirse los siguientes requisitos para que podamos estar ante una parodia:

- Debe ser una imitación que evoca una obra preexistente (si bien diferenciándose perceptiblemente de ésta) por lo que cabría preguntarse si debe mencionarse la procedencia de la obra para que los destinatarios puedan distinguirla de forma clara. El TJUE consideró que no debía ser así, algo que fue bien acogido por la doctrina[380]. No obstante, debemos tener en cuenta que estamos creando algo nuevo sobre la base de otra para criticarlo y no para analizarlo.

El elemento tomado tiene que ser necesariamente de una obra original, algo lógico, pues de lo contrario sería imposible aplicar esta excepción. No obstante, el resultado de la parodia no debe ser una obra original, sino que puede ser un producto no protegido por la normativa de propiedad intelectual, planteamiento que

---

379 Vid. Posner, R. A. (1992). When is parody fair use? *The Journal of Legal Studies, 21*(1), 67-78.

380 Vid. Garrote Fernández-Díez, I. (2017). El equilibrio entre los derechos a la libertad de expresión ya la propiedad intelectual en la Carta de Derechos Fundamentales de la Unión Europea: El caso de la parodia con finalidad crítica política. *Anuario de la Facultad de Derecho de la Universidad Autónoma de Madrid.*

no ha sido tan bien acogido por la doctrina[381]. No se trata de una decisión descabellada, pues el resultado de la parodia puede no tener elementos originales propios que le permitan acceder a la protección otorgada por la normativa de propiedad intelectual.

- Debe tener una intención manifiestamente humorística o burlesca. Este criterio en ningún momento está recogido en la normativa, aunque sí es cierto que los diccionarios definen la parodia como "imitación burlesca"[382]. No obstante, el concepto de humor es necesariamente ambiguo, luego ligar estos dos conceptos quizás no sea lo más adecuado si lo que queremos es dar cierta seguridad jurídica, pese a lo difícil de la tarea en este campo[383]. Es precisamente peligroso la forma en la que lo hace el TJUE en el Asunto Deckmyn, pues lo junta veladamente

381 Vid. Cámara Águila-Real, P. (2016). El concepto de parodia en derecho comunitario: la sentencia del tribunal de justicia UE de 3 de septiembre de 2014. En Aparicio Vaquero, J.P. et al. *Estudios sobre la ley de propiedad intelectual: últimas reformas y materias pendientes*, Dykinson, p. 109-119.

382 Vid. Definición de parodia del Diccionario de la Real Academia Española de la lengua (disponible en: https://dle.rae.es/parodia?m=form, consultado por última vez el día 13 de octubre de 2022).

383 Vid. Jongsma, D. (2017). Parody After Deckmyn–A Comparative Overview of the Approach to Parody Under Copyright Law in Belgium, France, Germany and The Netherlands. *IIC-International Review of Intellectual Property and Competition Law, 48*(6), 652-682, quien pone de manifiesto que el humor, por su propia naturaleza es algo subjetivo y no puede estar sujeto a la valoración de un órgano jurisdiccional. De hecho, trae a colación la versión pornográfica de una obra, considerada como humorística por un órgano jurisdiccional del Reino de Bélgica (Court of Appeal of Antwerp, 8th Chamber, 11 October 2000, A&M.

con el también peliagudo concepto de lo "políticamente correcto". De esta forma, se deja en manos de los tribunales nacionales lo que debe estar permitido o no en función de si es humorístico.

Por consiguiente, tener una definición que nos de las claves para saber lo que es una parodia es esencial para dar seguridad jurídica. Ahora bien, dichas claves deben ser lo suficientemente abstractas para que puedan ser aplicables con independencia del medio utilizado y dar cabida así a la evolución de los medios tecnológicos. En este caso, el TJUE ha hecho un buen trabajo tomando como punto de partida la ponderación con el derecho a la libertad de expresión. Por lo tanto, vemos que sí hay cabida para una interpretación más flexible de la normativa vigente con los instrumentos que están a disposición del TJUE.

Una vez realizadas estas consideraciones procede hacer un análisis de la normativa que regula este límite. En primer lugar, la norma de referencia es la DDASI, que tiene una regulación escueta pero que consideramos correcta, puesto que no introduce requisitos estrictos. En cambio, se limita a reconocer la existencia de esta institución y, en consecuencia, a protegerla, dejando que sea la jurisprudencia la que dé un concepto de parodia.

En segundo lugar, tenemos la normativa española en el Artículo 39 del TRLPI, que se aleja un poco de la DDASI e introduce una definición del límite algo más amplia, incluyendo dos requisitos: que no haya riesgo de confusión con la obra original y que no se cause un daño a la obra o al autor. En ocasiones nos hemos pronunciado en contra de la introducción de requisitos demasiado específicos, que pueden dificultar la aplicación del límite si se interpretan de forma restrictiva. No obstante, el legislador español no plantea los dos requisitos de esta forma, lo que nos permite mantener cierto grado de flexibilidad.

- El primer requisito es que la parodia no puede servir para competir con la obra, puesto que este no es su objetivo. Este límite no pretende promover la competencia en el mercado ni establecer presiones competitivas, sino proteger el derecho a la libertad de expresión. Los consumidores deben saber que están consumiendo una parodia. Además, en el caso de que la parodia y la obra parodiada pudieran confundirse, podríamos encontrarnos ante un aprovechamiento ilícito de la notoriedad de esta última para obtener un beneficio económico[384]. Lo cierto es que este tipo de utilizaciones dan independencia a la obra al facilitar su interacción con ella. Una vez que la obra es percibida por el público ya nadie puede, ni debe, controlar el mensaje que transmite. Este mensaje debe ser completamente libre.
- El segundo requisito consiste en no causar un daño a la obra o al autor, exigencia que responde a un comportamiento leal y conforme a la buena fe de cualquier operador del mercado. En este sentido, es perfectamente legítimo criticar una obra, pero ello no requiere hacer daño a la propia obra o a su autor y. Ahora bien, en ningún momento se define a qué tipo de daño se refiere, pues podría tratarse tanto de un daño moral como de un daño económico. Por la redacción parece que lo que mejor encaja es el daño a la reputación de la obra o del autor, puesto que todo lo relativo al daño económico se evalúa posteriormente al aplicar la regla de los tres pasos.

---

384 Vid. Jongsma, D. (2017). Parody After Deckmyn–A Comparative Overview of the Approach to Parody Under Copyright Law in Belgium, France, Germany and The Netherlands. *IIC-International Review of Intellectual Property and Competition Law, 48*(6), 652-682.

Si partimos de que el Artículo 39 del TRLPI se refiere a un daño moral y no a un daño económico, tenemos un problema derivado de la amplitud del concepto de daño moral. No podemos dejar que la aplicación de este límite quede solamente en manos de los titulares de derechos, pues también se pretende proteger el derecho a la libertad de expresión.

Por lo tanto, habrá que analizar si la crítica planteada es pertinente y si el tono utilizado está justificado o no. Suele indicarse que la parodia lo aguanta todo salvo el insulto, pero esta doctrina no resuelve nada, puesto que, si no definimos lo que es un insulto, no podemos llegar a ninguna conclusión lógica sobre el contenido del límite.

En tercer lugar, desde el año 2019 en el acervo comunitario contamos con la DDAMUD, la Directiva que pretende armonizar la regulación del mercado único digital europeo, cuyo Artículo 17.7, traspuesto en el Artículo 70 del RDL 24/2021, obliga a los prestadores de servicios para compartir contenido a respetar el límite de caricatura, parodia o pastiche. Ahora bien, debemos tener en cuenta que la DDAMUD señala que el límite solamente se aplicará en lo relativo a la difusión de contenido dentro de los servicios prestados por usuarios profesionales, definidos en el Artículo 2.6 de la DDAMUD. De hecho, el Considerando 70 del mismo texto reitera este ámbito de aplicación, sin ningún viso de poder ser ampliado por los Estados Miembros.

Podría parecer que este límite no es aplicable a nuestro supuesto de forma generalizada. Sin embargo, el legislador español ha decidido ser creativo y ha introducido requisitos específicos para su aplicación, a la vez que ha incrementado su ámbito de aplicación de forma notable. La necesidad de este nuevo precepto es cuestionable, pues el Artículo 5.3.k) de la DDASI ya recoge los términos caricatura y parodia junto con el de parodia, luego podríamos entender que el límite de pastiche que reitera el Artículo 17.7 de la DDAMUD ya estaba previsto en nuestro Artículo 39 del TRLPI. De hecho, en países de nuestro entorno el límite existente antes de la transposición del Artículo 17.7 de la DDAMUD ya incluía el pastiche[385]. Ahora bien, cabría interpretar que el legislador español realizó una incorporación parcial de lo previsto en la DDASI que ahora completa con el Artículo 70 del RDL 24/2021.

La relación entre el Artículo 39 del TRLPI y del Artículo 70 del RDL 24/2021 deberá ser resuelta por el legislador o por los órganos jurisdiccionales, pero parece que debe darse prevalencia al Artículo 70 del RDL 24/2021 pues regulando la misma situación lo hace con posterioridad y, sobre todo, con mayor precisión. La técnica legislativa no es la mejor, pues el Artículo 17.7 de la DDAMUD no estaba pensado para introducir un nuevo límite de parodia en nuestro ordenamiento, sino para imponer obligaciones a estos usuarios comerciales y, como señala el Considerando 70 de la DDAMUD proteger los derechos fundamentales[386] de los usuarios de este tipo de

---

385 Vid. Garrote Fernández-Díez, I. (2016). ¿Puede crearse un nuevo límite en la ley de propiedad intelectual española para dar cobertura a los contenidos generados por los usuarios? En Aparicio Vaquero, J. P. et al. *Estudios sobre la ley de propiedad intelectual: últimas reformas y materias pendientes*, Dykinson), señala que en Francia y en Reino Unido ya se recoge como caricatura, parodia o pastiche.

386 Se trata de un elemento compartido con la parodia. En este sentido, Vid. Cámara Águila-Real, P. (2016) El concepto de parodia en derecho comunitario: la sentencia del tribunal de justicia UE de 3 de septiembre de 2014. En Aparicio Vaquero, J. P. et al. *Estudios sobre la ley de propiedad intelectual: últimas reformas y materias pendientes*, Dykinson, p. 109-119.
En el mismo sentido, Vid. Östlund, E. (2014). Transforming European Copyright: Introducing an Exception for Creative Trans-

servicios y, así, dar una justificación legal al contenido generado por usuarios[387].

Al margen de estas consideraciones, el Artículo 70 del RDL 24/2021 recoge una definición del pastiche tomada literalmente del diccionario de la RAE, algo que el Artículo 17.7 de la DDAMUD no hacía. Además, termina con una frase muy relevante para nuestro estudio: "este límite será también aplicable a usos diferentes de los digitales", ampliando así su ámbito de aplicación y saltándose por completo el precepto del que supuestamente procede[388].

Antes de entrar en el ámbito de aplicación del pastiche a usos "distintos de los digitales" debemos saber en qué consiste esta técnica creativa. La doctrina[389] considera que el pastiche

---

formative Works into EU Law., disponible en: https://www.diva-portal.org/smash/get/diva2:688462/FULLTEXT01.pdf, quien señala que la Comisión Europea ya adelantó esta posibilidad en el Libro Verde "Derechos de autor en la economía del conocimiento", 2008.

387 Vid. Garrote Fernández-Díez, I. (2016). ¿Puede crearse un nuevo límite en la ley de propiedad intelectual española para dar cobertura a los contenidos generados por los usuarios? En Aparicio Vaquero, J. P. et al. *Estudios sobre la ley de propiedad intelectual: últimas reformas y materias pendientes*, Dykinson, , p. 257-295.

388 Vid. Bercovitz Rodríguez-Cano, R. (2014). La parodia en Revista Doctrinal Aranzadi Civil-Mercantil Núm. 7/2014 parte Tribuna, *Editorial Aranzadi, S.A.U., Cizur Menor,* donde expone que los Estados Miembros solamente pueden hacer una transposición limitada de los límites y excepciones porque quien puede lo más puede lo menos.

389 Vid. Hudson, E. (2017). The pastiche exception in copyright law: a case of mashed-up drafting? *Intellectual Property Quarterly*, vol. 2017, no 4, p. 346-368 y Vega García, P. (2022). Las nuevas excepciones al derecho de autor en la Unión Europea: en favor

es un concepto alegal, nacido de la cultura popular[390], que presenta un tipo de creación artística en la que se mezclan distintos elementos de obras preexistentes. No obstante, no se trata del escenario de una obra colectiva, donde las creaciones incorporadas a la obra nueva no se han concebido para su producción o, al menos, se han incorporado con la autorización del titular de los derechos mediante un contrato de cesión.

El diccionario de la RAE recoge una definición que para un jurista puede resultar chocante pues no se ajusta a los conceptos jurídicos tradicionales sobre los que se ha construido el derecho de autor: "*Imitación o plagio que consiste en tomar determinados elementos característicos de la obra de un artista y combinarlos, de forma que den la impresión de ser una creación independiente*". De hecho, podemos ver que el legislador español ha tomado la definición dada por la RAE y la ha trasladado al BOE, una técnica legislativa cuando la terminología popular no coincide con la legal.

Partiendo de esta conceptualización del pastiche incorporada al Artículo 70 de RDL 24/2021, podemos destacar cuatro aspectos esenciales que deben sumarse a los que recoge el TJUE en su jurisprudencia:

- Debe tratarse de una obra divulgada.
- El autor del pastiche debe transformar una obra combinando elementos característicos de otra obra.

---

del empleo de la tecnología digital en la investigación y la educación. *Revista de Derecho Privado,* no 43, p. 389-397.

390 Vid. Pérez-Gómez, M. Á. (2020). Entre la forgerie y el pastiche: la obra tributo a Tintín de Yves Rodier. *CuCo: cuadernos de cómic, 15, 10-30.*

- El resultado[391] debe dar la impresión de que estamos ante una creación independiente sin causar riesgo de confusión.
- El resultado no puede inferir un daño a la obra original o a su autor.

La técnica legislativa utilizada es mejorable, pero nos da unos parámetros sobre lo que debemos entender por caricatura, parodia o pastiche a partir de ahora.

1.2.1. El pastiche debe realizarse tomando elementos de una obra ya divulgada

El concepto de divulgación no es complicado de concretar, pues el Artículo 4 del TRLPI nos dice cuándo se entiende que una obra está divulgada. Los problemas surgen por la terminología utilizada y por la coherencia interna del límite.

La formulación inicial habla de transformación de una obra divulgada. Este planteamiento del supuesto de hecho nos provoca dos dudas. En primer lugar, habla de "obra", en singular, dando a entender que los elementos característicos que se toman son únicamente de una obra. Sin embargo, posteriormente, habla de

---

391 No vamos a utilizar el concepto "obra resultante" pues la protección de las creaciones generadas por IA no está resuelta y, por lo tanto, no está claro si lo podemos calificar como obra. Además, el TJUE en su Sentencia de 3 de septiembre de 2014 en el Asunto C-201/13, "Deckmyn" señaló que no es necesario que el resultado de la parodia fuera una obra.
En este sentido, Vid. Cámara Águila-Real, P. (2016) El concepto de parodia en derecho comunitario: la sentencia del tribunal de justicia UE de 3 de septiembre de 2014. En Aparicio Vaquero, J. P. et al. *Estudios sobre la ley de propiedad intelectual: últimas reformas y materias pendientes*, Dykinson, p. 109-119.

obras y prestaciones originales, en plural. Debemos superar esta interpretación reduccionista y considerar que este límite también se aplica cuando el autor toma elementos de distintas obras[392].

La interpretación que podemos hacer es que estamos ante un límite que pueden oponer los autores del pastiche frente a la demanda individual que pueda plantear el autor de la obra afectada. Sería este el motivo por el que se formula el límite en singular. No obstante, lo lógico sería que se mantuviera el número singular a lo largo de todo el precepto o, al menos, hubiera una mayor claridad al respecto.

En segundo lugar, existen problemas de coherencia interna sobre el tipo de objetos protegidos que se pueden tomar. Al hablar solo de obra[s], parece estar excluyendo los derechos conexos regulados en el Libro II del TRLPI. Sin embargo, en las líneas finales, al regular el cuarto requisito, habla de obras o prestaciones. Como en el caso anterior, debemos optar por una opción integradora y que amplíe el ámbito objetivo de la excepción, pues la literalidad del precepto lo admite.

Una cuestión curiosa es que no se exige que el creador del pastiche deba tener un acceso lícito a la obra como sí se hace en el límite de copia privada (Artículo 31.2.b) del TRLPI). Bien es cierto que en otros límites que requieren la realización de copias de las obras tomadas como la cita (Artículo 32.1 del TRLPI) o ilustración docente (Artículos 32.3 y 32.4 del TRLPI) también habla simplemente de la mera divulgación de la obra. La doctrina tiende a considerar que, a pesar de no mencionarse el acceso lícito, está implícito o, al menos,

---

392 Vid. Perdices Huetos, A. (2021). Pastiches. Imitaciones y mezclas en el derecho de autor, Blog propiedad intelectual, CIPI-UAM disponible en: https://blog.cipi.es/blog2-intelectual/item/201-pastiches-imitaciones-y-mezclas-en-el-derecho-de-autor, quien realiza la misma interpretación.

recogido en la regla de los tres pasos[393]. No obstante, en el caso de la parodia (Artículo 39 del TRLPI), donde tampoco aparece este requisito, la interpretación doctrinal ha sido distinta[394].

1.2.2. El pastiche debe ser el resultado de la combinación de elementos característicos de la obra u obras preexistentes

La principal duda que nos puede surgir es el concepto de elementos característicos[395]. Se trata de un concepto utilizado por la RAE, pero que no tiene un encuadre claro en los términos utilizados por la normativa de derechos de autor. La cuestión en la que nos vamos a centrar es la relación que guarda con los elementos originales de la obra.

---

393 Vid. Xalabarder Plantada, R. (2010). Estudio sobre las limitaciones y excepciones del derecho de autor para actividades educativas en América del norte, Europa, los países cáucaso, asia central e Israel. *Ginebra: WIPO. Retrieved, 12*(06),.

394 Vid. López Maza, S. (2017). Artículo 39. Parodia en Bercovitz Rodríguez-Cano, R., et al. Comentarios a la ley de propiedad intelectual. *Tecnos,* Madrid, pp. 778 y 779 quien menciona que basta con que la obra sea conocida.

395 Vid. Perdices Huetos, A. (2021). Pastiches. Imitaciones y mezclas en el derecho de autor, Blog propiedad intelectual, CIPI-UAM disponible en: https://blog.cipi.es/blog2-intelectual/item/201-pastiches-imitaciones-y-mezclas-en-el-derecho-de-autor, quien habla, también, de la necesidad de una combinación cómica de los elementos característicos por su íntima relación con el límite de parodia tal y como lo interpretó el TJUE en su Sentencia de 22 de mayo de 2014 en el Asunto C-201/143 "Deckmyn". El autor concluye que la definición es lo suficientemente amplia como para amparar combinaciones no cómicas de elementos de obras.

En el apartado anterior ya hicimos consideraciones suficientes sobre el concepto de originalidad y no vamos a reproducirlos. Simplemente debemos quedarnos con la idea de que son elementos propios de la obra que reflejan la personalidad del autor al ser fruto de su autonomía en la toma de decisiones creativas. Tenemos una vasta doctrina jurisprudencial sobre lo que se considera o no una obra y cuáles son sus elementos originales. Por este motivo, sorprende que el legislador hable de elementos característicos y no de originales.

Ante esta situación cabe preguntarse si la intención del legislador es ampliar el ámbito objetivo de protección de los derechos de autor a cuestiones que técnicamente no son originales. Las ideas ya están fuera del ámbito del monopolio jurídico, pero podría estar haciendo referencia a cuestiones que están en una gran zona de grises como ocurre con los estilos que son atribuibles a un determinado autor, pensemos en autores visuales como, por ejemplo, Banksy. Esta redacción implica un solapamiento con el tercer requisito, que ya habla del riesgo de confusión con las obras originales de las que procede.

Parece que estamos ante un problema de adaptación de los usos analógicos del pastiche a la realidad digital, quizás uno de los motivos por los que el legislador de la Unión Europea optó por no dar una definición precisa del pastiche. Esta modalidad artística ha estado ligada tradicionalmente a técnicas como el collage, el *mash-up*, el arte fan o el *sampling*[396]. Estas metodologías artísticas, efectivamente, están construidas so-

---

396 Más dudas cabrían sobre la posibilidad de incluir las *covers* de obras sin contar con la autorización del autor, pues la combinación de elementos característicos es, cuanto menos, cuestionable. En este sentido, Vid. De Torres Fueyo, J. (2006). Opá, ¿ze puede o no imitá? Comentario al Auto del Juzgado de lo Mercantil núm. 1 de Madrid de 26 de julio de 2006, sobre un

bre la toma de materiales ajenos, materiales que sí pueden ser considerados originales como personajes[397] o fragmentos relevantes de obras[398]. En definitiva, se están realizando actos de reproducción parcial.

Además, podemos acudir a la doctrina del uso transformativo, una de las aplicaciones prácticas del *fair use* propio de EE. UU.[399] Esta doctrina parte de que no podemos cerrar una nueva técnica artística y todo un nuevo mercado por el simple hecho de que se hagan usos transformativos[400]. La finalidad es que los mercados culturales avancen y obtener nuevos productos que puedan satisfacer las necesidades de los consumidores. Por este motivo, para que este uso sea libre, debe

---

cover de imitación de "Opá, yo viazé un corrá". *Revista Aranzadi de derecho de deporte y entretenimiento*, no 18, pp. 611-615.

397 En este sentido, Vid. Rosati, E. (2019). Copyright protection of fictional characters: is it possible? how far can it go?, *IPKitten*, (disponible en: https://ipkitten.blogspot.com/2019/11/copyright-protection-of-fictional.html) y Key, T. (2020). The Ninth Circuit rules that The Moodsters characters are ineligible for copyright protection, denies panel and en banc rehearings: Daniels v. Walt Disney Company, *IPKitten*, (disponible en: https://ipkitten.blogspot.com/2020/05/the-ninth-circuit-rules-that-moodsters.html).

398 En este sentido, Vid. Sentencia del TJUE de 29 de julio de 2019 en el Asunto C-476/17, "Pelham", donde el Tribunal concluye que se está tomando un fragmento relevante y reconocible de la grabación de origen.

399 Para más información sobre el *fair use* y su aplicación práctica en EE. UU. Vid. BEEBE, Barton. An empirical study of US copyright fair use opinions, 1978-2005. *U. Pa. L. Rev.*, 2007, vol. 156, p. 549.

400 En este sentido, Vid. Östlund, E. (2014). Transforming European Copyright: Introducing an Exception for Creative Transformative Works into EU Law.

existir un elemento que supere la obra de origen y que añada algún elemento que de un carácter completamente nuevo a la obra[401]. El concepto utilizado por el Tribunal Supremo de los EE. UU. es "*supersede the object*", que podríamos traducir como "desbancar el objeto". Esta expresión no debemos interpretarla en el sentido de que la creación que resulta del uso transformativo supere artísticamente a aquella en la que se inspira y se desprende de los elementos que la individualizaban.

1.2.3. El pastiche debe dar la impresión de una creación independiente y no crear riesgo de confusión

Cayo Julio César es uno de los personajes más famosos de la historia de la antigua Roma y una de las frases más célebres que se recuerdan, aunque adaptada dice lo siguiente: "*la esposa de César no solo debe ser honesta, sino parecerlo*". Esta frase nos da buena cuenta de la diferencia entre parecer y ser. Aplicado a las creaciones independientes, el Artículo 9.2 del TRLPI nos habla de lo que son las creaciones independientes, pero en el marco de las obras compuestas. Las obras independientes son aquellas en las que no hay un hilo conductor entre sí por contraposición a las obras colectivas en las que hay un coordinador que establece unos patrones comunes y determina elementos originales para cada una de las partes que componen la totalidad de la obra.

Puede interpretarse que el legislador no se refiere concretamente a este tipo de creación independiente y que quiere

---

401 Vid. Murray, M. D. (2012), What is Transformative? An Explanatory Synthesis of the Convergence of Transformation and Predominant Purpose in Copyright Fair Use Law. *Chicago-Kent Journal of Intellectual Property Law, Forthcoming, Valparaiso University Legal Studies Research Paper*, no 12-09.

establecer un concepto autónomo para los pastiches. Si seguimos este camino, la interpretación más razonable nos lleva a incorporar el riesgo de confusión a este requisito y a distinguir entre lo que es una reproducción y una adaptación.

El concepto de confusión es más común en el derecho marcario y en el derecho de la competencia desleal. El riesgo de confusión pretende evitar que los consumidores tengan una información incorrecta sobre el origen empresarial de una prestación comercial[402]. Esta se produce cuando están presentes características objetivas de algunos productos que llevan al consumidor a pensar que existe una conexión entre ambos, pudiendo inferir que proceden, en nuestro caso, del mismo autor[403]. La excepción de parodia ya utiliza este concepto, por lo que tenemos cierta experiencia en su adaptación, aunque la parodia está pensada para proteger a quienes realizan una transformación de una obra preexistente[404].

Como podemos apreciar, no estamos ante un riesgo de confusión sobre la procedencia empresarial, sino con el parecido con otro producto concreto y determinado. Por este motivo, la doctrina señala que siempre va a existir un mínimo grado de

---

402 Vid. Ruiz Muñoz, M. y González, B A. (2017). Capítulo VII. Derecho de marcas en Lastiri Santiago, M. y Ruiz Muñoz, M. *Derecho de la propiedad intelectual: derecho de autor y propiedad industrial.* Tirant lo Blanch, Valencia.

403 Vid. Ahijón Lana, R. y Rodríguez Domínguez, F. (2021). *Tratamiento jurisprudencial y análisis crítico de la casuística de los Tribunales españoles en infracciones en casos de lookalike* en Ortega Burgos, E. Propiedad Industrial 2021, pp. 37-57.

404 En este sentido, Vid. Corberá Martínez, J. M. (2017). Artículo 39. Parodia en Palau Ramírez, F. y Palao Moreno, G. (Dirs.) Comentarios a la ley de propiedad intelectual, *Tirant lo Blanch,* Valencia, 2017, p. 700.

parasitismo[405], pues se estarían tomando elementos creativos atribuibles a otra persona. Por consiguiente, debemos determinar cuáles son los parámetros de análisis para saber si basta con que exista cierta similaridad o es necesario que se realice una inclusión parcial de la obra de procedencia.

En definitiva, la solución más lógica a la vista de los supuestos de hecho que están cubiertos por el límite es entender que debe haber una similitud que lleve a asociar las dos obras y que los consumidores no sean capaces de diferenciar la una de la otra. Se trataría de una afectación directa al núcleo del derecho de autor y a una vulneración de la finalidad teleológica de este límite. El objetivo es que cualquier tercero pueda tomar un elemento de una obra para incorporarlo a una creación propia sin necesidad de abonar una remuneración, siempre y cuando ello no afecte al monopolio económico protegido. Si existiera este riesgo de confusión, estaríamos perjudicando al público principal al que aspira el titular originario.

1.2.4. El daño a la obra o a su autor y la regla de los tres pasos

La inclusión del límite de pastiche presenta cierto grado de confusión por su relación con el límite de parodia ya existente en nuestro ordenamiento, pues comparten diversos elementos en común. Uno de ellos es el requisito final sobre el daño a la obra original o a su autor, exigencia que la doctrina[406] asocia a la regla de los tres pasos.

---

405 En este sentido, Vid. López Maza, S. (2017). Artículo 39. Parodia en Bercovitz Rodríguez-Cano, R., et al. Comentarios a la ley de propiedad intelectual. *Tecnos*, Madrid, p. 779.

406 Vid. Corberá Martínez, J. M. (2017). Artículo 39. Parodia en Palau Ramírez, F. y Palao Moreno, G. (Dirs.) Comentarios a la ley de propiedad intelectual, *Tirant lo Blanch,* Valencia, 2017, p. 701.

Este requisito siempre es complejo de analizar, puesto que lo que puede hacer daño a la obra o a su autor es una cuestión tremendamente subjetiva y lo que un autor puede interpretar como una burla, un tercero lo puede entender de otra forma[407]. Anteriormente, hemos criticado los términos utilizados por el legislador español a la hora de configurar esta nueva excepción, pero aquí debemos manifestar una opinión distinta. Utilizando los mismos conceptos que con la parodia es más fácil que los órganos jurisdiccionales puedan extender su doctrina previa sobre la materia al pastiche[408].

1.2.5. Contenido general del límite de caricatura, parodia o pastiche

Esta previsión normativa crea una disparidad importante dentro del mercado único digital, puesto que, hasta el momento, los Estados Miembros no tenían obligación de introducir este límite en su ordenamiento. A partir de ahora, el límite deberá estar siempre presente, al menos, para proteger a los usuarios en sus relaciones con los intermediarios de la sociedad de la información[409]. De esta forma, parece que las institucio-

---

407 Vid. Roldán Aguirre, I. (2019). Parodia VS. Imitación y vulneración de derechos de propiedad intelectual e imagen: SJMer de Barcelona, núm. 7, de 22 mayo 2019 (JUR 2019, 163513). *Revista Aranzadi Doctrinal*, no 7, p. 14.

408 Para más información, Vid. En este sentido, Vid. López Maza, S. (2017). Artículo 39. Parodia en Bercovitz Rodríguez-Cano, R., et al. Comentarios a la ley de propiedad intelectual. *Tecnos*, Madrid, pp. 781 y ss.

409 Vid. Schwemer, S. F., & Schovsbo, J. (2019). What is Left of User Rights? Algorithmic Copyright Enforcement and Free Speech in the Light of the Article 17 Regime. *Intellectual Property Law and Human Rights, 4th edition (Wolters Kluwer, 2020)*, 569-589, quienes señalan que el legislador comunitario ha reconocido verdaderos

nes de la Unión Europea, al menos la Comisión y el Parlamento Europeo han comenzado a cambiar su perspectiva sobre el análisis de los derechos fundamentales dentro de la normativa de propiedad intelectual. Solamente falta que el TJUE asuma este cambio de perspectiva, aunque para ello es necesario que los cambios normativos sean más intensos y no se limiten a normas de nueva creación pensadas para nuevas situaciones.

En el caso español, la transposición no ha dado más flexibilidad al límite, sino que lo ha definido con más precisión, tarea que no siempre tiene un resultado positivo para su aplicación. No obstante, en este caso se da una definición genérica lo suficientemente amplia como para que los órganos jurisdiccionales tengan un margen de apreciación suficiente. Así, la reforma parece que avanza en el sentido que aquí buscamos, dando unos criterios abstractos aplicables con carácter general para una pluralidad de supuestos. Ahora bien, como hemos podido apreciar, los conceptos utilizados no siempre tienen en cuenta los avances tecnológicos, lastrando la aplicación de este límite al entorno digital, por ejemplo, a las creaciones generadas por Inteligencia Artificial. Esta flexibilidad

---

derechos para los usuarios en la línea de lo ya establecido por el TJUE en resoluciones previas.

Así mismo Vid. Sánchez Aristi, R. y Oyarzabal Oyonarte, N. (2021). Decadencia y caída del Texto Refundido de la Ley de Propiedad Intelectual: la transposición de la Directiva 2019/790 sobre derechos de autor en el mercado único digital por el Real Decreto-ley 24/2021, de 2 de noviembre. *Pe. i.: Revista de propiedad intelectual*, (69), 13, quienes ponen de manifiesto la falta de necesidad de introducir esta cláusula nueva en el Artículo 70 del RDL 24/2021, pues ya estaba previsto de forma amplia en el Artículo 39 del TRLPI que podía interpretarse de forma amplia a estos efectos.

En este sentido, Vid. Galacho Abolafio, A. F. (2015). La parodia como límite a los derechos de autor y su relación con el derecho de transformación. *Pe. i.: Revista de propiedad intelectual*, (49), 13-36.

también es necesaria, pues genera un desequilibrio en el medio y largo plazo que amenaza la estabilidad del mercado por la falta de seguridad jurídica y por el poder injustificado que se da a algunos de los participantes del mercado.

A continuación, debemos analizar los dos tipos de parodia que ha señalado la doctrina, la parodia *target*, que nos permite hacer una crítica de la propia obra, y la parodia *weapon*, utilizada para criticar otras situaciones ajenas a la obra. La parodia *target* no plantea grandes problemas a la hora de buscar su justificación, puesto que constituye el núcleo duro del concepto de parodia. Sin embargo, la parodia *weapon* plantea mayores dificultades, ya que no estamos ante una utilización de la obra para criticarla, sino que pretende criticar o hacer humor de algo distinto. Por lo tanto, la utilización que se hace de la obra está menos justificada al no facilitar una evolución de la obra y ahondar en su significado, sino que se le quiere dar otro distinto que ni siquiera está directamente relacionado. En España hemos visto distintos ejemplos vinculados al mundo musical, como las que realizó José Mota en su programa "La hora de José Mota" en los que utilizó la canción del Cola-Cao para hacer una crítica de la alcaldesa de Barcelona Ada Colau[410] o un sketch en el que utilizaba la canción popularizada por Shakira "Loba"[411]. También lo hicieron los hermanos Moranco con la canción "Felices los 4" popularizada por Maluma para criticar las relaciones del entonces Presidente del Gobierno, Mariano Rajoy, con Carles Puigdemont, en aquel momento Presidente de la Generalitat de

---

[410] Vid. https://www.youtube.com/watch?v=NEj1P41hHVQ (consultado por última vez el día 13 de octubre de 2022).

[411] Vid. https://www.youtube.com/watch?v=NEj1P41hHVQ a partir del minuto 13.39 (consultado por última vez el día 13 de octubre de 2022).

Cataluña,[412]. Precisamente por el contenido político del mensaje que lleva detrás la parodia podemos encontrarnos con problemas de daño al autor o a la obra, pues tanto la ideología, como los mensajes religiosos, suelen ser especialmente problemáticos.

Esta cuestión ya se le planteó al TJUE en su Sentencia de 22 de mayo de 2014 en el Asunto C-201/143 "Deckmyn". En este supuesto se tomó la portada del comic Suske en Wiske para transformarla en una crítica política al Alcalde de la ciudad de Gante, al que el partido Vlaams Belang (situado en la extrema derecha política) acusaba de repartir dinero sin criterio a inmigrantes de procedencia musulmana. En este punto, la respuesta del TJUE fue que no existe parodia cuando el contenido es profundamente discriminatorio, apartándose de los criterios humorísticos. Su intención era preservar la democracia, evitando que la normativa de propiedad intelectual sirviera de amparo para cometer ataques xenófobos y aporófobos mediante la utilización de la parodia. Sin embargo, el camino elegido es ciertamente inquietante.

Evidentemente, esta estrategia pretende proteger el debate público de mensajes perturbadores, pero la solución adoptada es preocupante. El poder de frenar este tipo de contenidos no se da a una institución o persona imparcial, sino que se da a un titular de derechos sobre la obra que se está utilizando. Sin embargo, el tipo de conflicto que nos encontramos en esta clase de materias va mucho más allá de la protección de la propiedad intelectual. Así, el hecho de permitir que estas personas tengan un poder de veto o que, al menos, puedan dificultar la utilización de este tipo de parodias, desvían el centro de atención.

Estamos ante un caso en el que el TJUE está "matando moscas a cañonazos", al pretender resolver los problemas generados

---

412 Vid. https://www.youtube.com/watch?v=sGyZLsmzIqY consultado por última vez el día 13 de octubre de 2022).

por un discurso discriminatorio por la vía de la propiedad intelectual. Debemos ser conscientes de que el TJUE está muy limitado por la forma en la que se le plantea el debate desde el órgano jurisdiccional nacional que eleva la cuestión prejudicial, pero las consecuencias que tiene este tipo de pronunciamientos son peligrosas porque da un poder a los titulares de derechos que no deben tener, sobre todo cuando se construye sobre un concepto tan abierto[413] como la "discriminación".

Otra consecuencia interesante es cómo afecta esta resolución a la labor de los intermediarios de la sociedad de la información. Como sabemos, los intermediarios se han convertido en unos sujetos que tienen entre sus facultades la aplicación de determinada normativa, ya no solo de defensa de la propiedad intelectual, sino también de protección de los derechos fundamentales, como lo es el derecho a la no discriminación. Debemos recuperar el concepto de *chilling effect*, esto es, la posibilidad de que los intermediarios limiten la libertad de expresión de los usuarios de su red para protegerse frente a posibles reclamaciones de responsabilidad por las infracciones cometidas por éstos. De esta forma, si definimos el límite de parodia con unos caracteres tan abstractos y de contenido tan sensible, lo único que conseguimos es que estos limiten la actividad de sus usuarios para evitar represalias de los titulares de derechos.

---

413 Vid. Garrote Fernández-Díez, I. (2017). El equilibrio entre los derechos a la libertad de expresión ya la propiedad intelectual en la Carta de Derechos Fundamentales de la Unión Europea: El caso de la parodia con finalidad crítica política. *Anuario de la Facultad de Derecho de la Universidad Autónoma de Madrid*, quien pone de manifiesto las notables diferencias entre los Estados Miembros sobre lo que constituye o no un discurso discriminatorio, lo que pone en cuestión el proceso de armonización dentro del mercado único digital y dificulta la defensa de libertad de expresión y de otros derechos fundamentales como el derecho a la no discriminación.

De nuevo, colocar a sujetos con intereses económicos importantes en la posición de resolver los conflictos en los que están implicadas no parece la mejor solución, no sin antes haber modificado el sistema de incentivos de estos intermediarios para garantizar una actuación leal. Debemos ser conscientes de que estos intermediarios nunca van a ser sujetos neutrales, no está en su naturaleza serlo. Precisamente por este motivo, es sorprendente la insistencia del legislador en dar esta posición a los intermediarios de la sociedad de la información, haciendo únicamente modificaciones más cosméticas que de calado, al no modificar su forma de actuar.

Como ya hemos señalado en diversas ocasiones en este trabajo, la normativa no debe proteger únicamente a los titulares de derechos de las actuaciones realizadas por los usuarios de sus obras y, en ocasiones, de los intermediarios tradicionales y de la sociedad de la información. Debemos recordar que los esquemas de relaciones que se desarrollan en los mercados culturales tienen como característica principal el multilateralismo, siendo complicada la identificación de la parte débil ante una identidad cambiante. En ocasiones, el sujeto más necesitado de protección va a ser el propio usuario frente a ejercicios abusivos del derecho de propiedad intelectual o frente a actuaciones interesadas de los intermediarios de la sociedad de la información que solamente dañan el buen funcionamiento del mercado en beneficio propio.

II. LÍMITES PARA SOLVENTAR FALLOS DE MERCADO

A continuación, abordaremos un tipo de límites distinto, pues pretenden solventar algunos fallos de mercado. En ocasiones, la estructura del mercado de la propiedad intelectual puede impedir que algunas transacciones lleguen a producirse como consecuencia de los costes asociados a ella[414]. Los autores Cooter y Ulen[415] señalan que en aquellos casos en los que no se puede producir una transmisión de derechos de propiedad que genere riqueza, debe ser el sector público el que realice la asignación de derechos de tal forma que la persona que más lo valore lo tenga bajo su poder, aplicando lo que ellos denominan el "Teorema de Hobbes".

A estos efectos, nos podemos encontrar con dos posibles medidas. Por un lado, un límite clásico por el cual se exime al usuario de pedir autorización para la utilización de la obra, anulando el derecho exclusivo para una serie de actos específicamente regulados. Por otro lado, se puede establecer un límite asociado a un derecho de remuneración equitativa cuando la aplicación del límite pueda poner en riesgo la explotación normal de la obra y un retorno justo para los titulares de derechos. De esta forma, conseguimos la eliminación del derecho de autorizar y prohibir, pero, a la vez, concedemos al titular del derecho una compensación por ese uso que la normativa no le deja controlar.

1. La limitación para actividades educativas

1.1. La limitación educativa ante la Revolución Digital

Si bien la Constitución Española, la Carta de Derechos Fundamentales de la Unión Europea y el Convenio Europeo de

---

414 Vid. Cooter, R. and Ulen, T. (2016). Law and Economics. Sexta Edición. *Berkeley Law Books*, pp. 84-85, disponible en: https://lawcat.berkeley.edu/record/1127400 (consultado por última vez el día 13 de septiembre de 2022).

415 Vid. Ibid.

Derechos Humanos reconocen el derecho a recibir una educación de calidad, este límite tiene un fundamento distinto. Es cierto que hunde sus raíces en el derecho a la educación, pues para formar a los ciudadanos es necesario que acudan a obras de terceros para que las estudien, analicen y, en su caso, critiquen[416], pero tiene unos objetivos diferentes vinculados a la función social de la propiedad[417]. Igualmente, la propiedad intelectual nace ligada en cierta medida a la protección del derecho a recibir una educación mínima. Recordemos que el Estatuto de la Reina Ana ya decía en su título que uno de sus objetivos era la promoción de la educación[418], aunque la realidad de esta manifestación en el título puede ser puesta en entredicho por los altos grados de analfabetismo existentes en aquella época y los escasos medios para corregirlo.

---

416 Para más información, Vid. Espín Alba, I. (2014). Límite de ilustración con fines educativos o de investigación científica: antecedentes y perspectivas. *Actas de Derecho Industrial y Derecho de Autor. Tomo XXXIV (2013-2014)*, 111-136.

417 Vid. Vaquero Pinto, M. J. (2018). El límite de ilustración con fines educativos o de investigación científica. En *Propiedad intelectual y transferencia de conocimiento en universidades y centros públicos de investigación* (pp. 387-417). Ediciones Universidad de Salamanca, p. 390.
Así mismo, Vid. LÓPEZ MAZA, S. (2017). Artículo 32. En Bercovitz Rodríguez-Cano, R. (Dir.). *Comentarios a la ley de propiedad intelectual.* Tecnos, Madrid, quien no hace referencia a la función social de la propiedad, sino que se centra exclusivamente en el Artículo 40 de la Constitución Española.

418 Vid. Priora, G., Jütte, B. J., & Mezei, P. (2022). Copyright and Digital Teaching Exceptions in the EU: Legislative Developments and Implementation Models of Art. 5 CDSM Directive. *IIC-International Review of Intellectual Property and Competition Law, 53*(4), 543-566.

Lo cierto es que la existencia de este límite deriva de la imposibilidad de buscar una licencia para cada vez que un docente necesite utilizar una obra o prestación protegida. En este supuesto, los costes de transacción impedirían el desarrollo de este mercado de forma satisfactoria. Así, en atención a la especial trascendencia que tiene la educación en una sociedad democrática, el legislador considera que quién precisa de mayor protección no es el autor o el titular de los derechos, sino el docente que utiliza la obra para sus clases.

La relación entre la docencia tradicional y la propiedad intelectual está resuelta normativa y jurisprudencialmente, pues lejos han quedado los conflictos entre las Universidades españolas agrupadas en la CRUE y entidades de gestión como CEDRO. Ahora bien, como ha ocurrido con la práctica totalidad de los aspectos de nuestras vidas, la docencia se ha visto fuertemente afectada por la Revolución Digital. En este sentido, la posibilidad de utilizar medios técnicos para apoyar la docencia, como es el caso de aulas virtuales, las técnicas de gamificación o de aula invertida, exige al profesor la entrega de materiales y la utilización de herramientas que pueden ser titularidad de terceros. Así mismo, hemos entrado de lleno en la docencia online, también muy impulsada como consecuencia de la pandemia de la COVID-19, que nos obligó a recluirnos en nuestros hogares durante prácticamente tres meses. Los docentes, de la noche a la mañana, tuvieron que adaptarse y buscar nuevas formas de transmitir sus conocimientos a sus alumnos sin tener un contacto directo con ellos[419], buscando emular la docencia presencial.

---

419 Vid. Jütte, B. J., La Diega, G. N., Priora, G., & Salza, G. (2022). Zooming in on Education: An Empirical Study on Digital Platforms and Copyright in the United Kingdom, Italy, and the Netherlands. *European Journal of Law and Technology, 13*(2).

En España, encontramos un caos legislativo bastante importante que dificulta su implementación práctica. Si analizamos el Artículo 5.3.a) de la DDASI vemos un texto sencillo que no establece demasiados requisitos y que goza de una flexibilidad bastante efectiva para adaptarse a distintas estrategias docentes. Este caos regulatorio[420] se debe a que nuestra limitación educativa no proviene del Artículo 5.3.a) de la DDASI, sino del Artículo 32 de la Ley de Propiedad Intelectual de 1987 que la mezclaba de una forma sorprendente con el límite de cita[421].

Además, la redacción del Artículo 5 de la DDAMUD, que vuelve a regular la limitación educativa junto con su deficiente transposición en el Artículo 68 del RDL 24/2021 no han ayudado a resolver el complicado embrollo legislativo. Si comparamos este precepto con el Artículo 5.3.a) de la DDASI, no apreciamos un cambio sustancial[422], puesto que los requisitos

---

420 Vid. Botana Agra, M. (2015). Derechos de autor y e-docencia universitaria (Comentario a la Sentencia de la Audiencia Provincial de Barcelona (Sección decimoquinta) de 29 de octubre de 2014) en *Actas de Derecho Industrial y Derecho de Autor. Tomo XXXV (2014-2015)*, pp. 441-452.

421 Vid. Martínez Martínez, N. (2018). El origen de la excepción de la ilustración en España: su tradicional vinculación con la cita y su necesaria regulación independiente en *Los fines educativos y de investigación como límite al derecho de autor*, pp. 252-254 y Vaquero Pinto, M. J. (2018). El límite de ilustración con fines educativos o de investigación científica. En *Propiedad intelectual y transferencia de conocimiento en universidades y centros públicos de investigación* (pp. 387-417). Ediciones Universidad de Salamanca, pp. 393-394.

422 Vid. Dusollier, S. (2020). The 2019 Directive on Copyright in the Digital Single Market: Some progress, a few bad choices, and an overall failed ambition. *Common Market Law Review, 57*(4).

siguen siendo los mismos[423]. No obstante, hay tres novedades que debemos destacar. En primer lugar, esta norma se refiere exclusivamente a los actos de explotación digital de las obras[424] para dar más seguridad a la docencia online. En segundo lugar, incluye dentro de la limitación la utilización de bases de datos y de programas de ordenador, objetos igualmente importantes para el apoyo de la docencia. En tercer lugar, convierte

---

423 No obstante, hay autores que consideran que se ha reducido el ámbito de aplicación del límite. En este sentido, Vid. Lazarova A (2021) The EU Copyright Reform's great disservice to free use for educational purposes. EuropeanaPro.
Así mismo, otros autores consideran que la normativa supone un cambio bastante profundo en el sistema, quizás, como consecuencia de la promoción de las licencias como mecanismo preferente. Ferri, F. (2021). The dark side (s) of the EU Directive on copyright and related rights in the Digital Single Market. *China-EU Law Journal,* 7(1), 21-38. No obstante, es una afirmación muy valiente, puesto que todavía no sabemos cómo se van a concretar estas soluciones o si realmente van a funcionar de forma generalizada.
En este sentido, Vid. Dusollier, S. (2020). The 2019 Directive on Copyright in the Digital Single Market: Some progress, a few bad choices, and an overall failed ambition. *Common Market Law Review, 57*(4), que pide calma a la hora de valorar el alcance del incentivo a licenciar, puesto que no se ha terminado de aclarar la forma en la que va a complementar a la limitación educativa.

424 Quizás el enfoque no sea el más adecuado. En este estudio hemos realizado una apuesta clara por normas que sean tecnológicamente neutras, centradas en los objetivos que quiere conseguir cada límite. En consecuencia, la promulgación de normas que piensan, exclusivamente, en establecer normas para situaciones que solo existen en la actualidad, no parece la mejor estrategia.

esta limitación en obligatoria, eliminando la opcionalidad que permitía la DDASI[425].

Este caos legislativo[426] solamente podría terminar beneficiando a la industria editorial que opera en este mercado, puesto que la regla general es el elevado nivel de protección frente a cualquier utilización no autorizada. Nos encontraríamos, de nuevo, ante una suerte de *chilling effect* en el sector educativo, lo que redunda en una calidad inferior de la actividad docente. Por lo tanto, debemos buscar la forma de reequilibrar el terreno de juego para que los intereses de los docentes y de los estudiantes estén debidamente protegidos, para lo cual basta una buena definición de las facultades que les confiere el sistema.

---

425 De nuevo, debemos cuestionar la estrategia de política legislativa aquí presente, puesto que lo que hace es crear diferencias injustificadas entre distintos métodos docentes. De esta forma, la limitación educativa de la DDASI es opcional para los Estados Miembros, mientras que el límite para usos digitales de la DDAMUD es obligatoria y, además, incluye la utilización de bases de datos y de programas de ordenador.

426 A esto tenemos que añadir la disparidad entre las distintas legislaciones nacionales como consecuencia de las importantes diferencias a la hora de transponer la DDASI. En este sentido, Vid. Priora, G., Jütte, B. J., & Mezei, P. (2022). Copyright and Digital Teaching Exceptions in the EU: Legislative Developments and Implementation Models of Art. 5 CDSM Directive. *IIC-International Review of Intellectual Property and Competition Law, 53*(4), 543-566.
En el mismo sentido, Vid. Xalabarder Plantada R. (2009). Study on copyright limitations and exceptions for educational activities in North America, Europe, Caucasus, Central Asia and Israel. WIPO Standing Committee on Copyright and Related Rights Nineteenth Session Proceedings (SCCR/19/8), Geneva, 14–18 December 2009.

Uno de los problemas más importantes que nos encontramos a la hora de abordar la limitación educativa son los intereses económicos de quienes elaboran los materiales educativos. Con el paso de los años se ha ido creando una industria, sobre todo editorial[427], esto es, de materiales en papel y, posteriormente, de materiales digitales, principalmente de bases de datos, cuyo nicho de mercado es muy reducido, puesto que no pasa de los alumnos de las enseñanzas a las que se dirigen sus productos. Por lo tanto, el legislador se encuentra ante una posición ciertamente comprometida, quiere mantener el actual *statu quo* y sostener una industria claramente lucrativa, que genera riqueza y, ante todo, facilita la transmisión de conocimientos; pero a la vez debe garantizar que los docentes y los alumnos no tengan trabas excesivas, especialmente económicas, en el acceso a la educación. En definitiva, se busca que la propiedad intelectual no suponga un obstáculo para el desarrollo de las labores docentes sin que ello perjudique a la gran industria, una tarea realmente difícil.

Ante un supuesto tan sensible como es la educación de los ciudadanos, deberíamos modular esta regla y buscar otra asignación de derechos. Como señalábamos anteriormente, la normativa europea simplemente indica que la utilización será libre:

---

427 Con la consolidación de la docencia online y de las nuevas metodologías educativas, poco a poco vamos viendo iniciativas de creadores de contenido audiovisual para la enseñanza que seguirá la misma estela que la industria editorial. No estamos ante una novedad para el sector educativo, puesto que ya se utilizaban anteriormente. En este sentido, Vid. https://blogs.uji.es/bibliotecauji/los-materiales-audiovisuales-en-la-ensenanza-y-el-aprendizaje/ (consultado por última vez el 13 de septiembre de 2022). No obstante, el entorno digital sí que ha supuesto un cambio de paradigma que ha potenciado la creación de este tipo de productos.

> *cuando el uso tenga únicamente por objeto la ilustración con fines educativos o de investigación científica, siempre que, salvo en los casos en que resulte imposible, se indique la fuente, con inclusión del nombre del autor, y en la medida en que esté justificado por la finalidad no comercial perseguida.*

Sin embargo, con la transposición de la norma, el legislador español hizo un amplio desarrollo, ocupando una página entera del Boletín Oficial del Estado. No obstante, como señalábamos, este gran desarrollo no termina de clarificar el alcance de la limitación ni da un marco homogéneo de las actividades educativas, encontrándonos con dos grupos de casos:

El primer grupo (Artículo 32.3 del TRLPI) pensado para todos los centros del sistema educativo español[428] (públicos y privados), incluyendo los centros universitarios, en el que los docentes deben estar en disposición de acreditar la concurrencia de cuatro requisitos[429]:

---

428 La norma indica expresamente que debe tratarse de centros de educación reglada, lo que excluye a academias privadas, aunque se presenten como apoyo a los estudiantes para preparar sus clases dentro de la educación reglada. Por el contrario, el Artículo 5 de la DDAMUD no indica qué debemos entender por limitación educativa, luego quizás esta nueva normativa tenga como objetivo ampliar el ámbito de protección. En este sentido, Vid. Priora, G., Jütte, B. J., & Mezei, P. (2022). Copyright and Digital Teaching Exceptions in the EU: Legislative Developments and Implementation Models of Art. 5 CDSM Directive. *IIC-International Review of Intellectual Property and Competition Law, 53*(4), 543-566.

429 Vid. Carbajo Cascón, F. (2018). Otros usos con fines docentes o de investigación: cita, acceso a bases de datos y minería de textos y datos. En *Propiedad intelectual y transferencia de conocimiento en universidades y centros públicos de investigación* (pp. 419-437). Ediciones Universidad de Salamanca, quien señala la existencia

- La existencia de una finalidad educativa y que la extensión citada se ajuste a dicha finalidad.
- Que la obra esté divulgada.
- Que no se trate de libros de texto, manuales universitarios o publicaciones asimiladas.
- Que se indique el autor y la fuente de procedencia.

Estos requisitos podemos clasificarlos en dos bloques. Por un lado, tenemos los requisitos vinculados a los derechos morales de los autores, como son el derecho a la divulgación y el derecho al reconocimiento de la autoría. Por otro lado, la exigencia de que la utilización realizada esté directamente vinculada con la finalidad educativa es evidente, también, para la existencia del propio límite. Si la regla general en nuestro ordenamiento supone que toda obra debe ser protegida, para alterar dicha regla debe existir un buen motivo. En este caso, el fragmento utilizado, tanto en su extensión como en su contenido, debe tener una finalidad educativa.

Ahora bien, también encontramos algunas cuestiones cuya justificación es más compleja. La exclusión de los libros de texto, manuales universitarios y textos asimilables a los anteriores[430] obedece a la protección de los intereses de la

---

de hasta seis requisitos. No obstante, podemos agruparlos en los cuatro epígrafes apuntados.

430 Vid. López Maza, S. (2017). Artículo 32. En Bercovitz Rodríguez-Cano, R. (Dir.). *Comentarios a la ley de propiedad intelectual*. Tecnos, Madrid, p. 662; quien señala que la definición de esta conclusión deja un margen demasiado amplio que resta seguridad jurídica al sistema.
En el mismo sentido, Vid. Ribera Blanes, B. (2016). La nueva regulación de la ilustración con fines educativos o de investigación científica introducida por la ley 21/2014. En Aparicio Vaquero, J. P. et

industria editorial. Este tipo de productos tiene un público muy concreto, los estudiantes. Así, se entiende que incluir estas obras en el ámbito objetivo del límite, supondría privar a la industria de una parte sustancial de sus ingresos. Esta protección de la industria editorial puede poner en riesgo la equidad del sistema educativo, al permitir que, con los precios asignados a sus productos, las industrias excluyeran a algunos sectores sociales con bajos recursos del sistema. En este sentido, debemos tener en cuenta que todos los productos creados por esta industria conllevan una serie de costes asociados al tiempo invertido por sus trabajadores, a los materiales, a la distribución, etc. que deben ser debidamente remunerados. La limitación educativa no se creó para solucionar problemas de desigualdad social en el acceso a la educación, sino para evitar las complicadas transacciones entre los docentes y la industria editorial. Los límites a la propiedad intelectual nacieron para dar cabida a una serie de intereses dentro del sistema, pero no pueden ser un cajón de sastre asistemático[431].

---

al. *Estudios sobre la ley de propiedad intelectual: últimas reformas y materias pendientes*, Dykinson, pp. 685-754.

431 Vid. López Maza, S. (2017). Artículo 32. En Bercovitz Rodríguez-Cano, R. (Dir.). *Comentarios a la ley de propiedad intelectual.* Tecnos, Madrid, pp. 620 y ss.

En el segundo bloque (Artículo 32.4 del TRLPI)[432] solamente entran las Universidades o centros públicos de investigación[433]. En

---

432 En parte, la redacción vigente de este precepto vino motivada por la Sentencia de la Audiencia Provincial de Barcelona (Sección decimoquinta) de 29 de octubre de 2014 en la que la entidad de gestión colectiva CEDRO demandó a la Universidad Autónoma de Barcelona por poner a disposición del público obras protegidas y cuyos derechos estaban cedidos a la entidad en su campus virtual. Como consecuencia de esta resolución, la Conferencia de Rectores de las Universidades Españolas llegó a un acuerdo con CEDRO que, posteriormente, inspiró la nueva normativa que está vigente desde el año 2014.

433 La utilización de esta expresión nos lleva a plantearnos la duda de si quedan incluidas las Universidades y centros de investigación no pertenecientes al sector público. Algunos autores como Espín Alba, I. (2014). Límite de ilustración con fines educativos o de investigación científica: antecedentes y perspectivas. *Actas de Derecho Industrial y Derecho de Autor. Tomo XXXIV (2013-2014)*, pp. 129-130 consideran que el legislador no debería excluir a los centros privados y, además, señala que el Consejo de Estado en su informe pidió incluir en el ámbito subjetivo del límite a otros centros que realizan investigaciones igualmente beneficiosas, como fundaciones y otras instituciones investigadoras. De lo contrario, nos encontraríamos ante un límite creado por el sector público para colocarse a sí mismo en una mejor posición frente a otras instituciones que también desarrollan labores de docencia e investigación, algo que sería posiblemente abusivo y alteraría las condiciones materiales en las que se desarrollan estas actividades en entidades privadas. En el mismo sentido, Vid. Botana Agra, M. (2015). Derechos de autor y e-docencia universitaria (Comentario a la Sentencia de la Audiencia Provincial de Barcelona (Sección decimoquinta) de 29 de octubre de 2014) en *Actas de Derecho Industrial y Derecho de Autor. Tomo XXXV (2014-2015)*, pp. 441-452 quien sostiene que, de conformidad con lo

este caso, el legislador exige la concurrencia de tres requisitos[434]:

- Actos realizados con una finalidad docente o investigadora.
- Que la extensión no sea superior a un capítulo de un libro, artículo de una revista o extensión equivalente respecto de una publicación asimilada, o extensión asimilable al 10 por ciento del total de la obra.
- Que solamente tengan acceso los docentes y alumnos del centro a las copias físicas o a la plataforma virtual en la que se haga un acto de comunicación al público.
- Pago de una remuneración equitativa a las entidades de gestión[435].

---

dispuesto en la normativa reguladora del sistema universitario español, no cabe hacer esta distinción.

No obstante, tampoco debería sorprendernos esta actitud del sector público, puesto que el Artículo 38 prevé un límite para poder utilizar obras musicales en el transcurso de ceremonias oficiales y religiosas, siempre que no se cobre entrada y los músicos intervengan sin obtener ninguna remuneración. Esto permite al conjunto de las administraciones públicas y entidades religiosas realizar actos de comunicación al público de obras musicales sin necesidad de abonar remuneración alguna, a diferencia de lo que deben hacer el resto de los ciudadanos en condiciones similares. Por lo tanto, pese a que la doctrina ha excluido la posibilidad de que el límite no ampare a los centros privados, aunque no así la jurisprudencia por falta de pronunciamiento, no sería tan descabellado entenderlo así.

434 En el Artículo 32.4 del TRLPI aparecen cuatro requisitos, pero el apartado c) realmente delimita el ámbito subjetivo de aplicación del límite, no es un requisito como tal.

435 El Artículo 5 de la DDAMUD también pretende introducir este requisito en todo el límite de ilustración docente si lo relacio-

Este último requisito nos lleva a la categoría de límites que esta monografía ensalza, los que tienen asociada una remuneración equitativa. Este tipo de límites ponen de manifiesto un interés público más débil o una mayor prevalencia del interés de los titulares de derechos. Precisamente por la introducción de la remuneración, el límite tiene un ámbito objetivo sustancialmente más amplio, como hemos visto con el segundo requisito.

Ahora bien, aquí acaban las virtudes de este límite, pues su redacción es un ejemplo de la mala técnica legislativa. El legislador hace referencia a actos de explotación de las obras muy concretos. En el segundo bloque, por ejemplo, se indica que se puede hacer mediante distribución de copias físicas o mediante la utilización de redes internas y cerradas a las que solamente pueden acceder los beneficiarios del límite u otros usuarios en el marco de programas educativos a distancia. Por lo tanto, cabe preguntarse qué ocurrirá cuando las actividades evolucionen y se utilicen otras técnicas educativas que no pa-

---

namos con el Considerando 23 del mismo texto legal. En este sentido, el legislador europeo quiere dar preferencia a los acuerdos de licencia sobre la utilización de límites para potenciar la conclusión de transacciones que, en teoría, conseguirán una mejor asignación de los recursos. No obstante, este planteamiento puede ser peligroso en según qué circunstancias, puesto que los límites como este existen, precisamente, porque hay situaciones en las cuales la negociación no es posible. De hecho, como se señala en Priora, G., Jütte, B. J., & Mezei, P. (2022). Copyright and Digital Teaching Exceptions in the EU: Legislative Developments and Implementation Models of Art. 5 CDSM Directive. *IIC-International Review of Intellectual Property and Competition Law, 53*(4), 543-566, esto podría suponer una excesiva carga para las instituciones educativas y estaríamos dificultando la actividad docente cuando el objetivo era facilitarla.

sen por la entrega de copias físicas o por la utilización de redes internas. Estamos ante una falta de flexibilidad que provocará importantes desequilibrios en el funcionamiento de este mercado por la falta de seguridad jurídica y por la construcción de un esquema de poder que no se ajusta a la realidad social.

Una cuestión común a ambos bloques es que según el Artículo 32.5 del TRLPI las partituras no entran dentro del ámbito de aplicación de la limitación educativa, exclusión que no aparece en el Artículo 5.3.a) de la DDASI[436]. Esta exclusión del límite se debe, de nuevo a la protección de la industria editorial musical[437]. Parece entenderse que fuera de los ámbitos docentes, la comercialización de partituras no tiene sentido. Evidentemente, es necesario proteger la oferta de partituras, de lo contrario las instituciones educativas carecerían de cierto tipo de materiales que les son útiles. Sin embargo, sería posible una solución intermedia que permitiría un justo equilibrio para las partes, consistente en regular una situación similar a la ya recogida en el Artículo 32.4 del TRLPI para los centros universitarios y de investigación. De esta forma, tendríamos una utilización mínimamente libre dentro de las aulas a cambio del pago

---

436 El único antecedente lo podemos encontrar en la propuesta de la Delegación de Alemania en la Conferencia de 1884 para la reforma del Convenio de Berna, en la que proponían excluir la creación de antologías de obras musicales para su utilización en centros educativos. En este sentido, Vid. Martínez Martínez, N. (2018). El origen de la excepción de la ilustración en España: su tradicional vinculación con la cita y su necesaria regulación independiente en Martínez Martínes, N. *Los fines educativos y de investigación como límite al derecho de autor*, pp. 204-205.

437 Vid. Geiger, C. (2007). The new French law on copyright and neighbouring rights of 1 August 2006-An adaptation to the needs of the information society? *IIC-international review of intellectual property and competition law, 38*(4), 401-428.

de una compensación equitativa, lo que supondría un cambio de modelo que la industria no siempre está dispuesta a asumir por miedo a que se extienda por el resto de los mercados. Renunciar a los derechos exclusivos para pasar a un sistema de utilización libre junto con derechos de remuneración[438]. En

---

438 Vid. Kur, A., & Schovsbo, J. (2011). Expropriation or fair game for all? The gradual dismantling of the IP exclusivity paradigm. In *Intellectual Property Rights in a Fair World Trade System.* Edward Elgar Publishing. En el mismo sentido, Vid. Krier, James E., Schwab, Stewart J, Property Rules and Liability Rules: the Cathedral in Another Light, (1995) 70 N.Y.U. L. Review (1995), 440 (disponible en http://heinonline.org/HOL/Page?handle=hein.journals/nylr70&div=18&size=4&collection=journals&set_as_cursor=18&men_tab=srchresults). Estos autores promueven la reducción de los derechos exclusivos en favor de la implantación de sistemas de responsabilidad que incrementen el número de transacciones.
A sensu contrario, otros autores consideran que un sistema de responsabilidad sería inviable, puesto que llevaría a una infrafinanciación de los titulares de derechos que solamente conseguiría una dramática reducción de las actividades creativas por la falta de incentivos suficientes.
En este sentido, Vid. Ginsburg, J. C. (2010). European Copyright Code-Back to the First Principles (With Some Additional Detail). *J. Copyright Soc'y USA, 58,* 265 y May, R. J. y Cooper, S. (2020). *Modernizing Copyright Law for the Digital Age. Constitutional Foundations for Reform.* Durham, North Carolina: Carolina Academic Press.
En cierto sentido, ambas partes tienen su parte de razón y, a la vez, están equivocadas, puesto que ningún sistema es igualmente óptimo para cualquier caso. Muy al contrario, en función de las circunstancias se puede crear más valor mediante un sistema de derechos exclusivos, es decir, con transacciones negociadas de forma individual; o mediante un sistema de responsabilidad donde no hay negociaciones individuales, sino que la gestión la desarrollan entidades de gestión colectiva. En este estudio so-

definitiva, abandonaríamos la estrategia de creación de valor mediante la escasez artificial.

Al margen de las importantes discusiones sobre el ámbito objetivo del límite, debemos valorar su capacidad de adaptación al escenario digital. Al analizar el límite, vamos a tener que ponerlo en relación con el derecho de comunicación pública. Además, cuando analizamos el entorno digital, debemos acudir especialmente a la modalidad de puesta a disposición interactiva. Por este motivo, el TJUE acude a la doctrina de la Sentencia en el Asunto Svensson. Ahora debemos detenernos en este aspecto, puesto que su aplicación automática y acrítica[439] a este supuesto tiene importantes consecuencias para el ámbito educativo como se puedo ver en la Sentencia del TJUE de 7 de agosto de 2018 en el Asunto C-161/17, "Renckhoff. Previamente, es necesario hacer un breve resumen de la doctrina sobre comunicación pública en internet. En este sentido, la Sentencia Svensson es la más conocida por su regulación del público nuevo en lo que a la utilización de enlaces se refiere. Sin embargo, existen resoluciones anteriores que tam-

---

mos claramente favorables a la segunda modalidad en el entendimiento de que sus beneficios son superiores a sus desventajas. No obstante, debemos ser conscientes de que ello supondrá la pérdida de otras fórmulas de creación de valor que, en determinadas circunstancias, se han demostrado exitosas.

439 Estos mecanicismos a la hora de aplicar cualquier doctrina jurisprudencial fueron directamente criticados por el Abogado General en sus conclusiones al hacer referencia a la regla de los tres pasos, para lo que se apoya directamente en Griffiths, J.; Geiger, C.; y Suthersanen, U. (2008). Declaration–a Balanced Interpretation of the 'Three-Step Test" in Copyright Law. International Review of Intellectual Property and Competition Law, 707, autores que proponen una nueva forma de entender los límites, como también pretende este trabajo.

bién marcaron tendencia y sirvieron de base para la Sentencia Svensson. Precisamente, el concepto de acto de comunicación al público proviene de la Sentencia de 7 de diciembre de 2006 en el Asunto C-306/05, "SGAE c. Rafael Hoteles", donde se dijo lo siguiente:

> *"interviene, con pleno conocimiento de las consecuencias de su comportamiento, para dar a sus huéspedes la posibilidad de acceder a la obra protegida. Si no tuviera lugar esta intervención, los clientes, aun cuando se encontraran dentro de la mencionada zona, no podrían, en principio, disfrutar de la obra difundida".*

No cabe duda de que permitir que una persona acceda a una fotografía a través de una página web es un acto de comunicación al público, puesto que quien la sube interviene con conocimiento de las consecuencias de lo que hace al dar a acceso a una obra.

En este caso, las dudas sobre la forma de resolver en el Asunto Renckhoff viene por el segundo requisito, si en el caso de no haber tenido lugar esta intervención, los usuarios podrían haber accedido de igual manera a la fotografía. Este fue el objeto de discusión en los asuntos mencionados y en el que aquí nos ocupa, el Asunto Renckhoff, pues las publicaciones objeto de discusión sí podían ser consultadas por otros medios. Para resolver esta cuestión, el Tribunal trajo a colación el concepto de público nuevo e indicó que este existiría cuando la nueva puesta a disposición permitiera sortear los controles de acceso que se habían puesto en el acto autorizado por el titular de los derechos de propiedad intelectual. Además, este supuesto también está ligado al derecho de reproducción, pues la menor había creado una nueva copia de la obra fotográfica que se subió a la página web del centro escolar.

El fundamento de esta doctrina es proteger al público que fue tenido en cuenta por el titular de los derechos a la hora de autorizar el acto de comunicación al público inicial. Este planteamiento permite a los titulares condicionar el funcionamiento del mercado determinando qué tipo de personas pueden acceder a la obra, una imitación de la escasez artificial ante la imposibilidad de controlar el número de ejemplares existentes en el mercado. Normalmente, el requisito de acceso es pagar una cuota de acceso a la plataforma en la que se ponen a disposición del público las obras, con lo que la normativa trata de proteger el planteamiento que el titular de derechos ha realizado.

Dentro de esta doctrina, la aportación realizada por la Sentencia Svennson fue considerar que cuando una persona hace un acto de comunicación al público sin restricciones, el público potencial que había tenido en cuenta el titular de los derechos está formado por todos los usuarios de internet. No obstante, este planteamiento es poco realista. El hecho de que un sitio web no tenga restricciones de acceso sí que permite un acceso universal, pero en ningún caso ello supone que, efectivamente, todas las personas que componen la comunidad de internet vayan a acceder a la misma, ni siquiera potencialmente. De hecho, ALAI cuestionó[440] abiertamente esta resolución del TJUE, considerando que los criterios utilizados no obedecían a exigencias legales, sino a valoraciones subjetivas realizadas por el propio tribunal, algo, efectivamente, sorprendente proviniendo de un órgano jurisdiccional que suele estar tan apegado a las exigencias del derecho derivado de la Unión Europea, especialmente en la materia de derechos de autor.

Esta complicación argumental se deriva del concepto de comunicación al público que ha desarrollado el TJUE al no exi-

---

440 Vid. "ALAI Report and Opinion on a Berne-compatible reconciliation of hyperlinking and the communication to the public right on the internet" adoptado por el Comité Ejecutivo el 17 de junio de 2015.

gir un acceso efectivo a la obra.[441]. Como ya dijo el TJUE en su Sentencia en el Asunto Renckhoff[442] el hecho de que se trate de una actividad educativa no cambia la apreciación sobre el público nuevo. Si bien es cierto que el desarrollo de actividades docentes no evita que estemos dando acceso a una obra sin permiso del titular, las características del uso sí que deberían ser tenidas en cuenta. Para ello sería necesario cambiar el concepto de público nuevo en internet que utiliza el TJUE y, en lugar de considerar que toda publicación en abierto se dirige a todos los usuarios, habría que valorar un grupo que podríamos denominar público potencial, que es el que efectivamente tiene en cuenta el creador cuando autoriza un acto de comunicación al público. Para ello podríamos utilizar dos criterios:

a. El tipo de obra, pudiendo aludir al género y subgénero de la obra. No es lo mismo una obra musical que una obra literaria o que una audiovisual o teatral. Cada una de ellas tiene un tipo de público alcanzable distinto por la estratificación de la sociedad, dado que cada grupo social tiene unas preferencias concretas que, aunque pueden ir variando con el tiempo, responden a unos patrones concretos que se pueden analizar.

b. El medio de explotación utilizado. El titular de los derechos, para alcanzar este público potencial, autoriza la utilización de unos medios que, en su opinión, le ayudarán a llegar mejor a ellos.

---

441 En este sentido, Vid. Prieto Rivas, P. (2014). "El concepto de comunicación al público del TJUE: los criterios que informan los asuntos Del Corso y Phonographic Performance". Pe. i.: *Revista de propiedad intelectual,* (43), p. 73.

442 Vid. Sentencia del Tribunal de Justicia de la Unión Europea de 7 de agosto de 2018 en el Asunto C-161/17, "Renckhoff", p. 42.

La utilización de estos criterios nos permitiría encontrar un público principal al que pretende acudir el titular de los derechos y un público secundario o accesorio al que puede terminar llegando, aunque no sea su objetivo. En este sentido, la protección que intente dar el ordenamiento jurídico a los titulares debería limitarse a este público principal. No se trata de buscar una cuantificación, exacta o aproximada, del número de personas a las que pretende acceder el titular de derechos. En cambio, lo que buscamos son valoraciones cualitativas, que nos permitan ver los grupos sociológicos a los que se puede acudir con las características del acto de comunicación autorizado.

Estos criterios también deben servirnos para ver a qué público permite acceder un determinado medio de explotación al que se le acusa de realizar un acto de explotación no autorizado. No es lo mismo utilizar un medio técnico u otro, ni quién gestiona dicho sitio web. De esta forma, una vez que sabemos a quién pretendía llegar el titular de derechos y a quién puede llegar el medio no autorizado[443], podremos hacer una comparación para ver si realmente estamos produciendo un daño injustificado al titular o no.

Cuando un sitio web está gestionado por un centro educativo de los beneficiados por la limitación educativa, el público al que pretende dirigirse no es, claramente todos los usuarios

---

443 Partimos de la base de que esa actividad no está cubierta directamente por la limitación educativa. A la vista de lo dispuesto en la Sentencia en el Asunto Renckhoff, subir el proyecto educativo a la web del colegio no estaría amparado, puesto que los alumnos no están cubiertos por este límite. No obstante, habría que estudiar si existen otros instrumentos jurídicos que permitan eximir al centro educativo de pedir autorización y, en su caso, abonar una licencia de uso.

de internet, sino que se centra de forma prácticamente exclusiva en los alumnos y familiares cercanos de dichos alumnos. Por lo tanto, en un caso como este podemos apreciar que no existe una coincidencia clara entre el público principal al que pretende acudir el titular al publicar su fotografía en un portal de viajes con el público al que efectivamente puede llegar el sitio web de un centro educativo. En definitiva, la publicación no autorizada no le está causando un daño relevante y no va a reducir sus ingresos de forma significativa. Realmente no hacen falta análisis sesudos sobre la composición del mercado, sino que basta con los que se hace actualmente sobre públicos nuevos, que son valoraciones de los órganos jurisdiccionales realizadas en abstracto.

Debemos buscar fórmulas que nos permitan dar cabida a los intereses protegidos[444] por el ordenamiento sin tener que

---

444 Vid. Ferri, F. (2021). The dark side (s) of the EU Directive on copyright and related rights in the Digital Single Market. *China-EU Law Journal,* 7(1), 21-38. Este autor considera que el Artículo 5 de la DDAMUD es una consecuencia directa de esta sentencia para proteger las utilizaciones digitales dentro del ámbito educativo. No obstante, la redacción de este precepto no parece dejar esto tan claro, puesto que no señala expresamente la protección de las actividades realizadas por los alumnos y habla de la difusión dentro de un entorno cerrado al que solamente tengan acceso estudiantes y docentes. De esta forma, si tenemos en cuenta la doctrina del TJUE en el Asunto Svensson y la forma en la que se aplicó en el Asunto Renckhoff, el supuesto quedaría excluido de nuevo.

En el mismo sentido, Vid. Dusollier, S. (2020). The 2019 Directive on Copyright in the Digital Single Market: Some progress, a few bad choices, and an overall failed ambition. *Common Market Law Review,* 57(4), quien pone de manifiesto que no se ha terminado de concretar con certeza quiénes son los beneficiarios. Se indica buscar métodos que nos dejen escapar de las rigideces del ordenamiento jurídico[445]. Evidentemente, el legislador no puede preverlo todo y siempre va a haber supuestos que escapen de la protección de los límites previstos, pero debemos tener normas lo suficientemente flexibles y alejadas de automatismos en su aplicación como para que supuestos como el que acabamos de analizar no queden fuera. Ello requiere tanto de normas lo suficientemente abiertas, como de órganos jurisdiccionales comprometidos con dicha flexibilidad.

Una vez visto el pronunciamiento del TJUE en la Sentencia del Asunto Renckhoff, debemos valorar hasta qué punto llega la actividad educativa que es objeto de protección mediante este límite. Como ya hemos indicado, la redacción del límite en la DDASI habla de la utilización de obras de terceras personas, mientras que la legislación española es mucho más precisa y señala determinadas modalidades, como también lo ha hecho en cierta medida el TJUE en el Asunto Renckhoff. Con la llegada de la Revolución Digital, los docentes han realizado ciertas actualizaciones en las

---

que son las instituciones educativas, pero queda por aclarar si ello pudiera llegar a incluir las tareas realizadas por los estudiantes en el marco de las tareas encargadas por sus profesores.

445 Vid. Ling, P. (2019). Copyright Infringement Confirmed, but No Damages for "Cordoba" Photographer, *The IPKat*, disponible en: https://ipkitten.blogspot.com/2019/07/copyright-infringement-confirmed-but-no.html (consultado por última vez el día 15 de septiembre de 2019). Tras todo este largo transcurso de resoluciones, el *Bundesgerichtshof* asumió la doctrina del TJUE sobre la existencia de un acto de comunicación al público, pero estableció que no se habían producido daños, luego dejó la cuantía indemnizatoria en 0€. De esta forma, el *Bundesgerichtshof* viene a confirmar la necesidad de reevaluar la doctrina para no crear absurdos en los que se prohíben actos que no producen daño alguno.

estrategias docentes y cada vez se utilizan más las nuevas tecnologías, en especial las redes sociales[446] y, para ello, necesitan usar obras creadas por terceros, bien para su comentario o análisis, o bien para utilizarlas de forma incidental.

Ahora bien, en ocasiones, estos proyectos van más allá de lo estrictamente docente, al tratarse de actividades desarrolladas por alumnos o proyectos de divulgación, aunque en ambos concurre una finalidad docente o investigadora. En los proyectos desarrollados por los alumnos en el marco de actividades encargadas por sus profesores, parece que el TJUE ha dejado la puerta cerrada; mientras que, en las actividades de divulgación relacionadas con la docencia, ningún tribunal se ha pronunciado al respecto y, en el caso de hacerlo, podemos anticipar la existencia de problemas. Al analizar este tipo de supuestos nos estamos refiriendo exclusivamente a actividades de divulgación realizadas por docentes de las enseñanzas regladas que utilizan este tipo de materiales como apoyo para sus alumnos. Nos encontramos con técnicas docentes innovadoras que requieren de la participación del alumno fuera del horario lectivo, si bien es cierto que este tipo de actividades correrían la misma suerte que las realizadas por los alumnos dentro del horario lectivo.

---

[446] Vid. los siguientes proyectos educativos:
El bolsillo de lazarillo, disponible en: https://instagram.com/elbolsillodelazarillo?igshid=YmMyMTA2M2Y= (consultado por última vez el día 20 de septiembre de 2022).
Un profe de latín, disponible en: https://instagram.com/unprofedelatin?igshid=YmMyMTA2M2Y= (consultado por última vez el día 20 de septiembre de 2022).
Líneas paralelas, disponible en: https://instagram.com/ lineas paralelas ?igshid=YmMyMTA2M2Y= (consultado por última vez el día 20 de septiembre de 2022).

Se trata de proyectos no pensados estrictamente para el acceso exclusivo de un grupo de alumnos concretos, sino para que acceda un grupo de personas más amplio. Además, debemos tener en cuenta, que algunos creadores de contenido se lucran con su actividad y, aunque no todos los ingresos generados son consecuencia de la utilización de obras de terceros, es evidente que hay una parte que sí. La proporción es difícilmente determinable, puesto que cada obra es un mundo en sí misma y en unas predominará más el acceso como consecuencia del comentario o análisis realizado por el docente y en otros se accederá por la propia obra. De este modo, habrá que valorar circunstancias tales como el renombre del docente, puesto que algunos tienen mucho predicamento en el mundo de las redes sociales, o el grado de conocimiento de la obra analizada en el público.

Precisamente, este "descontrol" en la cantidad y la cualidad de las personas que pueden tener acceso es lo que nos llevaría a cuestionar la inclusión de esta actividad dentro de la limitación educativa. No podemos olvidar que el legislador siempre debe buscar un equilibrio[447] entre los distintos intereses que confluyen en el mercado. De esta forma, también hay que pro-

---

447 En apartados anteriores ya hemos señalado que el sector público no parece pretender un equilibrio de intereses, puesto que trata de beneficiar a un determinado operador, los titulares de derechos. La discriminación positiva es un instrumento tremendamente útil para conseguir determinados objetivos, pero hay que ser conscientes de sus consecuencias para el funcionamiento del mercado. En este sentido, los incentivos positivos que pretende conseguir el legislador realmente benefician a otro operador que no necesitaba de amparo legislativo, pues con su poder de mercado derivado del control de ciertos medios técnicos o de conocimientos, le bastaba para proteger sus intereses sobradamente.

teger a los titulares de derechos de utilizaciones libres de sus creaciones sin que se abone una remuneración equitativa.

Lo lógico sería que, dentro del ámbito educativo, los docentes pudieran tomar obras de terceros para desarrollar proyectos formativos, incluso aunque sean remunerados al margen de su actividad docente, como es el caso de la creación de contenido para redes sociales, obteniendo una remuneración equitativa. Es cierto que el desarrollo de actividades educativas es esencial para el desarrollo democrático de nuestra sociedad, pero debemos ser conscientes de que ello permite un acceso mucho más amplio a los contenidos que en otros límites que tutelan los derechos a la libertad de expresión y de información. En estos últimos, el objeto esencial es el comentario realizado y no tanto la obra tomada; por el contrario, en el caso de la limitación educativa, queremos proteger un mejor acceso a la información y a los contenidos positivos para el desarrollo de los estudiantes que, aunque es igualmente importante, sí requiere una utilización más amplia de las obras que puede entrar en conflicto con su normal explotación.

Debemos recordar que el objetivo de la limitación educativa no es fomentar un mayor acceso a la cultura ni facilitar un acceso más equitativo en términos económicos a las actividades educativas, ese es un objetivo que deben promover las administraciones públicas mediante políticas concretas basadas en el principio de oportunidad. Por el contrario, esta limitación pretende facilitar a los docentes el desarrollo de su actividad mediante el acceso a obras de terceros para mostrárselas a sus estudiantes. Se trata de un límite para favorecer la formación de los estudiantes, no para favorecer un enriquecimiento de los docentes al margen de su sueldo.

Finalmente, debemos abordar la cuestión más relevante en lo que al ámbito subjetivo de este límite se refiere. El Artículo 5.3.a) de la DDASI únicamente menciona la necesidad de que exista una finalidad educativa o investigadora, sin referencias a la categoría de personas que se pueden beneficiar del límite (profesores y/o alumnos). Sin embargo, el Artículo 32.3 del TRLPI señala expresamente que beneficia únicamente a los profesores de la educación reglada. Por el contrario, en el Artículo 32.4 del TRLPI no se hace esta precisión, simplemente se menciona que se haga un acto de reproducción parcial, de distribución o de comunicación pública en el marco de actividades docentes o investigadoras en Universidades o centros públicos de investigación.

La respuesta a esta pregunta la encontramos en la Sentencia del TJUE de 7 de agosto de 2018 en el Asunto C-161/17, "Renckhoff", que excluye a los estudiantes del ámbito subjetivo de la limitación educativa. Este supuesto puede llegar a ser sorprendente si vemos la redacción del Artículo 5.3.a) de la DDASI, que tiene una redacción más abierta que la del Artículo 32.3 del TRLPI, puesto que no utiliza requisitos tan limitativos, ni, como en el apartado 4º del mismo precepto, recoge formas específicas de utlilización. Sin embargo, el TJUE hizo una interpretación ciertamente restrictiva que no tuvo en cuenta las circunstancias que rodean al ámbito educativo.

En este supuesto, una alumna de un colegio público de Alemania utilizó una fotografía de la ciudad de Córdoba que encontró indexada en el servicio de imágenes de Google para incorporarla a un proyecto encargado para su clase de español. Dicho trabajo fue alabado por la persona encargada de la asignatura y, a modo de premio, fue cargado en la página web del centro, que no contaba con restricciones de acceso. Sin embargo, esa fotografía había sido realizada por el Sr. Renckhoff, quien había concedido una licencia de uso a la web de viajes www.schwarzaufweiss.de que la difundía sin ninguna restricción de acceso. Cuando el Sr. Renckhoff tuvo conocimiento de este acto de explotación decidió demandar al gobierno del Land alemán que gestionaba el centro, reclamando la retirada de su fotografía y una indemnización por daños y perjuicios. Ante esta situación, el *Bundesgerichtshof* (Tribunal Supremo Federal Alemán), elevó una cuestión prejudicial al TJUE si estábamos ante un acto de puesta a disposición del público pese a que dicha obra ya había sido puesta a disposición del público con anterioridad en otro servidor.

La pregunta del *Bundesgerichtshof* hace referencia a la posibilidad de aplicar una suerte de agotamiento del derecho exclusivo en el ámbito digital, pero inevitablemente, tanto el Abogado General Campos Sánchez-Bordona[448] como el Tribunal valoraron el ámbito de aplicación de la limitación educativa. En este sentido, el Tribunal expone de forma muy breve que el hecho de que nos encontremos ante una utilización en el ámbito educativo no puede cambiar el contenido de su análisis, excesivamente centrado en la existencia de un público nuevo[449]. En este sentido, aplican de forma acrítica la doctrina establecida en la STJUE del Asunto Svensson[450] sobre la existencia de un público nuevo cuando se pone contenido a disposición del público mediante la utilización de enlaces.

Por lo tanto, el Tribunal considera que este acto excede lo previsto en la limitación educativa al no apreciarse una finalidad docente o investigadora. El Tribunal no es especialmente

---

448 El Abogado General sí ofreció su opinión sobre la aplicación de la limitación educativa, aunque consideraba que no era necesario porque su planteamiento inicial era suficiente para considerar que ya existe una infracción de los derechos exclusivos del titular.

449 Vid. Sentencia del Tribunal de Justicia de la Unión Europea de 7 de agosto de 2018 en el Asunto C-161/17, p. 42.

450 Vid. Sentencia del Tribunal de Justicia de la Unión Europea de 13 de febrero de 2014, en el Asunto C-466/12, "Svensson y otros" pp. 25 y 26.

claro a la hora de pronunciarse sobre la inaplicación de la limitación educativa, pero parece inferirse que, en contra de las consideraciones del Abogado General Campos Sánchez-Bordona, entiende el límite como una institución que únicamente ampara a los docentes, pero no a los alumnos. A sensu contrario, el Abogado General consideró que no puede tenerse una visión tan reducida de la actividad docente y, en consecuencia, el límite también debería cubrir a los alumnos, puesto que la finalidad de la educación es promover su participación activa para un pleno desarrollo de su personalidad humana[451].

En definitiva, el Tribunal rechaza la protección de los alumnos dentro de la limitación educativa, manteniendo una interpretación restrictiva de la aplicación del límite que no tiene en cuenta la evolución de la actividad docente y el papel que pueden jugar los alumnos en clase[452]. Además, esta resolución viene a dar un espaldarazo a lo ya adelantado por el Artículo 32.3 del TRLPI, pese a que el Artículo 5.3.a) de la DDASI no lo recogiera expresamente. Se trata de una regla que no resuelve de forma satisfactoria los conflictos en la aplicación de la limitación educativa, pues siguen quedando fuera un grupo esencial en el ámbito educativo: los estudiantes. Son un grupo que

---

451 En este sentido, Vid. Conclusiones del Abogado General Campos Sánchez-Bordona de 25 de abril de 2018 en el Asunto C-161/17, p. 115. De hecho, el Abogado General considera que estamos ante una simple evolución digital de lo que se lleva haciendo en centros educativos muchos años atrás. En este sentido, debería seguir dándose amparo legal a estas actividades, puesto que son beneficiosas para los estudiantes y no causan un daño especialmente relevante a los titulares de derechos, que no van a sufrir una disminución significativa de sus ingresos como consecuencia de la realización de estos proyectos educativos.

452 Vid. STJUE As. C-476/01, apartado 72; STJUE C-36/05, Comisión/España, apartado 31; y STJUE C-5/08, Infopaq.

también necesita acceder a obras de terceros para hacer las tareas que se les encargan. Es cierto que en ocasiones podrán estar cubiertas por el derecho de cita, pero en otras, como la planteada en el Asunto Renckhoff, no es así y ello requiere de una solución que les ampare, pues no están causando un daño a los titulares de derechos.

1.2. El Artículo 68 del RDL 24/2021 y su encaje con los Artículos 32.3 y 32.4 del TRLPI

En páginas anteriores hemos señalado que la técnica de transposición del legislador español con la DDAMUD ha sido deficiente. En esta línea, la falta de armonización entre el Artículo 68 del RDL 24/2021 y la limitación educativa tal y como estaba regulada hasta ahora ha provocado unas reacciones por parte de los actores implicados que debemos mencionar.

El Ministerio de Cultura emitió una Nota Informativa[453] sobre la aplicación de este precepto de 3 de noviembre de 2021 en la que señala que el Artículo 68 del RDL 24/2021 únicamente se aplica a las actividades pedagógicas transfronterizas y no a las nacionales. Por lo tanto, el Ministerio de Cultura sostiene que nos encontramos ante un doble régimen jurídico en función del territorio en el que se desarrolle la actividad. Esta parece la interpretación más adecuada, dado que el título del precepto en la DDAMUD y en el RDL 24/2021 siempre habla de docencia trasnacional. Además, el Artículo 68 del RDL 24/2021 ha excluido

---

[453] Disponible en: https://www.google.es/url?sa=t&rct=j&q=&esrc=s&source=web&cd=&ved=2ahUKEwiPpfW90YmAAxUC2QIHHYj4DS4QFnoECAoQAQ&url=https%3A%2F%2Fwww.cedro.org%2Fdocs%2Fdefault-source%2F0legilaci%25C3%25B3nnacional%2Fnota-art-68-rdley- 24_2021.pdf%3Fsfvrsn%3Da5ab43a6_6&usg=AOvVaw37atB3RDakkYkh4vWdMOj7&opi=89978449

su aplicación a la docencia presencial indicando que deben ocurrir en un "entorno electrónico seguro", mientras que la DDA-MUD señalaba que podría tener lugar "bajo la responsabilidad de un centro de enseñanza, en sus locales o en otros lugares".

Apreciamos suficientes diferencias con el Artículo 32 del TRLPI como para entender que el régimen jurídico va a ser distinto y que las Universidades y Centros Públicos de Investigación deben seguir abonando la remuneración equitativa a la que se refiere el Artículo 32.4 del TRLPI. Ahora bien, se ha traído al debate público, como en el año 2014, la necesidad de abonar una remuneración por una actividad que genera valor añadido y bienestar general como es la educación superior[454]. No obstante, la cuestión de fondo es siempre la misma cuando mencionábamos el bienestar general: quién percibe esos beneficios y cómo se cuantifican. Aquí estamos hablando de la tutela de un derecho constitucional como es el derecho a la enseñanza de calidad para lo que se requiere utilizar materiales protegidos creados por terceros. Esto supone que la ganancia que pueda existir se diluye entre todos los estudiantes del sistema de educación superior y los beneficios de las investigaciones y de los estudios que se deriven de ellos.

Por lo tanto, podemos apreciar que el valor generado va a quedar muy diluido. Precisamente, este es el motivo por el que son las Universidades y Centros Públicos de Investigación quienes deben abonar la remuneración, pues son los únicos sujetos que podemos individualizar en la cadena de generación de valor.

---

[454] El motivo de la discusión discurre por otros derroteros, siendo el principal la estabilidad presupuestaria de las Universidades y Centros Públicos de Investigación que quieren ahorrarse el desembolso que supone abonar la remuneración equitativa del Artículo 32.4 del TRLPI a las entidades de gestión colectiva.

Nadie discute que se trate de una explotación de las obras que esté sometida al monopolio del titular de derechos. Ahora bien, también existe un interés público fuerte que justifica que su gestión se realice mediante un derecho de remuneración de gestión colectiva obligatoria. El interés público en la educación no es el único elemento a favor de este sistema, sino que también priman los importantes costes de transacción, especialmente los de información, que implicarían las licencias individuales. De esta forma, un sistema de derecho exclusivo llevaría a la no realización de transacciones, motivo por el que el legislador debe intervenir y modificar el contenido de los derechos atribuidos a los autores.

Lo que ha hecho el Artículo 5 de la DDAMUD y el Artículo 68 del RDL 24/2021 es volver a realizar una ponderación de las circunstancias como ya hiciera el legislador español con los Artículos 32.3 y 32.4 del TRLPI. Considera que la docencia transfronteriza presenta unas características en términos de interés público y de costes de transacción que requieren de un límite que no lleve aparejado un derecho de remuneración.

A pesar del caos legislativo, que todavía está por resolver, y en lo que al tema central de este estudio se refiere, no podemos afirmar que esta respuesta legislativa sea una flexibilización del derecho de autor. En todo caso, podríamos decir que se trata de una ampliación del límite a una situación no prevista, aunque parte del carácter exclusivo del listado de límites recogidos en la normativa de derechos de autor.

1.3. Participación de los intermediarios de la sociedad de la información

De nuevo, debemos tener en cuenta la forma en la que los intermediarios de la sociedad de la información inciden en las actividades educativas. El análisis no dista mucho del realizado en el apartado anterior en relación con los límites destinados a proteger los derechos a la libertad de expresión e información.

Al analizar la protección de la limitación educativa en el entorno digital debemos ser conscientes de que los intermediarios técnicos participan en distintos mercados y la educación solamente es solo uno de muchos[455]. No podemos olvidar que esta circunstancia a la hora de valorar las soluciones que propongamos, pues, en ocasiones los intermediarios no pueden dar una solución *ad hoc* para cada problema que se pueda encontrar[456]. Por lo tanto, debemos buscar una fórmula con la que los intermediarios encuentren la manera de respetar

---

455 Precisamente, el Artículo 2.6 de la DDAMUD define a los intermediarios como "*un servicio de la sociedad de la información cuyo fin principal, o uno de cuyos fines principales, es almacenar y dar al público acceso a una gran cantidad de obras u otras prestaciones protegidas cargadas por sus usuarios, que el servicio organiza y promociona con fines lucrativos*", luego ya podemos apreciar que estamos ante servicios mucho más amplios y cuya finalidad principal no es prestar servicios de asistencia a actividades educativas.

456 Por ejemplo, Google sí tiene funcionalidades concretas pensadas para su utilización en el ámbito educativo como es Google Classroom, lo que permite poner límites a las actividades que sí puede desarrollar en función de su actividad. No obstante, quizá, solamente se lo pueden permitir grandes intermediarios que tengan la capacidad económica de desarrollar estas aplicaciones, mientras que otros de tamaño más reducido pueden no tener la capacidad de hacer estos esfuerzos. De esta forma, como debemos garantizar que todos los operadores del mercado estén en igualdad de oportunidades, no podemos crear un régimen jurídico que solamente beneficie a intermediarios grandes que se pueden permitir desarrollar aplicaciones específicas que nos dejen delimitar perfectamente su actividad, sino que debemos tener un marco genérico que posibilite un cierto equilibrio entre el desarrollo de aplicaciones online que se puedan

los derechos educativos de los usuarios sin que ello suponga un coste excesivo y puedan mantener su actividad[457]. Nos encontramos con un problema significativo cuando se trata de contenido generado por usuarios[458] al existir docentes de las enseñanzas regladas que utilizan las nuevas tecnologías para desarrollar sus proyectos educativos. Aquí entramos en una fina línea en la cual la docencia sale de las aulas y de los márgenes en los que la sociedad la ha encasillado para abrir a los estudiantes al mundo digital.

Así, podríamos preguntarnos qué ocurre con vídeos subidos por docentes a las redes sociales para que sus alumnos los utilicen como medios de apoyo o como materia de estudio. La limitación educativa en España tiene una formulación bastante cerrada y el TJUE con su Sentencia en el Asunto Renckhoff tampoco ha ayudado a cambiar su funcionamiento. Por este motivo, las aplicaciones educativas se han circunscrito a plataformas concretas que permiten cumplir con los requisitos de acceso establecidos por la normativa como es el caso de la plataforma Moodle, ampliamente extendida en todos los niveles educativos en España. Sin embargo, las redes sociales han

---

dedicar al ámbito educativo, aunque no sea el uso principal que previó su creador.

457 Vid. Carbajo Cascón, F. (2022). Las plataformas digitales ante la distribución de mercancías y el suministro de contenidos digitales ilícitos. *Revista de derecho de la competencia y la distribución*, (30), 2.

458 Vid. Yu, P. K. (2021). Increased Copyright Flexibilities for User-Generated Creativity. *THE FUTURE OF IP: REFORM PROPOSALS, Gustavo Ghidini and Valeria Falce, eds., Edward Elgar Publishing*. En este capítulo, el autor pone de manifiesto las dificultades con las que se encuentran los usuarios a la hora de crear contenido y subirlo a las redes sociales, puesto que el ordenamiento jurídico impone una serie de corsés que limitan mucho esta actividad creativa.

abierto un nuevo campo de actuación a los docentes que, en muchas ocasiones, no tiene restricciones de acceso, luego, en principio, no cumple con los requisitos legales. Evidentemente, para el desarrollo de estas nuevas modalidades de docencia a veces utilizarán contenido de terceros para su análisis y comentario con los estudiantes, luego van a realizar actos de reproducción y de comunicación al público que no han sido previamente autorizados por sus titulares y no siempre van a estar cubiertas por la limitación educativa.

Esta situación va a provocar importantes conflictos cuya resolución requiere una mención a la estructura del mercado. En el momento en el que surjan estos problemas, los usuarios comerciales acudirán a los mismos sistemas de resolución de conflictos que ya analizamos en capítulos anteriores y cuyos defectos ya subrayamos. De nuevo, parte de la solución a este problema pasa por no beneficiar los sistemas internos de resolución de conflictos y apostar por sistemas heterocompositivos que permitan una solución equitativa que satisfaga los intereses de todas las partes implicadas, como parece que intenta hacer el Artículo 73.12 del RDL 24/2021 atribuyendo competencias de arbitraje a la Sección Primera de la Comisión de Propiedad Intelectual del Ministerio de Cultura. El sistema debería perseguir reducir las desigualdades en el mercado, no potenciarlas. No estamos ante un riesgo hipotético, sino que lo hemos visto de forma clara con empresas tecnológicas como Alphabet (nueva denominación de Google)[459].

---

459 Vid. Sentencia del Tribunal General de la Unión Europea de 10 de noviembre de 2021 en el Asunto T-612/17 Google y Alphabet c. Comisión, “Google Shopping” que ratifica la Decisión de la Comisión de 27 de junio de 2017 por la que condena a Alphabet por abuso de posición dominante en el mercado de motores de búsqueda. Esta Sentencia fue recurrida en casación ante el Tribunal de Justicia de la Unión Europea, recurso que todavía no ha sido resuelto.

Por lo tanto, urge un cambio de dirección en las políticas públicas o, al menos, una regulación más intensa del papel que estos intermediarios juegan en nuestra vida. No podemos conformarnos con disposiciones que se limiten a indicar que su actuación debe ser objetiva y neutra, porque nunca lo va a ser. Debemos asumir la realidad que nos rodea y legislar en consecuencia para conseguir un reparto de poder que permita una distribución efectiva de la riqueza. De lo contrario, llegaríamos a un escenario potencialmente peligroso, pues si las desigualdades se anquilosan, entraríamos en un círculo vicioso al romper el carácter dinámico que deben tener los núcleos de poder. Debemos conseguir un sistema lo suficientemente flexible como para que los cambios en los grupos de poder sean fluidos, para lo que la propiedad intelectual, como norma estructural de este mercado, debe jugar un papel central.

Además, cuando estamos hablando de regular el poder de los intermediarios en el sector educativo debemos ser bastante cuidadosos, puesto que es una actividad especialmente sensible para el buen funcionamiento de una sociedad. No podemos dejar que un grupo de entidades privadas controlen el tipo de actividades que pueden desarrollar los estudiantes y, menos aún, sin la existencia de controles por parte del sector público que garanticen un buen desempeño de los intermediarios de la sociedad de la información.

En el mismo sentido, Vid. Sentencia del Tribunal General de la Unión Europea en el Asunto T-604/18 Google y Alphabet c. Comisión "Google Android", que viene a ratificar la sanción impuesta por la Comisión Europea mediante su Decisión C (2018) 4761 final de la Comisión, de 18 de julio de 2018 en el Asunto AT.40099 "Google Android" por abuso de posición dominante en relación con las condiciones impuestas a los fabricantes de dispositivos móviles y a los operadores de redes móviles. Esta resolución todavía no es firme, puede ser recurrida en casación ante el Tribunal de Justicia de la Unión Europea.

Ciertamente, estamos realizando una crítica bastante intensa de la cesión de poder que está haciendo el sector público hacia los intermediarios de la sociedad de la información por la vía de la propiedad intelectual y de la regulación de los mercados digitales. Es cierto que cabe mantener la opinión contraria y pensar que estamos ante una estrategia positiva para el desarrollo de la sociedad[460]. Ahora bien, si queremos sostener esta posición, debemos ser conscientes de que estos operadores tienen un interés concreto y de que tenemos que conseguir un sistema de *checks and balances* que nos permita evitar comportamientos abusivos, muy débiles o inexistentes actualmente. Si el sistema no garantiza un justo equilibrio y hace cesiones de soberanía a entidades privadas

460 La Comisión Europea parece haber optado por esta vía, puesto que sus normas asumen esa posición de poder y no tratan de eliminarla, y que se ha resignado a reconocer estas estructuras en el mercado y, en lugar, de modificarlas, prefiere regularlas, tarea para la cual habría que ser mucho más precavido de lo que están siendo las instituciones europeas. Un ejemplo lo podemos ver en la Recomendación (UE) 2022/1634 de la Comisión de 16 de septiembre de 2022 sobre salvaguardias internas para la independencia editorial y la transparencia de la propiedad en el sector de los medios de comunicación, donde la Comisión Europea se limita a hacer recomendaciones a los intermediarios para fomentar la transparencia. Sin embargo, no vemos ningún régimen sancionador ni ningún incentivo realista para que estos intermediarios asuman estas buenas prácticas empresariales. En definitiva, si queremos conseguir un funcionamiento eficiente del mercado, es necesario que la conducta de los operadores que ostentan una posición de poder se adapte a las necesidades de los demás participantes. De lo contrario, no podremos garantizar sus derechos y veremos alterado el proceso de toma de decisiones, algo especialmente grave cuando hablamos de la protección del derecho a la educación.

sin la presencia de controles, corremos el riesgo de acercarnos cada vez más al "ciberleviatán"[461].

2. *La minería de datos y textos*

La minería de datos es uno de los referentes de los nuevos "límites digitales" regulado en los Artículos 3 y 4 de la DDAMUD (Artículo 67 del RDL 24/2021). Estamos ante una actividad relativamente novedosa, no tanto por su naturaleza, sino por el alcance que le permite la utilización de las nuevas

---

[461] Vid. Lassalle Ruiz, J. M. (2019). Ciberleviatán. Arpa. Una de las principales virtudes de las Revoluciones Liberales de finales del siglo XVIII en Europa y América del Norte fue el establecimiento de procedimientos tasados para que pudiéramos convivir en paz, lo que hemos denominado Estado de Derecho. Para ello, todos los ciudadanos aceptamos racionalizar el ejercicio de nuestros derechos, prohibiendo los abusos, y así conseguir una convivencia humana pacífica. Sin embargo, el desarrollo de la historia nos está llevando a recaer en errores del pasado y conceder a unos determinados operadores un poder demasiado grande que es difícilmente controlable, en particular, a los intermediarios de la sociedad de la información. De esta forma, estamos permitiendo que con su poder escapen a las reglas más básicas de los sistemas democráticos y puedan imponer su voluntad, incluso por encima de determinadas normas democráticamente aprobadas, de tal forma que siga siendo rentable incumplirlas. El sector público debería tomar cartas en el asunto para conseguir que las normas se apliquen a todos los operadores económicos por igual con el fin de que el poder siga estando en manos del sector público, debidamente controlado en sede parlamentaria y jurisdiccional, y no en manos de entes privados que carecen de un control tan intenso como las autoridades públicas, puesto que únicamente se les aplican normas de derecho privado, mucho menos invasivas y estatutarias que el derecho administrativo.

tecnologías[462], especialmente vinculado al uso de Inteligencia Artificial. Este límite pretende proteger una actividad tan simple como el procesado y análisis de información para desarrollar modelos y patrones de conducta sobre objetos y/o personas. Es una actividad que ha existido siempre, pero su automatización ha multiplicado su radio de acción. A la vista está que es un instrumento esencial para disminuir los efectos de uno de los grandes problemas económicos, la información imperfecta. Las preferencias de los consumidores han sido y serán la mayor incógnita a la que se tengan que enfrentar los proveedores de productos o servicios. Ahora bien, lo cierto es que los propios usuarios muchas veces también desconocen los elementos que motivan su conducta. En definitiva, se trata de una actividad que deberíamos tutelar para garantizar su correcto desarrollo como un nuevo mercado.

Una primera posibilidad que podríamos plantear es aplicar el límite de reproducciones provisionales, puesto que

---

462 Vid. Margoni, T., & Kretschmer, M. (2018). The Text and Data Mining exception in the Proposal for a Directive on Copyright in the Digital Single Market: Why it is not what EU copyright law needs. *UK Copyright and Creative Economy Centre University of Glasgow Technical Report*, quienes señalan que una de las razones de ser de esta limitación es la imposibilidad de acceder a todo el contenido que existe en la comunidad científica en la actualidad. Indican que el 90% de las obras científicas a disposición del público nunca llegan a citarse como consecuencia de la saturación de contenido que existe. Por este motivo, los organismos que realizan minería de datos se han convertido en un aliado indispensable para el correcto desarrollo del progreso técnico. En el mismo sentido, Vid. Rosati, E. (2018). The exception for text and data mining (TDM) in the proposed Directive on copyright in the Digital Single Market-technical aspects. *Briefing Requested by the Juri Committee, European Parliament.*

guardan cierta similitud[463]. No obstante, estaríamos desnaturalizando el límite, dado que solamente busca proteger reproducciones instrumentales y sin relevancia económica al no utilizarse la obra para su explotación posterior, es decir,

---

463 Para más información, Vid. Garrote Fernández-Díez, I. (2014). Artículo 31. En En Bercovitz Rodríguez-Cano, R. (Dir.). *Comentarios a la ley de propiedad intelectual.* Tecnos, Madrid, pp. 578-588.
No obstante, el propio Artículo 4.2 de la DDAMUD indica que las reproducciones, aun parciales, de la obra extraída podrán almacenarse por tiempo indefinido. Por este motivo, no podríamos hablar de una reproducción provisional efímera. En todo caso, se trataría de una reproducción técnica. Ahora bien, con esta redacción el legislador ha querido darle un régimen jurídico claramente diferenciado del que tienen las reproducciones provisionales, que en el Artículo 5.1 indica que tienen que ser actos meramente transitorios. Sin embargo, el Artículo 67.5 del RDL 24/2021, con una redacción francamente mejorable, habla directamente del límite de reproducciones provisionales y señala que no será necesaria la autorización del titular de bases de datos cuando se vaya a utilizar su contenido para minería de datos. Así, no sabemos muy bien sí está ampliando el límite de reproducciones provisionales, el de minería de textos y datos o ambos a la vez.
En este sentido, debemos tener en cuenta la doctrina sentada por el Tribunal de Justicia de la Unión Europea en su Sentencia de 16 de julio de 2009 en el Asunto C-5/08, "Infopaq", donde se exigía que el proceso de eliminación, incluso, estuviera automatizado para garantizar la verdadera transitoriedad de las copias realizadas.
En este sentido, Vid. Margoni, T., & Kretschmer, M. (2018). The Text and Data Mining exception in the Proposal for a Directive on Copyright in the Digital Single Market: Why it is not what EU copyright law needs. *UK Copyright and Creative Economy Centre University of Glasgow Technical Report*; García Vidal, Á. (2020). Propiedad intelectual y minería de textos y datos: estudio de los artículos 3 y 4 de la Directiva (UE) 2019-790, *Actas de Derecho Industrial y Derecho de Autor. Tomo XL (2019-2020)*, 99-124 y Vid. Geiger, C., Frosio, G., & Bulayenko, O. (2019). Text and data mining: Articles 3 and 4 of the directive 2019/790/EU. En Saiz García, C. y Evangelio Llorca, R., *Propiedad intelectual y mercado único digital europeo", Valencia, Tirant lo blanch*, 27-71.

para actos de mera transmisión y accesorios a un acto de explotación que sí ha sido autorizado.

Cuando hablamos de la minería de datos, el objetivo no es facilitar un acto de explotación que ya ha sido autorizado, aunque su impacto económico sea reducido[464]. Ahora bien, sí podemos hablar de una utilización parasitaria de la obra, pues algunos de los datos que contiene la obra y que son interesantes a los efectos de la minería de datos, por sí mismos, no tienen un valor económico propio. Solamente serán económicamente relevantes en el momento en el que hayan sido procesados y se obtenga el modelo. De esta forma, pese a que el valor real solamente aparezca después del proceso de minería, sí que podríamos hablar de un valor potencial de los elementos, al ser esenciales para el desarrollo de esta actividad[465].

---

464 De hecho, en otras jurisdicciones como la de los Estados Unidos de América, esta actividad se realiza de forma libre, puesto que se entiende que su realización no provoca ninguna alteración en el proceso de explotación de las obras protegidas.
En este sentido, Vid. Rosati, E. (2018). The exception for text and data mining (TDM) in the proposed Directive on copyright in the Digital Single Market-technical aspects. *Briefing Requested by the Juri Committee, European Parliament*, quien considera que estas actividades se pueden enmarcar perfectamente en el contenido del *fair use*.

465 Vid. García Vidal, A. (2021). La protección de los macrodatos: Exclusividad versus libre acceso. En García Vidal, A. *Big data e internet de las cosas: nuevos retos para el derecho de la competencia y de los bienes inmateriales* (pp. 35-114). Tirant lo Blanch, Valencia, p. 37, quien afirma el valor en bruto de los datos presentes en las obras y plantea su protección mediante el título *sui generis* de las bases de datos, mediante el secreto empresarial, la aplicación de la normativa de competencia desleal o por vía contractual. Será ciertamente complicado proteger los datos como secreto empresarial cuando se divulguen en una obra original.

A sensu contrario, otros autores[466] interpretan que pese al valor potencial que pudiera tener la información presente en las obras originales, el derecho de autor no lo protege. En consecuencia, la utilización de fragmentos de la obra para aprovechar económicamente algunos datos no podría constituir una

---

Para más información, Vid. Gómez Segade, J. A. G. (2021). La protección de los macrodatos (big data) mediante las normas sobre secretos empresariales. En García Vidal, A. *Big data e internet de las cosas: nuevos retos para el derecho de la competencia y de los bienes inmateriales* (pp. 115-152). Tirant lo Blanch, Valencia.
La aplicación de la normativa de competencia desleal también será difícil debiendo sortear la doctrina de la complementariedad relativa. Ahora bien, la protección por vía contractual, quizá, sea la más adecuada y, además, se encuadra en el sistema de *opt out* previsto en los Artículo 4 de la DDAMUD.
Así mismo, Vid. Curto Polo, M. M. (2018). Bases de datos sobre resultados de la investigación: las bases de datos genéticas. En *Propiedad intelectual y transferencia de conocimiento en universidades y centros públicos de investigación* (pp. 69-108). Ediciones Universidad de Salamanca y Carbajo Cascón, F. (2018). Titularidad de derechos de propiedad intelectual sobre los resultados de la investigación. En *Propiedad intelectual y transferencia de conocimiento en universidades y centros públicos de investigación* (pp. 171-202). Ediciones Universidad de Salamanca; quienes plantean la posibilidad de acudir a la normativa de derechos de autor para proteger simples datos que se han obtenido mediante la investigación científica. A este respecto, la profesora Curto Polo es escéptica y considera que los derechos de autor no son la mejor vía para proteger estos elementos al ser demasiado similares a las ideas (Vid. Bercovitz Rodríguez-Cano, R. (2017). Artículo 10. En Bercovitz Rodríguez-Cano, R. (Dir.). *Comentarios a la ley de propiedad intelectual.* Tecnos, Madrid.

466 Vid. Margoni, T., & Kretschmer, M. (2018). The Text and Data Mining exception in the Proposal for a Directive on Copyright in the Digital Single Market: Why it is not what EU copyright law needs. *UK Copyright and Creative Economy Centre University of Glasgow Technical Report.*

infracción de los derechos de propiedad intelectual en virtud de la doctrina de la dicotomía idea/expresión.

Pese a lo manifestado hablar de una licencia presunta sería complicado y, precisamente, este parece ser el fundamento de la limitación de minería de datos, puesto que con el sistema que tenemos, necesitamos una limitación específica que cubra este tipo de actividades si queremos que sea libre, dados los beneficios que puede tener para el progreso de la ciencia y de la economía.

Ahora bien, la DDAMUD establece dos modalidades de esta excepción: la minería para investigación científica y la minería en general. No obstante, debemos tener en cuenta que el Artículo 67 del RDL 24/2021 no hace esta distinción y da un tratamiento uniforme, aunque con menciones asistemáticas a los organismos públicos de investigación en su apartado 4. Por lo tanto, el encuadre de la distinción recogida en la DDAMUD y que plantearemos posteriormente en la normativa española rompe con algunas de las peculiaridades que el legislador europeo quiso establecer.

2.1. Minería de datos para instituciones públicas con finalidad de investigación (Artículo 3 de la DDAMUD y Artículo 67 del RDL 24/2021)

El límite de minería de textos y datos con fines de investigación científica, que, como la limitación educativa, está pensada para facilitar la actividad en centros de investigación e instituciones responsables de la conservación del patrimonio cultural. Los requisitos para aplicar este límite son escasos y relativamente congruentes con su razón de ser al exigirse que se haya tenido un acceso lícito a la obra[467] y un almacenamiento seguro que

---

467 Esta cuestión se estudió cuando se reguló el límite de la copia privada, puesto que determinados intermediarios cuyas activida-

evite las explotaciones no autorizadas[468]. En relación con el primer requisito, debemos poner de relieve que puede suponer un problema para el avance de la ciencia teniendo en cuenta que los investigadores no siempre tienen un acceso libre a las publicaciones que se quieren analizar[469]. Si bien la obligación es perfectamente entendible, la realidad práctica podría complicar el funcionamiento de este límite al no solucionar todo el problema de costes de acceso a las obras que esto supone[470].

---

des estaban al borde de la legalidad alegaban que los servicios que ellos ofrecían eran una mera asistencia para realizar copias privadas. Los tribunales concluyeron que no podía aceptarse esta interpretación porque, de hacerlo, se estaría dando carta blanca a la piratería de obras al permitir su almacenamiento y su posterior distribución en plataformas online.

468 Los titulares deben tener garantías de que las obras que se están utilizan en la minería con fines científicos no se aprovechan con otro fin no expresamente ni permitido por la normativa ni autorizado por ellos. En este sentido, los apartados 2 y 3 del Artículo 3 de la DDAMUD no son especialmente concretos sobre el nivel de seguridad, sino que únicamente indican que tiene que haber un nivel de seguridad razonable.

469 Vid. Margoni, T., & Dore, G. (2018). Why we need a text and data mining exception (but it is not enough), quienes señalan que solamente el 4% de los trabajos de investigación están publicados en acceso abierto.

470 Vid. Margoni, T., & Dore, G. (2018). Why we need a text and data mining exception (but it is not enough), quienes ponen de manifiesto que se puede apreciar una falta de interoperabilidad intencionada por parte de las editoriales que impide un acceso más amplio a los trabajos de investigación para conseguir un mayor aprovechamiento económico de las obras con la técnica del procesamiento de datos. En el mismo sentido, Vid. Vezzoso, S. (2012). Copyright, Interfaces, and a Possible Atlantic Divide. *J. Intell. Prop. Info. Tech. & Elec. Com. L.*, *3*, 153.

Los investigadores primero tienen que obtener una licencia de acceso a la obra y, posteriormente, deberían tener algún tipo de autorización para poder realizar la minería de datos. Por lo tanto, este límite únicamente resuelve el segundo filtro que podrían interponer los titulares de derechos.

Uno de los problemas que presenta este límite es que únicamente permite usos científicos de la obra y no protege otro tipo de explotaciones que, según parte de la doctrina[471], podrían ser aceptables en una sociedad democrática, como puede ser la utilización para tareas periodísticas o realizar críticas. Sin embargo, parece que este tipo de actividades exceden del objetivo de la minería de datos y entran dentro de otro tipo de límites que pretenden proteger este tipo de derechos fundamentales. Por ejemplo, para actividades periodísticas, tenemos las actividades de reseñas de prensa reguladas en el Artículo 31.1 del TRLPI en sus apartados segundo y tercero. Además, el concepto de investigación científica puede ser bastante amplio y puede incluir estudios que tengan una importante repercusión pública, lo que también permitiría satisfacer las necesidades que estos autores quieren proteger[472].

---

471 Vid. Margoni, T., & Kretschmer, M. (2018). The Text and Data Mining exception in the Proposal for a Directive on Copyright in the Digital Single Market: Why it is not what EU copyright law needs. *UK Copyright and Creative Economy Centre University of Glasgow Technical Report.*

472 Vid. Rosati, E. (2018). The exception for text and data mining (TDM) in the proposed Directive on copyright in the Digital Single Market-technical aspects. *Briefing Requested by the Juri Committee, European Parliament,* quien entiende que el concepto de investigación científica también puede aplicarse a sectores como la gestión de recursos naturales, la identificación de riesgos en la contratación bancaria, los procesos de mercadotecnia, la criminología o, incluso, la antropología.

2.1.1. Ámbito subjetivo del límite. Beneficiarios

La cuestión principal que nos va a ocupar en este epígrafe es la exclusión de las empresas privadas con una motivación económica. El derecho de propiedad y a la libertad de empresa tienen un fundamento económico básico, pero también democrático, puesto que pretenden que la iniciativa para transformar la sociedad no esté únicamente en manos del sector público. De esta forma, cualquier persona debe tener la posibilidad de organizar factores productivos para conseguir cierta autonomía. Así, evitamos una centralización de la toma de decisiones y la existencia de distintos núcleos de poder. Al tener distintas alternativas, existen salvaguardas para el caso de que alguna de ellas fuera errónea. No obstante, lo que sí se permite es que las entidades privadas accedan a la protección de este límite en el marco de acuerdos de colaboración público-privados[473] para el desarrollo de investigación científicas[474].

---

473 El legislador europeo hace un reconocimiento expreso de la realidad del mercado. Considera que la tecnología para el desarrollo de la minería de datos está en manos privadas, puesto que son las que la han hecho crecer, y controlan su uso mediante los derechos de propiedad intelectual asociados al *software*. Como hemos visto, la práctica totalidad de la expansión tecnológica ha tenido lugar en el marco de instituciones privadas o de colaboraciones público-privadas mediante *spin-offs* que gestionan la tecnología, y que aprovechan dichos avances para obtener un lucro. No obstante, como el sector público no se puede quedar atrás en su promoción de la investigación, la colaboración con estas entidades es fundamental. Por lo tanto, tenemos que regular la utilización de tecnología privada para el desarrollo de actividades en el marco de instituciones públicas. En este sentido, cabría preguntarse si la utilización de los medios de un tercero para una actividad controlada por una institución pública, rebasaría la finalidad pretendida por el límite.

474 Vid. Considerando 11 de la DDAMUD.

Cuando hablamos de la minería de datos nos encontramos con la misma situación, al ser una actividad necesaria para el correcto desarrollo científico. Sin embargo, restringir este límite a organismos de investigación supone tener una mirada muy corta sobre lo que significa la investigación científica, puesto que hay otras entidades que desarrollan investigaciones muy útiles para la sociedad y que no forman parte del sector público. Es cierto, que cuando las realizan entidades privadas se aprovechan económicamente de ellas, pero resulta que tienen que recuperar la inversión realizada. Además, no podemos permitir que las investigaciones científicas se realicen exclusivamente de forma altruista, alguien las tiene que financiar siempre, pues estaríamos dejando todo el desarrollo científico y tecnológico en manos del sector público, algo que ya hemos señalado que puede llegar a ser peligroso para la supervivencia de la economía y, también, en términos democráticos por las concentraciones de poder que ello favorece.

Sin embargo, parece que en nuestro sistema cuando alguien pretende obtener un rendimiento económico y para ello utiliza obras de terceros, aunque estas no tengan ninguna relevancia en el proceso de creación de valor, hay que buscar la forma de impedirlo. Estamos ante un mal entendimiento de lo que son los derechos de autor y lo que deben proteger, parece que seguimos manteniendo que se trata de un derecho omnímodo y que protege frente a cualquier utilización de la obra que no haya sido previamente autorizada por el titular o *ex lege* mediante un límite o excepción. Por el contrario, los derechos de autor deberían considerarse incentivos para promover el progreso técnico y, para ello, deberían limitarse a lo estrictamente necesario. Así, exigir autorización para realizar actividades que no suponen una lesión económica para el titular de derechos o que el titular no puede realizar, parece un poco absurdo y nos aboca a una asignación de derechos poco eficiente.

No obstante, el Artículo 4 de la DDAMUD establece una segunda modalidad de límite de minería de datos que podría dar una solución a esta problemática al establecer un ámbito subjetivo más amplio que el Artículo 3[475]. En este sentido, recordemos que la investigación realizada con financiación pública debería tener una vocación de estar en un espacio abierto para que todos los ciudadanos tuvieran un acceso libre a sus resultados para el correcto disfrute de toda la sociedad[476]. En consecuencia, si lo que se pretende es un acceso mucho más abierto a los resultados de la investigación utilizando obras de terceras personas, es lógico que el legislador también limite las personas que pueden acogerse a este límite. Quizás podríamos criticar esta elección, pero el legislador parte de que el sector privado no tiene ningún interés en compartir en abierto sus

---

475 Vid. Sánchez Aristi, R. y Oyarzabal Oyonarte, N. (2021). Decadencia y caída del Texto Refundido de la Ley de Propiedad Intelectual: la transposición de la Directiva 2019/790 sobre derechos de autor en el mercado único digital por el Real Decreto-ley 24/2021, de 2 de noviembre. *Pe. i.: Revista de propiedad intelectual*, (69), 13.

476 Podemos tomar como ejemplo la ya reformada Ley de Economía Sostenible que disponía en sus Artículos 53 y siguientes una regulación bastante curiosa de la gestión de los derechos de propiedad intelectual e industrial derivados de la investigación financiada con fondos públicos, puesto que establecía que los derechos "corresponderán a las entidades en las que el autor haya desarrollado una relación de servicios". Esta regulación fue fuertemente criticada por la doctrina al establecer una atribución de derechos que no tenía justificación alguna y vulneraba el principio de atribución recogido en el Artículo 5 del TRLPI. Sin embargo, lo único que ha hecho la Ley 17/2022, de 5 de septiembre, por la que se modifica la Ley 14/2011, de 1 de junio, de la Ciencia, la Tecnología y la Innovación es trasladar estos preceptos a los Artículos 35 y siguientes de la Ley de la Ciencia, la Tecnología y la Innovación.

resultados de la investigación, pues, de lo contrario, sería complicado obtener un rendimiento económico directo.

Esto supone caer en un planteamiento que ya hemos criticado anteriormente al partir, únicamente, de los modelos de negocio que han adoptado los operadores económicos. Por el contrario, el ordenamiento jurídico debería promover cambios en las estructuras del mercado que obligaran a estudiar nuevas estrategias de explotación de los productos y servicios, si bien el sector público parece haber renunciado, parcialmente[477], a este papel de entidad transformadora del mercado.

2.1.2. Ámbito objetivo del límite. Derechos afectados

Otra cuestión que debemos tratar en este punto es el derecho afectado por este límite, el de reproducción. Parte de la doctrina[478] critica que no se hayan incluido los derechos de distribución y comunicación al público, al entender que ello podría impedir la difusión de los resultados de la investigación realizada. Realmente esta crítica carece de fundamento por-

---

477 Los recientes Reglamento de Mercados Digitales y Reglamento de Servicios Digitales parecen indicar un cambio de tendencia en este sentido. No obstante, como hemos visto en apartados anteriores, no siempre se establecen incentivos reales para cambiar los patrones de conducta, sino que se limitan a recomendaciones que, si no cuentan con un paquete de medidas de implementación que cambien el sistema de incentivos, los efectos que podemos esperar son reducidos.

478 Vid. Margoni, T., & Kretschmer, M. (2018). The Text and Data Mining exception in the Proposal for a Directive on Copyright in the Digital Single Market: Why it is not what EU copyright law needs. *UK Copyright and Creative Economy Centre University of Glasgow Technical Report.*

que lo verdaderamente interesante de la investigación científica son los resultados obtenidos y para ello no es imprescindible hacer distribuciones o comunicaciones al público de las obras analizadas. En todo caso, sí podríamos considerar necesario hacer inclusiones incidentales de las obras para mostrar el origen de los datos analizados. No obstante, para ello ya existen otro tipo de límites, como el de cita, que permite realizar justamente esta actividad, luego no estaríamos desnaturalizando el límite en absoluto.

2.1.3. Desajustes en la transposición de la Directiva al Artículo 67 del RDL 24/2021

Anteriormente, señalamos que el legislador español ha prescindido de la distinción entre la minería de textos y datos en instituciones públicas de investigación y de conservación del patrimonio cultural y la realizada por instituciones privadas. Si bien es cierto que el apartado 4 del Artículo 67 del RDL 24/2021 sí hace referencia a estos beneficiarios, lo hace reproduciendo el contenido del Artículo 3 de la DDAMUD relativo a las medidas de seguridad en la conservación de las copias de la obra o prestación minada. Por lo tanto, dicha mención carece de relevancia práctica a la hora de determinar el contenido del límite.

Ahora bien, una de las principales consecuencias de esta falta de sistemática del legislador español la encontramos en el Artículo 67.3 del RDL 24/2021, pues reconoce de forma general el sistema de *opt ut*, que únicamente estaba previsto en el Artículo 4 del DDAMUD, es decir, para la minería de datos realizada por instituciones privadas. Esto supone un freno importante a los objetivos marcados por la Directiva, pues ahora cualquier persona puede excluir su obra de las técnicas de minería de datos con independencia del interés público que haya en su análisis.

Siguiendo con la falta de sistemática del legislador español, también debemos aludir a los párrafos 5, 6 y 7 del Artículo 67 del RDL 24/2021, en los que regula las especificidades de la minería de datos en lo que se refiere a las bases de datos y los programas de ordenador. En ellos parece establecer un régimen diferenciado del aplicable al resto de obras o prestaciones protegidas, mientras que el Artículo 3 de la DDAMUD les da un tratamiento uniforme. Realmente las precisiones que hace son irrelevantes, pues la aplicación práctica del límite será idéntica, solamente utiliza la nomenclatura precisa de los derechos de explotación propios de cada uno de estos títulos de propiedad intelectual.

2.2. Minería de datos para instituciones privadas (Artículo 4 de la DDAMUD y Artículo 67 del RDL 24/2021)

La segunda modalidad de minería de datos regula una limitación genérica que no excluye las utilizaciones con ánimo de lucro por parte de entidades privadas. Esta previsión permite solucionar uno de los principales problemas que ya pusimos de manifiesto al analizar el límite anterior, la restricción de su ámbito subjetivo a instituciones de investigación y conservadoras del patrimonio cultural. Ahora bien, debemos presumir que existe en el Artículo 67 del RDL 24/2021 porque no se menciona expresamente.

Esto supone un importante avance para el funcionamiento del mercado al garantizar la existencia de nuevos proveedores de servicios que llevarán productos nuevos a los consumidores. No obstante, debemos plantearnos qué implica esta cuestión para el equilibrio entre los distintos operadores. En las páginas precedentes ya hemos puesto de manifiesto que los intermediarios de la sociedad de la información, actualmente, se encuentran en una clara situación de superioridad al contar con más medios a su alcance para controlar los distintos flujos de renta.

Una de las principales virtudes de la minería de datos es que reduce las brechas de información en el mercado, dado que nos permite conocer los patrones de comportamiento de los demás participantes ante determinados estímulos. Además, quienes están en mejor disposición de realizar este tipo de actividades son los propios intermediarios de la sociedad de la información.

Así, deberíamos ser precavidos sobre la incidencia que este límite puede tener en el funcionamiento del mercado, puesto que permitiría que estos operadores que ya tienen una importante posición de poder tengan acceso a más información sobre el comportamiento de los destinatarios de sus productos o servicios y lo que estaríamos consiguiendo sería desestabilizar el mercado.

Es cierto que este límite no está pensado exclusivamente para que lo utilicen los intermediarios, pero no podemos obviar que estos van a ser sus principales beneficiarios al ser los titulares de la tecnología necesaria para hacerlo. De hecho, y como ha sucedido con todas las tecnologías, se terminará creando un cuello de botella mediante la aparición de una serie de *gatekeepers*[479] que limitarán el acceso a dicho instrumento técnico, como ocurrió con los medios de grabación musical y

---

479 Una de las principales novedades introducidas por el Reglamento de Mercados Digitales en su Artículo es la definición de *gatekeeper* y, sobre todo, de la conducta que debe seguir la Comisión Europea ante su presencia en el mercado. La Comisión debe identificar a los guardianes de acceso de las infraestructuras tecnológicas, lo que aporta cierta seguridad jurídica a los propios intermediarios, puesto que de conformidad con el Artículo 7 del Reglamento, la Comisión precisará cuáles de las obligaciones establecidas en los Artículos 5 y 6 del mismo texto legal debe cumplir.

audiovisual, los instrumentos de impresión, acceso a internet, memoria virtual, etc. Recordemos que no estamos ante una situación negativa porque la especialización es necesaria para el buen funcionamiento del mercado, pero debemos ser conscientes de que la concentración de una determinada tecnología en pocos operadores es peligrosa.

Los grandes intermediarios, además de ser los titulares de la tecnología, también son los dueños de datos, personales o no, que pueden utilizar para este objetivo. Además, recordemos que en las políticas de propiedad intelectual de las grandes plataformas, los usuarios otorgan una licencia no exclusiva y gratuita a estos prestadores de servicios para el normal desarrollo de su actividad y de sus servicios auxiliares.

En lo que a las obras originales se refiere, sí que es cierto que este funcionamiento del mercado cambia, puesto que los derechos sobre estas no están necesariamente en manos de los intermediarios de la sociedad de la información, sino de los intermediarios tradicionales. De esta forma, ante la ausencia del límite, estaríamos forzando una negociación entre dos partes que tienen posiciones antagónicas en el mercado, aunque tengan que colaborar obligatoriamente, y se podría generar valor añadido beneficiando a la sociedad.

No obstante, la introducción del límite evitaría esta negociación para intentar que los titulares de derechos no ejerzan un bloqueo de este novedoso mercado y, en consecuencia, frenen el desarrollo tecnológico y económico, como ya se está

De hecho, de los operadores que han sido declarados como *gatekeepers* por la Comisión Europea (Vid. https://ec.europa.eu/commission/presscorner/detail/en/ip_23_4328) están desarrollando servicios de Inteligencia Artificial que hacen minería de datos

viendo en algunas ocasiones[480]. Ahora bien, tampoco podemos descartar que sean los prestadores de servicios de Inteligencia Artificial quienes impongan su posición de negociación dado su extraordinario poder.

Uno de sus efectos será una mayor concentración de poder en manos de los intermediarios de la sociedad de la información. Por este motivo, establecer un límite que beneficie tanto a estos operadores no sea recomendable. Por esta razón, el legislador ha introducido una previsión que podría tener como finalidad evitar esta situación, puesto que permite a los titulares de derechos reservarse la facultad de autorizar las "explotaciones"[481] de la obra en esta modalidad[482], motivo por el que podemos afirmar que estaríamos ante una licencia *ex lege* de tipo voluntario[483]. Así, se intenta frenar el poder de los intermediarios de la sociedad de la información, aunque no parece que tenga como efecto proteger a los titulares originarios de derechos para que obtengan una mayor remuneración, puesto que lo habitual es que los derechos estén cedidos a un in-

---

480 Vid. https://www.gettyimages.es/eula y https://www.deviantart.com/about/policy/service/

481 Anteriormente ya señalamos que considerar que estamos ante un acto de explotación de la obra podría ser una extralimitación del lenguaje, pues no se pretende explotar la obra en el mercado, sino darle un uso secundario al margen de su condición de obra.

482 Vid. González Otero, B. (2019). Las excepciones de minería de textos y datos más allá de los derechos de autor: La ordenación privada contraataca. En Saiz García, C. y Evangelio Llorca, R., *Propiedad Intelectual y Mercado Único Digital Europeo,* Tirant lo Blanch, Valencia. La autora señala que en la propuesta inicial de la DDAMUD el texto planteaba la nulidad de cualquier cláusula contractual que limitara la minería de textos y datos.

483 Situación similar a la que nos encontramos con el límite de trabajos sobre temas de actualidad. En este sentido, Vid. López Maza, S. (2017). Artículo 33. En Bercovitz Rodríguez-Cano, R. (Dir.). *Comentarios a la ley de propiedad intelectual.* Tecnos, Madrid, p. 681.

termediario tradicional que desarrolle la estrategia de explotación de la obra. El problema es que esta solución no garantiza un buen funcionamiento del mercado, hay otros operadores que sí podrían beneficiarse de un límite en estos términos.

Frente a este derecho concedido a los titulares para defenderse del poder de los prestadores de servicios de minería de datos, cabría preguntarse qué sucedería si existiera una oposición a autorizar la explotación de la obra. Evidentemente, estaríamos en presencia de un uso legítimo del derecho. No obstante, la función social que también tiene la propiedad intelectual debería llevarnos a una ponderación entre los intereses privados en conflicto, el titular de derechos y el usuario profesional, y el interés público de que estos servicios se desarrollen plenamente. El derecho de autor no plantea una solución clara para este tipo de circunstancias, muchas veces dejadas, con mayor o menor atino, en manos del derecho de la competencia[484] y de la competencia desleal[485].

---

484 Vid. Sentencia del Tribunal General de la Unión Europea en el Asunto T-604/18 Google y Alphabet c. Comisión "Google Android", que ratifica la sanción impuesta por la Comisión Europea mediante su Decisión C(2018) 4761 final de la Comisión, de 18 de julio de 2018 en el Asunto AT.40099 "Google Android" y Sentencia del Tribunal General de la Unión Europea de 10 de noviembre de 2021 en el Asunto T-612/17 Google y Alphabet c. Comisión, "Google Shopping" que ratifica la Decisión de la Comisión de 27 de junio de 2017. No obstante, Vid. Cabral, L., Haucap, J., Parker, G., Petropoulos, G., Valletti, T. M., & Van Alstyne, M. W. (2021). The EU digital markets act: a report from a panel of economic experts., *Publications Office of the European Union, Luxembourg* quienes señalan que las medidas de las que dispone el derecho de la competencia no garantizan una buena tutela de los intereses que queremos proteger, dada su lentitud.

485 Vid. Fernández Carballo-Calero, P. (2021). *La propiedad intelectual de las obras creadas por inteligencia artificial.* ARANZADI/CIVITAS.

En este sentido, la actuación del titular de derechos, como titular de la posición de poder, debe ser leal y respetuosa, tanto con los intereses públicos como con los intereses particulares de los demás participantes del mercado. En abstracto estamos ante una solución ideal, pero debemos tener en cuenta que estamos pidiendo una renuncia, aunque sea parcial, al titular de una posición jurídica que siempre va a ser algo problemático; especialmente cuando el beneficio no le va a repercutir a él directamente, sino al conjunto de la sociedad y a otro sujeto privado. Por lo tanto, sería necesario establecer un sistema de incentivos que hiciera más fácil adoptar este tipo de soluciones

Podemos plantear dos alternativas tendentes a la flexibilización del monopolio. En primer lugar, podríamos valorar el reconocimiento de un límite asociado a un derecho de simple remuneración o mantener el derecho exclusivo asociado a un sistema de gestión colectiva obligatoria. No obstante, dadas las circunstancias y los procesos utilizados para el aprovechamiento de la obra, remunerar a un titular por una utilización prácticamente irrelevante de la obra, sería una asignación ineficiente de recursos. Tradicionalmente, se ha considerado que las labores de aprendizaje deben ser libres al no estar aprovechando y reproduciendo elementos creativos protegidos de la obra, pero esta decisión de política legislativa solamente tiene en cuenta que los beneficiarios sean humanos. Así, parece que cuando el beneficiario es una Inteligencia Artificial que puede obtener un rendimiento económico directo por la labor realizada, la solución legislativa va a ser distinta.

En segundo lugar, podríamos optar por la postura contraria y eliminar el derecho exclusivo, seguramente la más eficiente al evitar que la decisión quede en manos de un sujeto con un interés evidente en el desenlace de los acontecimientos, y dejarla en manos del sector público. Es cierto que el sector público, como protector del bienestar general, también es titular de un interés, pero la diferencia está en que tiene controles derivados del sistema de *checks and balances.* Ahora bien, ello implicaría otorgar más poder a los usuarios profesionales que controlan la minería de datos (buscadores o redes sociales)[486], pues la solución que aquí adoptemos determina el reparto de derechos de propiedad sobre estos macrodatos y quien tiene derecho a explotarlos.

Parece que hemos olvidado el motivo por el cual en los Estados modernos se entregó al Estado el poder de toma de decisiones importantes para el desarrollo social, así como el poder coercitivo para ejecutar dichas decisiones. Hoy en día, es el propio sector público el que cede soberanía a los entes privados sin ningún reparo, permitiendo que sujetos con un claro interés en la solución adoptada decidan su contenido. Como ya hemos señalado en anteriores ocasiones, el sector público no es un ente imparcial, ni debe serlo, al tener que hacer una apuesta clara por el interés general, que es lo que se le ha encargado. No obstante, la forma en la que actúa difiere de la utilizada por el sector privado, principalmente, porque su régimen jurídico es distinto. El derecho administrativo establece una serie de corsés jurídicos necesarios para controlar el enorme poder que tienen los distintos organismos que conforman el sector público, mientras que las entidades privadas se rigen de forma casi exclusiva por el derecho privado, aunque en ocasiones tengan que solicitar el permiso de la administración pública para realizar determinadas actividades, lo que supone un

---

486 Vid. Rodríguez Rodrigo, J. (2021). Big data, poder de mercado y abuso de posición de dominio. En García Vidal, A. *Big data e internet de las cosas: nuevos retos para el derecho de la competencia y de los bienes inmateriales* (pp. 305-360). Tirant lo Blanch, Valencia y Bourreau, M., De Streel, A., & Graef, I. (2017). Big Data and Competition Policy: Market power, personalised pricing and advertising. *Personalised Pricing and Advertising (February 16, 2017).*

control menos intenso al que está sometido el sector público. Esto implica que los incentivos que establecen las normas para modificar su conducta son distintos, porque las necesidades son, también, distintas.

Realmente, estamos ante una situación lógica, puesto que el ordenamiento jurídico parte de que los sujetos privados no tienen el mismo poder que los entes del sector público. Sin embargo, como hemos podido ver a lo largo de este apartado y en los precedentes, esta situación ha cambiado sustancialmente. El control que estos tienen sobre el progreso tecnológico y su influencia en nuestro día a día es cada vez mayor. Si queremos que los límites a los derechos de autor sean una garantía para los derechos de los ciudadanos y una forma de controlar el poder que ostentan los grandes titulares de derechos y los intermediarios de la sociedad de la información, la regulación que hemos visto en el límite relativo a la minería de datos no es el mejor ejemplo, al no responder a estos objetivos.

Al contrario, lo que pretende esta norma es facilitar la actividad de los intermediarios dedicados a la minería de datos y garantizar a los titulares de derechos de propiedad intelectual el derecho a una remuneración adecuada por el uso realizado forzándoles a negociar una licencia. No obstante, si bien se trata de una decisión de política económica necesaria para el desarrollo de este mercado y facilitar la difusión de los trabajos de investigación, el legislador debería ser consciente del poder de mercado que tienen los usuarios profesionales y de cómo puede ser utilizado[487]. Las garantías se han buscado mediante

---

487 Vid. Rodríguez Rodrigo, J. (2021). Big data, poder de mercado y abuso de posición de dominio. En García Vidal, A. *Big data e internet de las cosas: nuevos retos para el derecho de la competencia y de los bienes inmateriales* (pp. 305-360). Tirant lo Blanch, Valencia, pp. 347 348 quien señala que no es tan fácil aplicar el derecho de la competen-

los Reglamentos de Servicios Digitales y de Mercados Digitales, aunque como ya pusimos de manifiesto anteriormente, las garantías que introduce son reducidas[488].

En definitiva, el sector público ha hecho avances significativos para mejorar la regulación de los intermediarios digitales, pero sigue incurriendo en un patrón, confiar en exceso en la libertad de negociación y minusvalorar el poder de los usuarios profesionales exigiéndoles una conducta neutral que ni deben ni pueden tener.

3. Obras huérfanas

El tratamiento de las obras huérfanas en nuestro ordenamiento ha sido complicado al tratarse de una cuestión que presenta muchas aristas. La regulación europea parte de la Directiva 2012/28/UE del Parlamento Europeo y del Consejo de 25 de octubre de 2012 sobre ciertos usos autorizados de las obras huérfanas, integrada en el actual Artículo 37 bis del TRLPI, normas que analizaremos detalladamente en este apartado.

---

cia a los operadores de *big data,* debiendo analizar caso por caso las circunstancias, pues no siempre los datos van a tener la condición de "infraestructura esencial". Además, señala que la doctrina ha puesto de manifiesto que obligar a dar acceso a estos datos podría alterar los procesos de competencia dinámica.
En este sentido, Vid. Sokol, D. D., & Comerford, R. E. (2016). Does antitrust have a role to play in regulating big data? *Cambridge Handbook of Antitrust, Intellectual Property and High Tech, Roger D. Blair & D. Daniel Sokol editors, Cambridge University Press, Forthcoming.*

488 Vid. Cabral, L., Haucap, J., Parker, G., Petropoulos, G., Valletti, T. M., & Van Alstyne, M. W. (2021). The EU digital markets act: a report from a panel of economic experts., *Publications Office of the European Union, Luxembourg,* quienes señalan que las asimetrías de la información que afectan a este tipo de investigaciones limitan la capacidad de acción de las autoridades del sector público.

Posteriormente, la DDAMUD ha incluido un Artículo 8 que regula la utilización de obras y prestaciones fuera del circuito comercial traspuesta en el Artículo 71 del RDL 24/2021. Por lo tanto, las instituciones culturales pueden obtener licencias para utilizar estos objetos destinadas a dar seguridad jurídica a sus actuaciones. Se trata de una clara manifestación del *flexible copyright,* pues ante una situación de mercado complicada en la que las transacciones no se van a producir por los elevados costes de información que conllevan, el legislador modifica el contenido del derecho y elimina el derecho exclusivo, sustituyéndolo por una regla de responsabilidad en forma de límite asociado a un derecho de remuneración.

Estamos frente a un problema evidente de costes de información[489] que el sector público debe remediar, pues, de lo contrario, reduciremos el número de transacciones existentes en el mercado, con el correspondiente perjuicio que ello supone para el bienestar general, dado que se reduce la creación de riqueza. Ante esta situación, la solución es reasignar los derechos de propiedad a otras personas que sean fácilmente identificables. Debemos tener presente que esta situación es un freno más que evidente a la explotación digital de obras protegidas que tienen una demanda cada vez mayor[490]. Si aumenta la demanda de productos digitales, pero el mercado no

---

489 Vid. Evangelio Llorca, R. (2018). Estrategias de la Unión Europea para facilitar el uso de obras fuera del circuito comercial por instituciones de patrimonio cultural en el mercado único digital, *Pe. i.: Revista de propiedad intelectual* (60).

490 Vid. Digital Opportunity A Review of Intellectual Property and Growth también conocida como Hargreaves Review, Mayo de 2011, disponible en: https://www.gov.uk/government/publications/digital-opportunity-review-of-intellectual-property-and-growth (consultado por última vez el día 6 de octubre de 2022).

es capaz de proveer una respuesta efectiva, nos encontramos ante un problema de mercado que debe ser resuelto para que los consumidores tengan acceso a estas obras. Si algo hemos podido aprender del gran dilema que supuso el auge de la piratería durante la primera década de los años 2000, es que los consumidores no suelen tener reparos a la hora de acceder a contenidos de forma ilícita, ni entienden el concepto de objeto ilícito, sino todo lo contrario. Cuando tienen una determinada necesidad, si los proveedores legales no la satisfacen y pueden acceder a otro que sí lo hace, aunque no sea lícito; terminarán acudiendo a este último en mayor o menor medida. Por lo tanto, debemos adoptar un punto de vista más pragmático y ser conscientes de que cuando el mercado no satisface las necesidades de los ciudadanos, el cambio normativo es inevitable.

Nos encontramos ante un dilema en absoluto baladí, el hecho de que no conozcamos la identidad del titular de los derechos no significa que éste o sus derechos de explotación no existan[491]. Podríamos encontrarnos con una situación en la que se autorice *ex lege* la explotación de unas obras en una forma no consentida por su titular, lo que supone un ataque directo a los principios que sostienen la propiedad intelectual tal y como la conocemos. Por este motivo, la intervención que hagamos en el mercado debe estar claramente delimitada para no crear un perjuicio injustificado a los intereses de estos titulares ocultos.

En este punto, debemos plantearnos hasta dónde llega el deber de diligencia de los titulares de derechos a la hora de gestionar la obra. Es cierto que el Artículo 5.2 del Convenio de Berna

491 Vid. Evangelio Llorca, R. (2019). La regulación de las obras y prestaciones fuera del circuito comercial en la directiva (UE) 2019/790. En Saiz García, C. y Evangelio Llorca, R., *Propiedad intelectual y mercado único digital europeo* (pp. 214-271). Tirant lo Blanch.

establece que el ejercicio de los derechos no puede estar sometido a ninguna formalidad, lo que limita la intervención que podemos hacer en el caso de las obras huérfanas[492]. No obstante, aunque no sean exigibles formalidades, sí debemos entender que los titulares de derechos tienen un deber de diligencia en lo que a la explotación de la obra se refiere. No podemos olvidar que la existencia de los derechos de explotación se justifica como un medio para satisfacer un fin concreto relacionado con la creación de valor en el mercado y de nuevas prestaciones a los consumidores. De esta forma, estamos ante un *quid pro quo* en el que la sociedad renuncia a parte del bienestar general derivado del peso muerto del monopolio a cambio del valor que generan estas nuevas creaciones. No obstante, si tenemos unas creaciones absolutamente improductivas que solamente provocan costes de peso muerto y no aportan valora añadido a la sociedad al no ser explotadas, nos encontramos ante un contrasentido.

No podemos permitir que los derechos de autor se conviertan en una institución pasiva que simplemente responda a la iniciativa de los usuarios que quieren utilizar la obra. En cambio, tenemos que buscar la forma de incentivar a los titulares de derechos a que sean proactivos y respondan a las necesidades de los usuarios. Por lo tanto, no podemos consentir que estos titulares abandonen las obras a su suerte, impidiendo que los usuarios acudan a ellas.

---

492 En este sentido, algunos autores han propuesto abandonar este paradigma y volver a un derecho de autor que nace con un registro para evitar este tipo de problemas. Otra alternativa es optar por un registro voluntario de obras, de tal forma que los usuarios siempre sepan a quien deben dirigirse. Vid. Gowers Review of Intellectual Property, Diciembre de 2006, disponible en: https://www.gov.uk/government/publications/gowers-review-of-intellectual-property (consultado por última vez el día 6 de octubre de 2022).

Precisamente con ánimo de revertir esta situación se instauró el límite de obras huérfanas, en el que los requisitos establecidos quieren ser excesivamente garantistas con los desconocidos titulares de las obras para evitar que el límite se convierta en una entrada anticipada en el dominio público y limiten mucho la actividad de los usuarios. La primera restricción la encontramos en el propio ámbito subjetivo de la excepción, aunque se mezcla claramente con el ámbito objetivo del límite, al amparar exclusivamente a centros educativos, museos, bibliotecas y hemerotecas accesibles al público, así como a organismos públicos de radiodifusión, archivos, fonotecas y filmotecas[493]. Es decir, el límite solo protege a entidades sin ánimo de lucro, por lo que, de nuevo, nos encontramos ante una cierta aversión por parte del ordenamiento jurídico a admitir actividades con ánimo de lucro en sede de límites.

Es cierto que en este supuesto es prácticamente imposible disociar el valor de la obra con la actividad realizada gracias al amparo del límite. No obstante, debemos ser conscientes de que parte del valor generado provendrá de la actividad realizada por el beneficiario del límite, pues su estrategia de explotación y el valor añadido que aporta durante la cadena de distribución de la obra también son relevantes para los consumidores. Además, tampoco podemos obviar que el titular de los derechos ha abandonado la obra, renunciando a explotarla. En este caso no podemos hablar de *res nullius* y, en consecuencia, de la posibilidad de adquirir la propiedad por usucapión al encontrarnos ante un bien inmaterial sobre el que no

---

493 Vid. de Román Pérez, R. (2018). Las obras huérfanas en la Ley de Propiedad Intelectual y utilizaciones permitidas. *Actas de Derecho Industrial y Derecho de Autor. Tomo XXXVIII (2017-2018)*, 299-321, quien señala que entre estas entidades faltan los organismos públicos de radiodifusión.

es posible tener la posesión material inmediata. De esta forma, también sería complicado hablar de una renuncia a la obtención de beneficios por la explotación de la obra, la decisión de no explotarla no tiene por qué interpretarse en estos términos.

Todas las instituciones mencionadas realizan una tarea muy positiva para el conjunto de la sociedad, puesto que ayudan a conservar el acervo cultural[494], sobre todo de las obras que han entrado en el dominio público[495], pero no son las únicas que lo hacen. Por otra parte, debemos tener en cuenta que el hecho de realizar estas actividades sin ánimo de lucro no les confiere una mayor legitimidad, sino que una entidad que tenga ánimo de lucro también puede contribuir de igual manera a la conservación de la cultura y, además, generar valor añadido mediante

---

494 El objetivo principal de esta normativa es la creación de grandes bibliotecas digitales, según declara el Considerando 1 de la Directiva de Obras Huérfanas. En definitiva, se pretende crear una situación similar a la del dominio público, pero en manos del sector público, de tal forma que sea sencillo revertir la situación en el caso de que el titular de los derechos reaparezca. No obstante, debería indicar que solamente pretende la creación de bibliotecas digitales de titularidad pública y que no quiere promover la creación de fondos bibliográficos privados. Ante esta diferencia en la regulación, debería exponerse su motivación. En este sentido, Vid. González San Juan, J. L. (2017). Régimen jurídico de las obras huérfanas en España. *Ibersid: revista de sistemas de información y documentación, 11*(2), 35-40.

495 Vid. Erickson, K., Heald, P. J., Homberg, F., Kretschmer, M., & Mendis, D. (2015). Copyright and the value of the public domain: An empirical assessment. *Intellectual Property Office Research Paper*, 15-16, donde los autores señalan que la entrada de las obras en el dominio público genera mucho valor añadido. No obstante, ese valor no revierte en algún individuo, sino en el conjunto de la sociedad, lo que hace más difícil su medición.

la realización de transacciones. En este tipo de supuestos parece que pesa más el hecho de que alguien esté obteniendo rendimientos económicos utilizando las obras de un tercero, aunque sea desconocido, que la promoción del acceso a la cultura, pudiendo influir una razón de economía del esfuerzo para el supuesto de que el titular de los derechos reaparezca.

El hecho de que la actividad la realice una entidad sin ánimo de lucro no supone que el desconocido titular de los derechos no deje de ganar una cantidad. De hecho, deja de ingresar la misma cantidad porque la actividad realizada es exactamente la misma. Quizá pesa más el hecho de que al haber una actividad comercial, el beneficiario del límite tendría incentivos a multiplicar la difusión de la obra para que la inversión fuera rentable, mientras que las instituciones culturales no tienen estos incentivos y cumplen con su finalidad con la difusión de la obra huérfana. No obstante, si este es uno de los motivos, lo único que hace esta normativa es desviarse del objetivo del límite, facilitar la difusión de obras y que estas no se pierdan[496]. Sin embargo, nos encontramos ante uno de los

---

496 Vid. Moreno Martínez, J. A. (2016). Obras huérfanas tras su reconocimiento por Ley 21/2014 de 4 de noviembre, de reforma del TRLPI: análisis del art. 37 bis y su desarrollo reglamentario. En Aparicio Vaquero, J. P. et al. (Coord.). *Estudios sobre la ley de propiedad intelectual: últimas reformas y materias pendientes*, Dykinson, 2016, 581-624, quien señala que en la transposición al derecho italiano de esta normativa comunitaria se permitía que los entes beneficiarios cobraran una cantidad por la explotación de la obra huérfana para recuperar los costes en los que se ha incurrido, un concepto bastante indeterminado. Además, en el caso de que se llegue a acuerdos para la difusión de la obra con entes privados, la única limitación existente es que ello no suponga un control exclusivo. En definitiva, parece que el legislador italiano ha entendido mejor la función que pretende conseguir

problemas clásicos que rodean a la doctrina de la propiedad intelectual y del derecho mercantil en general, el reparto del valor generado con las transacciones[497]. En el momento en el que existe un valor efectivo que ha sido obtenido por alguien, comienzan las discusiones sobre quién o quiénes deben recibirlo y en qué proporción.

Además, si abrimos más el ámbito subjetivo de la excepción, podríamos encontrarnos con efectos económicos bastante positivos para el desarrollo del mercado. Al existir más personas realizando la labor, se podría llegar a cierto nivel de especialización que permitiría racionalizar la estructura de costes existente. Igualmente, reduciría los costes de información, puesto que al haber más personas dedicadas a la investigación sobre obras huérfanas, el resto de los participantes dispondrán de una importante base de datos sobre qué obras pueden considerarse huérfanas[498]. En el mismo sentido, si hay más personas dedicándose a la actividad, el miedo a adentrarse en esta ac-

---

la Directiva 2012/28 buscando la mejor forma de fomentar la difusión de obras.

497 Vid. Martinez, M., & Terras, M. (2019). 'Not Adopted': The UK Orphan Works Licensing Scheme and How the Crisis of Copyright in the Cultural Heritage Sector Restricts Access to Digital Content. *Open Library of Humanities*, 5(1), 1-51. Estos autores ponen de manifiesto que, en realidad, muchos de los actos de explotación de estas obras que se pueden beneficiar del límite analizado no tienen un valor económico significativo, sino que se trata de una relevancia científica y de un interés en la conservación de la cultura.

498 El programa Arrow de la Unión Europea pretende conseguir justamente este objetivo, creando una gran base de datos en la que consten todas las obras huérfanas que hayan sido identificadas. No obstante, al reducirse el ámbito subjetivo de la excepción, los avances pueden ser lentos.

tividad podría reducirse[499] al haber una mayor apariencia de seguridad jurídica.

De hecho, la normativa únicamente permite a los beneficiarios repercutir una cantidad equivalente al coste en el que han incurrido para realizar la digitalización, norma lógica si se quiere excluir el ánimo de lucro de la regulación. Ahora bien, lo que carece de lógica es que si aparece el autor, no se compense al beneficiario del límite por los costes incurridos para su digitalización y que, además, deba indemnizar al titular por las puestas a disposición realizadas. Si el objetivo era dar seguridad jurídica a los titulares de derechos, esta no parece la mejor manera. La actividad del beneficiario se realiza en unas circunstancias muy concretas en las que se ha efectuado una actividad mínima dirigida a conocer la identidad del titular de los derechos sobre la obra y, al no encontrarlo, la ha utilizado y la ha puesto a disposición del público. No obstante, si las circunstancias cambian al aparecer el titular de los derechos, no debería aplicarse un nuevo régimen con efecto retroactivo.

En cierta medida, podríamos encontrar una justificación para este modelo, pues si se trata de una actividad altruista que está financiada por fondos públicos, no es necesaria ninguna remuneración. El objetivo atribuido a esos fondos era la digitalización de la obra y su puesta a disposición del público, objetivo que se consiguió. Si posteriormente aparece el titular, también se consigue, aunque de otra forma, el objetivo del límite, puesto que la obra vuelve a estar disponible para el público y ya sabemos con quién se tiene que negociar una licencia. De este modo, nos encontraríamos ante una política palanca, que permite incentivar las buenas prácticas por parte de los titulares de derechos.

499 Vid. Elhauge, E. (2010). Why the Google books settlement is procompetitive. *Journal of Legal Analysis, 2*(1), 1-68.

El problema está en que cuando una actividad se deja exclusivamente en manos de instituciones financiadas por el sector público a las que se les veta obtener un mínimo beneficio por el ejercicio de su actividad, que luego podrían reinvertir en su desarrollo, la consecución de los objetivos queda en manos de la voluntad política de quienes diseñan el presupuesto institucional[500]. De nuevo, no tenemos una pluralidad de participantes que puedan adoptar estrategias distintas.

Este límite tiene un componente procompetitivo muy importante y responde de forma muy evidente al canon de límite que queremos promover en este trabajo al crear incentivos efectivos para que los titulares de derechos no abandonen sus obras y hagan una explotación que pueda satisfacer las necesidades de los consumidores. Como hemos podido apreciar a lo largo de este trabajo, la Revolución Digital ha cambiado la forma de actuar de prácticamente todos los operadores del mercado y el que estamos analizando ahora no es ninguna excepción[501]. Muy al contrario, la forma en la que se pueden explotar las obras ha cambiado de forma radical, puesto que las

---

500 Vid. Matulionyte, R. (2016). 10 years for Google Books and Europeana: copyright law lessons that the EU could learn from the USA. *International journal of law and information technology, 24*(1), 44-71, quien pone de manifiesto que el proyecto ARROW de la Unión Europea tiene un serio problema de financiación de su actividad.

501 Vid. Nagaraj, A. (2018). Does copyright affect reuse? Evidence from Google Books and Wikipedia. *Management Science, 64*(7), 3091-3107, quien pone de manifiesto que la utilización de obras que ya están fuera de la protección que confiere el monopolio económico, ya sea por la caducidad de los derechos o por considerarse obras huérfanas, tiene importantes consecuencias económicas, puesto que permite darles una segunda vida a obras antiguas cuyos autores ya no explotan.

posibilidades que tenemos con las técnicas de digitalización y puesta a disposición interactiva en las instituciones culturales son notablemente superiores. De esta forma, el nivel de exigencia que pesa sobre los titulares de derechos es muy grande, pues los consumidores cada vez tienen más necesidades y, a su vez, de muy distinta variedad, por lo que es fácil que los titulares de derechos, sin llegar a dejar una obra huérfana, no puedan satisfacer estas preferencias.

La competencia en el modelo de explotación es esencial. Nuestro sistema ha priorizado darles el monopolio a los titulares de derechos y pretende que, mediante el sistema de intercambios canalizado a través de los contratos de cesión o de licencia de uso, los derechos estén en manos de las personas que más los valoran. Sin embargo, esta estrategia no siempre va a ser suficiente, pues una única persona puede no llegar a cubrir las necesidades de todo el mercado.

El límite que estamos analizando nos lleva a una situación excepcional, donde el autor y/o los titulares de derechos han desaparecido y cualquier persona que quiera llegar a un acuerdo de cesión o de licencia no sabe a dónde tiene que acudir. Ante esta situación, si se ha realizado una búsqueda diligente pero no se ha encontrado, existirá una licencia *ex lege* para explotar la obra en las condiciones establecidas por la legislación, bastante reducidas, por otra parte. No obstante, el elemento procompetitivo que añade el límite no es tan amplio, pues los beneficiarios no son editores o productores que puedan realizar una explotación de la obra, sino las instituciones culturales cuya finalidad no es realizar una actividad económica.

Así mismo, debemos tener en cuenta que este límite, gracias a la mayor competencia en el mercado, nos posibilita alargar la vida útil de la obra. La inexistencia de barreras de entrada en el mercado como es la necesidad de obtener una autorización de su titular nos permite que haya una pluralidad de personas que estudien el valor que puede tener la obra. Es posible que el titular originario no hubiera estudiado una determinada posibilidad que fuera del gusto del público, pero si tenemos a más operadores económicos, podríamos encontrarnos con nuevos usos de la obra que pueden generar valor añadido y satisfacer las preferencias de los consumidores.

Las posibilidades que podría brindar este límite son bastante amplias, ya que nos permitiría introducir presiones competitivas efectivas, aunque como vemos, el sector público es reacio a asumir estos cambios y, sobre todo, a condicionar la labor de los titulares de derechos. Más bien, es partidario de mantener un *statu quo* que no responde a las necesidades actuales del mercado al priorizar en exceso a los titulares de derechos, considerándolos el único sujeto merecedor de protección y el más importante en el mercado.

También el ámbito objetivo está bastante restringido[502] al limitarse el tipo de obras que pueden entrar dentro de este límite. En este aspecto, el Artículo 37 bis del TRLPI ha calcado el tipo de obras amparadas por el Artículo 1.2 de la Directiva de obras huérfanas, con una única salvedad, al incluir la Directiva tres apartados, que el legislador español ha refundido en dos:

> *a) Obras cinematográficas o audiovisuales, fonogramas y obras publicadas en forma de libros, periódicos, revistas u otro material impreso que figuren en las colecciones de centros educativos, museos, bibliotecas y hemerotecas accesibles al público, así como de archivos, fonotecas y filmotecas.*

---

502 Vid. González San Juan, J. L. (2017). Régimen jurídico de las obras huérfanas en España. *Ibersid: revista de sistemas de información y documentación, 11*(2), 35-40.

b) Obras cinematográficas o audiovisuales y fonogramas producidos por organismos públicos de radiodifusión hasta el 31 de diciembre de 2002 inclusive, y que figuren en sus archivos.

El principal campo de batalla en esta materia va a ser la explotación de libros y otros materiales impresos, que son los más necesitados de digitalización y, sobre todo, los más demandados por el público. La Unión Europea ha puesto en marcha un proyecto destinado a conseguir una gran biblioteca digital europea con el proyecto Accessible Registries of Rights Information and Orphan Works (ARROW) [503].

No obstante, como señalábamos anteriormente, el aprovechamiento de estas formas de abandono de las obras o de dominio público anticipado, por mucho que esté limitado por la normativa, no es un interés exclusivo del sector público o de las instituciones dedicadas a la protección del patrimonio cultural. También las instituciones privadas pueden mostrar su interés en desarrollar este tipo de proyectos y aportar mucho a este objetivo, puesto que los distintos puntos de vista pueden enriquecer la práctica. Precisamente, uno de los proyectos más ambiciosos de digitalización, aunque en manos de Google, una organización privada, tiene que ver directamente con la digitalización de libros para crear la mayor biblioteca digital abierta al público[504] con todas las obras que hubieran entrado en el dominio público de forma gratuita[505], incluyendo aquellas que

---

503 Vid. https://pro.europeana.eu/project/arrow (consultado por última vez el día 11 de octubre de 2022).

504 Este proyecto se planteó como gratuito,

505 El servicio prestado no requiere el pago de una contraprestación dineraria. No obstante, el modelo de negocio asociado a intermediarios tecnológicos como lo es Google o lo son otras redes sociales, cobran otro tipo de contraprestación, como es la posi-

pudieran considerarse huérfanas porque la identidad de su autor no se puede conocer[506].

Como señalábamos anteriormente, la seguridad jurídica es clave para que el desarrollo de esta actividad, que está en los márgenes de la legalidad dada la definición que se utiliza de obra huérfana, sea factible. Además, pese a los beneficios para el bienestar social que tiene el desarrollo de esta actividad, los titulares de derechos se han mostrado reacios a tolerar este límite y han dado la batalla judicial para frenar la digitalización masiva de obras. En Estados Unidos, los principales casos fueron Authors Guild c. HathiTrust[507] y Authors Guild c. Google Inc.[508], y en ambos asuntos los órganos jurisdiccionales estimaron que se trataba de un uso protegido por el *fair use,* luego no requerían autorización por parte de los titulares de las obras[509]. En su razonamiento, hicieron referencia a argumentos que ya hemos puesto de manifiesto anteriormente, como, por ejemplo, que permitían darle una segunda vida a obras que los autores habían abandonado y ya no explotaban,

---

bilidad de acceder a los datos personales y al rastro digital que dejan los usuarios para poder elaborar perfiles, producto que sí nutre directamente su modelo de negocio.

506 No debemos confundir las obras huérfanas con las obras anónimas, que son las obras cuya autoría está intencionadamente oculta. Este tipo de obras no están inactivas o huérfanas, sino que la identidad del autor es desconocida para el público en general y hay alguien que realiza una explotación de las mismas.

507 Vid. Authors Guild v HathiTrust, 755 F3d 87 (2d Cir 2014)

508 Vid. Authors Guild v Google Inc, 770 F Supp 2d 666 (SDNY 2011).

509 Vid. Matulionyte, R. (2016). 10 years for Google Books and Europeana: copyright law lessons that the EU could learn from the USA. *International journal of law and information technology, 24*(1), 44-71

siendo imposible identificarles. En resumen, los usos se consideraron positivos porque introducían competencia en el mercado y, aunque causen un daño a los titulares de derechos, en cierta manera, está justificado por su actuación.

En el caso de Google, la interpretación del *fair use* realizada por los tribunales norteamericanos respecto a las obras huérfanas permite incluir en su ámbito subjetivo a entidades privadas y con ánimo de lucro. No obstante, estas resoluciones no terminan de resolver una cuestión importante en el caso de que aparezcan los titulares y estos quieran reclamar una participación en los beneficios, directos o indirectos, obtenidos por la explotación de la obra. Evidentemente, nos encontramos ante un nuevo uso que se le da a la obra, que tiene sus costes, pero, también debemos tener en cuenta que parte del valor generado con esta actividad proviene directamente de la obra en sí. Esta actividad no tiene un valor económico por sí sola, sino que está directamente ligado a las obras utilizadas. Esta es una cuestión que, como hemos visto antes, tampoco está bien resuelta en la normativa europea, que opta por una solución opuesta, pero igualmente perjudicial para el desarrollo del mercado, en este caso, al perjudicar a las instituciones culturales, que perderían toda la inversión realizada y no se les remuneraría por la actividad realizada.

En ambos epígrafes comprobamos que dichas obras huérfanas tienen que estar ya dentro de la colección de las instituciones culturales, un requisito lógico, pues para poder utilizar la obra, dichas instituciones tienen que haberla adquirido de forma lícita con anterioridad. Nos encontramos ante un requisito bastante común dentro del catálogo de límites[510] que busca que las copias no autorizadas de las obras encuentren una vía de entrada al mercado de forma lícita, de lo contrario estaríamos ante un fraude de ley.

---

510 Otros límites como la copia privada ya lo incluyen en su definición.

Dentro del catálogo de obras que se pueden acoger al límite, vemos que faltan bastantes. Si acudimos a la lista ejemplificativa del Artículo 10, hay muchas ausencias, siendo la más notable la correspondiente a las obras fotográficas y las meras fotografías[511] o las obras de pintura. Quizá cabría interpretar que se encuentran incluidas en la categoría de cierre "otro material impreso", pero no parece haber sido la intención del legislador. De hecho, solamente hay dos considerandos en la Directiva de Obras Huérfanas relativos al tipo de obras y se dedican a detallar la situación de las obras cinematográficas y audiovisuales. Por lo tanto, si el legislador quisiera haberlas incluido, lo habría hecho.

No podemos pasar por alto que se trata de una exclusión del ámbito objetivo del límite que no terminamos de entender. Las fotografías son precisamente un tipo de obra que es más fácil que quede huérfana por la forma en la que se distribuyen, lo que favorece el desconocimiento de la autoría de la obra. Por lo tanto, el legislador está dificultando la difusión de un acervo cultural importante para salvaguardar los derechos de unos autores que no han hecho prácticamente nada por proteger sus obras. De nuevo, debemos recordar que la explotación de la obra debe ser una tarea proactiva y no esperar que el resto de los usuarios sean los únicos que actúen de forma diligente para respetar los derechos de los demás.

---

511 En este sentido, tengamos en cuenta que el Ministerio de Cultura del Gobierno de España tiene un proyecto de digitalización de fotografías a través del Instituto de Patrimonio Cultural de España y trata estas fotografías siguiendo los parámetros de la obra huérfana. En este sentido, Vid. http://catalogos.mecd.es/IPCE/cgi-ipce/ipcefototeca/O13306/ID6917a5a9?ACC=101 (consultado por última vez el día 5 de octubre de 2022).

Como podemos ver el ordenamiento jurídico de los Estados Unidos es bastante más permisivo al contar con un límite abierto y no con una lista tasada que introduce requisitos restrictivos, permitiendo que entidades con ánimo de lucro participen en esta actividad y aporten su grano de arena a la conservación de la cultura. Tampoco incluye un catálogo de obras concreto que se puedan beneficiar de la misma, facilitando que cualquier tipo de obra pueda verse afectada, todas son susceptibles de formar parte del amplio y difuso concepto de "acervo cultural". De esta manera, podemos volver a encontrarnos en una situación parecida a la regulación de las bases de datos, donde la Unión Europea dictó una reglamentación claramente ineficiente que no nos ha permitido crecer como creadores de bases de datos, sino que las cifras se han estancado[512].

---

[512] En este sentido, conviene ver la primera revisión realizada sobre la efectividad de la Directiva de Bases de Datos de 1996, realizada en el año 2005 (disponible en: https://ec.europa.eu/info/consultations/public-consultation-database-directive-application-and-impact-0_es#questionnaire, consultado por última vez el día 13 de octubre de 2022), que puso de manifiesto que los objetivos no se habían cumplido. Prueba de ello es que el porcentaje de bases de datos creadas en los Estados Miembros de la UE fue decreciendo hasta el 24% en el año 2004. No obstante, sí que debemos poner de manifiesto que desde el año 1996, el porcentaje fue en aumento alcanzando su pico máximo del 34% en el año 2001. Además, tampoco conocemos con seguridad las posibles causas de ese descenso, puesto que el estudio simplemente nos muestra los datos en bruto. Este es el motivo por el que la Comisión Europea considera que el impacto que ha tenido esta normativa no ha sido debidamente probado. En consecuencia, tenemos una norma que no sabemos si realmente nos está permitiendo conseguir los objetivos que motivaron su puesta en marcha.
No contamos con datos posteriores, puesto que no se ha vuelto a realizar ninguna nueva revisión. Ahora bien, durante el año 2017 se realizó una consulta a los operadores interesados (disponible en:

No obstante, tal y como se ha abierto la mano, se puede cerrar. Sin embargo, en la Unión Europea contamos con un límite que da cierta seguridad jurídica[513] para el funcionamiento del mercado. Por lo tanto, sería más positivo un progresivo levantamiento de restricciones para que los objetivos que motivaron la introducción de este límite pudieran cumplirse mejor. En especial debemos tener en cuenta que estos proyectos de digitalización tienen un importante componente transfronterizo, pues los grandes digitalizadores son intermediarios de la sociedad de la información que operan en distintos países. De poco sirve que la Unión Europea sea muy restrictiva si hay otros ordenamientos como el norteamericano que permiten realizar la misma actividad en términos más amplios, puesto que estos intermediarios la van a realizar de conformidad con la legislación más beneficiosa. Por lo tanto, el servicio va a estar disponible para los consumidores y vetar su acceso va a ser complicado porque estaríamos tratando de "poner puertas al campo". En cierta manera, debemos buscar una política legislativa más pragmática que tenga en cuenta las necesidades

---

https://ec.europa.eu/info/consultations/public-consultation-database-directive-application-and-impact-0_es#questionnaire, consultado por última vez el día 13 de octubre de 2022).

513 Vid. Matulionyte, R. (2016). 10 years for Google Books and Europeana: copyright law lessons that the EU could learn from the USA. *International journal of law and information technology, 24*(1), 44-71, quien sostiene que la Unión Europea debería introducir cierta flexibilidad en el sistema. No obstante, debemos ser más precisos, no podemos introducir flexibilidad por el hecho de que sea positiva, porque siempre dependerá del objetivo que le asignemos. La UE cuenta con un marco de límites que cubren un grupo de necesidades razonable, pero que está muy encorsetado por los requisitos que ha impuesto la jurisprudencia del TJUE. La existencia de estos corsés puede ser criticada, pero porque no nos permite alcanzar los objetivos para los que se idearon los límites. Por lo tanto, debemos introducir flexibilidad, pero asentada en criterios objetivos que nos permitan dar seguridad jurídica.

de los consumidores y, además, ser conscientes de que el sector público no puede, ni debe, controlar estas necesidades.

Por otra parte, en muchas ocasiones, los consumidores no atienden a consideraciones de legalidad o daño a los titulares de derechos a la hora de satisfacer sus necesidades, lo que implica un planteamiento claramente individualista, algo que hemos criticado fuertemente en apartados anteriores de este trabajo. Las normas de propiedad intelectual sirven como incentivo para la ordenación del mercado hacia términos más justos y que tienen en cuenta las necesidades de los demás. No obstante, como también hemos planteado, en ocasiones, el ordenamiento jurídico está demasiado escorado hacia los titulares de derechos y, gracias a la falta de regulación, hacia los intermediarios tradicionales y de la sociedad de la información.

A modo de cierre, debemos poner de manifiesto que el límite destinado a las obras huérfanas tiene ciertas carencias importantes, a las cuales nuestros vecinos del *common law* sí han sabido darles respuesta, y que nos ponen en clara desventaja en lo que a la conservación del patrimonio cultural se refiere. Esta reducción del ámbito subjetivo y objetivo del límite de obras huérfanas reduce significativamente la presión competitiva que puede introducir en el funcionamiento del mercado, puesto que son pocos los que pueden hacer lo que permite, quedando notablemente mermada la actuación leal y competitiva que queremos exigir a los participantes del mercado.

III. LÍMITES PARA FOMENTAR LA COMPETENCIA EN EL MERCADO

Este tipo de límites suscita problemas conceptuales en origen, pues la propiedad intelectual se plantea como una renuncia a eficiencias estáticas para obtener mayores eficiencias dinámicas. La propiedad intelectual serviría como un reclamo a nuevos oferentes que no pueden replicar lo que ya han hecho otros. Por lo tanto, sugerir este tipo de límites podría parecer contraintuitivo. Ahora bien, en los capítulos anteriores hemos visto que, en ocasiones, el derecho de autor provoca algunos conflictos competitivos cuando la necesaria amplitud del derecho exclusivo no está debidamente controlada. En teoría, los límites cumplen esta función, evitando que los titulares de derechos cometan ciertos abusos. No obstante, estos límites están centrados en situaciones muy concretas, en especial en corregir ciertos desequilibrios de las ineficiencias estáticas que puede provocar. De esta forma, no siempre tienen en cuenta la perspectiva dinámica y no se prevé específicamente ningún límite que proteja la competencia en el mercado.

Solamente existen algunos derechos de remuneración equitativa como sustituto del derecho exclusivo que sí abogan por una mayor flexibilidad del sistema. De nuevo, debemos reiterar que estos supuestos pretenden corregir ineficiencias estáticas derivadas de las dificultades de entablar una negociación que resulte en una licencia. Por lo tanto, no tienen en cuenta la posibilidad de desarrollar nuevas estrategias de negocio que sean legitimas, no obstaculicen la normal explotación de la obra y sean positivas para los consumidores el mercado.

Lo más parecido a estos límites que promueven la competencia en el mercado que podemos encontrar en nuestro ordenamiento, paradójicamente, no está regulado en la normativa de propiedad intelectual, sino que es una creación jurisprudencial: el agotamiento de los derechos de propiedad intelectual. En cierta medida, el Artículo 17 de la DDAMUD también podría interpretarse en esta dirección.

1. Agotamiento de los derechos de propiedad intelectual

El agotamiento de los derechos de propiedad intelectual no proviene directamente de la normativa de derechos de autor, sino que está más ligado a los derechos de propiedad industrial[514]. De hecho, esta doctrina tiene su referencia más directa en la legislación sobre libre circulación de mercancías dentro del Espacio Económico Europeo[515], garantizando que cualquier bien pueda circular dentro de el sin las restricciones impuestas por los derechos de propiedad intelectual. De lo contrario, podríamos permitir una fragmentación de

---

514 Vid. Cordero Álvarez, C. I. (2006). El agotamiento de los derechos de propiedad intelectual de patente y marcas, en materia de salud pública, a la luz de la OMC y la UE: especial referencia a la Jurisprudencia del TJCE sobre el reenvasado.
En el mismo sentido, Vid. Schovsbo, J. (2010). Exhaustion of Rights and Common Principles of European Intellectual Property Law. *Common Principles of European Intellectual Property Law, Ansgar Ohly*, Ed., Mohr Siebeck, Tübingen quien pone de manifiesto que el origen está en la doctrina alemana del "Erschöpfung" a principios del siglo XX y ligado a la reventa de cualquier tipo de bienes en el mercado y protegidos por derechos de propiedad intelectual o industrial que posteriormente se han extendido al resto de la Unión Europea con el objetivo de crear un mercado único en el que haya unas normas armonizadas.
En el mismo sentido, Vid. Sentencia del Tribunal de Justicia de las Comunidades Europeas de 13 de julio de 1966 en los Asuntos acumulados 56/64 y 58/64, "Établissements Consten S.à.R.L. and Grundig-Verkaufs-GmbH v Commission of the European Economic Community".

515 En este sentido, Vid. Lobato García-Miján, M. (1991). El agotamiento de los derechos de propiedad intelectual e industrial en la doctrina del Tribunal de Justicia de las Comunidades Europeas. *Anuario de Derecho Civil*, 553-610.

este mercado común usando los derechos de propiedad intelectual como arma.

Su nacimiento proviene de otros derechos de propiedad industrial como la marca o el diseño industrial. No obstante, los derechos de autor también son de extraordinaria relevancia en este aspecto y así han sido tratados por el TJUE en su jurisprudencia[516]. No vamos a estudiar con detenimiento el contenido de esta institución, puesto que ha sido ampliamente desarrollada por la doctrina, sino que nos centraremos en cómo se incardina en el sistema europeo de propiedad intelectual y, sobre todo, en cómo se ha convertido en un referente para la flexibilización de los derechos de autor.

El agotamiento de los derechos de propiedad intelectual supone un freno al poder de los titulares para organizar el mercado, y, de esta forma, garantizar un uso más razonable de sus facultades para que las relaciones que construyen redunden en beneficio de todos los participantes. Esta institución dificulta a los titulares establecer mercados territoriales cerrados dentro de la UE. Su ausencia podría impedir el fenómeno conocido como ventas paralelas[517] y las ventas fuera de la red de

---

516 Vid. García Pérez, R. (2013). EEUU: El Tribunal Supremo reconoce la doctrina del agotamiento internacional del derecho de autor, *Actas de Derecho Industrial y Derecho de Autor. Tomo XXXIII (2013)*, 606-608, donde el autor nos muestra la acogida de esta doctrina en el derecho norteamericano.

517 Vid. Andreva, M. (2012). Los contratos de distribución, el agotamiento del derecho de marca y el fenómeno del comercio paralelo. *Economist & Jurist*, disponible en: https://www.economistjurist.es/articulos-juridicos-destacados/los-contratos-de-distribucion-el-agotamiento-del-derecho-de-marca-y-el-fenomeno-del-comercio-paralelo/ (consultado por última vez el día 24 de octubre de 2022).

distribución creada por el titular de derechos. Así, el titular de los derechos solamente puede autorizar y prohibir la primera venta dentro del Espacio Económico Europeo y, posteriormente, las sucesivas transmisiones de propiedad deben realizarse de forma libre, impidiéndose así que el titular pueda limitarlas o intervenir en ellas y que obtenga una remuneración por estas transacciones.

Esta norma pretende conseguir un mercado secundario plenamente libre y que no esté sometido al monopolio del titular de los derechos de propiedad intelectual[518]. El TJUE ha entendido que el monopolio que tienen los titulares en el mercado primario es suficiente para obtener una remuneración equitativa y, de esta forma, poder recuperar los gastos en los que ha incurrido para traer al mercado su creación. De esta forma, el TJUE considera que los derechos de propiedad tienen un carácter en esencia limitado y no se extienden necesariamente a cualquier acto de explotación sobre la obra o prestación protegida.

En definitiva, se trata de una reasignación de derechos en función de la etapa en la cadena de explotación de la obra en la que nos encontremos. Así, podemos flexibilizar el funcionamiento del mercado. Por un lado, tendríamos un sistema de derechos exclusivos que permite a los titulares de derechos crear escasez artificial, solamente ellos pueden decidir qué cantidad de un determinado producto puede llegar a los consumidores, y, de esta forma, incrementar el valor de los productos que quieren comercializar. Por otro lado, una vez que esos productos han llegado al mercado, cualquier persona puede

---

518 Vid. Rey-Alvite Villar, M. (2012). Agotamiento marcario e infracción del derecho de autor en internet, *Actas de Derecho Industrial y Derecho de Autor. Tomo XXXII (2011-2012)*, 684-687.

comerciar con ellos y desarrollar estrategias de explotación complementarias que generen presiones competitivas.

No obstante, este sistema tiene un hándicap importante para conseguir la plena competencia en el mercado, puesto que el número de ejemplares que está disponible para los consumidores solamente será el decidido por el titular de los derechos. Por este motivo, nunca vamos a salir de la creación de riqueza mediante escasez artificial. Ahora bien, no podemos obviar que esta norma busca conseguir un cierto equilibrio que requiere hacer cesiones a los titulares de derechos para que estos puedan recuperar parte de la inversión realizada.

Una de las aproximaciones más recientes al agotamiento de los derechos de propiedad intelectual y la que más nos interesa en este trabajo, está relacionada con su vertiente digital. Esta institución únicamente se aplica a las copias en soporte físico por lo que está claramente vinculada con la época en la que surge, puesto que durante el proceso fundacional de la UE y en los años posteriores en los que se desarrolla la doctrina sobre la libre circulación de mercancías, los soportes digitales no se podían ni siquiera imaginar. Sin embargo, en la actualidad, parte de la doctrina ha estudiado la posibilidad de establecer un agotamiento de los derechos de explotación de las obras en sus copias digitales. De esta forma, una vez que alguien haya cargado su obra en internet por primera vez, el resto tendría plena libertad para utilizarla libremente, algo que sería sumamente peligroso para el funcionamiento del mercado.

La comercialización digital de obras tiene características bastante distintas de la comercialización en formato físico[519].

---

519 Vid. Riehl, D. A., & Kassim, J. (2014). Is Buying Digital Content Just Renting for Life: Contemplating a Digital First-sale Doctrine. *William Mitchell Law Review, 40*(2), 10.

Por un lado, las copias físicas se degradan con el paso del tiempo, luego realmente no estamos ante una competencia en igualdad, dado que la calidad siempre va a ser distinta. En este sentido, parece considerarse que el daño que haría un mercado secundario de copias físicas no sería tan relevante para el titular de los derechos, mientras que permitiría satisfacer ciertas necesidades del público[520], además, de crear ciertas estrategias competitivas. Sin embargo, las copias digitales son siempre

---

Así mismo, Vid. Navas Navarro, S. (2021). El suministro en línea de contenido digital en la encrucijada entre la propiedad intelectual y el derecho del consumo. *Actas de derecho industrial y derecho de autor*, *20*(41), 133-154, quien pone de manifiesto la diferencia entre el mundo analógico y el digital. En este último se necesita una autorización expresa del titular de derechos para cualquier tipo de utilización, mientras que en el mundo analógico ocurre justamente al revés. La autora advierte de la existencia de licencias presuntas atendiendo a la funcionalidad del producto, pero debemos recordar que en materia de derechos de autor rige el principio del elevado nivel de protección. De esta forma, los límites, salvo en casos extraordinarios, no se presumen. Además, debemos tener en cuenta que la autora afronta su estudio desde la perspectiva del derecho de consumo, cuando el agotamiento de los derechos de propiedad intelectual tiene una visión más mercantilista de la situación al pensar en la explotación de copias de las obras en mercados secundarios. No obstante, siempre podemos acudir a una visión más actualizada de las necesidades de los consumidores, en las que podríamos incluir la posibilidad de revender los objetos adquiridos cuando ya no les sean de utilidad.

520 El autor puede seguir obteniendo una remuneración suficiente por la venta de las copias físicas de la obra, puesto que la competencia que representa el mercado de segunda mano es limitada. En este sentido, al no ser obras de la misma calidad, no pretenden acudir al mismo público.

idénticas y de la misma calidad[521], luego estaríamos causando un daño mayor a los titulares de derechos[522].

Por otro lado, los soportes digitales son infinitamente replicables, despareciendo un elemento esencial de esta doctrina, puesto que los titulares de derechos pierden la capacidad de controlar la cantidad de obras que están disponibles en el mercado, siendo imposible generar riqueza mediante la escasez artificial. De esta forma, se exponen a un entorno cada vez más agresivo que sí pone en riesgo la rentabilidad de sus derechos.

En cierto sentido, esta inspiración es la que podría estar detrás de la Sentencia del TJUE en el Asunto Svensson, donde el TJUE indicó que cualquier persona puede enlazar una obra que haya sido previamente puesta a disposición del público por su titular, siempre que no se hubieran establecido restricciones de acceso. Por lo tanto, como podemos apreciar, el efecto práctico es el mismo. Una vez que el titular de los derechos ha realizado, por sí solo o mediante la asistencia de terceros, el primer acto de puesta a disposición del público de la obra, cualquiera podrá enlazarla y utilizarla de la manera que mejor considere. De esta forma, se abre la puerta a estrategias de explotación distintas que permitan modernizar el

---

521 Vid. Kaiser, A. (2020). Exhaustion, Distribution and Communication to the Public–The CJEU's Decision C-263/18–Tom Kabinet on E-Books and Beyond. *GRUR International*, *69*(5), 489-495. En el mismo sentido, Vid. Sentencia del Tribunal de Justicia de la Unión Europea de 19 de diciembre de 2019 en el Asunto C-263/18, "Tom Kabinet", párrafo 58.

522 Vid. Mezei, P. (2020). The Doctrine of Exhaustion in Limbo-Critical Remarks on the CJEU's Tom Kabinet Ruling. *Zeszty Naukowe Uniwersytetu Jagiellonskiego-Prace z Prawa Wlasnosci Intelektualnej (Jagiellonian University Intellectual Property Law Review)*, (2), 130-153, quien no considera que los da ños sean tan relevantes.

mercado y nos traigan más y mejores formas de satisfacer las necesidades de los consumidores. Ahora bien, esas estrategias competidoras solamente podrán tener como objeto la copia digital autorizada previamente por el titular. En el momento en el que se genere una nueva copia, deberá concurrir el consentimiento del titular de derechos. De esta forma, podemos ver que no se trata de un tratamiento distinto al existente en el agotamiento físico.

El pronunciamiento del TJUE más relevante en esta materia fue el resultante del Asunto C-128/11 "UsedSoft"[523] donde el tribunal trata directamente la posibilidad de que exista un agotamiento de los derechos de propiedad intelectual sobre un programa de ordenador cuando este se entrega mediante un enlace de descarga, es decir, en formato digital. Uno de los principales asuntos que tuvo que abordar el Tribunal fue la definición del derecho a la puesta a disposición interactiva. Dentro de la normativa de la UE esta se ha caracterizado como una modalidad del derecho a la comunicación pública priorizando el carácter inmaterial del soporte utilizado para hacer llegar la obra a sus destinatarios. Sin embargo, no podemos obviar que hay determinadas utilizaciones de esta modalidad de explotación de la obra que se asemejan mucho más a un acto de distribución en soporte digital que a un acto de comunicación al pú-

523 Vid. Sentencia del Tribunal de Justicia de la Unión Europea de 3 de julio de 2012 en el Asunto C-128/11, "UsedSoft". En este supuesto, la empresa Oracle buscaba conseguir que UsedSoft dejara de revender las licencias que había adquirido en los mercados de segunda mano. Oracle solamente vendía las licencias para grupos, de tal forma que UsedSoft compraba las licencias sobrantes a grupos que no necesitaban tantas licencias como les obligaba a comprar Oracle. Posteriormente, revendían estas licencias en mercados de segunda mano, generalmente a un precio menor.

blico. Esta modalidad genérica estaba pensada principalmente para los casos en los que los destinatarios percibían la obra sin la necesaria entrega de ejemplares, especialmente mediante la utilización de televisión, radio, representaciones escénicas o la exposición pública. Sin embargo, los procesos digitales de comunicación al público han cambiado en cierta medida la realidad de la comunicación al público, puesto que el Artículo 20 del TRLPI cuando dice "sin la previa distribución de ejemplares" está definiendo[524] este derecho por contraposición al derecho de distribución, es decir, utilizando el elemento de copias materiales. Algunos procesos de comunicación al público sí exigen la entrega de copias, puesto que algunos actos requieren la realización de reproducciones, siquiera temporales, de las obras, luego sí hay copias de por medio[525]. No obstante, al no tratarse de copias físicas, no podríamos estar ante un acto de distribución y tendríamos que reconducirlo a los actos de comunicación al público.

Precisamente, el Asunto UsedSoft era uno de esos supuestos. Realmente, lo que se estaba realizando era un acto de distribución de copias, pero en formato digital y únicamente de las copias que habían sido previamente autorizadas por su titular. Es-

---

[524] Aquí encontramos una muestra más de que nuestra normativa de propiedad intelectual no está pensada para la era digital, únicamente se han ido poniendo parches para buscar una adaptación parcial. Sin embargo, nunca se ha cambiado la filosofía interna que está detrás de cada uno de los preceptos.

[525] En este sentido, cuando se ve una obra en televisión, se tienen que realizar diversos actos de reproducción para la transmisión de la obra desde la entidad emisora hasta que llega al aparto receptor. Lo mismo ocurre cuando se ve una obra en un ordenador (*streaming*), puesto que se tiene que realizar una reproducción provisional en la memoria caché.

tas circunstancias llevaron al tribunal a concluir que, en el caso de la venta de programas de ordenador, un sector que presenta claras diferencias con la explotación de los demás tipos de obras sí habría un agotamiento de los derechos de propiedad intelectual. De esta forma, establece una excepción al Considerando 28 de la DDASI y afirma que sí podrá existir un mercado de segunda mano de las licencias ya vendidas siempre que, entre otros requisitos, se entreguen por tiempo indefinido.

No obstante, el TJUE se ha visto obligado a revisar esta doctrina en aquellas ocasiones en las que ha surgido de nuevo la cuestión de la entrega de ejemplares digitales, pero en relación con otro tipo de obras que nada tenían que ver con los programas de ordenador. Como mencionábamos antes, los mercados de segunda mano pueden ser notablemente más peligrosos para los titulares de derechos y el Tribunal consideró que los titulares originarios de los mercados de obras "tradicionales" necesitan de una mayor protección. Ahora bien, recordemos que se trata de una interpretación de la Directiva 2009/24 de protección de los programas de ordenador, no de la DDASI, motivo por el que no podemos ampliarla a los demás supuestos.

El primer supuesto lo encontramos en la Sentencia del TJUE en el Asunto Vereniging Openbare Bibliotheken[526], donde el Tribunal tuvo que enfrentarse al concepto de préstamo digital de obras en bibliotecas[527]. El préstamo siempre ha sido

---

526 Vid. Sentencia del Tribunal de Justicia de la Unión Europea de 10 de noviembre de 2016 en el Asunto C-174/15, "Vereniging Openbare Bibliotheken".

527 Vid. Navas Navarro, S. (2021). El suministro en línea de contenido digital en la encrucijada entre la propiedad intelectual y el derecho del consumo. *Actas de derecho industrial y derecho de autor*, *20*(41), 133-154. La autora plantea la tesis de la funcionalidad en relación con el suministro de contenidos digitales, muy

considerado una modalidad de distribución de obras, pues tradicionalmente se hacía mediante la entrega de ejemplares materiales, pero las nuevas tecnologías nos han traído la posibilidad de conceder préstamos digitales. En esta sentencia no se trata directamente el agotamiento de los derechos de propiedad intelectual, pero sí las posibilidades que tienen los destinatarios del producto y qué pueden hacer una vez adquirido el producto para su préstamo. En otras palabras, hasta qué punto llega el control de los titulares de derechos cuando no se hace una distribución de ejemplares materiales de las obras.

Ante estas circunstancias, el TJUE considera que, pese a que estamos ante una entrega de ejemplares electrónicos, efectivamente se trata de un acto de distribución en su modalidad de préstamo. Este pronunciamiento podría ser la base de una doctrina que admitiera el agotamiento digital de los derechos, pero consciente de esta posibilidad, el TJUE quiso limitarlo indicando que el titular de los derechos tiene la posibilidad de establecer restricciones a la libre utilización de la copia digital de la obra. Si la copia se ha adquirido para hacer préstamos bibliotecarios, no se le puede dar un uso distinto a la misma. De hecho, el Tribunal indica expresamente que las bibliotecas que realicen este tipo de préstamos deben garantizar que la copia digital solamente se puede entregar a una única persona. Esta doctrina busca asegurar que el préstamo digital se hace exclusivamente con las copias autorizadas por el titular y no se crean otras nuevas.

---

relacionada con el agotamiento de los derechos de propiedad intelectual y, sobre todo, con las posibilidades de control que tienen los consumidores y usuarios sobre los objetos o prestaciones adquiridas. Si seguimos esta perspectiva, la aplicación de la doctrina del agotamiento únicamente tendría sentido si puede existir un mercado secundario.

Por lo tanto, en ningún caso estamos ante un agotamiento pleno de los derechos de propiedad intelectual[528], sino ante un primer paso para poder construir un régimen jurídico distinto para las obras comercializadas en formato digital y las comercializadas en formato físico. Sin embargo, tenemos un problema importante, puesto que la práctica comercial ha superado los conceptos jurídicos existentes[529] y lo que antes considerábamos únicamente

528 Vid. Navas Navarro, S. (2021). El suministro en línea de contenido digital en la encrucijada entre la propiedad intelectual y el derecho del consumo. *Actas de derecho industrial y derecho de autor, 20*(41), 133-154. La autora plantea la tesis de la funcionalidad en relación con el suministro de contenidos digitales, muy relacionada con el agotamiento de los derechos de propiedad intelectual y, sobre todo, con las posibilidades de control que tienen los consumidores y usuarios sobre los objetos o prestaciones adquiridas. Si seguimos esta perspectiva, la aplicación de la doctrina del agotamiento únicamente tendría sentido si puede existir un mercado secundario. En este caso, no estamos hablando de la construcción de un mercado secundario, sino de la protección de la actividad realizada por una institución pública que ya es beneficiaria de un límite entendido en sentido amplio y flexible, pues el legislador elimina el derecho exclusivo de autorizar y prohibir y lo sustituye por un derecho de simple remuneración. Por lo tanto, no cabría hacer una equiparación total con la doctrina del agotamiento de los derechos de propiedad intelectual.

529 Vid. Kaiser, A. (2020). Exhaustion, Distribution and Communication to the Public–The CJEU's Decision C-263/18–Tom Kabinet on E-Books and Beyond. *GRUR International, 69*(5), 489-495, quien pone de manifiesto que en el marco del derecho comunitario y de los Estados Miembros, especialmente de Alemania, el préstamo siempre ha sido considerado un acto de distribución, luego admitir esta modalidad nos lleva a desnaturalizar los conceptos consolidados en nuestra normativa. De esta forma, señala que siempre se había tenido relativamente claro que las reglas del agotamiento no podían regir para la explotación digital de obras. No obstante, el autor pone de manifiesto que en otros Estados Miembros como los Países Bajos, hubo instancias judiciales que consideraron que esta

una forma de distribución, como era el préstamo, gracias a los avances técnicos, se ha mezclado notablemente con el derecho a la puesta a disposición interactiva al no estar ante una entrega de ejemplares físicos, sino digitales. De esta forma, el TJUE flexibilizó el derecho exclusivo forzando la inclusión de esta práctica en el concepto de distribución mediante préstamo para que pudiera seguir acogiéndose al sistema de gestión colectiva obligatoria y al límite previsto para las instituciones culturales.

El siguiente hito fue la Sentencia en el Asunto Tom Kabinet[530] donde se trataba la posibilidad de establecer un mercado de segunda mano de libros electrónicos. La primera cuestión que se le plantea al tribunal ya la hemos analizado aquí anteriormente, la calificación de la entrega de copias en soporte digital como comunicación al público o como distribución. El Tribunal fue tajante e indicó que estamos ante un acto de comunicación al público al cumplirse los dos requisitos que tanto ha desarrollado en su jurisprudencia a lo largo de los años. De esta forma, la aplicación del agotamiento de los derechos queda totalmente descartada y, en cierta medida, calmó a la doctrina más insistente en declarar que esta institución no podría aplicarse a las explotaciones digitales[531].

---

institución sí era aplicable a la comercialización de obras mediante descarga. En el mismo sentido, indica que en Alemania se llegó a aplicar la doctrina del agotamiento a las retransmisiones de obras mediante técnicas de radiodifusión.

530 Vid. Sentencia del Tribunal de Justicia de la Unión Europea de 19 de diciembre de 2019 en el Asunto C-263/18, "Tom Kabinet".

531 Vid. Mezei, P. (2020). The Doctrine of Exhaustion in Limbo-Critical Remarks on the CJEU's Tom Kabinet Ruling. *Zeszty Naukowe Uniwersytetu Jagiellonskiego-Prace z Prawa Wlasnosci Intelektualnej (Jagiellonian University Intellectual Property Law Review)*, (2), 130-153, quien pone de manifiesto que tanto la Sentencia como la Opinión del Abogado General presentan importantes deficiencias argumentales que

Nos encontramos ante una discusión interesante sobre las diferencias existentes entre el régimen jurídico de la comercialización de obras en formato físico y en formato digital. Los conceptos jurídicos cada vez están más diluidos en la práctica, porque la normativa no es capaz de seguirle el paso a los avances técnicos y a cómo los operadores económicos hacen uso de ellos para incorporarlos a sus estrategias de explotación. Lo más preocupante es que la aplicación de ciertos límites, importantes para el buen funcionamiento del mercado por los incentivos que dan a los titulares de derechos, están desapareciendo. Poco a poco, las explotaciones digitales están copando el mercado y, con el tiempo, la entrega de copias físicas y, con ellas la distribución, se convertirán en un reducto del pasado. No obstante, ello no debe redundar en una desprotección de los intereses de los destinatarios, sino que al igual que avanzamos en la regulación de los intereses de los titulares de derechos en el mundo digital, también debemos buscar la forma de crear un conjunto de normas que permitan crear de incentivos para que los titulares de derechos estén condicionados por los intereses de los destinatarios. Ello pasa necesariamente por introducir cierto nivel de competencia y por obligarles a tolerar ciertas actividades que antes nunca habrían asumido por ser molestas para sus intereses comerciales.

El agotamiento de los derechos de propiedad intelectual dentro del Espacio Económico Europeo nunca ha sido un límite equilibrado, pues incluye diversas cesiones a los titulares de derechos que, además, están reforzadas por el hecho de que estos mercados de segunda mano tienen una fecha de caducidad, puesto que las copias van perdiendo calidad y, en consecuencia, valor

---

le llevan a pensar que realmente la doctrina del agotamiento de los derechos de propiedad intelectual podría seguir jugando un papel importante en nuestro ordenamiento jurídico a pesar de la progresiva transición hacia las explotaciones digitales.

para los consumidores. De esta forma, llegará un momento en el que el mercado de segunda mano se ve condenado a desaparecer.

No obstante, si en los mercados digitales no tenemos mercados de segunda mano, los principales perjudicados son los destinatarios de la obra o prestación que solamente cuentan con una única posibilidad de acceder a estas y tienen que conformarse con las condiciones que establece el titular de los derechos. Quizá el agotamiento de los derechos no sea la mejor fórmula para dar cabida a estos intereses dentro del sistema de propiedad intelectual[532]. Funcionó bien para la protección de los intereses de los consumidores en la entrega de copias materiales, pero en el mundo digital las necesidades son otras y, además, pondría en peligro la tutela de los intereses de los titulares de derechos al tener que asumir unos riesgos[533] que tanto el TJUE como parte de la doctrina han considerado excesivos[534]. El principal problema que tenemos para su aplicación al mundo digital está en los controles y en la transparencia. Si

---

532 Vid. Riehl, D. A., & Kassim, J. (2014). Is Buying Digital Content Just Renting for Life: Contemplating a Digital First-sale Doctrine. *William Mitchell Law Review, 40*(2), 10.

533 Aparecería un mercado paralelo que competiría directamente con el titular originario, cuando el objetivo del agotamiento era crear un mercado secundario que supusiera una presión competitiva efectiva, pero no tan fuerte. En este sentido, Vid. Kaiser, A. (2020). Exhaustion, Distribution and Communication to the Public–The CJEU's Decision C-263/18–Tom Kabinet on E-Books and Beyond. *GRUR International, 69*(5), 489-495

534 A sensu contrario, Vid. Mezei, P. (2020). The Doctrine of Exhaustion in Limbo-Critical Remarks on the CJEU's Tom Kabinet Ruling. *Zeszty Naukowe Uniwersytetu Jagiellonskiego-Prace z Prawa Wlasnosci Intelektualnej (Jagiellonian University Intellectual Property Law Review)*, (2), 130-153, quien considera que los riesgos no son tan importantes para la supervivencia de los titulares de derechos.

admitimos que una determina copia ya comercializada se puede seguir comerciando de forma libre, debemos ser capaces de distinguirlas. Sin embargo, en el campo digital, distinguir los distintos tipos de copias puede ser complicado. Por lo tanto, los beneficios aportados por las nuevas estrategias competitivas que mejoren el funcionamiento del mercado se verían eclipsadas por el daño causado a la normal explotación de la obra.

Por lo tanto, al mismo tiempo que se destierra la posibilidad de aplicar el agotamiento de los derechos de propiedad intelectual a las explotaciones digitales[535], deberíamos crear alguna otra institución que permita introducir cierto nivel de competencia en este tipo de mercados para garantizar que los titulares de derechos tengan una mínima presión competitiva. De lo contrario, podríamos estar extendiendo demasiado los derechos exclusivos. Además, si el legislador no actúa, van a ser los propios titulares de derechos los que van a intentar regular la situación por la vía de los contratos con sus distribuidores[536] en los que van a excluir la aplicación de esta doctrina y buscarán la mejor forma de proteger sus intereses y de no perder el control sobre la circulación de los ejemplares de sus obras, especialmente sobre los digitales gracias a su poder de mercado.

---

535 De hecho, como casi todos los modelos de explotación han dejado de lado el modelo de descarga para utilizar el streaming, el agotamiento de los derechos de propiedad intelectual ha perdido relevancia.

536 Vid. Gaubiac, Y. (2002). The exhaustion of rights in the analogue and digital environment. *Copyright Bulletin, 4*(9).

2. Licencias *ex* Artículos 17 de la DDAMUD y 73 del RDL 24/2021

Terminábamos el apartado anterior indicando que, como el agotamiento de los derechos digitales no es la mejor fórmula para la tutela de los intereses de los usuarios, debemos buscar un nuevo modelo de protección para su protección que mantenga un equilibrio entre presiones competitivas y la adecuada remuneración de los titulares de derechos. Una de las propuestas que más peso va ganando en la doctrina es la posibilidad de establecer licencias obligatorias o colectivas ampliadas[537] para permitir que más personas puedan concurrir a la explotación de la obra siempre que abonen una remuneración equitativa por ello. Esto supondría un cambio importante a la hora de regular la explotación de las obras, puesto que por fin se rompe con el paradigma del *ius prohibendi* y con los medios de creación de valor mediante la escasez artificial.

Precisamente, el Artículo 17 de la DDAMUD, tal y como está planteado, parece ir en esta dirección, pero en condiciones muy específicas que se quedan cortas, sobre todo porque no establece una obligación de conceder licencias. El legislador comunitario ha tenido poca amplitud de miras y solamente pretende regular una situación cada vez más común en las redes sociales: el contenido generado por usuarios. Ahora bien, sí pretende corregir una actividad de los consumidores que requería de una cobertura legal, ya no por una cuestión de justi-

---

537 Vid. Kaiser, A. (2020). Exhaustion, Distribution and Communication to the Public–The CJEU's Decision C-263/18–Tom Kabinet on E-Books and Beyond. *GRUR International, 69*(5), 489-495. Así mismo, Vid. Geiger, C., & Bulayenko, O. (2022). Creating Statutory Remuneration Rights in Copyright Law: What Policy Options Under the International Legal Framework?

cia material, sino pragmática. Es mejor atraer estas actividades a la legalidad mediante el pago de una licencia que no luchar contra ellas. Perseguir a los usuarios es una tarea absurda por el anonimato que permite el entorno digital, así como por la imposibilidad de abarcar a tantas personas.

Ahora bien, esta ha sido la estrategia hasta ahora y debemos detenernos en analizar su viabilidad y efectividad y lo que ha supuesto para conseguir un equilibrio en el mercado. Por un lado, la falta de regulación y los enormes retrasos de las autoridades legislativas para conseguirla[538], han provocado una gran acumulación de poder en manos de los intermediarios técnicos. De hecho, uno de los mayores problemas que esto ha provocado es la falta de transparencia en sus operaciones y que ni los usuarios, ni los titulares de derechos, ni el sector público tuvieran muy claro cuáles eran los criterios utilizados para prestar sus servicios y en qué consistía su labor de intermediación[539].

Las innovaciones tecnológicas utilizadas por estos intermediarios no se acomodan a los conceptos jurídicos clásicos sobre los que se ha construido nuestro ordenamiento, puesto que, precisamente, pretenden huir de ellos para ser más libres y no estar sujetos a los controles que impone el sector público para

---

538 Los dos grandes instrumentos legislativos de la Unión Europea, el Reglamento de Servicios Digitales y el Reglamento de Mercados Digitales se han publicado en el DOUE a lo largo del mes de octubre de 2022, cuando las redes sociales y los demás proveedores de servicios de la sociedad de la información llevan operando y provocando grandes disrupciones jurídicas en nuestro mercado desde los inicios de la década de 2010.

539 En este sentido, debemos tener en cuenta que la práctica es muy rica y que cada intermediario opera de una manera muy distinta. Por lo tanto, clasificar a los intermediarios en categorías más o menos homogéneas presenta importantes dificultades.

el resto de los operadores[540]. Por lo tanto, los titulares de derechos tampoco tenían una referencia clara sobre lo que podían hacer frente a estos nuevos modelos de negocio que ponían en riesgo su estabilidad económica. Simplemente, veían que alguien introducía una nueva tecnología en el mercado que amenazaba su modelo de explotación y querían buscar la forma de retirarla para seguir controlando los flujos de rentas.

Por otro lado, los titulares de derechos, principalmente los derivativos[541] querían seguir jugando en un mercado que estaba llegando a su fin. Había llegado una tecnología tremendamente disruptiva que les obligaba a cambiar de estrategia, pero se resistieron a ello duramente. Durante los años previos, estos sujetos habían construido un sistema a su imagen y semejanza gracias al poder que habían adquirido al convertirse en *gatekeerps* analógicos del mercado, consiguiendo que sus servicios sean esenciales para acceder al mercado. Sin embargo, la libertad de los usuarios vinculada al uso de las nuevas tecnologías provistas por los intermediarios, antes mencionada, viene a romper este esquema de relaciones que habían creado los intermediarios tradicionales. De esta forma, el legislador comunitario ha apostado por una solución de consenso que busca equilibrar el mercado y que el reparto de los beneficios deriva-

---

540 Aquí nos encontramos con el eterno debate entre imponer una regulación más estricta a los operadores del mercado y frenar la innovación o, por el contrario, rebajar las exigencias regulatorias para dejar que exista un mayor nivel de innovación que beneficie a todos los participantes.

541 Nos vamos a referir principalmente, a los titulares derivativos de derechos o intermediarios tradicionales, pues son quienes mediante los contratos de cesión ostentan la gestión directa de los derechos y quienes más se van a ver afectados por las constantes luchas de poder.

dos de las transacciones sea relativamente equitativo. No obstante, los efectos de esta medida todavía están por analizar[542] al no haberse implementado todavía en toda la Unión Europea.

En este punto nos interesa destacar la forma en la que este Artículo 17 de la DDAMUD de nueva creación afecta al paradigma del derecho de autor como derecho de propiedad[543]. El sistema legislativo está avanzando hacia un modelo que abandona la creación de valor mediante la escasez artificial, hacia un sistema en el que existe una cierta competencia sobre la explotación de la obra o prestación a cambio de una remuneración equitativa. No abandonamos el monopolio ni pasamos a un sistema gestionado íntegramente mediante derechos de simple remuneración, pero se establecen incentivos a la contratación de licencias, aunque no se mencionan a las entidades de gestión colectiva[544]. Quizá habría sido más efectivo acudir a un límite remunerado o a un sistema de gestión colectiva obligatoria, pero no podemos negar que estamos ante un avance importante.

---

542 Los Estados Miembros tenían dos años para completar las labores de transposición de la Directiva, aunque, como en repetidas ocasiones, algunos han acumulado cierto retraso. A este retraso debemos añadir que el Artículo 17 DDAMUD prevé que los titulares de derechos negocien con grandes prestadores de servicios para compartir contenidos en línea negocien de buena fe licencias para la explotación de las obras en estas plataformas. No obstante, en ningún momento se fija un plazo concreto para obtener la licencia, luego estas negociaciones se pueden extender durante bastante tiempo.

543 Vid. Shapiro, T., & Hansson, S. (2019). The DSM Copyright Directive: EU Copyright Will Indeed Never Be the Same. *European Intellectual Property Review, 41*, 404-414.

544 Vid. Considerando 71 y Artículo 17.10 de la DDAMUD que hacen referencia a la negociación colectiva, lo que podría indicar una defensa de la negociación colectiva.

También debemos ser conscientes del papel que han jugado los intermediarios de la sociedad de la información en todo lo que se refiere a estos cambios. Los nuevos servicios ofrecidos y, sobre todo, las posibilidades que estos les dan a los usuarios han acelerado este cambio. Los usuarios ya no se conforman con las modalidades de uso que les proponen los titulares de los derechos, sino que quieren acceder en el momento en el que ellos deseen. En definitiva, quieren gozar de más libertad para interactuar con la obra sin estar sometidos a las restricciones que les imponen los titulares de derechos[545].

De nuevo, estamos ante la misma guerra de poder que llevamos viendo desde el nacimiento de los primeros derechos de propiedad intelectual, pero con distintos participantes. Podría dar la impresión de que estamos ante los mismos participantes de siempre, los titulares de derechos, originarios y derivativos, y los consumidores[546] de las obras. Sin embargo, ahora debe-

---

545 Vid. Declaraciones de Neelie Kroes, antiguo Vicepresidente de la Comisión Europea para la Agenda Digital, en Kroes, N (2014). Our single market is crying out for copyright reform. Amsterdam, IViR, 2 July 2014 dónde ponía de manifiesto que los usuarios no tienen muchos incentivos para cumplir con la normativa si esta no se adapta a sus necesidades y se legisla sin tener en cuenta los avances tecnológicos que sí satisfacen sus preferencias. En este sentido, podríamos decir que, en ocasiones, da la sensación de que se está legislando contra los usuarios al convertirlos en el enemigo número 1 para el funcionamiento del mercado, cuando realmente deberían ser los principales aliados de los titulares para conseguir una buena remuneración. Esta situación nos puede llevar a una importante crisis de legitimidad de la normativa en absoluto deseable. En este sentido, Vid. de la Durantaye, K. (2021). Back to Basics–European Copyright Law after the DSM Directive. *IIC-International Review of Intellectual Property and Competition Law*, 1-4.

546 Vid. Shapiro, T., & Hansson, S. (2019). The DSM Copyright Directive: EU Copyright Will Indeed Never Be the Same. *European Intellectual Property Review, 41*, 404-414 quienes sostienen que el legislador ha op-

mos introducir uno nuevo, precisamente, el más importante: los usuarios profesionales o comerciales de las obras y prestaciones protegidas. De hecho, la intención del legislador comunitario es regular el papel de estos operadores y establecer los parámetros para una nueva regulación que sustituya al antiguo régimen del "puerto seguro"[547].

---

tado por la vía de los límites para extender las posibilidades de los usuarios, elevándolos a cuasi derechos. No obstante, debemos tener en cuenta dos cuestiones. En primer lugar, el TJUE ya ha reconocido en alguna ocasión que los límites son verdaderos derechos de los usuarios, luego no hace falta que la normativa lo repita para que sea verdad, pues ya tenían esa eficacia jurídica. En segundo lugar, debemos manifestar una posición discrepante con los autores, puesto que, pese a que los usuarios son una de las preocupaciones del legislador, nunca han sido la principal. Por el contrario, dentro de los objetivos de la normativa de propiedad intelectual la protección de los titulares siempre ha ocupado un puesto superior. De hecho, si atendemos al tenor del precepto, podemos apreciar que la intención es claramente esta y, sobre todo, regular la relación de estos titulares con los intermediarios de la sociedad de la información. Así, la regulación que se hace de los derechos de los usuarios es meramente tangencial y en lo que respecta a la utilización de la tecnología que les ponen a disposición los prestadores de servicios en línea.

547 Normativa recogida en la Directiva 2000/31, de comercio electrónico y en su transposición nacional en España en la Ley de 34/2002, de servicios de la sociedad de la información y comercio electrónico. No obstante, debemos tener en cuenta que esta regulación únicamente afecta a la relación entre los intermediarios y los titulares de derechos de autor, dejando indemne el régimen para las demás infracciones que puedan cometer los usuarios de estas plataformas de intermediación que presten servicios de la sociedad de la información.
En este sentido, Vid. López Richart, J. (2018). Un nuevo régimen de responsabilidad para las plataformas de almacenamiento de contenidos generados por usuarios en el mercado único digital, *Pe. i.: Revista de propiedad intelectual* (60) y López Richart, J. (2019). Responsables, ma non troppo: las reglas de exención de responsabilidad de las pla-

El precepto comienza indicando que los prestadores de servicios para compartir contenidos en línea son responsables de los actos de comunicación al público que puedan cometer sus usuarios al cargar las obras utilizando los servicios proporcionados por su plataforma[548]. Así, esta Directiva está desmantelando parcialmente el sistema del puerto seguro que había regido hasta este momento de forma general para todos los servicios de la sociedad de la información para entrar en un sistema de responsabilidad[549].

No obstante, el objetivo principal de la directiva no es declararles responsables, sino incentivarles a la celebración de acuerdos entre estos prestadores de servicios y los titulares de derechos. Anteriormente contaban con el beneficio de la duda

---

taformas para el intercambio de contenidos en línea en la directiva sobre derechos de autor en el mercado único digital. En Saiz García, C. y Evangelio Llorca, R *Propiedad intelectual y mercado único digital europeo* (pp. 308-366). Tirant lo Blanch, Valencia, p. 322; quien sostiene que, por sus características, los usuarios de obras a los que va dirigido el Artículo 17 no pueden acogerse a la normativa del puerto seguro.

548 En este sentido, el legislador de la UE asume los pronunciamientos realizados por el TJUE en los Asuntos "Filmspeler" o "The Pirate Bay", donde ante la grave situación que se estaba viviendo con el auge de la piratería y la falta de responsabilidad que asumían los prestadores de servicios de la sociedad de la información, se vio obligado a reinterpretar el Artículo 3 de la DDASSI para incluir a estos sujetos como autores directos de infracciones por poner a disposición de los infractores herramientas indispensables.

549 Vid. Sánchez Aristi, R. y Oyarzabal Oyonarte, N. (2021). Decadencia y caída del Texto Refundido de la Ley de Propiedad Intelectual: la transposición de la Directiva 2019/790 sobre derechos de autor en el mercado único digital por el Real Decreto-ley 24/2021, de 2 de noviembre. *Pe. i.: Revista de propiedad intelectual,* (69), 13.

que les permitía el puerto seguro, pero esa etapa ya acabó. El puerto seguro estaba pensado para otro tipo de operadores tecnológicos, no para estos que asumen de forma directa o indirecta una selección del contenido. Se les aplicó porque no había otra regulación presente, pero no estaba pensada para sus circunstancias.

Por lo tanto, estamos ante una medida que pretende conseguir que los titulares de derechos capturen una parte del valor que se está generando en las redes sociales gracias a las licencias. Ahora bien, debemos ser conscientes de que ello supone blanquear lo que tradicionalmente hemos calificado como piratería. Podemos plantear la diferencia de que ahora los titulares de derechos recibirán una remuneración por parte de los prestadores del servicio cuando contraten la licencia. Como en tantas ocasiones, estamos ante una decisión pragmática donde es más fácil colaborar y adaptarse que luchar contra estos servicios.

Si realmente se consigue el objetivo de implementar este sistema y que se concluyan las transacciones de forma generalizada[550], estaremos ante un éxito, pues nos habrá permitido modificar el mercado hacia un modelo abierto y flexible, así como

---

[550] Ante la falta de implementación de estos acuerdos, plataformas como YouTube incluye en sus términos de condiciones que, si un usuario quiere incorporar contenido que es titularidad de terceros, primero debe obtener una licencia de explotación. En este sentido, Vid. https://support.google.com/youtube/answer/2797449?hl=es&ref_topic=2778546#zippy=%2Cc%C3%B3mo-puedo-obtener-permiso-para-usar-el-contenido-de-otra-persona-en-un-v%C3%ADdeo (consultadas por última vez el día 15 de noviembre de 2022). Esta situación podrá cambiar en el caso de que los intermediarios como YouTube concluyan los acuerdos con las entidades de gestión. Hasta el momento, debe ser cada usuario el que se en-

abandonar la creación de valor mediante escasez artificial para entrar en la creación de valor mediante un incremento en el número de transacciones.

Ya habíamos visto ejemplos en algunos sectores muy concretos del mercado, principalmente en el sector musical[551] y también para algunos casos en el sector audiovisual, más limitados y vinculados a lo establecido por la normativa de propiedad intelectual. No obstante, esta norma avanza en una nueva dirección, puesto que no aborda la explotación de determinadas obras, sino que se generaliza a cualquier tipo de obra en cualquier prestador de servicios para compartir contenido en línea.

Habría tenido más sentido sustituir el derecho exclusivo por una regla de responsabilidad, pero el legislador español también ha descartado esta posibilidad en su Artículo 73 del RDL 24/2021. Parece que los legisladores pretenden priorizar la libertad de empresa y mantener ese núcleo del derecho exclusivo dándoles la opción de negociar. No obstante, del lado

---

cargue de gestionar los derechos de propiedad intelectual sobre las obras que incorpora a los vídeos subidos a la plataforma.

551 La explotación de la música en establecimientos de hostelería y restauración, conciertos, derechos de reproducción mecánica, explotación en grandes eventos sociales, etc. ya estaba cedida de forma voluntaria a las entidades de gestión colectiva para facilitar un mejor funcionamiento del mercado que permita una mayor recaudación para los titulares de derechos. No obstante, en el marco de las explotaciones digitales, los titulares de derechos eran extraordinariamente reacios a permitir una gestión colectiva de los derechos y pretendían volver a los antiguos paradigmas de explotación y gestión directa del titular. Esto no tiene que ver necesariamente con un agotamiento del modelo de gestión colectiva voluntaria, sino con la expectativa de obtener un beneficio mayor mediante la gestión directa que con la colectiva.

de los usuarios comerciales, la libertad está coartada desde el momento en el que tienen sobre sí la amenaza de la responsabilidad por los actos realizados por sus usuarios.

Estos sujetos tienen gran parte de responsabilidad sobre los cambios que se han producido en los últimos 25 años, pues la red se creó como un espacio donde el contenido estaba pensado para circular libremente y sin las restricciones asociadas al mundo material, donde los usuarios serían más libres y no tendrían que soportar todas las restricciones que imponían los titulares de derechos. En este contexto, los derechos de propiedad quedaron notablemente relativizados al no existir la posibilidad de establecer una posesión inmediata, precisamente porque no era el objetivo de sus creadores. Parece que esta batalla la han ganado los titulares de derechos, que siguen manteniendo su monopolio sobre la explotación de la obra, aunque se relativice su derecho exclusivo mediante los incentivos a la concesión de licencias. Ahora bien, esta era la conclusión lógica de esta batalla, un cierto equilibrio en el que todos puedan

Aun así, estamos ante un cambio bastante profundo para intentar que los modelos de explotación en internet puedan llegar a funcionar. Este nuevo equilibrio en el mercado beneficia principalmente a dos sujetos: los titulares de derechos, los intermediarios de la sociedad de la información y, en última instancia, los usuarios. En primer lugar, los titulares de derechos salen beneficiados de esta nueva regulación al darles facilidades para recaudar y evitar conflictos con los intermediarios o con los propios usuarios, un significativo ahorro en costes. Ahora bien, también les obliga a adaptarse a nuevas modalidades de explotación, creando presiones competitivas que benefician al resto del mercado. Aquí debemos volver a una crítica que ya hemos realizado anteriormente frente a los titulares de derechos, su, a veces escasa, fuerza de voluntad para buscar nuevos modelos de explotación que les permitan adaptarse a los nuevos tiempos. No obstante, estaríamos siendo injustos si únicamente exigiéramos un esfuerzo a los titulares y no a los intermediarios, que también podrían adaptar sus modelos de negocio.

En segundo lugar, el otro grupo que ha salido claramente beneficiado por esta regulación es el de los intermediarios de la sociedad de la información o usuarios profesionales, que han conseguido imponer una parte importante de su modelo de negocio, quizá la más significativa. A partir de ahora existe una cierta libre competencia a la hora de explotar las obras que hayan sido divulgadas por sus autores en sus servicios. Aunque necesiten la autorización del titular de derechos, parece que el sistema pretende incentivar la concesión de licencias amplias a través de las entidades de gestión colectiva[552].

Un problema que nos vamos a encontrar aquí es determinar quiénes van a ser los verdaderos beneficiarios de esta nueva previsión legal. El Artículo 2 de la DDAMUD, dedicado a dar definiciones sobre los conceptos utilizados en su texto, indica que un prestador de servicios para compartir contenidos en línea será:

> *Un prestador de un servicio de la sociedad de la información cuyo fin principal o uno de cuyos fines principales es almacenar y dar al público acceso a una gran cantidad de obras u otras prestaciones protegidas cargadas por sus usuarios, que el servicio organiza y promociona con fines lucrativos.*

---

552 El Artículo 17.10 de la DDAMUD parece indicar esta dirección. Por lo menos, la solución lógica sería que la Comisión Europea instara a las partes a llegar a acuerdos mediante las entidades de gestión colectiva, pues supondría una drástica reducción de los costes de transacción.

Por lo tanto, podemos ver que la definición se hace en función del modelo de negocio[553] que tenga el intermediario que estemos tratando. Durante la tramitación parlamentaria siempre sobrevoló la idea de que al formular esta norma se tenía en mente a servicios como YouTube, al tratarse de un servicio que sirve para que sus usuarios almacenen vídeos que han sido creados por ellos y que posteriormente ponen a disposición del público utilizando la herramienta proporcionada por esta compañía del grupo Alphabet, Inc. YouTube siempre ha sido un gran nido para la comisión de infracciones de propiedad intelectual, puesto que el algoritmo no siempre detectaba los ilícitos cometidos por los usuarios dada la amplia cantidad de contenido puesto a disposición de los usuarios.

La situación preexistente era insostenible, la variedad de servicios sobrepasaba ampliamente las previsiones legales de la Directiva de Comercio Electrónico. La normativa se quedó anticuada y los sistemas de prevención de infracciones poco a poco se iban haciendo inservibles bien por imposibilidad material de llevarlos a cabo por la cantidad de contenido o por la escasa voluntad de cumplir de los intermediarios en cuestión[554]. La

---

553 Estamos ante servicios tradicionalmente caracterizados como *hosting* o almacenamiento de datos, pero que dan la posibilidad a sus usuarios de realizar actos de puesta a disposición del contenido que han almacenado. Es decir, que se salen de la definición que recogía el Artículo 14 de la Directiva 2000/31 de comercio electrónico y el Artículo 16 de la Ley de servicios de la sociedad de la información.

554 La doctrina jurisprudencial del TJUE y de los distintos Estados Miembros de buena cuenta de que la realidad había sobrepasado a la normativa con sistemas de prevención que no servían.
En este sentido, Vid. Senftleben, M., & Angelopoulos, C. (2020). The Odyssey of the Prohibition on General Monitoring Obligations on the Way to the Digital Services Act: Between Article 15 of the

pregunta que nos debemos hacer es si todos esos servicios de hosting, que además permiten hacer actos de puesta a disposición entran dentro del supuesto de hecho de esta norma. Parece que la respuesta debe ser afirmativa, aunque se esté pensando en YouTube y en las redes sociales, no debemos excluir que otros servicios que otrora fueron perseguidos duramente por los titulares de derechos, puedan quedar protegidos ahora. No obstante, esta cuestión no tiene una respuesta fácil porque el objetivo del legislador no es legalizar este tipo de servicios, sino regular la relación entre los intermediarios de la sociedad de la información, sus usuarios y los titulares de derechos.

En este punto debemos plantearnos si existe algún requisito adicional vinculado a la prevención de la piratería que no esté previsto en la normativa, pero que sea exigible conforme a las reglas de la buena fe y que debería estar incluido si aplicamos la regla de los tres pasos, tal y como está configurada tanto en el Artículo 5 de la DDASI como en el Artículo 40 bis del TRLPI, aunque no estemos ante un límite *stricto sensu*. En particular, nos referimos a la necesidad de que se produzca un acceso lícito a la obra. Esta previsión deriva directamente de los antiguos modelos de creación de valor mediante la escasez artificial y de la existencia de un *ius prohibendi* como base del derecho de autor. De esta forma, pese a la existencia de límites que rompieran el monopolio del autor, se permitía que éste pudiera controlar la cantidad de obras que podían circular en el mercado. Así, se lograba un cierto equilibrio entre el interés del autor en limitar la cantidad de copias existentes para seguir controlando el valor de estas mediante técnicas monopolísticas a la vez que se daba cierta libertad a los usuarios para realizar actividades que no habían sido debidamente autorizadas.

E-Commerce Directive and Article 17 of the Directive on Copyright in the Digital Single Market. *Amsterdam/Cambridge, October*.

Habría que estudiar si los usuarios deben tener un acceso lícito a la obra antes de ponerla a disposición de otros usuarios mediante los servicios prestados por el intermediario de la sociedad de la información en cuestión. La respuesta debería ser positiva, pues, como señalábamos anteriormente, la intención de esta norma no es legalizar servicios que antes fueron perseguidos, sino regular lo que se permite a los usuarios. Si queremos evitar que la piratería encuentre una salida legal, la solución más adecuada es exigir a los usuarios que todas las copias que almacenen en estos servicios y que posteriormente pongan a disposición de otros usuarios provengan de accesos lícitos a la obra.

Esta solución plantea dificultades interpretativas que pondrían en riesgo la efectividad del límite, puesto que cuando hablamos de puesta a disposición digital de obras en red nos salimos del marco clásico de la explotación de la obra y de los conceptos ligados, por ejemplo, a la copia privada. Los usuarios, normalmente, ya no acceden a copias de las obras, sino que concluyen un contrato de suministro de contenidos digitales, cuya regulación es radicalmente distinta[555]. La prin-

---

555 Vid. Castillo Parrilla, J. A. (2016). El contrato de suministro de contenidos digitales y los contratos de desarrollo de software y creación web en el Derecho de consumidores. De la Propuesta CESL y la Directiva 2011/83/UE a la Propuesta de Directiva 634/2015, de 9 de diciembre. *Revista CESCO de Derecho de Consumo,* (17), 45-61; Cámara Lapuente, S. (2016). El Régimen De La Falta De Conformidad En El Contrato De Suministro De Contenidos Digitales Según La Propuesta De Directiva De 9.12. 2015 (Remedies for Non-Conformity Under Contracts for the Supply of Digital Content in the Proposal for a Directive of 9.12. 2015). *Indret, 3*; Aparicio Vaquero, J. P. (2016). Propiedad Intelectual Y Suministro De Contenidos Digitales (Copyright and Supply of Digital Content). *InDret, 3*; Aparicio Vaquero, J. P. (2021). La tipificación del contrato de suministro de contenidos y servicios

cipal diferencia que podemos encontrar es que el suministrado ya no tiene un control sobre el archivo y, sobre todo, que las posibilidades que tiene de interactuar con la obra están limitadas por el titular de derechos que le concede la licencia de uso[556]. Por lo tanto, habría que analizar qué posibilidades le da el suministrador de contenidos digitales para, posteriormente, cargar el contenido en los servidores de un prestador de servicios para compartir contenidos en línea. Este tipo de contratos pueden establecer condiciones intrusivas que podrían limitar el alcance del Artículo 17 de la DDAMUD al impedir que se disponga de los contenidos suministrados en esta forma, pese a que lo permite la DDAMUD. La complicación añadida no es que contractualmente se impida que se realicen este tipo de actividades, sino que se introduzcan medidas técnicas de protección (DRM, por sus siglas en inglés) que impidan que los usuarios aprovechen este precepto.

---

digitales: entre la propiedad intelectual y el derecho de consumo. *Revista de educación y derecho= Education and law review*, (24), 2; Milà Rafel, R. (2016). La declaración del European Law Institute sobre la Propuesta de Directiva de la Comisión Europea sobre Suministro de Contenidos Digitales a consumidores, *Revista CESCO de Derecho de Consumo*; y Miranda Serrano, L. M. (2021). El derecho de desistimiento en los contratos de consumo sobre contenidos digitales. *La Ley mercantil, (76), 1.*

556 Por ejemplo, pensemos en plataformas como Spotify, Netflix o HBO que no permiten realizar copias privadas de las obras que suministran a sus usuarios. Únicamente les dejan realizar descargas dentro de la aplicación en un único dispositivo con un máximo. Por el contrario, otras plataformas como YouTube sí que dan al usuario una serie de posibilidades que les facilita reutilizar su contenido como, por ejemplo, recortar un fragmento de un vídeo para difundirlo en redes sociales.

Nos encontramos, por consiguiente, ante una disyuntiva importante, dado que la intervención en el contenido de los contratos de suministro de contenidos digitales va más allá de lo previsto en la Directiva (UE) 2019/770 del Parlamento Europeo y del Consejo, de 20 de mayo de 2019, relativa a determinados aspectos de los contratos de suministro de contenidos y servicios digitales no tiene amparo legal. El objetivo principal de esta norma es, principalmente, regular la falta de conformidad en el suministro de estos contenidos, no integrar el contenido del contrato en este aspecto.

La otra opción es igualmente peliaguda, puesto que nos haría recurrir, de nuevo, al agotamiento de los derechos en internet. En ciertas ocasiones, las reutilizaciones de las obras no parten de una adquisición de una copia, ya sea física o digital, sino de visionados cortos para los que no siempre media una licencia[557]. De esta forma, cabría hacer una interpretación complementaria que nos permitiera considerar que una vez que alguien sube contenido a la red existe una licencia implícita para reutilizar ese contenido sin limitación, incluyendo las posibilidades reconocidas por el Artículo 17 de la DDAMUD. Ahora bien, como ya vimos en el apartado anterior, el agotamiento digital de los derechos no es una solución realmente factible a la realidad que hoy tenemos al ser una doctrina que está pensada exclusivamente para la explotación de copias físicas, por lo que acudir a ella no debe-

---

[557] En los términos y condiciones que hay que aceptar para acceder a los servicios algunas redes sociales existe la obligación de conceder licencias de uso extraordinariamente amplias sobre el contenido que hayan creado y subido a la plataforma tanto para el intermediario de la sociedad de la información, que así cubre su responsabilidad frente al creador, como para los demás usuarios.

ría ser una posibilidad, pues aplicarla supondría importantes problemas para el funcionamiento del mercado.

La siguiente alternativa sería regular el uso de DRM en los contratos de suministro de contenidos digitales para evitar que los titulares de derechos realicen la entrega con condicionantes técnicos que impidan el ejercicio de los derechos que indirectamente les confiere el Artículo 17 de la DDAMUD. Debemos acudir, de nuevo, a la integración e intervención del contenido del contrato, en particular a las posibilidades que deben tener los usuarios del contenido suministrado para reutilizar en las plataformas de los prestadores de servicios para compartir contenidos en línea. No obstante, como señalábamos anteriormente, no existe una habilitación legal que permita realizar esta intervención en el contenido de los contratos que no cuenta con amparo legal alguno.

En definitiva, nos encontramos ante un defecto importante en el diseño de esta nueva fórmula de gestión de los derechos de propiedad intelectual derivada de una falta de conciencia del mundo en el que se desarrolla el precepto que, como vemos, tiene difícil solución. Precisamente, este requisito en el que tanto nos estamos centrando tiene una razón de ser esencial: dar la apariencia de lucha contra la piratería. Lo que se está haciendo es, precisamente, traerla al sistema y, puesto que no podemos erradicarla de forma plena, intentamos que los titulares de derechos se beneficien de ella. Ahora bien, este precepto no trae toda la piratería al sistema pues la definición del Artículo 2.6 de la DDAMUD (Artículo 66.6 del RDL 24/2021) está pensada exclusivamente para las redes sociales y parece que busca excluir a otros operadores como en el pasado fueron emule, The Pirate Bay o Napster. El precepto indica que los sujetos de la norma hacen una organización del contenido con fines lucrativos, un requisito bastante abstracto cuya interpretación puede ser dudosa. El precepto está pensado para forzar a las redes sociales (Facebook, Twitter o TikTok) a conseguir licencias para que sus usuarios utilicen contenido de terceros[558], no para introducir más competencia en el mercado. Parece que subyace la idea de que los titulares de derechos pueden luchar contra estos servicios digitales piratas, pero no contra las grandes plataformas.

No obstante, uno de los objetivos que persigue la flexibilización es que los titulares de derechos se vean obligados a tolerar otras estrategias de explotación entre las que los consumidores puedan elegir. Sin embargo, la finalidad del Artículo 17 de la DDAMUD no es esta, pues únicamente permite que determinados usuarios comerciales respondan frente a los titulares por la explotación de las obras que hagan sus usuarios, sin que el propio intermediario pueda ofrecer un servicio alternativo que compita directamente con el titular de los derechos en su modelo de negocio.

Sin embargo, esto excluye directamente la presencia de distintas estrategias de explotación del mercado, algo que podría haber sido notablemente positivo para su desarrollo[559], puesto que permitiría que los usuarios eligieran entre distintas alternativas sin que ello supusiera un daño a la remuneración del autor, dada la obligación del prestador del servicio a pagar una remuneración equitativa.

---

558 El Artículo 17.2 de la DDAMUD y el Artículo 73.2 del RDL 24/2021 señalan que esta licencia no cubrirá a los usuarios que actúen con una finalidad comercial, lo que pone de manifiesto que el objetivo de estos preceptos es dar amparo legal al comportamiento de usuarios no comerciales a cambio de una remuneración que satisfarán indirectamente a través de los prestadores del servicio para compartir contenido en línea. Por consiguiente, estos usuarios comerciales dentro de los servicios para compartir contenido en línea, como infractores directos, sí están obligados a obtener una licencia.

559 Vid. Krier, James E., Schwab, Stewart J, Property Rules and Liability Rules: the Cathedral in Another Light, (1995) 70 N.Y.U. L. Review (1995), 440 (disponible en http://heinonline.org/HOL/Page?handle=hein.journals/nylr70&div=18&size=4&collection=journals&set_as_cursor=18&men_tab=srchresults).

Así, se trata de un importante paso hacia delante que, aunque se queda corto en algunos aspectos, pues no se ha dado el paso de flexibilizar totalmente el derecho exclusivo introduciendo un derecho exclusivo de gestión colectiva obligatoria o un límite remunerado, sí permite introducir algunas presiones competitivas por mínimas que sean. Debemos señalar que los propios usuarios, pese a que no pueden desplegar una estrategia de explotación de la obra, ya que no es lo que pretende el Artículo 17 de la DDAMUD, sí que pueden realizar determinados actos de uso sobre la misma que sirvan de incentivo al titular de los derechos. Así, los usuarios manifestarán sus intereses y preferencias en lo que a una determinada obra se refiere, lo que redunda en la presencia de más información y, posiblemente, de más calidad en el mercado.

En definitiva, el Artículo 17 de la DDAMUD es una norma de gran relevancia para el futuro de los derechos de autor, pues nos permite abrir camino a una progresiva reducción del "paradigma de la exclusividad" y de las reglas de propiedad que tanto daño hacen en las explotaciones digitales, para pasar, en un futuro esperemos que no muy lejano, a un sistema de responsabilidad. Todavía no se ha acogido plenamente una regla de responsabilidad, pero es un primer paso que había que dar y cuya efectividad habrá que evaluar con el paso del tiempo. De momento, estamos dando a los usuarios libertad para que interactúen con las obras, las comuniquen y compartan libremente con su círculo de amigos o con personas con las que hayan conectado mediante las posibilidades que les aportan las nuevas tecnologías[560]. Todavía quedan avances por hacer para conseguir incentivos efectivos para una explotación de la obra que atienda

560 Estamos ante un concepto todavía por definir que ha superado al ámbito personal y familiar que utilizaba anteriormente la normativa de derechos de autor y su jurisprudencia de desarrollo para regular situaciones de daños mínimos en los que no era conveniente intervenir.

a las necesidades de todos los participantes del mercado, pero no debemos desdeñar el que se ha conseguido con esta norma.

Ahora bien, si podemos destacar una incongruencia en esta norma es que, como ocurre de forma habitual en la UE, la legislación casuística hace que estas normas se queden desfasadas rápidamente. Como indicábamos al analizar la definición de prestador de servicio para compartir contenido en línea, el concepto está muy ligado a un modelo de negocio concreto. Esta forma de afrontar la regulación del mercado, si bien nos permite atacar los problemas existentes en el presente, no tiene ninguna vocación de permanencia; no utiliza conceptos abstractos y flexibles que puedan sobrevivir al paso de los tiempos y que, en consecuencia, nos puedan traer transiciones pacíficas a nuevas realidades económicas en el momento en el que cambie la tecnología utilizada.

IV. LA FLEXIBILIDAD QUE TENEMOS, ¿REALMENTE EXISTE UN PROBLEMA?

Hasta ahora hemos realizado un repaso intenso sobre cómo están diseñados y cómo han sido aplicados los límites más relevantes de nuestro ordenamiento para analizar si tenemos suficiente flexibilidad en nuestro sistema. Tanto la DDASI, como la DDAMUD utilizan conceptos abiertos y formulados de forma abstracta, lo que debería permitir una adaptación progresiva de los preceptos a los nuevos tiempos. No obstante, ello no se está consiguiendo principalmente por dos motivos.

En primer lugar, los Considerandos que informan la aplicación de estas normas carecen de flexibilidad. El gran obs-

---

En este sentido, Vid. Sentencia del Tribunal de Justicia de la Unión Europea de 15 de marzo de 2012 en el Asunto C-135/10, "Del Corso".

táculo está en el Considerando 9º de la DDASI, que establece la necesidad de ofrecer un elevado nivel de protección para los autores que ayuden a promover la creatividad. Así mismo, el Considerando 10º de la misma norma recoge la necesidad de dar una remuneración suficiente a los autores y acompaña al Considerando 9º para justificar una aplicación restrictiva y poco flexible de los límites vigentes. Además, las normas nacionales no acostumbran a ser tan flexibles como la DDASI.

En segundo lugar, la interpretación que ha realizado el TJUE de los límites tampoco ha ayudado a incrementar la flexibilidad del sistema. El alto tribunal europeo ha realizado un análisis demasiado ligado a la letra de la ley e historicista de los conceptos. Esto solamente ha valido para desactualizar la normativa y obligarnos a buscar soluciones complicadas desde el punto de vista teórico. Su posición no era sencilla, pues el TJUE no es titular del poder legislativo en la UE, luego el desamparo al que le han abocado el Parlamento y el Consejo de la Unión Europea ha podido forzar estas interpretaciones.

Ahora bien, podría haberse abogado por interpretaciones más flexibles que estaban dentro de una posible interpretación de las normas vigentes, aunque no fuera la voluntad del legislador. De hecho, algunos Abogados Generales de la Unión Europea se han pronunciado a favor de algunas interpretaciones que se alejaban de una interpretación literal o histórica[561],

---

561 Vid. Conclusiones del Abogado General SR. Maciej Szpunar presentadas el 12 de diciembre de 2018 en el Asunto C-476/17, "Pelham", donde en su párrafo 98 indica claramente que la ponderación de intereses debería llevarnos a establecer un límite que permitiera proteger la actividad que se estaba realizando en este caso, el *sampling*. No obstante, considera que esa labor de ponderación debe realizarla el legislador, luego el TJUE no debería decir nada al respecto. Realmente estamos ante un pronunciamiento sorprendente,

aunque el TJUE lo ha rechazado. Además, en otros casos el TJUE ha creado derecho o, incluso, ha establecido criterios interpretativos que bien podrían ser límites[562] o por lo menos flexibilizan la aplicación del derecho exclusivo[563].

---

puesto que el Abogado General Szpunar es uno de los más estrictos a la hora de valorar la aplicación de los límites, indicando que la actualización por vía jurisprudencial no es posible ni deseable por los daños que provocaría en el proceso de armonización. En este caso, el TJUE indicó que no es posible realizar una ampliación de los límites por vía jurisprudencial y ni siquiera llegó a plantear la posibilidad de realizar una nueva ponderación en sede legislativa. En el mismo sentido, Vid. Conclusiones del Abogado General Manuel Campos Sánchez-Bordona, presentadas el 25 de abril de 2019 en el Asunto C-161/17, "Renckhoff", donde en su párrafo 115 hace unas apreciaciones interesantes indicando que es posible interpretar los límites al tenor de lo dispuesto en la CDFUE, siendo posible ampliar su ámbito objetivo. No obstante, el TJUE, de nuevo desestimó esta posibilidad.

562 Vid. Sentencia del Tribunal de Justicia de la Unión Europea de 15 de marzo de 2012 en el Asunto C-135/10, "Del Corso", donde el TJUE consideró que pese a que se estaba realizando un acto de comunicación al público evidente en la consulta de un odontólogo, el nivel de personas que podían tener acceso a la comunicación no era suficiente como para considerar que había un verdadero público en los términos del Artículo 3 de la DDASI. Esta resolución no reconoce un nuevo límite que debiera ser incluido en el Artículo 5 de la DDASI, pero en la práctica, esto supone que ante determinadas situaciones en las que se realiza un acto de explotación, el titular de derechos no tiene la facultad de accionar para parar ese acto y para solicitar una indemnización. En el mismo sentido, Vid. Sentencia del Tribunal de Justicia de la Unión Europea de 14 de noviembre de 2019 en el Asunto C-484/18, "Spedidam", donde el TJUE consideró que existía una presunción de cesión de derechos. Si bien no estamos ante el reconocimiento de un límite expreso, en la práctica estamos ante una situación notablemente parecida, al eliminar el *ius prohibendi* y establecer que el autor ya ha cedido esos derechos.

563 En España ocurrió con la resolución del Asunto Megakini (Sentencia de la Audiencia Provincial de Barcelona N.º 317/2008, de 17 de

septiembre, y Sentencia del Tribunal Supremo (Sala Primera) N.º 172/2012, de 3 de abril). En este asunto se trataba la posible infracción de derechos de propiedad intelectual por parte de Google con una de las nuevas funcionalidades ofrecidas por el buscador, una suerte de evolución del servicio de memoria caché. En las dos primeras instancias se discutió sobre la naturaleza y requisitos de la excepción de reproducciones provisionales (Artículo 5.1 DDASI y Artículo 31.1 LPI). Sin embargo, el conflicto jurídico que trascendió al TS fue la posibilidad que daba Google de acceder mediante un enlace a la copia caché alojada en los servidores de Google, en lugar de acudir al servidor donde se aloja la página web, considerando el demandante que se estaba haciendo una puesta a disposición no autorizada de su página web y del contenido alojado en esta. A estos efectos el TS consideró que este servicio tiene como finalidad facilitar el tráfico de contenido online y realmente no tiene una significación económica suficiente como para merecer formar parte del monopolio del titular de derechos. De esta forma, realizó una interpretación integradora de la excepción de reproducciones provisionales, la exención a los intermediarios de la sociedad de la información de servicios de memoria caché (Artículo 13 Directiva de Comercio Electrónico y Artículo 15 de la Ley, de servicios de la sociedad de la información y de comercio electrónico, en adelante) y provisión de enlaces (Artículo 17 LSSICE) tomando los criterios de la regla de los tres pasos (Artículo 5.5 DDASI y Artículo 40 bis LPI) y concluyó que al margen de las excepciones recogidas en la lista tasada, todo acto de utilización está sometido a los límites naturales del derecho civil, entre los que se encuentra el uso inocuo. En este sentido, Vid. Carbajo Cascón, F. (2013). "Flexibilización del derecho de autor mediante límites externos a la normativa específica. El caso Megakini v. Google" en *Actas de Derecho Industrial y Derecho de Autor. Tomo XXXIII* (2013).

Por su parte, en Dinamarca su aplicación se ha producido recientemente con la resolución del Asunto Coop Danmark A/S c. K.H. Würtz ved Kasper Heie Würtz (Sentencia del TS de Dinamarca de 18 de diciembre de 2018). Este asunto trata el conflicto entre un fabricante de vajilla, al que se reconoció protección por la vía del derecho de autor, que demanda a una cadena de supermercados que

Por lo tanto, podemos ver que las normas vigentes permiten una aplicación relativamente flexible de su tenor literal siempre que existe voluntad para hacerlo por parte del legislador y de los órganos jurisdiccionales. No obstante, la práctica jurisprudencial

---

estaba utilizando sus creaciones en su publicidad sin haber pedido autorización al titular. El demandado alegó que la utilización de la vajilla en su publicidad era un uso inocuo que de ninguna manera perjudicaba al fabricante al considerar que la vajilla no era relevante en la publicidad (adjuntó como prueba una encuesta a los usuarios del supermercado y únicamente un 2% de estos consideraron que la vajilla había sido relevante a la hora de tomar la decisión de comprar). Este Asunto llegó hasta el Tribunal Supremo Danés que en efecto afirmó que dicho uso era de menor importancia y, por tanto, no constituye infracción de derecho de autor. Sin embargo, el TS Danés, al contrario que el español, no se salió de los cánones establecidos por el ordenamiento jurídico y, dado que ni en la legislación danesa ni en la legislación europea existe un límite de minimis, sentenció que había una infracción de propiedad intelectual.
Para más información, Vid. Ward, A. M. (2019). Danish Supreme Court in Würtz v Coop confirms existence of "de minimis" copyright exception for use of applied art in marketing materials, *IP-Kitten*, disponible en: https://ipkitten.blogspot.com/2019/02/danish-supreme-court-in-wurtz-v-coop.html
También ha ocurrido recientemente en Alemania con la resolución del Asunto Renckhoff, anteriormente tratado en este capítulo, donde, finalmente, el Tribunal Supremo Federal de Alemania se ha visto obligado a asumir que, efectivamente existe una infracción de derechos de autor, pero que la indemnización que debe concederse asciende a 0€. Como en casos anteriores ante el TJUE, no se está reconociendo expresamente la existencia de un nuevo límite, puesto que, de hecho, existe una infracción clara y evidente siguiendo la ya criticada doctrina del Tribunal. No obstante, al establecer que dicha infracción no tiene ninguna consecuencia económica y al estimar que no se ha producido ningún daño, estamos reconociendo que dicho acto es libre y no requiere de una autorización previa por parte del titular de los derechos.

ha venido restringiendo de forma reiterada su aplicación, lo que tiene importantes perjuicios para la realidad económica y la estabilidad del mercado. La culpa no podemos cargarla exclusivamente en los órganos jurisdiccionales, porque, al fin y al cabo, únicamente se limitan a aplicar las normas que les da el legislador. No podemos olvidar, como ya hemos mencionado, que el principal apoyo legislativo que utilizan los órganos jurisdiccionales es el Considerando 9º de la DDASI, que les permite hacer una aplicación notablemente restrictiva de los límites. Este trabajo no pretende buscar culpables de las posibles deficiencias que han podido surgir en la aplicación de las normas, pero sí debemos conocer su origen para poder solucionarlo, no es lo mismo buscar soluciones para una interpretación jurisprudencial no deseada de una norma correcta que para un fallo en el diseño de la normativa que nos lleva a resultados no deseados.

Como hemos visto a lo largo de todo este trabajo, tenemos un importante problema de diseño de la norma, pues el equilibrio de intereses que se pretende conseguir no responde a la realidad a la que tiene que aplicarse. La flexibilidad no es posible porque la norma no está pensada directamente para ello, sino para beneficiar a uno de los participantes del mercado por encima de los demás y, precisamente, este es uno de los principios rectores que deberíamos cambiar para conseguir un resultado distinto en los pronunciamientos jurisprudenciales.

En definitiva, podemos responder a la pregunta que planteábamos en el epígrafe afirmando que sí tenemos un problema, pero no tiene tanto que ver con el diseño del tenor literal de los límites, sino con la jerarquía de intereses que hay detrás de todo el sistema de propiedad intelectual, dado que los límites son un puro reflejo de la jerarquía diseñada por el legislador. Por lo tanto, con este cambio en los límites debemos cambiar la jerarquía, de lo contrario no podemos esperar pronunciamientos jurisprudenciales distintos a los que ya tenemos.

PARTE IV. ¿CÓMO ALCANZAMOS EL EQUILIBRIO (INESTABLE)?

Capítulo XI. Posibles estrategias y algunas conclusiones

Finalizábamos el capítulo anterior señalando que tenemos un problema de diseño del sistema de propiedad intelectual. Los intereses a los que se da preferencia no permiten alcanzar un equilibrio, pues se beneficia a los titulares de derechos de forma poco eficiente y efectiva. De hecho, a quien realmente favorece es a los intermediarios tradicionales que diseñan las estrategias de explotación. Posiblemente, el legislador ignorase esta situación cuando se sentaron las bases del mercado de la propiedad intelectual en el siglo XVIII, pero con el paso de los años, parece que, lejos de retractarse, sigue incidiendo en el error.

Esta situación nos ha llevado a un punto de difícil retorno, porque las estructuras de funcionamiento del mercado viven en una doble tensión difícil de resolver. Por un lado, los intermediarios tradicionales han consolidado su posición y difícilmente renunciarán voluntariamente a las cotas de poder que han conseguido a lo largo de los años. Por otro lado, se ha atribuido a los usuarios comerciales una función de árbitros que ni les corresponde, ni les debe corresponder al no ser neutrales.

El régimen jurídico que afecta a las relaciones entre todos estos operadores tiene algunos fallos, pues no tiene en cuenta el alcance real de estas interacciones ni las necesidades de todos los participantes. La falta de flexibilidad se nota, pues la necesaria generalidad de la normativa vigente no se adapta bien a todas las circunstancias que nos proporciona la práctica jurídica. El cambio es necesario, porque las tensiones que siempre se van a producir con cualquier cambio económico, social y/o tecnológico no se están resolviendo correctamente.

Para ello podemos seguir distintas estrategias que debemos valorar de forma detallada.

I. MANTENER LA LISTA TASADA DE INTERPRETACIÓN RESTRICTIVA AMPLIANDO LOS SUPUESTOS

Esta opción es la menos rupturista porque no estaríamos cambiando en absoluto la función que tienen los límites en nuestro ordenamiento ni la forma de aplicarlos. Esta es la solución propuesta de forma clara por el Abogado General Sr. Maciej Szpunar en sus Conclusiones presentadas el 12 de diciembre de 2018 en el Asunto C-476/17, "Pelham". En esta resolución, consciente de que el conflicto de intereses planteado en este procedimiento no encontraba un acomodo legal en la normativa vigente, invitaba a los órganos legislativos de la Unión Europea a modificar la legislación para permitir que el "sampling" estuviera amparado y no nos encontráramos con otro supuesto similar en el futuro. Esta es la primera resolución dentro del TJUE que hizo este llamamiento a modificar la normativa, pero esta siempre ha sido la estrategia de cabecera para los magistrados del Tribunal, puesto que es la adoptada por el legislador y nunca se ha abordado una visión constructivista del derecho que cambiara radicalmente las posiciones del derecho, siempre que no fueran abiertamente contrarias a los Tratados Constitutivos de la UE.

La solución propuesta por el Abogado General Szpunar, plantea distintos aspectos positivos, de los cuales podemos destacar dos. Una primera ventaja es la legitimidad democrática del sistema. Una de las cuestiones que siempre se plantea cuando se habla de una normativa flexible es que los órganos jurisdiccionales se conviertan en legisladores *de facto*. Frente a esta afirmación deberíamos diferenciar entre dos fases distintas en lo que a los límites se refiere: el diseño de los criterios de ponderación y su aplicación. Lo ideal es que los criterios estén fijados por el legislador, puesto que tienen que estar fundados en decisiones políticas. Por lo tanto, en la aplicación de los límites, los órganos jurisdiccionales tienen una labor más limitada como consecuencia de las reglas establecidas por los órganos legislativos.

Una segunda ventaja la encontramos a la hora de llegar a soluciones equitativas y, sobre todo, efectivas. El procedimiento legislativo tiene la enorme virtud de que permite oír a muchas partes implicadas. De hecho, en numerosas ocasiones, la emisión de normas por parte de los órganos legislativos contempla la obligación de solicitar informes a distintos órganos del Estado que pueden aportar una visión distinta a la que tienen los propios legisladores para tratar de conciliar los distintos intereses que estén en juego. Por el contrario, en un procedimiento judicial solamente se pueden tener en cuenta los intereses que plantean las partes en conflicto y nada más, el órgano jurisdiccional no se puede salir de ello[564]. Por este motivo, las soluciones que se pudieran adoptar pueden estar incompletas al estar ausentes algunas perspectivas que pueden ser importantes en la creación de normas. De hecho, en la jurisdicción civil los órganos jurisdiccionales solamente pueden pronunciarse sobre las pretensiones planteadas por las partes. De esta forma, si las partes yerran al formularlas o las plantean de una forma

---

564 Vid. Bronstrup, F. B. (2016). The Amicus Curiae in the Spanish Constitutional Jurisdiction. *Revista Española de Derecho Constitucional,* (108), 181-200, quien pone de manifiesto que en España, la figura del *amicus curiae* no está en absoluto institucionalizada a diferencia de los países anglosajones, donde es habitual que participen terceros en un procedimiento judicial para aportar información. En nuestro país, la participación de estos terceros no está vetada, pero sí es mucho más complicada.

limitada, el órgano jurisdiccional no puede emitir los pronunciamientos más acertados.

Esta propuesta también tiene puntos negativos. En primer lugar, debemos aludir necesariamente a su poca capacidad transformadora y evolutiva. Evidentemente, al introducir nuevos límites en nuestra normativa vamos a poder cambiar el equilibrio de poderes dentro del mercado. No obstante, debemos salir del "maravilloso mundo de la teoría" para descender al "tortuoso mundo de la práctica" donde cambiar los equilibrios de poderes no es algo tan sencillo por distintos motivos.

Precisamente, el motivo más importante, ya lo adelantábamos al comienzo de este epígrafe, la escasa capacidad transformadora que tiene esta estrategia desde el punto de vista institucional. Si seguimos manteniendo un sistema cerrado sumado a una interpretación restrictiva, llegará un punto en el que por mucho que ampliemos la lista de límites, esta se agotará. En nuestra filosofía jurídica siempre ha estado presente la máxima según la cual las definiciones cerradas son una trampa[565], dado que el lenguaje jurídico es necesariamente inexacto; no existen las leyes con un "significado claro e incontrovertido"[566]. Estas definiciones poco flexibles, lejos de darnos la seguridad jurídica que pretende el legislador, nos lleva a numerosos conflictos sobre su aplicación, precisamente, porque los términos empleados no se corresponden con las necesidades sociales. Además, para crear estas definiciones es necesario utilizar conceptos jurídicos indeterminados[567],

---

565 Vid. Hernández Marín, R. L. (1994). Definiciones en el Derecho. *Anuario de filosofía del derecho*, (11), 367-380, quien sostiene que no pueden existir fórmulas inequívocas de definición.

566 Vid. Dworkin, R. (1958). El positivismo y la independencia entre el derecho y la moral, *Harvard Law Review*, núm. 71.

567 Vid. Peukert, A., Husovec, M., Kretschmer, M., Mezei, P., & Quintais, J. P. (2022). European Copyright Society–Comment on

lo que tampoco ayuda a clarificar el ámbito de aplicación de los límites. De esta forma, vemos cómo el legislador europeo está intentando lograr la cuadratura del círculo buscando límites que estén circunscritos a casos concretos mediante la utilización de conceptos jurídicos indeterminados interpretados de forma restrictiva. Prueba de esta confusión son las numerosas cuestiones prejudiciales que ha tenido que resolver el TJUE desde la famosa Sentencia de 7 de diciembre de 2006 en el Asunto C-306/05, "SGAE c. Rafael Hoteles" con la que comenzó una larga lista de resoluciones sobre la interpretación que debía darse al concepto de comunicación al público.

En segundo lugar, debemos tener en cuenta que, de conformidad con lo dispuesto por el TJUE, las modificaciones de la lista de límites solamente las pueden acometer las instituciones legislativas de la Unión Europea. Esto plantea un problema práctico evidente que no podemos obviar, pues el procedimiento legislativo en la Unión Europea es bastante largo[568]. A ello debemos añadir los retrasos existentes en la transposición de estas normas comunitarias y la heterogeneidad de estas.

En tercer lugar, el problema de este sistema no está solamente en los plazos, sino también en su efectividad. Las modificaciones en las Directivas de la UE tienen que ser implementadas por los Estados Miembros, lo que no siempre facilita la homogeneidad legislativa en el mercado común. En ocasiones, estas transposiciones creativas han terminado con procedimientos de infracción promovidos por la Comisión Europea

---

Copyright and the Digital Services Act Proposal. *IIC-International Review of Intellectual Property and Competition Law, 53*(3), 358-376.

568 Basta observar que los trabajos preparatorios de la DDASI comenzaron a mediados de la década de 1990 y culminaron en el año 2001. Del mismo modo, la actual DDAMUD comenzó a prepararse en la primera mitad de la década de 2010, cristalizando en 2019.

ante el TJUE por una defectuosa implantación de las medidas dispuestas en las Directivas.

En cuarto lugar, debemos señalar una realidad que a veces pretender obviarse y es que los legisladores no son infalibles. A pesar de que los órganos legislativos tienen a su disposición numerosos medios para conocer las necesidades de la sociedad, las situaciones que puede prever siempre son limitadas, puesto que entre sus capacidades no está predecir el futuro. Simplemente pueden hacerse estimaciones, pero la práctica nos ha demostrado que los cambios tecnológicos pueden ser imprevisibles. De esta forma, tarde o temprano terminaremos llegando a la misma situación en la que nos encontramos ahora, donde legislación no se adecúa a las necesidades sociales.

Además, las decisiones de política económica, científica y cultural no tienen por qué ser las más efectivas, puesto que ni la política ni el derecho son ciencias exactas. Por lo tanto, las prioridades legislativas, por muy legítimas y bienintencionadas que pretendan ser, no siempre van a ser la mejor solución posible. De hecho, debemos advertir que la valoración de estas estrategias políticas es, en esencia, subjetiva y su conveniencia siempre está sometida a la opinión que tenga el autor de la crítica. No obstante, lo ideal es avanzar para tratar de corregir los efectos negativos de esas políticas, por lo que nuestra tarea es valorar si los defectos de esta estrategia son razonables y conviene corregirlos con enmiendas parciales que favorezcan una mejor integración de las partes perjudicadas o, por el contrario, son tan numerosos que necesitamos darle un vuelco importante a la estrategia.

Dados los puntos negativos que hemos expuesto parece que esta estrategia debería decaer. De un tiempo a esta parte, el legislador solamente ha podido ofrecer parches que han servido durante un corto período de tiempo. Lo cierto es que este sistema nunca podrá satisfacer las necesidades de los participantes del mercado dada la poca flexibilidad y capacidad de adaptación. No estamos diciendo que este sistema sea absolutamente inútil, porque no lo es y aporta perspectivas necesarias en el diseño de una estrategia efectiva. Ahora bien, sus consecuencias negativas sobrepasan a las positivas.

En conclusión, debemos descartar esta estrategia porque no está dando las soluciones necesarias para conseguir un funcionamiento equilibrado del mercado. Si nuestro objetivo es promover la creación y volver al ideal revolucionario de la protección del individuo creador, no podemos mantener este sistema que protege de forma preferente la inversión que está detrás de la actividad creativa, pero no al individuo que la desarrolla, el titular del "genio creativo". Sí que es cierto que nos permitiría introducir nuevos límites, incluso asociándolos a derechos de mera remuneración para así restar poder al monopolio de los titulares y crear más espacios en los que rija una regla de responsabilidad. No obstante, siempre lo estaríamos haciendo desde una perspectiva excepcional y restrictiva, de tal forma que no podríamos sacar todo el potencial que pueden tener los límites en nuestro ordenamiento para moldear los equilibrios de poder en el mercado.

II. MANTENER LA LISTA TASADA CON UNA INTERPRETACIÓN FLEXIBLE DE SUS DISPOSICIONES

La siguiente propuesta nos permite mantener la esencia del sistema vigente, con todas las virtudes que van asociadas a él, pero corrigiendo algunos problemas derivados de la exhaustividad y de la interpretación restrictiva. Es una posición más rupturista que la anterior porque nos obliga a abandonar el paradigma de la exclusividad y la preponderancia de los titulares de derechos.

Las virtudes del sistema anterior permanecen, dado que seguimos contando con un procedimiento legislativo que nos permite tener en cuenta todos los intereses de las partes que sean llamadas a participar en él. Esta estrategia da más libertad a los órganos jurisdiccionales para implementar estas reglas y ampliar o reducir su ámbito de aplicación cuando sea necesario. Ello permite a los órganos jurisdiccionales flexibilizar o moldear el sistema en función de las necesidades del caso concreto, siempre atendiendo a los criterios marcados por el legislador.

Ahora bien, debemos garantizar que la creación normativa siga en manos de los órganos legislativos y que los órganos jurisdiccionales no tomen decisiones políticas que generen normas nuevas. Aquí debemos entrar en la separación de las dos fases que enunciamos anteriormente. Los criterios de ponderación deben estar fijados por los órganos legislativos y posteriormente, serán los órganos jurisdiccionales los que, tras analizar los intereses en juego, determinarán si debe aplicarse o no el límite y en qué forma.

Esta solución, a priori, parece razonable, pero no va a acabar con todos nuestros problemas, puesto que también plantea desventajas. La principal la encontramos en la posibilidad de valorar todos los intereses en juego, algo imposible en un procedimiento judicial civil. De esta forma, la capacidad de los tribunales para conseguir pronunciamientos equitativos y efectivos para el buen funcionamiento del mercado es limitada. Sin embargo, la función de los órganos jurisdiccionales debería ser esta, pero lo cierto es que sus decisiones sobre cómo debe aplicarse la normativa influyen en la conducta de los participantes del mercado y en las resoluciones posteriores[569]. De hecho, en

569 Vid. Sentencia del Tribunal de Justicia de la Unión Europea de 13 de febrero de 2014, Asunto C-466/12, "Svensson", pronunciamiento con el que introdujo una serie de criterios para analizar si estábamos ante una infracción de los derechos de autor o no, criterios que nunca estuvieron presentes en la normativa vigen-

ocasiones han llegado a establecer límites nuevos cuando lo han considerado oportuno[570]. Por lo tanto, los órganos jurisdiccionales van a estar en una posición institucional complicada.

Por lo tanto, ante esta situación, debemos valorar si la estrategia propuesta en este apartado nos lleva a una situación en la que los órganos jurisdiccionales se convierten en actores políticos para garantizar el buen funcionamiento del mercado, o no. Para ello debemos analizar qué facultades se les están encomendando. Debemos partir de la premisa de que actualizar las

---

te. No obstante, tras esta sentencia este criterio se ha incorporado a nuestro sistema jurídico y ha sido aplicado de forma consistente a lo largo de los años en la jurisprudencia de este tribunal y en los órganos jurisdiccionales de los Estados Miembros. En el mismo sentido, Vid. SSTJUE de 10 de noviembre de 2016 en el Asunto C-174/15, "Vereniging Openbare Bibliotheken" y de 14 de noviembre de 2019 en el Asunto C-484/18, "Spedidam".

570 Vid. Sentencia del Tribunal de Justicia de la Unión Europea de 14 de noviembre de 2019 en el Asunto C-484/18, "Spedidam", resolución en la que, *de facto*, reconoció la existencia de un nuevo límite mediante la inclusión de una licencia implícita.
La misma situación nos encontramos en la Sentencia del Tribunal de Justicia de la Unión Europea, donde el TJUE estimó que, pese a que el concepto de préstamo está vinculado exclusivamente a la explotación en formato material, debía incluirse el préstamo online en esta modalidad para mantener el sistema de gestión colectiva obligatoria previsto en el Artículo 6.1 y en los Considerandos 12-14 de la Directiva 2006/115 de alquiler y préstamo, especialmente en lo que respecta al "préstamo público" en las instituciones promotoras del patrimonio cultural. De lo contrario, las transacciones serían más complicadas y dificultarían la consecución de objetivos de interés público (Vid. Artículo 37.2 del TRLPI que transpone esta disposición). En definitiva, nos encontramos ante la decisión de flexibilizar el derecho exclusivo estableciendo un sistema de gestión colectiva obligatoria que impida a los titulares decidir discrecionalmente a quién le conceden una licencia.

normas no es lo mismo que crearlas *ex novo*, pero tampoco es lo mismo que aplicarlas. Estamos ante una categoría intermedia en la cual los órganos jurisdiccionales, utilizando los criterios establecidos por los órganos legislativos, innovan para cubrir lagunas que estos han dejado. No estamos ante creación de derecho porque siguen normas preexistentes dictadas por el legislador para supuestos con los que existe una identidad de razón. Ahora bien, la decisión de tomar los criterios preexistentes para aplicarlos también podría ser considerada como una decisión política, pues se decide asignar unos criterios a una situación que no estaba previamente regulada.

Sin embargo, la estrategia aquí propuesta es mucho más simple, puesto que pretende que el legislador dé unos criterios que puedan ser interpretados de forma flexible y que no predefina de forma tan exhaustiva el ámbito de aplicación para que sean los órganos jurisdiccionales los que valoren si se cumple con esos requisitos, o no. No sería necesario, por lo tanto, que utilizaran la técnica de la analogía. Ahora bien, estamos ante una situación espinosa, pero, dado que los órganos jurisdiccionales no están estableciendo criterios nuevos, sino reutilizando los ya existentes, no debemos considerar esta actividad como creación de derecho *ex novo*. De hecho, lo que deben buscar los órganos jurisdiccionales con este sistema es preservar el *statu quo* pretendido por el legislador.

De esta forma, los órganos jurisdiccionales van a poder ampliar o reducir las situaciones que entran dentro del supuesto de hecho de un determinado límite o excepción, pero no lo van a hacer a su libre arbitrio, ni ampliando o reduciendo el catálogo de intereses necesitados de protección, sino que siempre lo van a realizar siguiendo las pautas marcadas por los órganos legislativos. Sin embargo, es cierto que la principal intención va a ser ampliar el ámbito objetivo, puesto que es la necesidad más frecuente.

A continuación, debemos valorar cómo afectaría esta nueva estrategia de aplicación de los límites a la estructura del mercado y, sobre todo, a la protección de los intereses de los titulares originarios de derechos. En el primer apartado de este capítulo señalábamos que ampliar el ámbito objetivo de los derechos exclusivos realmente nos lleva a una situación totalmente contraria a la pretendida, puesto que solamente consigue incrementar el poder de mercado de los intermediarios tradicionales, lo que genera mayores desequilibrios en la estructura del mercado. Esta estrategia no ataca directamente al poder de los intermediarios tradicionales, pero los órganos jurisdiccionales tienen la capacidad de flexibilizar el derecho exclusivo evitando abusos en el ejercicio de los derechos exclusivos, que es la principal reivindicación que hemos hecho en este trabajo. Los límites tienen que ser, además de una institución para regular las relaciones de los titulares de derechos con los demás participantes del mercado, una barrera para evitar los abusos de derecho, algo que actualmente no siempre ocurre[571]. Para ello podemos tomar conceptos ya desarrollados en el marco del derecho de la competencia. Debemos abandonar el paradigma de la exclusividad y del derecho de propiedad fuerte, pues ya no se corresponde con las nuevas circunstancias del mercado.

---

571 Vid. Sentencia del Tribunal de Justicia de la Unión Europea de 7 de agosto de 2018 en el Asunto C-161/17, "Renckhoff", donde este órgano amparó que una titular de derechos evitara que sus obras estuvieran incorporadas a un trabajo escolar cargado en la página web del centro docente. Así, como la limitación educativa no sirvió de barrera para evitar el posible abuso cometido por el Sr. Renckhoff, autor de la fotografía, el Tribunal Supremo Alemán encontró mecanismos para corregir esta situación y concedió una indemnización de 0€ al considerar que, pese a existir una infracción de los derechos de reproducción y de comunicación al público, no se había producido daño alguno.

La flexibilidad es la mejor baza para conseguir una respuesta más efectiva a los constantes cambios del mercado.

Para hacer esta interpretación más flexible, podemos acudir a una institución que existe en nuestro ordenamiento desde hace bastante tiempo: la regla de los tres pasos. Se trata de un instrumento que nació como guía para que el legislador elaborara sus límites a los derechos de explotación, pero con el paso del tiempo se ha ido reinterpretando hasta convertirlo en un tope a la aplicación de los límites gracias a una disposición que se introdujo en los Tratados de la OMPI de 1996. Esta versión es la que se incorporó a la DDASI y, en consecuencia, al resto de legislaciones nacionales. No obstante, hay que darle otro enfoque para flexibilizar el sistema[572] utilizándola como un instrumento para aplicar los límites de una forma más abierta, de tal forma que a los criterios ya establecidos añadiríamos estos para dotar de mayor sentido al resultado.

En conclusión, esta estrategia de definición de los límites sí tiene un importante potencial para transformar la estructura del mercado y beneficiar a los titulares originarios de derechos y a los usuarios. Dar a los órganos jurisdiccionales la posibilidad de ampliar el ámbito objetivo de los límites en función de las circunstancias del caso concreto y siempre que se cumplan los requisitos preestablecidos por el legislador, nos permite atajar ciertos abusos de poder de los titulares de derechos,

---

572 Vid. Geiger, C., Griffiths, J., & Hilty, R. M. (2008). Declaration on a balanced interpretation of the "three-step test" in copyright law. *IIC, 39*(6), 707-71, quienes abogan directamente por cambiar el significado de esta institución para convertirla en un límite abierto a la normativa. No obstante, aquí proponemos darle un papel más reducido. No se trataría de un límite abierto, sino de una regla que nos ayude a interpretar de una forma más flexible los límites ya existentes.

principalmente los que lo son a título derivativo, evitando que utilicen el derecho exclusivo para impedir que los usuarios realicen actividades que puedan resultar molestas para su modelo de negocio. Además, este sistema permite mantener una distribución de funciones coherente con los caracteres de un estado democrático entre los órganos legislativos y jurisdiccionales. Así mismo, si fuera necesario, podemos incrementar la lista de límites cuando se estime necesario, luego partimos de un escenario notablemente positivo.

III. MANTENER LA LISTA TASADA PONIENDO EN VALOR LOS LÍMITES EXTERNOS A LA NORMATIVA ESTATUTARIA DE LA PROPIEDAD INTELECTUAL

La siguiente estrategia es similar a la anterior, el punto de partida sigue siendo una lista tasada de límites, pero, además, nos permite recurrir a otras instituciones jurídicas que sirven para limitar los derechos de propiedad. Se trataría de utilizar de forma más asidua, entre otras, la doctrina del abuso de derecho, el uso contrario a la buena fe, la doctrina de los usos inocuos y el derecho de la competencia; instituciones que no son desconocidas para la propiedad intelectual. Así mismo, algunos órganos jurisdiccionales nacionales y un sector de la doctrina europea[573] han planteado utilizar los derechos funda-

---

573 Para más información, Vid. Geiger, C. (2006). Constitutionalising intellectual property law? The influence of fundamental rights on intellectual property in the European Union. *International Review of Intellectual Property and Competition Law, 37*(4); Peukert, A. (2015). The fundamental right to (intellectual) property and the discretion of the legislature. *Research handbook on human rights and intellectual property*, 132-148; van Deursen, S., & Snijders, T. (2018). The Court of Justice at the crossroads: clarifying

mentales como un límite a los derechos de autor, realizando un ejercicio de ponderación.

De nuevo, partimos de los mismos puntos positivos que en la estrategia anterior: unas reglas flexibles aplicadas por los órganos jurisdiccionales en función de las circunstancias del caso concreto. Ahora bien, en las situaciones en las que la lista de límites se muestre insuficiente, los órganos jurisdiccionales tienen que ser capaces de dar una solución equitativa y, sobre todo, efectiva; luego, conforme a esta estrategia podrán acudir a doctrinas o principios generales del derecho que les permitan satisfacer los distintos intereses en conflicto. Ello comporta, además, que la forma de analizar los casos debe ser distinta, teniendo en cuenta conceptos que trascienden de la propiedad intelectual y nos llevan al derecho de la competencia y al derecho regulatorio. Por lo tanto, las pocas dudas que pudiera haber sobre la posibilidad de que los órganos jurisdiccionales

---

the role for fundamental rights in the EU copyright framework. *IIC-International Review of Intellectual Property and Competition Law, 49*, 1080-1098; Geiger, C. (2021). Building an Ethical Framework for Intellectual Property in the EU: Time to Revise the Charter of Fundamental Rights. *Innovation law and Policy, Which Reforms for IP Law*; y Rendas, T. (2021). Fundamental Rights in EU Copyright Law. *The Routledge Handbook of EU Copyright Law.*

En particular, Vid. Ohly, A. (2013). European fundamental rights and intellectual property. En Ohly, A. y Pila, J. (Eds.) *The Europeanization of intellectual property law: towards a European legal methodology, 145*, quien señala que el derecho de propiedad en el marco constitucional europeo no prevé una lógica propietaria "*in dubio pro propietari*", lo que facilitaría notablemente una flexibilización de los derechos exclusivos y su conjugación con los intereses de los demás participantes del mercado a través de la función social de la propiedad al no existir un desequilibrio en origen como si ocurre en la legislación de propiedad intelectual.

estén creando derecho, se acaban definitivamente, pues ni siquiera están actualizando las normas existentes, sino que se limitan a aplicarlas.

En este sentido, las propuestas que hemos señalado al comienzo de este epígrafe podrían haber dado soluciones adecuadas a conflictos que hemos analizado a lo largo de este estudio. Por ejemplo, retomando el Asunto Renckhoff[574], la doctrina de los usos inocuos nos habría dado una solución mucho más sencilla y, sobre todo, equitativa para el conflicto que se presentaba. De hecho, sin mencionarla, el *Bundesgerichtshof* (Tribunal Supremo Federal Alemán) en su Sentencia de 10 de enero de 2019 terminó utilizándola al negar una indemnización por daños y perjuicios al titular de la obra al considerar que no había producido ningún daño con la explotación infractora realizada. Quizás fue un fallo de las partes a la hora de plantear sus pretensiones en el juicio al centrarse exclusivamente en la normativa de propiedad intelectual y no acudir a otras instituciones. Por el motivo que fuera, no se planteó esta doctrina, pero dada la solución final, parece que habría sido la norma que mejor se adaptaba al caso.

También el TJUE ha utilizado la doctrina de los usos inocuos en ocasiones anteriores, como ocurrió en el Asunto "Del Corso"[575], donde el Tribunal consideró que para la existencia de un verdadero acto de comunicación al público debe haber un número de personas mínimo. De esta forma, sin mencionarlo, el Tribunal considera que hay actos que tienen una importancia tan reducida que no merecen la preocupación de las

---

574 Vid. Sentencia del Tribunal de Justicia de la Unión Europea de 7 de agosto de 2018 en el Asunto C-161/17, "Renckhoff".

575 Vid. Sentencia del Tribunal de Justicia de la Unión Europea de 15 de marzo de 2012 en el Asunto C-135/10, "Del Corso".

instituciones del Estado porque no causan ningún daño a los derechos de los particulares. No obstante, el Tribunal nunca mencionó que estuviera aplicando esta doctrina para resolver el caso, lo que seguramente se debe a que no es una institución jurídica recogida en el derecho de la Unión Europea.

Por su parte, el Tribunal Supremo Español, en el año 2012, dictó una Sentencia en el asunto Megakini en la que hizo uso de la doctrina del abuso de derecho como complemento y/o sustituto de la excepción de reproducciones provisionales. No obstante, su utilización fue objeto de duras críticas por parte de la doctrina y, hasta la fecha, ningún órgano jurisdiccional nacional ha vuelto a pronunciarse en los mismos términos.

Recientemente, el TJUE se ha vuelto a pronunciar en estos términos en su STJUE de 3 de junio de 2021, As. C-762/19, "CV-Online Latvia", donde ha aplicado la doctrina del uso inocuo a la extracción y reutilización de bases de datos. En este sentido, su interpretación del Artículo 7 de la Directiva de Bases de Datos indica expresamente que deberá analizarse sí ese acto de explotación:

> *"ocasionen un perjuicio a su inversión en la obtención, verificación o presentación de dicho contenido, es decir, siempre que constituyan un riesgo para las posibilidades de amortización de esa inversión mediante la explotación normal de la base de datos en cuestión".*

No debemos tomarnos esta sentencia como una regla general, puesto que deriva de la aplicación de la Directiva de Bases de Datos y no de la DDASI. Esta no es una cuestión baladí, dado que la protección de las bases de datos tiene un fundamento distinto y el TJUE hace una notable y nada casual insistencia en ello. Este derecho exclusivo protege la inversión realizada por los creadores, no al genio creativo; luego la aplicación de las normas no siempre va a ser las mismas. Parece que al tratarse simplemente de una inversión económica, el TJUE considera que las reglas de protección deben ser otras. Ahora bien, los costes de creación que se pretenden remunerar también son fruto de una inversión, sobre todo en tiempo y formación, luego el fundamento es esencialmente el mismo. De hecho, la propia DDASI se centra mucho en conseguir un elevado nivel de protección en aras de garantizar una adecuada remuneración de los autores. Sin embargo, el TJUE no parece valorarlo de la misma manera y atribuye una entidad superior a las obras originales como consecuencia del elemento creativo, lo que podría llegar a excluir la aplicación de la doctrina del uso inocuo de nuestro ordenamiento. En este sentido, basta ver la rigidez con la que ha aplicado los límites este Tribunal en la última década.

Así mismo, apoyándonos en la doctrina del abuso de derecho podríamos valorar una transposición amplia del Artículo 12 de la Directiva 2004/48 a nuestro ordenamiento jurídico, que permite una solución muy flexibilizadora del derecho de propiedad intelectual al estilo de la solución adoptada por el Tribunal Supremo Federal Alemán en el Asunto Renckhoff[576], reconociendo la existencia de una infracción, pero tolerándola con una indemnización, en este caso de 0€. Podemos coger el guante que nos deja el Tribunal Supremo Federal de Alemania y reconocer que en determinados casos hay una infracción del derecho de propiedad intelectual, tolerarla y que el órgano jurisdiccional establezca una licencia a modo de indemnización. Ello requeriría una reforma del Artículo 12 de la Directiva 2004/48, únicamente previsto para actuaciones no intencionadas y no negligentes, para ampliarlo a supuestos en los que la utilización de la obra o prestación supone un beneficio para el mercado en términos de generación de valor añadido. Nos en-

---

576 Vid. Ling, P. (2019). Copyright Infringement Confirmed, but No Damages for "Cordoba" Photographer, *The IPKat*

contraríamos ante una solución equivalente a la que nos da el derecho de la competencia con las negativas a contratar cuando se aplica la doctrina de las infraestructuras esenciales para los supuestos en los que no existe una posición de dominio. Se trataría de una forma de sustituir el derecho exclusivo por una regla de responsabilidad *ad hoc* en sede jurisdiccional en aquellos casos en los que hubiera un beneficio para la competencia en el mercado. Estaría sería una gran opción, pues manteniendo el derecho exclusivo, los órganos jurisdiccionales podrían flexibilizarlo ante una conducta injustificada.

Para ello necesitamos herramientas más potentes que puedan poner coto a determinados comportamientos de los titulares de derechos que son contrarios al mercado. Para desarrollar este tipo de requisitos podemos acudir a pronunciamientos previos del TJUE[577]. De esta forma, hay que evitar que los titulares impidan utilizaciones de sus obras o prestaciones que no les causan daño alguno, pero generan eficiencias importantes e incrementos de bienestar tanto para individuos concretos

---

577 Vid. STJUE de 26 de noviembre de 1998, As. C-7/97, "Bronner" (ECLI:EU:C:1998:569), cuya doctrina ha sido reconsiderada en la STJUE de 12 de enero de 2023, As. C-42/21 P, "Orlen Lietuva AB" (ECLI:EU:C:2023:12). En estos pronunciamientos se pone de manifiesto que es necesario poner coto a las situaciones de poder en el mercado, sobre todo cuando tienen productos que son esenciales para su buen funcionamiento. Al aplicar estos requisitos, debemos ser conscientes de que estas sentencias atajan situaciones de dominio en el mercado, que aquí no existen. No obstante, aunque no haya una posición de dominio, sí que tenemos operadores que bloquean el normal desarrollo y la evolución del mercado con sus derechos exclusivos. De esta forma, existe una identidad de razón que debe ser valorada para implementar esta forma de pensar, buscando un justo equilibrio entre los distintos operadores que participan en el mercado.

como para la sociedad[578]. Ello nos obliga a acudir a conceptos propios del derecho de la competencia sobre eficiencias y bienestar general. Debemos garantizar que se concluyan cuantas más transacciones que sean positivas para el funcionamiento del mercado, de tal forma que se maximice la creación de riqueza y un reparto equitativo de la misma.

En conclusión, esta estrategia facilita un control de la labor de los titulares de derechos de una manera más intensa que la lista de límites cerrada, puesto que nos permite atajar ciertas utilizaciones abusivas de los derechos exclusivos. No obstante, esto no va a arreglar todos nuestros problemas, pues no soluciona las desigualdades que sirven de plataforma para cometer dichos abusos. No podemos tolerar que los derechos de propiedad intelectual, que nacieron para promover la competencia dinámica, sirvan como freno a la innovación subsiguiente para proteger los intereses de sus titulares.

IV. ESTABLECER UNA CLÁUSULA ABIERTA Y FLEXIBLE SIMILAR AL *FAIR USE*

La última estrategia que proponemos es la más radical, pues supone un cambio de paradigma fundamental en la función de los límites en el marco legal europeo desde su nacimiento. Esta estrategia ya no solo busca flexibilizar la anterior, sino que directamente acaba con la lista cerrada y exhaustiva introduciendo un límite abierto. Esta cláusula de cierre permitiría a los órganos jurisdiccionales introducir nuevos límites que no han sido previstos anteriormente por el legislador. Estaría-

578 Vid. Sentencia del Tribunal de Justicia de la Unión Europea de 3 de junio de 2021, As. C-762/19, "CV-Online Latvia" (ECLI:EU:C:2021:434).

mos ante una situación parecida a la que tenemos en la Ley de Competencia Desleal, donde existe una cláusula general que nos sirve a la vez como guía interpretativa y como ilícito propio e independiente. Si queremos que esta vía funcione, el ejemplo por el que nos tenemos que guiar es el Artículo 4 de la LCD, que establece unas reglas claras sobre lo que es un acto de competencia desleal que luego es aplicado por los órganos jurisdiccionales. Se trata de unas reglas abstractas que admiten cierta flexibilidad, pero su claridad aporta seguridad jurídica en su aplicación.

Esta estrategia nos permite obtener nuevos límites sin intervención legislativa. De esta forma, la agilidad a la hora de cambiar situaciones que no se ajusten a los parámetros de buen funcionamiento del mercado es mucho mayor. No obstante, esta estrategia tiene un problema evidente: la falta de legitimidad democrática de estos nuevos límites. Estamos ante una situación distinta a la que planteábamos en la segunda y tercera estrategia, pues el legislador da unas pautas demasiado abstractas en las que no se definen los intereses en juego ni cuáles necesitan protección, son los órganos jurisdiccionales quienes deciden al respecto. Por lo tanto, se obliga a los órganos jurisdiccionales a posicionarse sobre qué intereses merecen protección.

Si decidimos obviar este importante escollo, debemos hacer referencia, a continuación, a la efectividad de este sistema. Aquí es donde no encontramos parangón con las estrategias anteriores, puesto que da una flexibilidad mayúscula a los órganos jurisdiccionales a la hora de aplicar las normas. Pueden moldear la normativa de límites en función de las necesidades del caso concreto sin problema.

Ahora bien, la aplicación de esta cláusula responderá a la filosofía general conforme a la que esté configurada el sistema de límites, que puede ser más abierta o restrictiva. Esta maleabilidad es necesaria para que los órganos jurisdiccionales se adapten a las necesidades de cada situación y cada época, abriendo o cerrando el ámbito de aplicación de los límites. El problema puede aparecer cuando los órganos jurisdiccionales no tomen decisiones homogéneas y la jurisprudencia comience a ser confusa. De esta forma, la seguridad jurídica de unas reglas flexibles pero claras se desvanecería.

Además, conseguir un corpus jurisprudencial suficiente podría prolongarse en el tiempo, algo que ya ha ocurrido con el *fair use*[579] en el Tribunal Supremo de EE. UU. Por lo tanto, hasta que esta doctrina llegue el sistema debe plantear respuestas, puesto que surgirá una importante inseguridad jurídica. Este es un punto insalvable de esta estrategia, pues todo cambio de sistema obliga a un estudio y desarrollo doctrinal y jurisprudencial que necesariamente lleva tiempo. Es imposible plantear una nueva regla y pretender que su aplicación sea homogénea desde el primer día. Por lo tanto, durante este tiempo la falta de seguridad jurídica será difícil de gestionar

Por último, debemos hacer referencia a la posibilidad de incorporar competencia en el mercado mediante este límite abierto. Ciertamente, este límite permitiría introducir algunas reglas en su articulado que tuvieran en consideración criterios procompetitivos. De esta forma, en el caso en el que una actividad fuera positiva para la competencia en el mercado, pues

---

579 Vid. Beebe, B. (2008). *An Empirical Study of U.S. Copyright Fair Use Opinions*, 1978-2005, 156 U. PA. L. REV. 549, quien expone el devenir de la interpretación jurisprudencial del *fair use* entre 1978 y 2005 y Elkin-Koren, N., & Fischman-Afori, O. (2017). Rulifying fair use. *Ariz. L. Rev.*, *59*, 161.
Así mismo, Vid. Crews, K. D. (2001). The law of fair use and the illusion of fair-use guidelines. *Ohio St. LJ*, *62*, 599, quien habla del riesgo de sacar conclusiones generales de casos individuales.

trajera productos nuevos para los que existe una demanda potencial, podría ser autorizada por el órgano jurisdiccional con o sin el pago de una remuneración. Para hacer esta valoración tenemos una referencia clara: la doctrina de las infraestructuras esenciales propia del abuso de posición de dominio en el derecho de la competencia. Tendríamos que excluir el análisis previo sobre la existencia de una posición de dominio, pero los criterios sobre una actividad positiva para el mercado y la negativa a contratar sí serían de enorme utilidad. Así, estamos en una situación similar a la ya expuesto en el epígrafe anterior en relación con la modificación del Artículo 12 de la Directiva 2004/48.

En conclusión, esta estrategia plantea muchos interrogantes que nos harían descartarla, especialmente la falta de legitimidad democrática de los límites de nueva creación y la posible heterogeneidad en su aplicación lo que restaría seguridad jurídica. Su principal baza, sin duda de extraordinaria relevancia, es la flexibilidad que añade al sistema. Ahora bien, los cambios bruscos suelen ser poco recomendables y no convendría trasladarnos al extremo opuesto del tablero y pasar de un sistema muy rígido a uno muy flexible. Previamente, deberíamos evaluar si la sociedad está preparada para adaptarse a este cambio, pues la desconexión de las normas con la realidad social sería igualmente criticable que con la primera estrategia.

Conclusiones

La propiedad intelectual ha variado enormemente a lo largo de la historia, las formas de protección y los sujetos a los que se ha dedicado atención no siempre han sido los mismos. Las circunstancias cambiantes han obligado a una continua evolución legislativa. Sin embargo, hay un elemento que ha permanecido constante: la necesidad de alcanzar un equilibrio y garantizar el buen funcionamiento del mercado.

Los cambios nunca han cesado y seguramente no lo harán. No obstante, lo cierto es que hay cambios que, dentro de esa continuidad, suponen una disrupción mucho mayor y ahora nos encontramos ante un momento de estas características. El equilibrio que habíamos intentado conseguir hasta la llegada de la Revolución Digital ha desaparecido. Las nuevas circunstancias exigen un cambio. Hemos visto que las decisiones de política legislativa que se han tomado en relación con los mercados digitales no han sido las más acertadas, pero juzgarlas con la información que tenemos ahora sería ciertamente injusto. Ahora bien, en el momento en el que se aprecia que las soluciones adoptadas no se adecúan a las necesidades vigentes, procede estudiar qué debemos modificar.

Una de las principales críticas es la descentralización del poder sobre el desarrollo de las nuevas tecnologías, que no pueden estar tan condicionadas por los intereses privados de una sola de las partes. Como todo mercado, el de la propiedad intelectual está compuesto por un conjunto de personas o grupos que tienen intereses contrapuestos. Por lo tanto, el legislador debe buscar la forma de articular confluencias para que todas las partes colaboren, aporten a la cadena de valor y que el reparto sea equitativo.

Para ello hemos analizado el entramado de relaciones reales y contractuales que determinan el reparto del valor generado.

Lo cierto es que no podemos separar estos dos tipos de relaciones, pues las contractuales parten del contenido real de los derechos de propiedad intelectual. Así, el conjunto de facultades que demos a los titulares originarios de derechos delimitará la forma en la que se desarrollarán las relaciones contractuales. Aquí está uno de los primeros errores, pues muchas de los problemas del sistema están en las desigualdades de las relaciones contractuales, pero se pretenden arreglar solamente desde la perspectiva real. Evidentemente, hay que incidir en ella, pues el derecho de propiedad es el origen del mercado, pero debemos tener una visión más amplia que tenga en cuenta estas relaciones contractuales.

A lo largo del estudio realizado hemos visto que tenemos un problema principal: el poder de determinados operadores en el mercado. Ahora bien, estos problemas de conducta tienen dos fuentes principales. En primer lugar, el *know how* acumulado y, en su caso, los derechos conexos sobre sus prestaciones les convierten en sujetos imprescindibles o difícilmente evitables para los demás. En segundo lugar, la estructura del derecho sobre la obra o prestación cuya gestión diseñan, les trasnforman en sujetos poderosos, pues solamente ellos deciden quién explota la obra. Esta suma permite a los titulares de derechos eludir la competencia y sentir presiones competitivas que les obliguen a estar más pendientes de las necesidades de los demás participantes.

Este problema lo encontramos, principalmente, con los intermediarios tradicionales, que son quienes diseñan la estrategia de explotación de las obras y prestaciones protegidas. Ahora bien, por muy contrapuestos que sean sus intereses, los usuarios comerciales pretenden llegar a la misma posición y evitar la competencia para que su estrategia de negocio sea la dominante. La posición es notablemente similar, pues, aunque no cuentan con derechos conexos de propiedad intelectual sobre sus prestaciones, sí cuentan con un *know how* y, sobre todo, controlan una tecnología esencial para la explotación de las obras. No podemos ahora imaginar un mundo sin una explotación de obras musicales que no cuente con servicios como Spotify, Apple Music o Amazon Music, ni con la explotación de obras audiovisuales en las que no participen Netflix, HBO, Apple TV o Disney +. Todos estos servicios, sin tener necesariamente derechos conexos, controlan la explotación de la obra al tener plataformas a las que una gran cantidad de usuarios acuden llamados por los conocidos como efectos de red.

Al margen de estos intermediarios de la sociedad de la información que podríamos decir que forman parte del *stabilshment* de los mercados culturales, tenemos otros servicios antagónicos como son las redes sociales y otros similares (Twitter, Facebook o YouTube) en los que sus usuarios utilizan el contenido protegido, pero no siempre con autorización. No lo hacen porque consideran que su actividad no afecta a los derechos de propiedad intelectual, porque son sus usuarios los que realizan actos de explotación. Así, en medio de esta discusión sobre quién es responsable de la utilización del contenido, los titulares de derechos no reciben una remuneración.

En definitiva, podemos apreciar que tenemos dos operadores muy fuertes, los intermediarios tradicionales y los de la sociedad de la información, que dejan poco espacio en el proceso de toma de decisiones a los demás, generando un reparto de la riqueza desigual. Esta situación es negativa para el mercado en el largo plazo, pues un grupo de operadores con un gran poder pueden lastrar su funcionamiento provocando que no prevalezcan las mejores prestaciones económicas. Al no existir presiones competitivas, los intermediarios no tienen incentivos suficientes para adaptarse a ellas, sino que pueden permitirse frenarlas. Así, debemos buscar fórmulas que permitan conciliar los intereses de todos los participantes garantizando que todos reciben una parte del valor generado conforme a su aportación.

Los límites, entendidos en sentido amplio como toda exclusión del *ius prohibendi* parecen la forma adecuada para atajar estos desequilibrios. Su principal virtud es que eliminando el derecho exclusivo para pasar a una regla de responsabilidad o a una utilización sin remuneración, se puede conseguir un cierto equilibrio. Restando poder desde la perspectiva real, conseguimos que el poder de los participantes esté lo más equilibrado posible para que el reparto del valor sea equitativo.

De esta forma, consolidamos el concepto de derecho de autor flexible. Ello no supone apostar por una flexibilidad absoluta en un sistema como el *fair use*. Por el contrario, supone cambiar la forma en la que entendemos el derecho exclusivo, que en ocasiones debe ceder espacio a derechos de remuneración o utilizaciones libres siempre que ello sea beneficioso para el funcionamiento del mercado. Ello supone permitir una apropiación de lo creado por otros para su aprovechamiento, incluso con ánimo de lucro, siempre que ello no cause un perjuicio a la explotación normal de la obra ni a los intereses del autor o sean fácilmente indemnizables con un derecho de remuneración.

La principal consecuencia de este sistema y, además, el principal beneficio para el funcionamiento del mercado es que ninguno de los operadores tendrá el monopolio sobre el diseño de las estrategias de explotación. Por consiguiente, existirá una pluralidad que beneficiará a los consumidores y mantendrá indemne la retribución de los titulares originarios de derechos al establecer, en caso de ser necesario, un derecho de simple remuneración ya sea mediante un límite o mediante un sistema de gestión colectiva obligatoria.

Este planteamiento ya nos permite exponer las principales consideraciones sobre las estrategias planteadas en el último capítulo de esta monografía. Ninguna nos da una solución, pero el objetivo de este trabajo nunca fue encontrar una solución para todos los problemas, puesto que no todos tienen la misma causa.

A lo largo de estas páginas hemos comprobado que el principal inconveniente del que adolece el mercado de la propiedad intelectual es la falta de equilibrio entre los distintos participantes en sus relaciones contractuales. Debemos corregir estos desequilibrios, siendo la forma más idónea reducir el monopolio asociado a los derechos de propiedad intelectual por la vía de los límites en sentido amplio. De esta manera, debemos seleccionar una serie de situaciones en las que no conviene que, aunque se reconozca un monopolio, los usuarios puedan hacer explotaciones libremente, con o sin remuneración.

El derecho de propiedad, en general, y la propiedad intelectual en particular, son y deben ser instrumentos de transformación social que faciliten a los individuos que componen la sociedad proteger los resultados de su trabajo personal[580]. No obstante, debemos incidir en este concepto según el cual cada individuo solo debe poder apropiarse de aquello que ha aportado, puesto que la forma en la que se ha configurado la propiedad a lo largo de los siglos precedentes, muy basada en la propiedad liberal-burguesa, no contempla este límite de forma clara[581]. En este sentido, debemos ser conscientes de que la

---

580 Vid. Rey Martinez, F. (1994). *La propiedad privada en la Constitución Española,* Centro de Estudios Constitucionales, Boletín Oficial del Estado, p. 61, quien pone de manifiesto que, durante el siglo XIX, la doctrina pandectística comienza a separar los conceptos de propiedad y trabajo basándose en que la propiedad busca la "realización de la infinita particularidad y diversidad de los individuos" que no tiene otro objetivo que evitar el control sobre el contenido de las actuaciones que legitiman los derechos de propiedad.

581 Locke, en sus "Dos tratados sobre el Gobierno Civil" consideraba que la propiedad es un derecho ilimitado de apropiación de los individuos. No se trata sino de una defensa férrea de las Revoluciones Burguesas que vivió el autor, movimientos sociales que buscaban una emancipación de este grupo social del grupo

existencia de un derecho de propiedad fuerte puede provocar situaciones en las que el titular puede apropiarse de más valor del que ha generado, restando esa capacidad al resto de participantes del mercado. El valor originado es un juego de suma 0, donde si uno se apropia de una parte, ya no está disponible para los demás. De esta forma, la ausencia de límites claros y efectivos impide un reparto equitativo del valor y el anquilosamiento de las desigualdades en las relaciones contractuales. Entraríamos así en un círculo vicioso en el que los desequilibrios se incrementan por sí solos.

Por lo tanto, debemos buscar herramientas que nos permitan atajar estas desigualdades y permitir que las estructuras de poder de mercado garanticen la competencia. Ello pasa, por una corrección del derecho exclusivo que permita mayor flexibilidad a la hora de adoptar soluciones y mayor capacidad de adaptación. En esta monografía hemos propuesto cuatro estrategias diferentes, pero debemos pronunciarnos sobre su efectividad en el escenario actual.

La primera de las estrategias propuestas debe quedar descartada por ser la fuente del problema que ha provocado la situación actual. La rigidez de las normas y su interpretación restrictiva favorecen ese desequilibrio de intereses o apropiación excesiva por parte de los titulares de derechos en perjuicio de los demás participantes del mercado. Se trata de una posición que busca beneficiar a los titulares de derechos por encima de todo, algo que no se ha demostrado efectivo.

La segunda estrategia propuesta es, sin duda, una de las más favorables. Manteniendo una lista de límites planteada de forma

---

dominante. De esta forma, promovía como esenciales aquellos recursos de los que disponía la burguesía, mientras que desdeñaba aquellos de los que disponía el resto de la sociedad.

flexible y dando más facilidad a los órganos jurisdiccionales para abrir o cerrar cada uno de ellos en función de las circunstancias del caso, podemos corregir algunos desequilibrios. Esta estrategia nos permite modificar la estructura real del mercado, lo que permitiría solucionar *ex ante* algunos de los desequilibrios existentes. Es cierto que reduciendo el ámbito del derecho exclusivo podrían reducirse los incentivos, pero esto no es necesariamente una mala noticia si seguimos cerca del nivel óptimo de protección del que hablaban Landes y Posner[582].

La tercera estrategia tampoco puede ser útil, pero debemos plantearla como mecanismo auxiliar de la anterior, pues solamente plantea mecanismos de corrección de desigualdades *a posteriori.* La doctrina del abuso de derecho o los usos *de minimis,* así como la utilización de los derechos fundamentales como límite impropio son meras defensas frente a infracciones. Por este motivo, no solucionan los problemas estructurales del mercado, sino que suponen un parche.

No obstante, pueden ser un mecanismo importante y eficaz para aquellos casos en los que la lista cerrada de límites no pueda responder, pues proporcionan criterios de valoración a los órganos jurisdiccionales para aquellos supuestos en los que la ley más especial guarda silencio. Aunque desde el punto de vista doctrinal parta de una situación de desventaja dado su escaso poder anticipatorio, cuenta con un enorme punto positivo, puesto que el TJUE lo ha admitido parcialmente en ocasiones anteriores (SSTJUE "Del Corso" y "CV-Online Latvia", entre otras).

La última estrategia propuesta no parece una solución adecuada para nuestro sistema jurídico. Deja en manos de los órganos jurisdiccionales cuestiones que deberían ser abordadas

---

582 Vid. Landes, W. M., & Posner, R. A. (1989). An economic analysis of copyright law. *The Journal of Legal Studies, 18*(2), 325-363.

por los órganos legislativos en materia de ponderación de intereses. Además, supone un cambio demasiado relevante en nuestro ordenamiento jurídico y crearía tensiones innecesarias, así como una falta de seguridad que no podemos pasar por alto. Es cierto que necesitamos más flexibilidad, pero no podemos fiarlo todo a ello. Igual que un sistema tan rígido como el vigente no es factible, tampoco lo es un sistema tan flexible, en algún lugar hay que poner el límite.

Por lo tanto, nuestra reflexión final no puede sino referirse a una de las finalidades del derecho de propiedad intelectual que ya puso de manifiesto Víctor Hugo en el Congreso Literario y Artístico de 1878:

La propiedad intelectual es una cuestión de interés general. Las viejas monarquías han rechazado y continúan rechazando la propiedad intelectual. ¿Para qué? Para esclavizar. El autor que es propietario es un autor que es libre. Quitarle su propiedad es privarle de su independencia.

Los derechos de autor nacen como una reivindicación de libertad para proteger a los individuos frente a los abusos de poder del Estado, es decir, como un instrumento revolucionario y de transformación social. A lo largo de los años se ha ido pervirtiendo esta idea para considerar que la propiedad es, exclusivamente, una defensa frente al Estado, cuando es algo mucho más importante. Los derechos individuales son una barrera para contener los abusos, sean del Estado o de cualquier otro sujeto privado. Los hemos mitificado y ampliado tanto que se han convertido en una fuente de problemas para el funcionamiento del mercado que querían regular, perdiendo así su finalidad transformadora deviniendo en una institución conservadora que busca mantener el *statu quo*. La base teórica sobre la que se construyeron estos derechos y que tan magistralmente resume Víctor Hugo tiene una lógica aplastante, pero deberíamos hacerla efectiva. No podemos permitir que los derechos de propiedad intelectual se conviertan en un instrumento que pueda llegar a limitar los discursos político-ideológicos, el desarrollo del arte o nuevas prestaciones para los consumidores. El trabajo individual debe ser remunerado, sí, pero nunca por encima del valor que ha aportado a la sociedad y, además, no debe ser un obstáculo para que otros realicen sus propias aportaciones de forma libre.

Los derechos de propiedad no se reconocen únicamente como un fin en sí mismos, sino también por la función que cumplen en nuestra sociedad. La propiedad sobre los bienes inmateriales son un sacrificio en términos de competencia estática, es decir, una peor asignación de recursos, pero con la esperanza de conseguir una mayor variedad de bienes y servicios. Por lo tanto, hagamos efectiva esta finalidad e intentemos que la propiedad intelectual vuelva a ser un motor de cambio y de transformación económica, técnica y social.

Bibliografía

Ahijón Lana, R. y Rodríguez Domínguez, F. (2021). *Tratamiento jurisprudencial y análisis crítico de la casuística de los Tribunales españoles en infracciones en casos de lookalike* en Ortega Burgos, E. Propiedad Industrial 2021, pp. 37-57.

Ahlborn, C., Evans, D. S., & Padilla, A. J. (2004). The Logic & Limits of the Exceptional Circumstances Test in Magill and IMS Health. *Fordham Int'l LJ, 28,* 1109.

Anderman, S. (2004). Does the Microsoft Case offer a New Paradigm for the 'Exceptional Circumstances' Test and Compulsory Copyright Licenses under EC Competition Law. *The Competition Law Review, 1*(2), 7-22.

Andersen, B., & Frenz, M. (2010). Don't blame the P2P file-sharers: the impact of free music downloads on the purchase of music CDs in Canada. *Journal of Evolutionary Economics, 20*(5), 715-740.

Andreva, M. (2012). Los contratos de distribución, el agotamiento del derecho de marca y el fenómeno del comercio paralelo. *Economist & Jurist.*

Aparicio Vaquero, J. P. (2016). Propiedad Intelectual Y Suministro De Contenidos Digitales (Copyright and Supply of Digital Content). *InDret, 3.*

Aparicio Vaquero, J. P. (2021). La tipificación del contrato de suministro de contenidos y servicios digitales: entre la propiedad intelectual y el derecho de consumo. *Revista de educación y derecho= Education and law review,* (24), 2.

Arndt, H. W. (1983). The" trickle-down" myth. *Economic Development and Cultural Change, 32*(1), 1-10.

Arrasvuori, J., Liang, L., Wen, G., & Kuusisto, J. (2017). Defending territory: changing forms of intellectual protection: Creating Business Models with New Forms of Innovation. In *Capturing the Innovation Opportunity Space.* Edward Elgar Publishing.

Arrow, K. J. (1962). *Economic welfare and the allocation of resources for invention* (pp. 609-626). Princeton University Press.

Barrio Andrés, M. (2022). Modelos de negocio basados en datos, publicidad programática, inteligencia artificial y regulación: algunas reflexiones. *IDP. Revista de Internet, Derecho y Política,* (36), 1-13.

Beebe, B. (2008). *An Empirical Study of U.S. Copyright Fair Use Opinions,* 1978-2005, 156 U. PA. L. REV. 549.

Beier, F. K., & Schricker, (Eds.), Wiley-VCH, Max Planck Institute for Foreign and International Patent, Copyright and Competition Law, Munich.

Bellido, J., Xalabarder Plantada, R., Casas Valles, R., Bently, L., & Kretschmer, M. (2011). Primary Sources on Copyright (1450-1900).

Bently, L., Deazley, R., & Kretschmer, M. (2010). *Privilege and property: essays on the history of copyright* (p. 450). Open Book Publishers.

Bercovitz Rodríguez-Cano, R. (2014). La parodia en Revista Doctrinal Aranzadi Civil-Mercantil Núm. 7/2014 parte Tribuna, *Editorial Aranzadi, S.A.U., Cizur Menor.*

Bercovitz Rodríguez-Cano, R. (2017). Artículo 10. En Bercovitz Rodríguez-Cano, R. (Dir.). *Comentarios a la ley de propiedad intelectual.* Tecnos, Madrid.

Bogers, M., Afuah, A., & Bastian, B. (2010). Users as innovators: a review, critique, and future research directions. *Journal of management, 36*(4), 857-875.

Boldrin, M., & Levine, D. K. (2008). Against intellectual monopoly. *Cambridge Univ. Press.*

Bondía Román, F. (1987). *El significado de la propiedad intelectual en la sociedad de la información.* Tesis Doctoral. Universidad de Salamanca.

Borginho, J. (2015). Codified respect. Copyright as ethics. En McGuinness, P. (Ed.). (2015). *Copyfight.* NewSouth..

Botana Agra, M. (2015). Derechos de autor y e-docencia universitaria (Comentario a la Sentencia de la Audiencia Provincial de Barcelona (Sección decimoquinta) de 29 de octubre de 2014), *Actas de Derecho Industrial y Derecho de Autor. Tomo XXXV (2014-2015),* pp. 441-452.

Bourreau, M., De Streel, A., & Graef, I. (2017). Big Data and Competition Policy: Market power, personalised pricing and advertising. *Personalised Pricing and Advertising (February 16, 2017).*

Brem, A., & Viardot, E. (2017). *Revolution of Innovation Management. Volume 1. The Digital Breakthrough.* Palgrave Macmillan, London.

Bronstrup, F. B. (2016). The Amicus Curiae in the Spanish Constitutional Jurisdiction. *Revista Española de Derecho Constitucional,* (108), 181-200.

Brown, A. E. L. (2012). *Intellectual property, human rights and competition: Access to essential innovation and technology.* Edward Elgar Publishing.

Buenaga Ceballos, O. (2014). Hegel y el derecho privado. La persona, la propiedad y el contrato. *Universitas. Revista de Filosofía, Derecho y Política, nº 20,* julio 2014.

Burger, P. (1988). The Berne Convention: its history and its key role in the future. *JL & Tech., 3,* 1.

Burrell, R., & Coleman, A. (2005). *Copyright exceptions: the digital impact* (No. 6). Cambridge University Press.

Cabral, L., Haucap, J., Parker, G., Petropoulos, G., Valletti, T. M., & Van Alstyne, M. W. (2021). The EU digital markets act: a report from a panel of economic experts, *The EU Digital Markets Act, Publications Office of the European Union, Luxembourg.*

Calabresi, G., & Melamed, A. D. (1972). Property rules, liability rules, and inalienability: one view of the cathedral.

Calvo Caravaca, A. L., y Rodríguez Rodrigo, J. (2011). La doctrina de las infraestructuras esenciales en derecho antitrust europeo: cuestiones escogidas. *Actas de derecho industrial y derecho de autor (31),* 27-53.

Cámara Águila-Real, P. (2016) El concepto de parodia en derecho comunitario: la sentencia del tribunal de justicia UE de 3 de septiembre de 2014. En Aparicio Vaquero, J. P. et al. *Estudios sobre la ley de propiedad intelectual: últimas reformas y materias pendientes,* Dykinson.

Cámara Lapuente, S. (2016). El Régimen De La Falta De Conformidad En El Contrato De Suministro De Contenidos Digitales Según La Propuesta De Directiva De 9.12. 2015 (Remedies for Non-Conformity Under Contracts for the Supply of Digital Content in the Proposal for a Directive of 9.12. 2015). *Indret, 3.*

Cappel, D. H. (1980). Literacy in England, 1718—1759: Indenture contracts as a source.

Carbajo Cascón, F. (2006). El caso Weblisten y sus implicaciones para el futuro de la gestión de los derechos de propiedad intelectual sobre contenidos musicales en Internet. *Actas de Derecho Industrial y Derecho de Autor. Tomo XXVI (2005) (2006),* 615-673.

Carbajo Cascón, F. (2011). Sobre la responsabilidad indirecta de los agregadores de información por contribución a la infracción de derechos de propiedad industrial e intelectual en internet. *Actas de derecho industrial y derecho de autor, (32),* pp. 51-78.

Carbajo Cascón, F. (2014). Delimitación de la responsabilidad de los servicios de intermediación de la sociedad de la información (I). Iustitia, (12), 245-278.

Carbajo Cascón, F. (2015). Estandarización, propiedad intelectual y Derecho de la competencia. *Actas de Derecho Industrial y Derecho de Autor. Tomo XXXV (2014-2015)*, 311-320.

Carbajo Cascón, F. (2018). Otros usos con fines docentes o de investigación: cita, acceso a bases de datos y minería de textos y datos. En *Propiedad intelectual y transferencia de conocimiento en universidades y centros públicos de investigación* (pp. 419-437). Ediciones Universidad de Salamanca.

Carbajo Cascón, F. (2018). Titularidad de derechos de propiedad intelectual sobre los resultados de la investigación. In *Propiedad intelectual y transferencia de conocimiento en universidades y centros públicos de investigación* (pp. 171-202). Ediciones Universidad de Salamanca.

Carbajo Cascón, F. (2019). Hacia un nuevo marco normativo de los derechos de autor y derechos conexos en el mercado único digital. *Revista Electrónica de Direito. RED, 19*(2), 1-10.

Carbajo Cascón, F. (2020). Objetos industriales, derecho de autor y libre competencia. Consideraciones a partir de las SSTJUE de 12 de septiembre de 2019 ("Cofemel") y 11 de junio de 2020 ("Brompton"). *Cuadernos de derecho transnacional, 12*(2), 913-942.

Casas Vallès, R. (2003). Nota a la Sentencia del Juzgado de 1ª Instancia núm. 21 de Madrid de 27 de noviembre de 2003: caso" Aquellos años", Warner Chappell Music Spain y otros c. Unidad Editorial, SA. *Pe. i.: Revista de propiedad intelectual*, (15), 87-94.

Casas Vallés, R. (2007). Los límites al derecho de autor. *Revista Iberoamericana de Derecho de Autor, 1*(1), 42-97.

Casas Vallés, R. (20199). "Funke Medien" (C-469/17), "Pelham" (C-476/17) y "Spiegel Online" (C-516/17). Tres sentencias en el mismo día (29/7/2019) con un denominador común: la relación entre la propiedad intelectual y las libertades de expresión e información, en el marco del sistema de límites (I) FUNKE MEDIEN, *Aladda*, disponible en: http://aladda.es/funke-medien-c-649-17-pelham-y-spiegel-online-c-516-17-tres-sentencias-en-el-mismo-dia-29-7-2019-con-un-denominador-comu/

Casas Vallès, R. (2020). Propiedad intelectual y derecho a la información. De las reseñas o revistas de prensa a los agregadores de noticias: el nuevo derecho afín de los editores de prensa. En *Cuadernos jurídicos: Instituto de Derecho de Autor 15 º aniversario* (pp. 59-70). Instituto de Derecho de Autor.

Castillo Parrilla, J. A. (2016). El contrato de suministro de contenidos digitales y los contratos de desarrollo de software y creación web en el Derecho de consumidores. De la Propuesta CESL y la Directiva 2011/83/UE a la Propuesta de Directiva 634/2015, de 9 de diciembre. *Revista CESCO de Derecho de Consumo*, (17), 45-61.

Coase, R. H. (1960). The problem of social cost. In *Classic papers in natural resource economics* (pp. 87-137). Palgrave Macmillan, London.

Conde Gallego, B. (2010). 8 Intellectual property rights and competition policy. *Research handbook on the protection of IPR under WTO rules*, *1*, 226-265.

Condren, C., Davis, J. M., McCausland, S., & Phiddian, R. A. (2008). Defining parody and satire: Australian copyright law and its new exception: Part 2-Advancing ordinary definitions.

Constant, B. (1815). *Principios de política aplicables a todos los gobiernos*, París.

Cooter, R. and Ulen, T. (2016). Law and Economics. Sexta Edición. *Berkeley Law Books.*

Corberá Martínez, J. M. (2017). Artículo 39. Parodia en Palau Ramírez, F. y Palao Moreno, G. (Dirs.) Comentarios a la ley de propiedad intelectual, *Tirant lo Blanch*, Valencia.

Cordero Álvarez, C. I. (2006). El agotamiento de los derechos de propiedad intelectual de patente y marcas, en materia de salud pública, a la luz de la OMC y la UE: especial referencia a la Jurisprudencia del TJCE sobre el reenvasado.

Correa, C. (2020). *Trade related aspects of intellectual property rights: a commentary on the TRIPS agreement.* Oxford University Press.

Costas Comesaña, J. (2016). La función de determinación de tarifas por la Sección Primera de la Comisión de Propiedad Intelectual. *Pe. i.: Revista de propiedad intelectual*, (53), 13-39.

Crews, K. D. (2001). The law of fair use and the illusion of fair-use guidelines. *Ohio St. LJ*, *62*, 599.

Cuerdo Mir, M. (2010). La economía de los derechos de propiedad intelectual y la defensa de la competencia: una aproximación empírica a algunos aspectos de su gestión en España, *Actas de Derecho Industrial y Derecho de Autor. Tomo XXX (2009-2010)*, 183-210.

Curto Polo, M. M. (2018). Bases de datos sobre resultados de la investigación: las bases de datos genéticas. In *Propiedad intelectual y transferencia de conocimiento en universidades y centros públicos de investigación* (pp. 69-108). Ediciones Universidad de Salamanca.

Cvetkovski, T. (2007). *The political economy of the music industry.* VDM Publishing.

Dahan, E., & Hauser, J. R. (2002). The virtual customer. *Journal of Product Innovation Management: An International Publication of the Product Development & Management Association, 19*(5), 332-353.

de la Durantaye, K. (2021). Back to Basics–European Copyright Law after the DSM Directive. *IIC-International Review of Intellectual Property and Competition Law,* 1-4. Frosio, G. (2020). Reforming the C-DSM reform: a user-based copyright theory for commonplace creativity. *IIC-International Review of Intellectual Property and Competition Law, 51*(6), 709-750.

de la Higuera, J. (2007). Propiedad y enajenación en la Filosofía del Derecho de Hegel. *Revista Electrónica de la Asociación Andaluza de Filosofía.*

De Torres Fueyo, J. (2006). Opá, ¿ze puede o no imitá? Comentario al Auto del Juzgado de lo Mercantil núm. 1 de Madrid de 26 de julio de 2006, sobre un cover de imitación de "Opá, yo viazé un corrá". *Revista Aranzadi de derecho de deporte y entretenimiento,* no 18.

Deazley, R. (2008). Commentary on the Stationers' Royal Charter 1557.

Delgado Sáez, J. (2022). "La transposición de la Directiva (UE) 2019/771 al ordenamiento jurídico español: falta de conformidad, remedios y plazos". *Actualidad jurídica iberoamericana,* (16), 854-873.

Delgado Sáez, J. (2022). "La transposición de la Directiva (UE) 2019/771 al ordenamiento jurídico español: falta de conformidad, remedios y plazos". *Actualidad jurídica iberoamericana,* (16), 854-873.

Derclaye, E. (2004). The IMS Health Decision: A Triple Victory. *World Competition, 27*(3).

Desaunettes, L. (2021). The French police attempt to censor Yellow Vest protestors with Dirty Dancing's soundtrack. *Kluwer Copyright Blog.* http://copyrightblog.kluweriplaw.com/2021/04/08/the-french-police-attempt-to-censor-yellow-vest-protestors-with-dirty-dancings-soundtrack/

Díaz-Noci, J. (2017). ¿ Necesita la sociedad un derecho de autor para los editores de prensa?. *Anuario ThinkEPI, 11,* 200-204.

Doctorow, C. (2014). *Information doesn't want to be free: laws for the internet age.* McSweeney's.

Drexl, J. (2004). Intellectual Property and Antitrust Law. IMS Health and Trinko-Antitrust Placebo for Consumers Instead of Sound Economics in Refusal-to-Deal Cases. *IIC-international review of intellectual property and competition law, 35*(7), 788-808.

Dusollier, S. (2020). The 2019 Directive on Copyright in the Digital Single Market: Some progress, a few bad choices, and an overall failed ambition. *Common Market Law Review, 57*(4).

Dworkin, R. (1958). El positivismo y la independencia entre el derecho y la moral, *Harvard Law Review,* núm. 71.

Elert, N., Henrekson, M., & Sanders, M. (2019). *The entrepreneurial society: a reform strategy for the European Union* (p. 173). Springer Nature.

Elhauge, E. (2010). Why the Google books settlement is procompetitive. *Journal of Legal Analysis, 2*(1), 1-68.

Elkin-Koren, N., & Fischman-Afori, O. (2017). Rulifying fair use. *Ariz. L. Rev., 59,* 161.

Ellingstad, P; Love, C. (2013). Is Collaboration the New Greenwashing? HBR Blog Network. https://hbr.org/2013/03/is-collaboration-the-new-green-1

Erdozaín López, J. C. (1999). El concepto de originalidad en el derecho de autor. *Pe. i.: Revista de propiedad intelectual,* (3), 55-94.

Erickson, K., Heald, P. J., Homberg, F., Kretschmer, M., & Mendis, D. (2015). Copyright and the value of the public domain: An empirical assessment. *Intellectual Property Office Research Paper,* 15-16.

Erixon, F., & Weigel, B. (2016). *The innovation illusion.* Yale University Press.

Espín Alba, I. (2014). Límite de ilustración con fines educativos o de investigación científica: antecedentes y perspectivas. *Actas de Derecho Industrial y Derecho de Autor. Tomo XXXIV (2013-2014),* 111-136.

Estevan de Quesada, C. (2022). Desequilibrios de poder en los mercados digitales: Plataformas y dependencia. *Actas de derecho industrial y derecho de autor,* (42), 57-80.

Evangelio Llorca, R. (2017). Incidencia de la jurisprudencia del TJUE en la legitimación pasiva de los proveedores de enlaces a los efectos de la ley española de propiedad intelectual. *Incidencia de la jurisprudencia del tjue en la legitimación pasiva de los proveedores de enlaces a los efectos de la ley española de propiedad intelectual,* 101-163.

Evangelio Llorca, R. (2018). Estrategias de la Unión Europea para facilitar el uso de obras fuera del circuito comercial por instituciones de patrimonio cultural en el mercado único digital, *Pe. i.: Revista de propiedad intelectual* (60).

Feather, J. (2019). Copyright and the creation of literary property. *A Companion to the History of the Book,* 743-757.

Fennel, M. (2015). Be there first, be there better, be there easier en McGuinness, P. (Ed.). (2015). *Copyfight.* NewSouth.

Fernández García de la Yedra, A. (2021). Ley de servicios digitales: Nuevas obligaciones en torno a la responsabilidad de las plataformas electrónicas de intermediación. In *Desafíos del regulador mercantil en materia de contratación y competencia empresarial* (pp. 213-224). Marcial Pons.

Ferri, F. (2021). The dark side (s) of the EU Directive on copyright and related rights in the Digital Single Market. *China-EU Law Journal,* 7(1), 21-38.

Flowers, S., & Meyer, M. (2017). Exploring the changing landscape of innovation: the rise of users, online communities and the crowd: Creating Business Models with New Forms of Innovation. In *Capturing the Innovation Opportunity Space.* Edward Elgar Publishing.

Flowers, S.; Meyer, M.; Kuusisto, J. (2017). *Capturing the Innovation Opportunity Space: Creating Business Models with New Forms of Innovation.* Edward Elgar.

Foster, S. y Bonilla, D. (2011). The social function of property: a comparative law perspective. *Fordham Law Review, 80,* 101.

Frosio, G. (2020). Reforming the C-DSM reform: a user-based copyright theory for commonplace creativity. *IIC-International Review of Intellectual Property and Competition Law, 51*(6), 709-750.

Furseth, P. I., & Cuthbertson, R. (2013). The service innovation triangle: a tool for exploring value creation through service innovation. *International Journal of Technology Marketing 24, 8*(2).

Galacho Abolafio, A. F. (2015). La parodia como límite a los derechos de autor y su relación con el derecho de transformación. *Pe. i.: Revista de propiedad intelectual,* (49), 13-36.

Galacho Abolafio, A. F. (2018). La originalidad en los derechos de autor, un enfoque fotográfico. *Actas de derecho industrial y derecho de autor: XXXVIII,* 323-348.

Garbers-Von Boehm, K., Haag, H., & Gruber, K. (2022). Intellectual Property Rights and Distributed Ledger Technology with a focus on art NFTs and tokenized art, *European Parliament's Policy Department for Citizens' Rights and Constitutional Affairs.*

García Amado, J..A. (2013). *Razonamiento jurídico y argumentación. Nociones introductorias.* Editorial Eolas.

García de Enterría, E. (1994). La lengua de los derechos: la formación del derecho público europeo tras la Revolución Francesa. *Alianza Universidad.*

García Pérez, R. (2013). EEUU: El Tribunal Supremo reconoce la doctrina del agotamiento internacional del derecho de autor, *Actas de Derecho Industrial y Derecho de Autor. Tomo XXXIII (2013)*, 606-608.

García Vidal, Á. (2020). Propiedad intelectual y minería de textos y datos: estudio de los artículos 3 y 4 de la Directiva (UE) 2019-790, *Actas de Derecho Industrial y Derecho de Autor. Tomo XL (2019-2020)*, 99-124.

García Vidal, A. (2021). La protección de los macrodatos: Exclusividad versus libre acceso. En García Vidal, A. *Big data e internet de las cosas: nuevos retos para el derecho de la competencia y de los bienes inmateriales* (pp. 35-114). Tirant lo Blanch, Valencia.

García Vidal, Á. (2022). La propiedad industrial en el metaverso. *Comunicaciones en propiedad industrial y derecho de la competencia*, no 96, p. 17-26.

Garrote Fernández-Díez, I. (2014). Artículo 31. En En Bercovitz Rodríguez-Cano, R. (Dir.). *Comentarios a la ley de propiedad intelectual.* Tecnos, Madrid.

Garrote Fernández-Díez, I. (2016). ¿ Puede crearse un nuevo límite en la ley de propiedad intelectual española para dar cobertura a los contenidos generados por los usuarios? En Aparicio Vaquero, J. P. et al. *Estudios sobre la ley de propiedad intelectual : últimas reformas y materias pendientes*, Dykinson.

Garrote Fernández-Díez, I. (2017). El equilibrio entre los derechos a la libertad de expresión ya la propiedad intelectual en la Carta de Derechos Fundamentales de la Unión Europea: El caso de la parodia con finalidad crítica política. *Anuario de la Facultad de Derecho de la Universidad Autónoma de Madrid.*

Geiger, C. (2006). Constitutionalising intellectual property law? The influence of fundamental rights on intellectual property in the European Union. *International Review of Intellectual Property and Competition Law, 37*(4).

Geiger, C. (2015). Implementing intellectual property provisions in human rights instruments: Towards a new social contract for the protection of intangibles. In *Research handbook on human rights and intellectual property* (pp. 661-690). Edward Elgar Publishing.

Geiger, C. (2021). Building an Ethical Framework for Intellectual Property in the EU: Time to Revise the Charter of Fundamental Rights. *Innovation law and Policy, Which Reforms for IP Law.*

Geiger, C., & Izyumenko, E. (2019). Towards a European "Fair Use" Grounded in Freedom of Expression. *Am. U. Int'l L. Rev., 35*, 1.

Geiger, C., Griffiths, J., & Hilty, R. M. (2008). Declaration on a balanced interpretation of the "three-step test" in copyright law. *IIC, 39*(6), 707-71

Gendreau, Y. (2016). What´s In a Name? Extended Colective Licenses in Canada en Rosen, J. (Coord.) *Liber amicorum*, Författarna.

Gervais, D. (2016). Extended Collective Licensing. A Significant Contribution to International Copyright Law and Policy en Rosen, J. *Liber Amicorum.*

Ghidini, G. (2010). *Innovation, competition and consumer welfare in intellectual property law.* Edward Elgar Publishing.

Ghidini, G. (2018). *Rethinking intellectual property: balancing conflicts of interest in the constitutional paradigm.* Edward Elgar Publishing.

Ghidini, G., y Galacho Abolafio, A. F. 2018). Conflictos de interés y contrastes de modelos jurídicos en la evolución de la disciplina de la propiedad intelectual. *Revista de derecho mercantil*, (308), 7.

Ginsburg, J. C. (2003). Achieving balance in international copyright law. *Columbia Journal of Law and the Arts, 26*, 201-245.

Ginsburg, J. C. (2010). European Copyright Code-Back to the First Principles (With Some Additional Detail). *J. Copyright Soc'y USA, 58*, 265.

Glick, M. (2019). How Chicago Economics Distorts "Consumer Welfare" in Antitrust. *The Antitrust Bulletin, 64*(4), 495-513.

Gómez Segade, J. A. (2021). La protección de los macrodatos (big data) mediante las normas sobre secretos empresariales. En García Vidal, A. *Big data e internet de las cosas: nuevos retos para el derecho de la competencia y de los bienes inmateriales* (pp. 115-152). Tirant lo Blanch, Valencia.

González San Juan, J. L. (2017). Régimen jurídico de las obras huérfanas en España. *Ibersid: revista de sistemas de información y documentación, 11*(2), 35-40.

Goorha, P., & Potts, J. (2018). *Creativity and Innovation: A New Theory of Ideas.* Springer.

Griffiths, J.; Geiger, C.; y Suthersanen, U. (2008). Declaration–a Balanced Interpretation of the 'Three-Step Test" in Copyright Law. International Review of Intellectual Property and Competition Law, 707.

Hegel, G. W. F. (2012). *Principios de la filosofía del derecho.* Sudamericana.

Heinemann, A. (1996). Antitrust law of intellectual property in the TRIPs agreement of the World Trade Organization en *GATT to TRIPS–The Agreement on Trade-related Aspects of Intellectual Property Rights.*

Heredia-Carroza, J., Palma Martos, L. A., & Aguado Quintero, L. F. (2017). Originalidad Subjetiva y Copyright. El caso del flamenco en España. *Anduli. Revista Andaluza de Ciencias Sociales, 16,* 175-194.

Hernández Marín, R. L. (1994). Definiciones en el Derecho. *Anuario de filosofía del derecho,* (11), 367-380.

Hilty, R. (2016). IP and private ordering. *Max Planck Institute for Innovation and Competition Research Paper No. 16-15.*

Hong, S. H. (2013). Measuring the effect of napster on recorded music sales: difference-in-differences estimates under compositional changes. *Journal of Applied Econometrics, 28*(2), 297-324.

Hudson, E. (2017). The pastiche exception in copyright law: a case of mashed-up drafting? *Intellectual Property Quarterly,* , vol. 2017, no 4.

Hugenholtz, P. B. (2016). Flexible copyright: can EU author's right accommodate fair use? En Okediji, R. L. (Dir.) *Copyuright Law in an Age of Limitations and Exceptions,* Cambridge University Press.

Hugenholtz, P. B., & Senftleben, M. (2012). Fair use in Europe: in search of flexibilities. *Amsterdam Law School Research Paper,* (2012-39).

Hugenhotz, P. B (1997). Fierce Creatures. Copyright Exemptions: Towards Extinction? In keynote speech, IFLA/IMPRIMATUR Conference, Rights, Limitations and Exceptions: Striking a Proper Balance, Amsterdam.

Hughes,J. (1988). The philosophy of intellectual property. *Geo. LJ, 77,* 287.

Hunter, D. y Suzor, N. (2015). Claiming the moral high ground in the copyright wars en McGuinness, P. (Ed.). (2015). *Copyfight.* NewSouth.

Ibáñez Colomo, P. (2021). The Draft Digital Markets Act: a legal and institutional analysis. *Journal of European Competition Law & Practice, 12*(7), 561-575.

Ilešič, M. (2021, 18, Octubre). *Shaping the Digital Single Market Directive 2019/790.* The Making of EU Copyright, Estocolmo, Suecia. Organizado por el Institute for Intellectual Property and Market Law (IFIM) de la Universidad de Estocolmo.

Jacob, R. (2015). *IP and Other Things: A Collection of Essays and Speeches.* Bloomsbury Publishing.

Jaivin, L. (2015). Big content en McGuinness, P. (Ed.). (2015). *Copyfight.* NewSouth.

Jenkins, G. (2021). Implied consent, a natural digital mediator of copyright interests. *Kluwer Copyright Law* http://copyrightblog.kluweriplaw.com/2021/05/17/implied-consent-a-natural-digital-mediator-of-copyright-interests/

Jiménez Serranía, V. (17 de febrero de 2022). *NFT… Más allá de la burbuja.* Aula Gabeiras, Madrid. Disponible en: https://vimeo.com/685408175.

Johnson, C. D., & Sirota, A. F. (2017). The Cost Of Trickle-Down Economics For North Carolina.

Jongsma, D. (2017). Parody After Deckmyn–A Comparative Overview of the Approach to Parody Under Copyright Law in Belgium, France, Germany and The Netherlands. *IIC-International Review of Intellectual Property and Competition Law, 48*(6), 652-682.

Ju, J. (2014). *Essays on the Effects of Intellectual Property Rights on Innovation: Insights from the Fashion Industry.* Lulu Press.

Jütte, B. J., La Diega, G. N., Priora, G., & Salza, G. (2022). Zooming in on Education: An Empirical Study on Digital Platforms and Copyright in the United Kingdom, Italy, and the Netherlands. *European Journal of Law and Technology, 13*(2).

Kaiser, A. (2020). Exhaustion, Distribution and Communication to the Public–The CJEU's Decision C-263/18–Tom Kabinet on E-Books and Beyond. *GRUR International, 69*(5), 489-495.

Kant, I. (1784). ¿Qué es la Ilustración? *-Filosofía de la historia.*

Kant, I. (1785). *Of the injustice of counterfeiting books.*

Keep, E. (2015). TechChrunch. How the new corporation crushed the culture industries en McGuinness, P. (Ed.). (2015). *Copyfight.* NewSouth.

Keller, D. (2020). Facebook Filters, Fundamental Rights, and the CJEU's Glawischnig-Piesczek Ruling. *GRUR International, 69*(6), 616-623.

Keller, P. (2021). YouTube Copyright Transparency Report: Overblocking is real.

Kerber, W., & Vezzoso, S. (2005). EU competition policy, vertical restraints, and innovation: an analysis from an evolutionary perspective. *World Competition, 28*(4).

Key, T. (2020). The Ninth Circuit rules that The Moodsters characters are ineligible for copyright protection, denies panel and en banc rehearings: Daniels v. Walt Disney Company, *IPKitten.*

Klein, B., Moss, G., & Edwards, L. (2015). *Understanding copyright: Intellectual property in the digital age.* Sage.

Kostylo, J. (2010). From gunpowder to print: The common origins of copyright and patent. *Privilege and Property,* 21 en Kretschmer, M., Bently, L., & Deazley, R. *Privilege and Property. Essays on the History of Copyright.* OpenBook.

Kretschmer, M. (2007). Access and reward in the information society: Regulating the collective management of copyright.

Krier, James E., Schwab, Stewart J, Property Rules and Liability Rules: the Cathedral in Another Light, (1995) 70 N.Y.U. L. Review (1995), 440.

Kroes, N (2014). Our single market is crying out for copyright reform. Amsterdam, IViR, 2 July 2014.

Krokida, Z. (2022). Internet intermediary liability and copyright infringement: shaping an alternative EU framework?

Kur, A., & Schovsbo, J. (2011). Expropriation or fair game for all? The gradual dismantling of the IP exclusivity paradigm. In *Intellectual Property Rights in a Fair World Trade System.* Edward Elgar Publishing.

Kur, A., Dreier, T., & Luginbuehl, S. (2019). *European intellectual property law: text, cases and materials.* Edward Elgar Publishing.

Lamping, M. (2014). Refusal to licence as an abuse of market dominance: from commercial solvents to microsoft. In *Compulsory Licensing: Practical Experiences and Ways Forward* (pp. 121-145). Berlin, Heidelberg: Springer Berlin Heidelberg.

Landes, W. M., & Posner, R. A. (1989). An economic analysis of copyright law. *The Journal of Legal Studies, 18*(2), 325-363.

Lassalle Ruiz, J. M. (2019). Ciberleviatán. Arpa.

Lassalle Ruiz, J. M. (27 de mayo de 2021). *Digitalización, la palanca de cambio en la era 'poscovid'.* Retina Reboot, EL PAÍS.

Lazarova A (2021) The EU Copyright Reform's great disservice to free use for educational purposes. EuropeanaPro

Lemire, J., Sorrentino, A. y Stewart D., (2021). Gideon Falls 6. El fin. Astiberri (Traducción al castellano de Santiago García Fernández).

Lemley, M. A. (2015). Faith-based intellectual property. *UCLA L. Rev., 62,* 1328.

Levine M. (2012). A Balanced Approach on Online Enforcement of Copyright en Axhamn J. (ed.) *Copyright in a Borderless Online Environment,* Norstedts Juridik.

Liang, L., & Kuusisto, A. (2017). New frontier business models: creating value through innovation: Creating Business Models with New Forms of Innovation en *Capturing the Innovation Opportunity Space.* Edward Elgar Publishing.

Liebowitz, S. J. (2006). File sharing: creative destruction or just plain destruction? *The Journal of Law and Economics, 49*(1), 1-28.

Ling, P. (2019). Copyright Infringement Confirmed, but No Damages for "Cordoba" Photographer, *The IPKat.*

Liu, J. (2012). *Copyright Industries and the Impact of Creative Destruction: Copyright expansion and the publishing industry.* Routledge.

Lobato García-Miján, M. (1991). El agotamiento de los derechos de propiedad intelectual e industrial en la doctrina del Tribunal de Justicia de las Comunidades Europeas. *Anuario de Derecho Civil,* 553-610.

Loon, S. V. (2012). The power of Google: first mover advantage or abuse of a dominant position? en Google and the Law, p.10. TMC Asser Press.

López Maza, S. (2016). La posibilidad de utilización directa por el juez de la regla de los tres pasos en Bercovitz Rodríguez Cano, R. *Estudios sobre la ley de propiedad intelectual: últimas reformas y materias pendientes. Estudios sobre la ley de propiedad intelectual,* Dykinson, 297-342.

López Maza, S. (2017). Artículo 32. En Bercovitz Rodríguez-Cano, R. (Dir.). *Comentarios a la ley de propiedad intelectual.* Tecnos, Madrid.

López Maza, S. (2017). Artículo 33. En Bercovitz Rodríguez-Cano, R. (Dir.). *Comentarios a la ley de propiedad intelectual.* Tecnos, Madrid.

López Maza, S. (2017). Artículo 36. En Bercovitz Rodríguez-Cano, R. (Dir.). *Comentarios a la ley de propiedad intelectual.* Tecnos, Madrid.

López Richart, J. (2018). Un nuevo régimen de responsabilidad para las plataformas de almacenamiento de contenidos generados por usuarios en el mercado único digital, *Pe. i.: Revista de propiedad intelectual* (60).

López Richart, J. (2019). Responsables, ma non troppo: las reglas de exención de responsabilidad de las plataformas para el intercambio de contenidos en línea en la directiva sobre derechos de autor en el mercado único digital. En Saiz García, C. y Evangelio Llorca, R *Propiedad intelectual y mercado único digital europeo* (pp. 308-366). Tirant lo Blanch, Valencia.

López-Taruella Martínez, A. (2021). *Propiedad intelectual e innovación basada en los datos.* Madrid, Dykinson.

Luna Serrano, A. (2015). La seguridad jurídica y las verdades oficiales del derecho. *Dykinson*, Madrid.

Malevanny, N. (2019). *Online Music Distribution-How Much Exclusivity Is Needed?: A Study of International, European, German and US Copyright Systems and Their Objectives* (Vol. 12). Springer Nature.

Marengo, L., & Vezzoso, S. (2006). Dynamic Inefficiencies of Intellectual Property Rights from an Evolutionary/Problem-Solving Perspective: Some Insights on Computer Software and Reverse Engineering. Disponible en: https://ssrn.com/abstract=1358920

Margoni, T., & Dore, G. (2018). Why we need a text and data mining exception (but it is not enough).

Margoni, T., & Kretschmer, M. (2018). The Text and Data Mining exception in the Proposal for a Directive on Copyright in the Digital Single Market: Why it is not what EU copyright law needs. *UK Copyright and Creative Economy Centre University of Glasgow Technical Report.*

Martí Miravalls, J. (2021). La propuesta de reglamento del parlamento europeo y del consejo relativo a los mercados de criptoactivos: la propuesta mica. *Revista de Derecho del Sistema Financiero: mercados, operadores y contratos.*

Martín Aláez, F. J. (2022). El control automático previo (filtrado) de los contenidos puestos en línea por los usuarios en la directiva de derechos de autor y derechos afines en el Mercado Único Digital: el asunto C-401/19. *Actualidad civil,* (7), 10.

Martínez Martínez, N. (2018). El origen de la excepción de la ilustración en españa: su tradicional vinculación con la cita y su necesaria regulación independiente. En Martínez Martínez, N. *Los fines educativos y de investigación como límite al derecho de autor,* pp. 252-254.

Martinez, M., & Terras, M. (2019). 'Not Adopted': The UK Orphan Works Licensing Scheme and How the Crisis of Copyright in the Cultural Heritage Sector Restricts Access to Digital Content. *Open Library of Humanities,* 5(1), 1-51.

Matulionyte, R. (2016). 10 years for Google Books and Europeana: copyright law lessons that the EU could learn from the USA. *International journal of law and information technology, 24*(1), 44-71.

May, R. J. y Cooper, S. (2020). *Modernizing Copyright Law for the Digital Age. Constitutional Foundations for Reform.* Durham, North Carolina: Carolina Academic Press.

McKenzie, R. B., & Lee, D. R. (2008). *In defense of monopoly: How market power fosters creative production.* University of Michigan Press.

Mendis, S. (2019). *A Copyright Gambit.* Springer Berlin Heidelberg.

Mesa Marrero, C. (2005). Excepciones y limitaciones a los derechos de explotación de la propiedad intelectual en la Directiva 2001/29/CE y su incidencia en el Derecho español. *Revista Aranzadi de derecho y nuevas tecnologías,* (7), 119-137.

Mezei, P. (2020). The Doctrine of Exhaustion in Limbo-Critical Remarks on the CJEU's Tom Kabinet Ruling. *Zeszty Naukowe Uniwersytetu Jagiellonskiego-Prace z Prawa Wlasnosci Intelektualnej (Jagiellonian University Intellectual Property Law Review)*, (2), 130-153.

Milà Rafel, R. (2016). La declaración del European Law Institute sobre la Propuesta de Directiva de la Comisión Europea sobre Suministro de Contenidos Digitales a consumidores, *Revista CESCO de Derecho de Consumo.*

Miller, V. (2020). *Understanding digital culture.* Sage.

Minero Alejandre, G. (2016). Las nuevas reglas en el consumo de contenidos digitales protegidos por la propiedad intelectual, con especial referencia a los programas de ordenador: calificación de los actos de explotación y aplicación de la regla del agotamiento a la luz de la jurisprudencia del Tribunal de Justicia de la Unión Europea en Bercovitz Rodríguez Cano, R. *Estudios sobre la ley de propiedad intelectual: últimas reformas y materias pendientes.*, Dykinson, 493-524.

Minero Alejandre, G. (2017). Artículo 35. En Bercovitz Rodríguez-Cano, R. (Dir.). *Comentarios a la ley de propiedad intelectual.* Tecnos, Madrid.

Miranda Serrano, L. M. (2021). El derecho de desistimiento en los contratos de consumo sobre contenidos digitales. *La Ley mercantil, (76), 1.*

Morton, B. N. (1985). The Copyright Monopoly after the Sony Corp. of America v. Universal City Studios. *Touro Law Review.* Vol. 1, No. 1. Spring 1985.

Muñoz García, C. (2022). Adaptar o reformular la directiva 85/374 sobre responsabilidad por daños causados por productos defectuosos a la inteligencia artificial: últimas novedades. *Revista Crítica de Derecho Inmobiliario, 98*(793), 2886-2908.

Murray, M. D. (2012), What is Transformative? An Explanatory Synthesis of the Convergence of Transformation and Predominant Purpose in Copyright Fair Use Law. *Chicago-Kent Journal of Intellectual Property Law, Forthcoming, Valparaiso University Legal Studies Research Paper,* no 12-09.

Nagaraj, A. (2018). Does copyright affect reuse? Evidence from Google Books and Wikipedia. *Management Science, 64*(7), 3091-3107.

Nash, J. (1950), "Equilibrium points in n-person games" *Proceedings of the National Academy of the USA* 36(1):48-49.

Navas Navarro, S. (2021). El suministro en línea de contenido digital en la encrucijada entre la propiedad intelectual y el derecho del consumo. *Actas de derecho industrial y derecho de autor, 20*(41), 133-154.

Oberholzer-Gee, F., & Strumpf, K. (2007). The effect of file sharing on record sales: An empirical analysis. *Journal of political economy, 115*(1), 1-42.

Ohly, A. (2013). European fundamental rights and intellectual property. En Ohly, A. y Pila, J. (Eds.) *The Europeanization of intellectual property law: towards a European legal methodology, 145.*

Ollero Tarrasa, A. (2002). El papel de la personalidad del juez en la determinación del derecho. *Persona & Derecho, 47,* 279.

Olmedo Peralta, E. (2016). Las licencias obligatorias de patentes para poner remedio a prácticas anticompetitivas:(análisis sistemático del art. 94 de la nueva Ley de Patentes). *Actas de derecho industrial y derecho de autor,* (36), 197-222.

Olmedo Peralta, E. (2021). Las plataformas de economía colaborativa ante la propuesta de ley de mercados digitales: ¿Son suficientemente disputables los mercados colaborativos? En *Desafíos del regulador mercantil en materia de contratación y competencia empresarial* (pp. 359-380). Marcial Pons.

Olson, M. (2000). *Power and prosperity: Outgrowing communist and capitalist dictatorships.*

Ordelin Font, J. L. (2017). El mánager musical como intermediario de la prestación artística: apuntes para una polémica. *Actas de Derecho Industrial y Derecho de Autor. Tomo XXXVII (2016-2017),* 387-398.

Ordelín Font, J. L. (2018). El uso de la inteligencia artificial en la minería de datos y textos: un análisis desde el Derecho de autor. *Actas de derecho industrial y derecho de autor,* (39), 209-227.

Östlund, E. (2014). Transforming European Copyright: Introducing an Exception for Creative Transformative Works into EU Law.

Otero Lastres, J. M. (2021). La comisión europea y la reforma del diseño, *Actas de Derecho Industrial y Derecho de Autor. Tomo XLI (2020-2021),* 155-169.

Pacón, A. M. (1996). What will TRIPS do for developing countries. *From GATT to TRIPS–the Agreement on Trade-Related Aspects of Intellectual Property Rights* en Beier, F. K., & Schricker, (Eds.), (Vol. 18). Wiley-VCH, Max Planck Institute for Foreign and International Patent, Copyright and Competition Law, Munich.

Patry, W. (2009). *Moral panics and the copyright wars.* Oxford University Press.

Patry, W. (2011). *How to fix copyright.* OUP USA.

Pauner Chulvi, C. (2022). Sobre la compleja relación entre los medios de comunicación y las plataformas tecnológicas. Google news y los derechos de autor en el entorno digital, *Revista de Derecho Político,* N.º 115, septiembre-diciembre, 2022, 45-72.

Peguera Poch, M. (2012). Copyright issues regarding Google images and Google cache; en Lopez-Tarruella, A. (Ed.), *Google and the Law, Information Technology and Law Series 22,* pp. 169-202. TMC Asser Press.

Peguera Poch, M. (2018). La exoneración de responsabilidad por infracción directa en la Directiva de derechos de autor en el mercado único digital. *Actas de derecho industrial y derecho de autor,* (39), 229-249.

Perdices Huetos, A. (2021). Pastiches. Imitaciones y mezclas en el derecho de autor, Blog propiedad intelectual, CIPI-UAM disponible en: https://blog.cipi.es/blog2-intelectual/item/201-pastiches-imitaciones-y-mezclas-en-el-derecho-de-autor

Perzanowski, A., & Schultz, J. (2016). *The end of ownership: Personal property in the digital economy.* MIT Press.

Peukert, A. (2015). The fundamental right to (intellectual) property and the discretion of the legislature. *Research handbook on human rights and intellectual property,* 132-148.

Peukert, A. (2021). *A Critique of the Ontology of Intellectual Property Law* (Vol. 57). Cambridge University Press.

Pomar, F. G., & Mora-Sanguinetti, J. S. (2014). Males de la justicia: analizando los datos. *InDret.*

Porter, M. (1985): *Competitive Advantage.* Free Press.

Posner, R. A. (1992). When is parody fair use?. *The Journal of Legal Studies, 21*(1), 67-78.

Prieto Rivas, P. (2014). "El concepto de comunicación al público del TJUE: los criterios que informan los asuntos Del Corso y Phonographic Performance". Pe. i.: *Revista de propiedad intelectual,* (43).

Priora, G., Jütte, B. J., & Mezei, P. (2022). Copyright and Digital Teaching Exceptions in the EU: Legislative Developments and Implementation Models of Art. 5 CDSM Directive. *IIC-International Review of Intellectual Property and Competition Law, 53*(4), 543-566.

Psychogiopoulou, E. (2022). Copyright and Freedom of Expression in the Digital Age: Unravelling the Complexities of Fundamental Rights Analysis by the Court of Justice. In *Digital Media Governance and Supranational Courts* (pp. 91-111). Edward Elgar Publishing.

Quintais, J. P., & Schwemer, S. F. (2022). The Interplay between the Digital Services Act and Sector Regulation: How Special is Copyright?. *European Journal of Risk Regulation,* 1-31.

Ramello, G. B. (2005). Private appropriability and sharing of knowledge: convergence or contradiction? The opposite tragedy of the creative commons en Takeyama, L. N. *Developments in the Economics of Copyright, 103.*

Reda, J., & Selinger, J. (2021). YouTube/Cyando–an Important Ruling for Platform Liability–Part 1.

Reinbothe, J., & Von Lewinski, S. (2002). *The WIPO treaties 1996: the WIPO copyright treaty and the WIPO performances and phonograms treaty: commentary and legal analysis.* Butterworth.

Rendas, T. (2021). FUNDAMENTAL RIGHTS IN EU COPYRIGHT LAW. *The Routledge Handbook of EU Copyright Law.*

Rey Martinez, F. (1994). *La propiedad privada en la Constitución Española,* Centro de Estudios Constitucionales, Boletín Oficial del Estado.

Rey-Alvite Villar, M. (2012). Agotamiento marcario e infracción del derecho de autor en internet, *Actas de Derecho Industrial y Derecho de Autor. Tomo XXXII (2011-2012),* 684-687.

Ribera Blanes, B. (2016). La nueva regulación de la ilustración con fines educativos o de investigación científica introducida por la ley 21/2014. En Aparicio Vaquero, J. P. et al. *Estudios sobre la ley de propiedad intelectual: últimas reformas y materias pendientes,* Dykinson, pp. 685-754.

Riehl, D. A., & Kassim, J. (2014). Is Buying Digital Content Just Renting for Life: Contemplating a Digital First-sale Doctrine. *William Mitchell Law Review, 40*(2), 10. Hilty, R. M. (2016). «Agotamiento» en la era digital. *Crónica Jurídica Hispalense: revista de la Facultad de Derecho (Universidad de Sevilla), 14,* 143-165.

Riis, T. (2020). Remuneration Rights in EU Copyright Law. *IIC-International Review of Intellectual Property and Competition Law, 51*(4), 446-467.

Riis, T., & Schovsbo, J. (2022). Towards a Legal Methodology of Digitalisation: The Example of Digital Copyright Law. In *The Law of Global Digitality.*

Riles, A. (2020). Building Platforms for Collaboration: A New Comparative Legal Challenge. In *Legal Tech and the New Sharing Economy* (p. 17). Springer, Singapore.

Rocha, M. V. (2019). Proteção autoral para modelos de vestuário?: Acórdão do Tribunal de Justiça da União Europeia no caso Cofemen/G-Star (C-638/17) de 12.09. 2019. *Actas de Derecho Industrial y Derecho de Autor XL (2019-2020)*, 467-482.

Rodotà, S., & Díez-Picazo, L. M. (1986). *El terrible derecho: estudios sobre la propiedad privada.* Ed. Civitas.

Rodríguez Rodrigo, J. (2021). Big data, poder de mercado y abuso de posición de dominio. En García Vidal, A. *Big data e internet de las cosas: nuevos retos para el derecho de la competencia y de los bienes inmateriales* (pp. 305-360). Tirant lo Blanch, Valencia.

Roldán Aguirre, I. (2019). Parodia VS. Imitación y vulneración de derechos de propiedad intelectual e imagen: SJMer de Barcelona, núm. 7, de 22 mayo 2019 (JUR 2019, 163513). *Revista Aranzadi Doctrinal*, no 7, p. 14.

Rosati, E. (2010). The Wittem Group and the European Copyright Code. *Journal of Intellectual Property Law & Practice, 5*(12), 862-868.

Rosati, E. (2016). Parody and free use in Germany: Federal Court of Justice decides first parody case after Deckmyn, *The IPKat.*

Rosati, E. (2018). The exception for text and data mining (TDM) in the proposed Directive on copyright in the Digital Single Market-technical aspects. *Briefing Requested by the Juri Committee, European Parliament.*

Rosati, E. (2019). Copyright protection of fictional characters: is it possible? how far can it go?, *IPKitten.*

Rosati, E. (2022). Refusal of domestic authorities to enforce copyright breaches human rights, says ECtHR, *The IPKat.*

Rosati, E. (2022). US Copyright Office advises not to introduce ancillary copyright protection for press publishers in the US en The IPKat. Disponible en https://ipkitten.blogspot.com/2022/07/us-copyright-office-advises-not-to.html

Ross, A., (2009). *El ruido eterno: escuchar al siglo XX a través de su música.* Seix Barral.

Roth, P. M., & Rose, V. (Eds.). (2008). *Bellamy & Child European Community Law of Competition* (pp. 947-1030). New York: Oxford University Press.

Rubí Puig, A. y Ramírez Silva, P. (2018). El nuevo derecho de acceso (Evolución de la Jurisprudencia del TJUE en materia de comunicación al público en relación con las actividades que facilitan el acceso a obras protegidas). *Pe. i.: Revista de propiedad intelectual,* (58), 13-86.

Ruiz Muñoz, M. y González, B A. (2017). Capítulo VII. Derecho de marcas en Lastiri Santiago, M. y Ruiz Muñoz, M. *Derecho de la propiedad intelectual: derecho de autor y propiedad industrial.* Tirant lo Blanch, Valencia.

Ruiz Peris, J. I. (2021). La nueva digital market act, una respuesta híbrida de la Unión Europea a los "gatekeepers" GAFA. *Revista Aranzadi de derecho y nuevas tecnologías,* (57), 2.

Sáez Álvarez, P. (2021). El artículo 17 de la" Directiva copyright": el caso de YouTube. En *Responsabilidad, economía e innovación social corporativa* (pp. 432-452). Ediciones Jurídicas y Sociales.

Saiz García, C. y Evangelio Llorca, R. (2019). *Propiedad Intelectual y Mercado Único Digital Europeo,* Tirant lo Blanch, Valencia.

Samuelson, P. (2001). Anticircumvention rules: Threat to science. *Science, 293*(5537), 2028-203.

Samuelson, P. (2008) en Unbundling fair uses. Fordham L. Rev., 77, 2537.

Samuelson, P. (2017) en Justifications for Copyright Limitations and Exceptions en Okediji, R. L. (Ed.). (2017). Copyright law in an age of limitations and exceptions. Cambridge University Press.

Sánchez Aristi, R. & Oyarzabal Oyonarte, N. (2019). La directiva de derechos de autor en el mercado único digital: una regulación sobre la remuneración equitativa de autores y artistas en los contratos de explotación. *Actas de derecho industrial y derecho de autor,* (40), 223-246.

Sánchez Aristi, R. (2019). PROTECCIÓN DE LAS PUBLICACIONES DE PRENSA EN LO RELATIVO A LOS USOS EN LÍNEA. EL ARTÍCULO 15 DE LA DIRECTIVA (UE) 2019/790, DE 17 DE ABRIL, SOBRE LOS DERECHOS DE AUTOR Y DERECHOS AFINES EN EL MERCADO ÚNICO DIGITAL. *Actualidad Juridica (1578-956X),* (52).

Sánchez Aristi, R. y Oyarzabal Oyonarte, N. (2021). Decadencia y caída del Texto Refundido de la Ley de Propiedad Intelectual: la transposición de la Directiva 2019/790 sobre derechos de autor en el mercado único digital por el Real Decreto-ley 24/2021, de 2 de noviembre. *Pe. i.: Revista de propiedad intelectual,* (69), 13.

Sánchez García, R. (2002). La propiedad intelectual en la España contemporánea, 1847-1936. *Hispania, 62*(212).

Sanz Acosta, L. (2011). La «mínima altura creativa» como elemento diferenciador de protección jurídica entre la obra fotográfica y mera fotografía: a propósito de la sentencia del Tribunal Supremo de 5 de abril de 2011. *Actualidad civil, (13),* 4.

Schauer, F. (1978). Fear, risk and the first amendment: Unraveling the chilling effect. *BUL rev., 58,* 685.

Schovsbo, J. (2010). Exhaustion of Rights and Common Principles of European Intellectual Property Law. *Common Principles of European Intellectual Property Law, Ansgar Ohly,* Ed., Mohr Siebeck, Tübingen.

Schovsbo, J. (2012). The Necessity to collectivize copyright–and dangers thereof. In *Individualism and collectiveness in intellectual property law.* Edward Elgar Publishing.

Schroeder, J. L. (2005). Unnatural rights: Hegel and intellectual property. *U. Miami L. Rev., 60,* 453.

Schwemer, S. F., & Schovsbo, J. (2019). What is Left of User Rights?–Algorithmic Copyright Enforcement and Free Speech in the Light of the Article 17 Regime. *Intellectual Property Law and Human Rights, 4th edition (Wolters Kluwer, 2020),* 569-589.

Senftleben, M., & Angelopoulos, C. (2020). The Odyssey of the Prohibition on General Monitoring Obligations on the Way to the Digital Services Act: Between Article 15 of the E-Commerce Directive and Article 17 of the Directive on Copyright in the Digital Single Market. *Amsterdam/Cambridge, October.*

Sganga, C. (2018). *Propertizing European Copyright: History, Challenges and Opportunities.* Edward Elgar Publishing.

Shapiro, T., & Hansson, S. (2019). The DSM Copyright Directive: EU Copyright Will Indeed Never Be the Same. *European Intellectual Property Review, 41,* 404-414.

Shaver, L. (2010). The right to science and culture. *Wis. L. Rev.,* 121.

Shelanski, H. A. (2006). Antitrust law as mass media regulation: Can merger standards protect the public interest? *California Law Review,* 371-421.

Shove, G. F., & Robinson, J. (1933). The imperfection of the market. *The Economic Journal, 43*(169), 113-125.

Smith, A. & Skinner, A. (1973). *The wealth of the nations. With an Introduction by Andrew Skinner.*

Sobrino-García, I. (2020). Copyright in the scientific community. The limitations and exceptions in the European Union and Spanish legal frameworks. *Publications,* 8(2), 27.

Sokol, D. D., & Comerford, R. E. (2016). Does antitrust have a role to play in regulating big data? *Cambridge Handbook of Antitrust, Intellectual Property and High Tech, Roger D. Blair & D. Daniel Sokol editors, Cambridge University Press, Forthcoming.*

Stephens, W. B. (1990). Literacy in England, Scotland, and Wales, 1500–1900. *History of education Quarterly, 30*(4), 545-571.

Stiglitz, J. E. (2016). Inequality and economic growth.

Stihler, C. (2021, 18 de Octubre). *Shaping the Digital Single Market Directive 2019/790.* The Making of EU Copyright, Estocolmo, Suecia. Organizado por el Institute for Intellectual Property and Market Law (IFIM) de la Universidad de Estocolmo.

Stucke, M. E., & Grunes, A. P. (2011). Why More Antitrust Immunity for the Media Is a Bad Idea. *Nw. UL Rev., 105,* 1399.

Sueur, T. (2011). The Technological future and the protection of innovation en Gevers, F. y Cornu, E. (Chief Editors) *The future prospects for intellectual property in the EU: 2012-2022,* Gevers.

Sun, H. (2020). Reinvigorating the Human Right to Technology. *Mich. J. Int'l L., 41,* 279.

Talbott, J. R. (2011). *Obamanomics: How bottom-up economic prosperity will replace trickle-down economics.* Seven Stories Press.

Teilmann-Lock, S. (2015). *The object of copyright: a conceptual history of originals and copies in literature, art and design.* Routledge.

Uribe Piedrahita, C. A. (2013). La innovación subsiguiente como límite económico para la valoración del comportamiento de abuso de posición dominante relacionado con las negativas a contratar o licenciar. *Vniversitas,* (126), 269-298.

Uribe Piedrahita, C. A., & Carbajo Cascón, F. (2013). Regulación ex ante y control ex post: la difícil relación entre propiedad intelectual y derecho de la competencia. *Actas de Derecho Industrial y Derecho de Autor. Tomo XXXIII (2013),* 307-330.

van Deursen, S., & Snijders, T. (2018). The Court of Justice at the crossroads: clarifying the role for fundamental rights in the EU copyright framework. *IIC-International Review of Intellectual Property and Competition Law, 49*, 1080-1098.

Vaquero Pinto, M. J. (2018). El límite de ilustración con fines educativos o de investigación científica. En *Propiedad intelectual y transferencia de conocimiento en universidades y centros públicos de investigación* (pp. 387-417). Ediciones Universidad de Salamanca.

Vega García, P. (2022). Las nuevas excepciones al derecho de autor en la Unión Europea: en favor del empleo de la tecnología digital en la investigación y la educación. *Revista de Derecho Privado*, no 43.

Velu, C. (2020). Business Model Cohesiveness Scorecard: implications of digitization for business model innovation. In *Handbook of Digital Innovation.* Edward Elgar Publishing.

Vezzoso, S. (2006). The incentives balance test in the EU Microsoft case: a pro-innovation'economics-based'approach?. *European Competition Law Review, 27*(7), 382-390.

Vezzoso, S. (2012). Copyright, Interfaces, and a Possible Atlantic Divide. *J. Intell. Prop. Info. Tech. & Elec. Com. L., 3*, 153

Vezzoso, S. (2012). Towards an EU Doctrine of Anticompetitive IP-Related Litigation. *Journal of European Competition Law & Practice, 3*(6).

Vezzoso, S. (2014). The Marrakesh Spirit–A Ghost in Three Steps? *International Review of Industrial Property and Copyright Law, 45*, 796.

Vezzoso, S. (2020). Digital Platforms and Antitrust: Towards a More Techno-Economic Approach. En Haucap, J. y Budzinski, O. *Recht und Ökonomie*, 119-132.

Vezzoso, S. (2021). Competition Law's Innovation Factor: The Relevant Market in Dynamic Contexts in the EU and the US, 5 Eur. *Competition & Reg. L. Rev. 177.*

Viner, J. (1960). The intellectual history of laissez faire. *The Journal of Law and Economics, 3*, 45-69.

von Lewinski, S. (Ed.). (2016). *Remuneration for the use of works: exclusivity vs. other approaches.* Walter de Gruyter GmbH & Co KG.

Von Savigny, F. K. (1879). *Sistema del derecho romano actual,* F. Góngora y Compañía.

Wang, R. (2015). *Disrupting digital business: Create an authentic experience in the peer-to-peer economy.* Harvard Business Review Press.

Ward, A. M. (2019). Danish Supreme Court in Würtz v Coop confirms existence of "de minimis" copyright exception for use of applied art in marketing materials, *IPKitten*.

Wilkoff, N. (2022). Tokenization of intellectual property for IP rights management, The IPKat, disponible en: https://ipkitten.blogspot.com/2022/01/tokenization-of-intellectual-property.html

Wincor, R. (1990). *Copyrights in the World Marketplace: Successful Approaches to International Media Rights.* Prentice Hall Law & Busines.

Xalabarder Plantada, R. (2008). Derecho de autor: el desarrollo de los objetivos de protección:¿ Cuán lejos hemos evolucionado desde las raíces? *Actas de Derecho Industrial y Derecho de Autor. Tomo XXVIII*, 529-545.

Xalabarder Plantada, R. (2009). Study on copyright limitations and exceptions for educational activities in North America, Europe, Caucasus, Central Asia and Israel. WIPO Standing Committee on Copyright and Related Rights Nineteenth Session Proceedings (SCCR/19/8), Geneva, 14–18 December 2009.

Xalabarder Plantada, R. (2010). Estudio sobre las limitaciones y excepciones del derecho de autor para actividades educativas en América del norte, europa, los países cáucaso, asia central e Israel. *Ginebra: WIPO. Retrieved, 12*(06).

Yoo, C. S. (2005). Towards a differentiated products theory of copyright en Takeyama, L. N. *Developments in the Economics of Copyright, 103.*

Youn, M. (2013). The Chilling Effect and the Problem of Private Action. *Vand. L. Rev., 66*, 1473.

Yu, P. K. (2021). Increased Copyright Flexibilities for User-Generated Creativity. *THE FUTURE OF IP: REFORM PROPOSALS, Gustavo Ghidini and Valeria Falce, eds., Edward Elgar Publishing.*